Maria Teresa Hundertmark-Santos Martins

PORTUGIESISCHE GRAMMATIK

Maria Teresa Hundertmark-Santos Martins

PORTUGIESISCHE GRAMMATIK

3., aktualisierte Auflage

DE GRUYTER

*A meus Pais
e à Maria*

ISBN 978-3-11-031225-6
e-ISBN 978-3-11-030236-3

Library of Congress Cataloging-in-Publication Data
A CIP catalog record for this book has been applied for at the Library of Congress.

Bibliografische Information der Deutschen Nationalbibliothek
Die Deutsche Nationalbibliothek verzeichnet diese Publikation in der Deutschen Nationalbibliografie; detaillierte bibliografische Daten sind im Internet über http://dnb.dnb.de abrufbar.

© 2014 Walter de Gruyter GmbH, Berlin/Boston
Satz: Meta Systems Publishing- & Printservices GmbH, Wustermark
Druck: CPI buch bücher.de GmbH, Birkach
♾ Gedruckt auf säurefreiem Papier
Printed in Germany
www.degruyter.com

Vorwort zur ersten Auflage

Die PORTUGIESISCHE GRAMMATIK gibt eine Gesamtdarstellung der grammatikalischen Erscheinungen der portugiesischen Sprache, wie sie heute in Portugal gesprochen und geschrieben wird. Dabei gilt als «Norm» die sogenannte Umgangssprache.

In ihrer Konzeption ist die PORTUGIESISCHE GRAMMATIK wissenschaftlich fundiert, in der Form der Darbietung des Materials indessen streng auf die Praxis bezogen: sie soll in erster Linie den – vor allem deutschsprachigen – Lernenden, die sich über die von einem Lehrbuch vermittelten, notwendig begrenzten Kenntnisse des Portugiesischen hinaus orientieren wollen, als Lern- und Nachschlagewerk dienen.

Aus diesem Grund sind Stil und Terminologie traditionell gehalten. Den spezifischen Schwierigkeiten, mit denen sich deutschsprachige Studierende (Romanisten, Übersetzer, Dolmetscher usw.) in der Regel konfrontiert sehen, wurde besonders stark Rechnung getragen. Diese Zielsetzung kommt auch in einigen Exkursen zum Ausdruck, die bestimmten Detailproblemen gewidmet sind (vgl. etwa die Ausführungen zur Bedeutungs- und Verwendungsvielfalt von «ficar» und anderen Verben, zu den Übersetzungsäquivalenten von dt. «können», «lassen», «fahren» oder das Kapitel «Die deutschen Modalverben»).

Überall, wo es ratsam erschien, wurde der kontrastive Aspekt betont, ohne dass jedoch ein systematischer linguistischer Vergleich zwischen dem Portugiesischen und dem Deutschen angestrebt wurde. Auch hier, wie bei gelegentlichen Hinweisen auf die Sprachgeschichte, hatten praktische Gesichtspunkte den Vorrang.

Die kapitelweise geordnete Randnumerierung sowie ein Wort- und Sachindex sollen das Nachschlagen von Einzelfragen erleichtern.

Die Beispiele, die die jeweils behandelten Erscheinungen illustrieren, wurden zum Teil konstruiert, zum Teil der Literatur entnommen. Die literarischen Beispiele stammen überwiegend aus Werken von Autoren unseres Jahrhunderts. Unter den wenigen Autoren des 19. Jahrhunderts, die herangezogen wurden, nimmt Eça de Queirós eine Vorzugsstellung ein: Dank ihres stilitischen Reichtums eignen sich seine Romane auch heute noch besonders gut, um die Nuancierungsmöglichkeiten des modernen Portugiesischen deutlich zu machen.

Das brasilianische Portugiesisch blieb bis auf wenige unerlässliche Hinweise ausgeklammert. Seine gewissenhafte Darstellung, welche regionale Unterschiede berücksichtigen müsste und brasilianische Mitarbeiter erfordern würde, ließ sich in dem vorgegebenen Rahmen nicht mehr verwirklichen.

Allen Personen, die mir bei der Ausarbeitung der PORTUGIESISCHEN GRAMMATIK mit Rat und Tat behilflich waren, möchte ich an dieser Stelle aufrichtig danken. Für wissenschaftliche Ratschläge und Hinweise gilt mein Dank (in der Chronologie der Hilfeleistung) den Herren Prof. Dr. Rohr (Mannheim), Prof. Dr. Vermeer (Germersheim), Privatdozent Dr. Schemann (Stuttgart), Prof. Dr. Schmidt-Radefeldt (Kiel) und Privatdozent Dr. Mudersbach (Heidelberg); für die Unterstützung bei der Lösung technischer Probleme Herrn Prof. Dr. Kloepfer (Mannheim) sowie Frau Geldert, Frau Gebhard-Cordero, Frau Römer und Frau Wallis (Mannheim).

Dossenheim bei Heidelberg
Lissabon

Im Juli 1982   Maria Teresa Hundertmark-Santos Martins

Vorwort zur zweiten Auflage

Der ersten Auflage der «Portugiesischen Grammatik» ist – zur Freude der Verfasserin – eine durchweg positive Resonanz zuteil geworden. Mit der nunmehr vorliegenden zweiten Auflage soll den Bedürfnissen der Benutzer in noch stärkerem Maße Rechnung getragen werden.

Die Beschreibung bzw. Erklärung mancher sprachlicher Erscheinungsformen wurde aufgrund der in jahrelangem Gebrauch der Grammatik gewonnenen Erfahrungen erweitert und vertieft. Auch wurden in einzelnen Fällen Erkenntnisse aus neueren Untersuchungen berücksichtigt und an entsprechender Stelle eingearbeitet.

Ich hoffe, dass das Buch in seiner neuen Form wiederum eine gute Hilfe für die Klärung auch schwieriger Fragen der portugiesischen Grammatik bieten und ebenfalls gute Aufnahme finden möge.

18. Februar 1998   Die Autorin

Vorwort zur dritten Auflage

In den letzten Jahren haben sich in der Grammatik – unter dem Einfluss der Linguistik – einige Änderungen ergeben, die für dieses Werk hauptsächlich bei der Nomenklatur relevant sind.

Das neue terminologische Wörterbuch (TLEBS – *«Dicionário Terminológico»*, 2008) enthält die Richtlinien für die Benutzung von *«termini»* und grammatikalischen Begriffen im Unterricht der portugiesischen Sprache an Schulen, mit dem erklärten Ziel, terminologischen Unsicherheiten ein Ende zu machen. Diese Richtlinien sind seit kurzem verbindlich.

Bei der Bearbeitung und Aktualisierung der *«Portugiesischen Grammatik»* für die dritte Auflage wurden diese Neuerungen berücksichtigt. Aus didaktischen Gründen hat sich jedoch an der altbewährten Struktur des Buches nichts geändert. An den Stellen, an denen die Grammatik im Interesse der Lernenden mit dem *«Dicionário Terminológico»* nicht ganz konform geht, wird darauf aufmerksam gemacht. Zugunsten der Klarheit der Darstellung wurde das Fachvokabular auf das Notwendigste beschränkt.

Einige Erklärungen wurden erweitert und vertieft, Tabellen und Beispiele ergänzt; sprachliche Erscheinungsformen, die auf neueste Entwicklungen zurückgehen, wurden beschrieben.

Die Regeln der neuen Rechtschreibung nach dem letzten orthographischen Vertrag (*«Novo Acordo Ortográfico»*) sind vollständig befolgt worden, was eine umfangreiche Änderung des Kapitels § 21 sowie kleinere Änderungen in anderen Kapiteln erforderlich machte.

Ich bin dankbar für die gute Aufnahme, die dieses Buch bis jetzt gefunden hat, und hoffe, dass die vorliegende aktualisierte Fassung den Lernenden auch weiterhin eine Hilfe sein und so einen bescheidenen Beitrag zur Verbreitung der portugiesischen Sprache und Kultur leisten wird.

Mit diesem Ziel vor Augen habe ich gern gearbeitet.

Lissabon
Dossenheim bei Heidelberg

Im Januar 2014   Maria Teresa Hundertmark-Santos Martins

Inhaltsverzeichnis

Abkürzungen/Zeichen XV

§ 1 Der Artikel 1
    I.   Der bestimmte Artikel. 1
    II.   Der unbestimmte Artikel 3
    III.   Der Gebrauch des Artikels. 4

§ 2 Das Substantiv (Nomen) 11
    I.   Das Genus der Substantive. 11
    II.   Bildung der femininen Form der Substantive 14
    III.   Der Plural der Substantive 19
    IV.   Kollektive Substantive 23

§ 3 Das Adjektiv 25
    I.   Das Genus der Adjektive. 25
    II.   Der Plural der Adjektive 28
    III.   Genus und Numerus der Adjektive, die mehr als ein
           Substantiv qualifizieren 29
    IV.   Die Stellung des Adjektivs beim Substantiv
           (attributives Adjektiv) 29
    V.   Die Steigerung des Adjektivs 32
    VI.   Die unregelmäßige Steigerung bestimmter Adjektive . . 37
    VII.   Andere Formen der Steigerung 39
    VIII. Zu den Zahladjektiven 40

§ 4 Die Pluralbildung der Komposita 41
    I.   Der Plural der zusammengesetzten Substantive 41
    II.   Der Plural der zusammengesetzten Adjektive. 42

§ 5 Vergrößerungs- und Verkleinerungsformen 44
    I.   Die Formen 44
    II.   Zum Gebrauch der Vergrößerungs- und
           Verkleinerungsformen 44
    III.   Pejorative Vergrößerungs- und Verkleinerungsformen . 47
    IV.   Andere Vergrößerungs- und Verkleinerungsformen . . 48

§ 6 Die Zahlen 52
    I.   Die Grundzahlen 52
    II.   Bemerkungen zu den Grundzahlen 52

III.	Die Ordnungszahlen	55
IV.	Bemerkungen zu den Ordnungszahlen	56
V.	Die Bruchzahlen.	58
VI.	Bemerkungen zu den Bruchzahlen	59
VII.	Die Vervielfältigungswörter	60
VIII.	Die Sammelbegriffe	60
IX.	Idiomatische Redewendungen mit Zahlen	61

§ 7 Die Pronomen: Stellvertreter und Begleiter des Substantivs 62

I.	Das Demonstrativpronomen	63
II.	Der Gebrauch der Demonstrativpronomina	63
III.	Weitere Demonstrativpronomina	67
IV.	Das Possessivpronomen	70
V.	Der Gebrauch der Possessivpronomina	71
VI.	Das Relativpronomen	76
VII.	Der Gebrauch der Relativpronomina	76
VIII.	Das Interrogativpronomen	79
IX.	Der Gebrauch der Interrogativpronomina	80
X.	Das Personalpronomen	82
XI.	Der Gebrauch der Personalpronomina	82
XII.	Zur Stellung der Personalpronomina	91
XIII.	Das Indefinitpronomen	95
XIV.	Der Gebrauch der Indefinitpronomina	96
XV.	Reziproke Pronomina	102
XVI.	Indefinite pronominale Ausdrücke	103
XVII.	Zur Übersetzung des deutschen Pronomens «man»	104

§ 8 Das Verb 107

	A – Der Indikativ	107
I.	Das Präsens der regelmäßigen Verben	107
II.	Das Präsens der Hilfsverben	108
III.	Der Gebrauch der Hilfsverben	108
IV.	Der Gebrauch des Präsens	113
V.	Das Imperfekt	116
VI.	Der Gebrauch des Imperfekts	116
VII.	Das einfache Perfekt	119
VIII.	Der Gebrauch des einfachen Perfekts	119
IX.	Das zusammengesetzte Perfekt	121
X.	Der Gebrauch des zusammengesetzten Perfekts	122
XI.	Zum Vergleich des Imperfekts, des einfachen Perfekts und des zusammengesetzten Perfekts	123
XII.	Das einfache Plusquamperfekt (Plusquamperfekt I)	126

XIII.	Das zusammengesetzte Plusquamperfekt (Plusquamperfekt II)	126
XIV.	Der Gebrauch des Plusquamperfekts	127
XV.	Das Futur I	129
XVI.	Die Stellung der Personalpronomina bei Futur und Konditional	130
XVII.	Der Gebrauch des Futurs I	130
XVIII.	Das periphrastische Futur mit «haver»	132
XIX.	Zum Gebrauch des periphrastischen Futurs mit «haver»	133
XX.	Das Futur II	134
XXI.	Der Gebrauch des Futurs II	134
	B – Der Konditional	135
XXII.	Der Konditional I	135
XXIII.	Der Gebrauch des Konditionals I	136
XXIV.	Der periphrastische Konditional mit «haver» und sein Gebrauch	138
XXV.	Der Konditional II	139
XXVI.	Der Gebrauch des Konditionals II	140
	C – Der Konjunktiv	141
XXVII.	Der Konjunktiv Präsens	141
XXVIII.	Der Konjunktiv Imperfekt	142
XXIX.	Der Konjunktiv Perfekt	143
XXX.	Der Konjunktiv Plusquamperfekt	143
XXXI.	Der Gebrauch des Konjunktivs	144
XXXII.	Der Konjunktiv Futur I	164
XXXIII.	Der Gebrauch des Konjunktivs Futur I	165
XXXIV.	Der Konjunktiv Futur II	168
XXXV.	Der Gebrauch des Konjunktivs Futur II	168
	D – Der Imperativ	169
XXXVI.	Die Imperativformen und ihr Gebrauch	169
	E – Der Infinitiv	173
XXXVII.	Grund- und Nennform	173
XXXVIII.	Der persönliche Infinitiv	173
XXXIX.	Der Gebrauch des persönlichen Infinitivs	174
XL.	Der Gebrauch des unpersönlichen Infinitivs	179
XLI.	Zusammengesetzter Infinitiv (Infinitiv Perfekt)	181
XLII.	Der Gebrauch des zusammengesetzten Infinitivs	181
XLIII.	Das Gerundium	182
XLIV.	Der Gebrauch des Gerundiums	183
XLV.	Zusammengesetztes Gerundium (Gerundium der Vorzeitigkeit)	186
XLVI.	Der Gebrauch des zusammengesetzten Gerundiums	186
XLVII.	Das Partizip Perfekt	186
XLVIII.	Unregelmäßige Partizipien	189

	XLIX.	Der Gebrauch der regelmäßigen und unregelmäßigen Partizipien.	190
	L.	Übersicht über die Konjugationen	192
	LI.	Das Passiv.	212
	LII.	Die periphrastische Konjugation	217
	LIII.	Exkurs I: Funktionen der Verben «dever» und «ficar».	232
	LIV.	Exkurs II: Übersetzungsäquivalente einiger deutscher Verben.	234
	LV.	Exkurs III: Übersetzung der deutschen Modalverben ins Portugiesische.	241

§ 9 Das Adverb ... 247

	I.	Adverbien der Art und Weise.	247
	II.	Einige adverbiale Ausdrücke der Art und Weise.	250
	III.	Adverbien der Zeit.	250
	IV.	Einige Besonderheiten der Adverbien der Zeit.	250
	V.	Einige adverbiale Ausdrücke der Zeit.	253
	VI.	Adverbien der Reihenfolge.	254
	VII.	Adverbien des Ortes.	254
	VIII.	Einige Besonderheiten der Adverbien des Ortes.	255
	IX.	Einige adverbiale Ausdrücke des Ortes.	258
	X.	Adverbien der Menge (Quantität, Intensität)	258
	XI.	Einige Besonderheiten der Adverbien der Menge.	258
	XII.	Einige adverbiale Ausdrücke der Menge.	260
	XIII.	Adverbien der Bejahung oder Affirmation	260
	XIV.	Einige Besonderheiten der Adverbien der Affirmation	261
	XV.	Adverbiale Ausdrücke der Affirmation.	261
	XVI.	Adverbien der Verneinung.	262
	XVII.	Adverbiale Ausdrücke der Verneinung.	262
	XVIII.	Einige Besonderheiten der Adverbien und adverbialen Ausdrücke der Verneinung.	262
	XIX.	Adverbien des Zweifels.	263
	XX.	Adverbien der Ausschließung.	264
	XXI.	Adverbien der Einschließung.	265
	XXII.	Adverb des Hinweises.	265
	XXIII.	Einige Besonderheiten des Adverbs des Hinweises	265
	XXIV.	Interrogativadverbien	266
	XXV.	Relativadverb	267
	XXVI.	Die Steigerung der Adverbien.	267
	XXVII.	Zu «afinal».	270

§ 10 Die Präpositionen ... 271

	I.	Präpositionen und präpositionale Ausdrücke	271
	II.	Zum Gebrauch der Präpositionen	272
	III.	Exkurs: Spezielle Bedeutung einiger Verben, wenn sie von bestimmten Präpositionen begleitet sind	314

§ 11	**Die Konjunktionen**	321
	I. Koordinierende (nebenordnende) Konjunktionen	321
	II. Subordinierende (unterordnende) Konjunktionen	324

§ 12	**Der Ausruf**	333
	I. Ausrufe als Ausdruck einer Empfindung	333
	II. Ausrufe zur Erregung der Aufmerksamkeit oder zur Aufforderung	340
	III. Nachahmung von Lauten (Onomatopoetika)	342

§ 13	**Wörter und Ausdrücke zur Hervorhebung**	343
	I. Die Formen	343
	II. Der Gebrauch	343

§ 14	**Die doppelte Negation**	348

§ 15	**Der Interrogativsatz**	350
	I. Entscheidungsfragen	350
	II. Ergänzungsfragen	350
	III. Andere Arten, eine Frage zu stellen	352

§ 16	**Die Antwort**	354
	I. Die affirmative oder bejahende Antwort	354
	II. Die affirmative Antwort auf eine Frage in der Negationsform	356
	III. Die verneinende Antwort	357
	IV. Exkurs I: Die Verwendung von «sim»	358
	V. Exkurs II: Die Verwendung von «pois»	359

§ 17	**Direkte Rede – Indirekte Rede**	361

§ 18	**Zur Wort- und Satzstellung**	365
	I. Zur Stellung des Subjekts	365
	II. Zur Stellung des Akkusativobjekts	366
	III. Zur Stellung des Dativobjekts	367
	IV. Zur Stellung der adverbialen Bestimmungen	368
	V. Zur Stellung der Adjektive	369
	VI. Zur Stellung der Pronomina	369
	VII. Zur Stellung der Adverbien	370
	VIII. Zur Stellung der Konjunktionen	371
	XIX. Zur Satzverbindung	371

§ 19	**Die Anredeformen**.	374
	I. Allgemeines	374
	II. Portugiesische Entsprechungen der deutschen Anrede «Sie»	374
	III. Objektpersonalpronomina und Possessivpronomina bei der Anrede.	378
§ 20	**Die Zeichensetzung**	380
	I. Portugiesische Satzzeichen	380
	II. Die wichtigsten Regeln zur Kommasetzung	380
§ 21	**Die Großschreibung**.	385
§ 22	**Die Silbentrennung**	388

Wort- und Sachindex ... 390

Abkürzungen

a.c.	alguma coisa *(etwas)*
Akk.	Akkusativ
alg.	alguém *(jemand)*
Dat.	Dativ
dt., im Dt.	deutsch, im Deutschen
eigtl.	eigentlich
emph.	emphatisch
fam.	familiär
fig.	figurativ, im übertragenen Sinn
Gen.	Genitiv, Genetiv
ggf.	gegebenenfalls
ibid.	ibidem (aus demselben Werk, von demselben Autor)
jmd.	jemand
jmdm.	jemandem
jmdn.	jemanden
jmds.	jemandes
kolloq.	kolloquial, umgangssprachlich
lit.	literarisch
Nom.	Nominativ
Pers.	Person
Pl.	Plural
pop.	populär (vom «Volk» gebraucht)
q.c.	qualquer coisa *(etwas)*
Sg., Sing.	Singular
vgl.	vergleiche
wörtl.	wörtlich

Zeichen

=	Hinweis auf ein Wort mit gleicher Bedeutung
/	Wahl zwischen zwei Möglichkeiten; entweder … oder
+	plus, zusammen mit
→	wird zu, wurde zu
>	Ableitung
*	siehe Anmerkung unten

§ 1 Der Artikel

Als Begleiter des Substantivs oder Nomens wird der Artikel der Wortklasse der *«determinantes»* (Determinierer oder Artikelwörter) zugeordnet (Übersichtstafel § 7, Seite 62).

I. Der bestimmte Artikel *(Artigo definido)*

1.

	Mask.	Fem.
Singular	**o** *der*	**a** *die*
Plural	**os** *die*	**as** *die*[1]

Der Artikel kann nur in Verbindung mit einem Substantiv gebraucht werden. Er geht diesem voraus und stimmt in Genus (Maskulinum und Femininum) und Numerus (Singular und Plural) mit ihm überein. Die syntaktischen Funktionen der Substantive werden in der portugiesischen Sprache nicht durch Kasusflexion, sondern mittels Präpositionen wiedergegeben.

2. Kontraktionsformen des bestimmten Artikels mit Präpositionen

Einige Präpositionen wie **de** *(von)*, **a** *(nach)*, **em** *(in)* und **por** *(durch)*[2] können mit dem bestimmten Artikel kontrahiert werden:

		+ **o**	+ **a**	+ **os**	+ **as**
de	(entspr. dt. Genitiv)	do	da	dos	das
a	(entspr. dt. Dativ)	ao	à	aos	às
em		no	na	nos	nas
por		pelo	pela	pelos	pelas[3]

3. Den portugiesischen Kombinationsformen des bestimmten Artikels entsprechen aufgrund ähnlicher syntaktischer Funktion die folgenden deutschen Kasusformen:

---

[1] Die deutschen Artikelformen werden hier und in den späteren Kapiteln als Übersetzung angegeben, obwohl die Substantive des Deutschen im Vergleich zu denen des Portugiesischen im Genus verschieden sein können: **a** mesa – **der** Tisch; **a** rapariga – **das** Mädchen; **o** gato – **die** Katze usw.
[2] Zu weiteren Bedeutungen dieser Präpositionen siehe § 10.
[3] Die Kontraktionsformen **pelo, pela, pelos, pelas** ergeben sich aus der alten Präposition **per** (*heute nur noch* **por**) mit den ehemaligen Formen des Artikels **lo, la, los, las.**

		Singular			
o aluno	der Schüler den Schüler	(Nom.) (Akk.)	a aluna	die Schülerin die Schülerin	(Nom.) (Akk.)
do aluno	des Schülers	(Gen.)	da aluna	der Schülerin	(Gen.)
ao aluno	dem Schüler	(Dat.)	à aluna	der Schülerin	(Dat.)

		Plural			
os alunos	die Schüler die Schüler	(Nom.) (Akk.)	as alunas	die Schülerinnen die Schülerinnen	(Nom.) (Akk.)
dos alunos	der Schüler	(Gen.)	das alunas	der Schülerinnen	(Gen.)
aos alunos	den Schülern	(Dat.)	às alunas	den Schülerinnen	(Dat.)

Beispiele:

o livro **do** pai	das Buch des Vaters
o vestido **da** mãe	das Kleid der Mutter
as orelhas **dos** gatos	die Ohren der Katzen
as cores **das** casas	die Farben der Häuser
dou o livro **ao** pai	ich gebe dem Vater das Buch
dou o vestido **à** mãe	ich gebe der Mutter das Kleid
dou o leite **aos** gatos	ich gebe den Katzen die Milch
dou as flores **às** alunas	ich gebe den Schülerinnen die Blumen
o pai está **no** quarto	der Vater ist im Schlafzimmer
a mãe está **na** sala	die Mutter ist im Wohnzimmer
o pai vem **pelo** jardim	der Vater kommt durch den Garten
o gato entrou **pela** janela	die Katze ist durch das Fenster hereingekommen
há muitos livros **nas** estantes	es gibt viele Bücher in den Regalen

(siehe hierzu auch 18.30)

Bemerkung:

Bei Buchtiteln kann die nichtkontrahierte oder die kontrahierte Form des Artikels gewählt werden, z. B.

| | Camões, o autor de «Os Lusíadas» … | *Camões, der Autor von* |
| oder | Camões, o autor d' «Os Lusíadas» … | *«Os Lusíadas» …* |

II. Der unbestimmte Artikel *(Artigo indefinido)*

1.

	Mask.	Fem.
Singular	**um** *ein*	**uma** *eine*
Plural	**uns**	**umas**

Die Pluralformen des unbestimmten Artikels sind eigentlich unbestimmte Pronomina, die adjektivisch als Begleiter des Substantivs gebraucht werden. Sie bedeuten:

a) einige, ein paar, so ein paar

Beispiel:

umas casas	einige Häuser, (so) ein paar Häuser

Vgl. unbestimmte Pronomina **alguns, algumas**

b) vor einer Grundzahl: ungefähr, etwa

Beispiel:

umas vinte casas	ungefähr zwanzig Häuser

Bleibt das Substantiv im Plural ganz unbestimmt, wird wie im Deutschen kein Artikel verwendet:

eu vejo casas e árvores	ich sehe Häuser und Bäume

2. Kontraktionsformen des unbestimmten Artikels

Nur die Präpositionen **de** und **em** können mit dem unbestimmten Artikel zusammengezogen werden:

	+ **um**	+ **uma**	+ **uns**	+ **umas**
de	dum[1]	duma	duns	dumas
em	num	numa	nuns	numas

3. Den portugiesischen Kombinationsformen des unbestimmten Artikels entsprechen die folgenden deutschen Kasusformen:

Singular

um aluno	ein Schüler	(Nom.)	uma aluna	eine Schülerin	(Nom.)
	einen Schüler	(Akk.)		eine Schülerin	(Akk.)
dum aluno	eines Schülers	(Gen.)	duma aluna	einer Schülerin	(Gen.)
a um aluno	einem Schüler	(Dat.)	a uma aluna	einer Schülerin	(Dat.)

---

[1] Die zusammengezogene Form wird in der gesprochenen Sprache immer gebraucht. In der Schriftsprache wird jedoch aus stilistischen Gründen manchmal die getrennte Form vorgezogen: «A violência **duma** tempestade» *(die Heftigkeit eines Sturmes)* ist weniger emphatisch als «A violência **de uma** tempestade». (Siehe hierzu auch 18.30)

Plural

uns alunos	einige Schüler	(Nom.)	umas alunas	einige Schülerinnen	(Nom.)
	einige Schüler	(Akk.)		einige Schülerinnen	(Akk.)
duns alunos	einiger Schüler	(Gen.)	dumas alunas	einiger Schülerinnen	(Gen.)
a uns alunos	einigen Schülern	(Dat.)	a umas alunas	einigen Schülerinnen	(Dat.)

Beispiele:

a responsabilidade **dum** pai	die Verantwortung eines Vaters
o valor **duma** casa	der Wert eines Hauses
a opinião **duns** alunos	die Meinung einiger Schüler
as ruas **dumas** cidades	die Straßen einiger Städte
dou o dinheiro **a um** pobre	ich gebe das Geld einem Armen
empresto os jornais **a umas** alunas	ich leihe einigen Schülerinnen die Zeitungen
eles estão **num hotel** moderno	sie sind in einem modernen Hotel
elas moram **numa** casa moderna	sie wohnen in einem modernen Haus
eles vivem **nuns** quartos pequenos	sie leben in ein paar kleinen Zimmern
a mãe foi atacada **por uns** desconhecidos	die Mutter wurde von einigen (ein paar) Unbekannten angegriffen
as flores foram compradas **por umas** raparigas	die Blumen wurden von einigen Mädchen gekauft

III. Der Gebrauch des Artikels *(Emprego do artigo)*

1. **Der bestimmte Artikel** wird im Unterschied zum Deutschen gebraucht:

   a) Vor Personennamen, besonders von vertrauten Personen:

O Rui vem hoje.	*Rui kommt heute.*
O vestido **da Cristina** foi caro.	*Christinas Kleid war teuer.*

   Vor Familiennamen von bekannten Persönlichkeiten, wenn man von ihnen im Umgangston spricht:

De tudo o que **o Eça** escreveu, «Os Maias» é o que mais aprecio.	*Von allem, was Eça geschrieben hat, gefällt mir «Os Maias» am besten.*

   Merke:

   Das Weglassen des Artikels vor Personennamen schafft eine gewisse respektvolle Distanz, die hauptsächlich in Berichten über prominente Menschen (Politiker, Wissenschaftler, Künstler) zum Ausdruck kommt:

Mário Soares encontrou-se várias vezes com Willi Brandt.	*Mário Soares hat sich wiederholt mit Willi Brandt getroffen.*

Ebenso sollte bei Berichten über völlig unbekannte und dem Leser fremde Personen der Artikel weggelassen werden; es ist ironisch oder abwertend gemeint, wenn eine Nachricht so lautet:

O António Pereira e **o Carlos das Neves** foram interrogados pela polícia, continuando a negar o furto da carteira.	*Der António Pereira und der Carlos das Neves wurden von der Polizei vernommen; sie leugneten weiterhin den Diebstahl der Brieftasche.*

b) vor Titeln und in der indirekten Anrede:[1]

O novo Presidente da República é **o Dr. A. / o Almirante B. / o General C.**	*Der neue Präsident der Republik ist Dr. A. / Admiral B. / General C.*
O senhor (a senhora) já alguma vez esteve em Portugal?	*Sind Sie schon einmal in Portugal gewesen?*
O Sr. Dr. Alves (a Sr.ª D. Manuela) deseja mais alguma coisa?[2]	*Herr Dr. Alves (Frau Alves), wünschen Sie noch etwas?*

Merke:

Kein Artikel vor dem Vokativ (sog. direkte Anrede):[3]

Deseja mais alguma coisa, senhor doutor (Sr.ª D. Manuela)?	*Wünschen Sie noch etwas, Herr Doktor (Frau Alves)?*

c) vor geographischen Namen (auch vor Ländernamen):

a Europa	*Europa*
os Pirenéus	*die Pyrenäen*
o Tejo	*der Tejo (Fluss)*
o Atlântico	*der Atlantik*
o Oriente	*der Orient*
a Alemanha	*Deutschland*
o Brasil	*Brasilien*
o Algarve	*die Algarve*
a Baviera	*Bayern*
A Ásia foi o berço da humanidade.	*Asien war die Wiege der Menschheit.*
O senhor vai para **o Sul**?	*Fahren Sie in den Süden?*
Há muitos trabalhadores portugueses **na Alemanha**.	*In Deutschland gibt es viele portugiesische Arbeiter.*

---

[1] Siehe dazu § 19 «Die Anredeformen»
[2] Sr. – senhor; Sr.ª – senhora; D. – Dona; Dr. – Doutor; dr. – doutor
[3] Siehe dazu § 19 «Die Anredeformen»

1.16 **Ausnahmen:**

Portugal	*Portugal*
Israel	*Israel*
Marrocos	*Marokko*
Cuba	*Kuba*
Andorra	*Andorra*
Castela, Aragão, Leão	*Kastilien, Aragonien, León*
Cabo Verde	*Kap Verde*[1]
Angola	*Angola*[1]
Moçambique	*Mosambik*[1]
S. Tomé e Príncipe	*S. Tomé und Príncipe*[1]
Timor	*Timor, Timor-Leste*[1]
Trás-os-Montes	*(port. Provinz)*

Beispiele:

Portugal fica no extremo ocidental da Europa.	*Portugal liegt im äußersten Westen Europas.*
Ele está **em Portugal**.	*Er ist in Portugal.*

1.17 Bei folgenden vier Ländernamen kann man den Artikel weglassen, wenn sie nicht die Funktion des Subjekts oder des Akkusativobjekts haben:

Espanha	*Spanien*
França	*Frankreich*
Inglaterra	*England*
Itália	*Italien*

Beispiel:

Ele foi **para Espanha, para Inglaterra**.	*Er ging nach Spanien, nach England.*
oder	
Ele foi **para a Espanha, para a Inglaterra**.	

1.18 *Merke:*

Vor Städtenamen sowie anderen Ortsnamen wird der Artikel normalerweise nicht gebraucht.

Lisboa é uma bela cidade.	*Lissabon ist eine schöne Stadt.*
O ano passado estive **em Roma** e **em Nápoles**.	*Letztes Jahr war ich in Rom und Neapel.*
Cascais e **Sintra** atraem muitos turistas.	*Cascais und Sintra ziehen viele Touristen an.*

Vor einigen Städtenamen aber, deren sachbezogene Bedeutung noch gut erkennbar ist, wird der Artikel verwendet; doch kann daraus keine Regel abgeleitet werden.

---

[1] Länder, die früher portugiesische Überseeprovinzen waren.

Beispiele:

o Porto	*Porto*
o Rio de Janeiro	*Rio de Janeiro*
a Figueira da Foz	*Figueira da Foz*
o Recife[1, 2]	*Recife*
ebenso	
o Cairo	*Kairo*
a Haia	*Den Haag*
o Havre	*Le Havre*

    d) vor Feiertagsnamen: 1.19

o Natal[3]	*Weihnachten*
a Páscoa	*Ostern*
o Pentecostes	*Pfingsten*
o Carnaval	*Karneval*

    e) vor den Possessivpronomen und Possessivbegleitern:[4]   1.20

Fui passear com **o meu pai**.	*Ich ging mit dem Vater spazieren.*
Emprestas-me **o teu caderno?**	*Leihst du mir dein Heft?*

Ausnahmen *sind feste Ausdrücke wie:*

(isto está, fica) a meu cargo	*das übernehme ich, dafür sorge ich*
a meu gosto	*nach meinem Geschmack*
a meu ver	*nach meiner Auffassung*
a seu bel-prazer	*wie es ihm gefällt*
em meu nome	*in meinem Namen*
em meu poder	*in meiner Macht*
em meu proveito	*zu meinen Gunsten*
para meu uso	*zu meinem Gebrauch*
por minha ordem	*in meinem Auftrag*
por minha vontade	*wenn's nach mir ginge*

Beispiel:

Comprei a casa **em teu nome**.	*Ich habe das Haus in deinem Namen gekauft.*

    f) nach **ambos/ambas** und **todo(s)/toda(s)**:   1.21

Ambas as raparigas passaram o Natal com os pais.	*Beide Mädchen haben Weihnachten bei ihren Eltern verbracht.*
Eles **toda a vida** foram modestos.	*Sie waren ihr ganzes Leben bescheiden.*

---

[1] wörtlich: *der Hafen, der Januarfluss, der Feigenbaum an der Mündung, das Riff*
[2] jedoch ohne Artikel: **Pombal, Rio Maior** *(wörtlich: Taubenschlag, Größerer Fluss)* und viele andere
[3] aber: dia de Natal, dia de Páscoa usw.
[4] siehe dazu 7.20

1.22 g) in einigen adverbialen Ausdrücken:

à portuguesa	*auf portugiesische Art*
à antiga	*auf althergebrachte Art*
aos gritos	*laut schreiend*
às cegas	*blindlings*
etc.	

1.23 h) bei der Uhrzeitangabe mit der Präposition **a**:

às três horas	*um drei Uhr*
ao meio-dia	*um zwölf Uhr mittags*
aber:	
são três horas, são oito horas, etc.	*es ist drei Uhr, es ist acht Uhr usw.*

(siehe hierzu 6.25 «Die Uhrzeit»)

i) ferner:

(um remédio/uma vacina contra:)	*(ein Mittel/eine Impfung gegen:)*
a cólera	*Cholera*
o tétano	*Wundstarrkrampf*
a difteria	*Diphterie*
etc.	

j) Die archaische Form **-el** des maskulinen Artikels ist im Ausdruck «el-rei» (der König) erhalten geblieben, der heute noch in geographischen Namen vorhanden ist:

a Serra d'**El-Rei**   *das Königsgebirge*

2. Im Unterschied zum Deutschen wird **der bestimmte Artikel** im Portugiesischen in den folgenden Fällen **nicht** verwendet:

1.24 a) vor Monatsnamen

em novembro	*im November*
em maio	*im Mai*

(zur Datumsangabe siehe 6.8; temporale Ausdrücke siehe 10.48/49)

1.25 b) bei Transportmitteln, denen die Präposition **de** vorangeht:

ir de comboio	*mit dem Zug fahren*
ir de carro	*mit dem Wagen fahren*
ir de avião	*(mit dem Flugzeug) fliegen*

1.26 c) nach Ausdrücken wie

eleger ...	*zum ... wählen*
nomear ...	*zum ... ernennen*
ser promovido/-a	*befördert werden*
Ele foi eleito presidente há um ano.	*Er wurde vor einem Jahr zum Präsidenten gewählt.*
O Dr. Simões **foi nomeado diretor** desta empresa.	*Dr. Simões wurde zum Direktor dieses Unternehmens ernannt.*

d) in Ausdrücken wie

em português, **em alemão**	*im Portugiesischen, im Deutschen*
traduzir para português	*ins Portugiesische übersetzen*

e) ferner:

declarar guerra (a alg.)	*(jmdm.) den Krieg erklären*

3. **Unterschiede in der Verwendung des bestimmten Artikels bei Subjekt und Objekt:**
Als Übersetzungshilfe kann Folgendes als Grundregel festgehalten werden: Wird im Deutschen der Artikel nicht gebraucht, so müssen wir im Portugiesischen zwischen der Subjekt- und der Objektfunktion unterscheiden: beim Subjekt wird der Artikel im Gegensatz zum Deutschen gebraucht; beim Objekt wird er wie im Deutschen weggelassen.

Beispiele:

Obst ist gesund; ich esse Obst jeden Tag.
A fruta (Subjekt) é saudável; eu como **fruta** (Objekt) **todos os dias.**

Schuhe sind teuer; ich habe gestern Schuhe gekauft.
Os sapatos (Subjekt) são caros; eu ontem comprei **sapatos**. (Objekt)

In Werbeslogans und in Zeitungsüberschriften steht auch im Portugiesischen häufig kein Artikel.

Beispiel:

Novo texto da Constituição proíbe clonagem de seres humanos.	*Revidierte Verfassung verbietet Klonen von Menschen.* «Expresso», 1. 3. 1997

4. **Der unbestimmte Artikel** wird im Portugiesischen in einigen Fällen **nicht** verwendet, in denen er im Deutschen gebraucht wird:

a) vor **meio** *(halb)*

Dê-me meio quilo de açúcar.	*Geben Sie mir ein Pfund Zucker.*
Ela teve de esperar meia hora.	*Sie musste eine halbe Stunde warten.*
	(siehe auch 6.23)

b) vor **semelhante, tal** *(solch);* meistens auch vor **certo** *(ein gewisser)* und **outro** *(ein anderer)* (siehe 7.111)

Nunca vi semelhante coisa.	*So etwas (so eine Sache) habe ich noch nie gesehen.*
Não esperava tal resposta.	*So eine Antwort habe ich nicht erwartet.*

c) in Ausrufen, die mit **que** eingeleitet werden:

Que linda casa!	*Was für **ein** schönes Haus!*
Que infelicidade!	*Welch **ein** Unglück!*

1.31   d) in folgenden Ausdrücken:

fazer boa/má figura	*eine gute/schlechte Figur machen*
fazer sinal (a alg.)	*(jmdm.) ein Zeichen machen*
dar bom/mau resultado	*ein gutes/schlechtes Ergebnis haben, gut/schlecht ausgehen*
ter fim	*ein Ende haben*
pôr fim a	*ein Ende setzen*
pôr termo a	⎱ *ein Ende setzen, Einhalt gebieten*
pôr cobro a	⎰

§ 2 Das Substantiv (Nomen)

I. Das Genus der Substantive
(Género dos substantivos/nomes) *

In vielen Fällen kann man das Genus der Substantive an ihren Endungen erkennen.

1. **Maskulin** sind normalerweise die Wörter auf

			Ausnahmen	
-o[1]	o gato	die Katze	a rádio	der Rundfunk
	o sapato	der Schuh	a tribo	der Volksstamm
	o rádio	der Radioapparat	a foto[2]	das Foto
			a líbido	die Libido
			a virago	das Mannweib
-ote	o dote	die Mitgift, die Gabe		
	o lote	der Teil, der Anteil, Grundstück(-santeil)		
-á	o chá	der Tee	a pá	die Schaufel
	o sofá	das Sofa		
-au	o bacalhau	der Stockfisch	a nau	das Schiff
-eu	o liceu	das Gymnasium		
-éu	o céu	der Himmel		
-oi	o boi	der Ochse		
-ói	o herói	der Held		
-l	o sal	das Salz	a cal	der Kalk
	o anel	der Ring	a catedral	der Dom
	o funil	der Trichter	a moral	die Moral
	o sol	die Sonne	a vogal	der Vokal
	o paul	der Sumpf		
-az	o cartaz	das Plakat	a paz	der Frieden
-oz	o arroz	der Reis	a foz	die Mündung
			a noz	die Nuss
			a voz	die Stimme
-uz	o capuz	die Kapuze	a cruz	das Kreuz
			a luz	das Licht
-i	o javali	das Wildschwein		
	o júri	die Jury		

* Im neuen «*Dicionário Terminológico*» wird das Substantiv nur als «*nome*» bezeichnet. Einige Grammatiker ziehen aber die Bezeichnung «*substantivo*» vor.
[1] Häufigste Endung für maskuline Substantive.
[2] Abkürzung für *a fotografia*.

-ume	o lume	*das Feuer*		
	o ciúme	*die Eifersucht*		
-ém	o armazém	*das Lager, das Kaufhaus*		
-im	o marfim	*das Elfenbein*		
-om	o som	*der Klang*		
-um	o álbum	*das Album*		Ausnahmen
-ar	o mar	*das Meer, die See*	a preia-mar[1, 2]	*Hochwasser*
			a baixa-mar[2]	*Niedrigwasser*
-er	o prazer	*das Vergnügen*	a colher	*der Löffel*
			a mulher	*die Frau*
-ir	o elixir	*das Elixier*		
-or	o calor	*die Wärme, die Hitze*	a cor	*die Farbe*
			a dor	*der Schmerz*
			a flor	*die Blume*
-s	o lápis	*der Bleistift*	a bílis	*die Galle*
	o pires	*die Untertasse*	a cútis[3]	*die Haut,*
	o país	*das Land*		*der Teint*
	o gás	*das Gas*		
-n	o dólmen	*das Hünengrab*		
	o pólen	*der Blütenstaub*		
-ão	Konkrete Substantive auf **-ão** sind in der Regel maskulin:			
	o coração	*das Herz*		
	o feijão	*die Bohne*		

2.3 **Maskulin** sind auch

a) die Namen der Berge, Flüsse, Meere, Seen, Wüsten, Winde, Himmelsrichtungen:

o Evereste	*der Everest*	o Danúbio	*die Donau*
o Báltico	*die Ostsee*	o Sara	*die Sahara*
o Elba	*die Elbe*	o Sul	*der Süden*

b) Schiffe, auch wenn ihr Name sonst für weibliche Individuen steht:

o Príncipe Perfeito   o Santa Maria

c) Zahlen, Buchstaben und Musiknoten:

um três	*eine Drei*	um a	*ein A (Buchstabe)*
		um mi	*ein E (Ton)*

d) Substantivierte Verben und Adverbien:

o comer   *das Essen*   o conversar   *das Reden*

---

[1] *mar* war ursprünglich feminin.
[2] Terminus technicus; umgangssprachliche Ausdrücke sind: *maré cheia* (Flut), *maré vazia* (Ebbe).
[3] Gewöhnlich: *a pele*.

2. **Feminin** sind normalerweise die Wörter auf

			Ausnahmen	
-a[1]	a rua a carta	*die Straße* *der Brief*	*Wörter (meist) griechischen Ursprungs:*	
			o aroma	*das Aroma, der Duft*
			o cinema	*das Kino*
			o clima	*das Klima*
			o cometa	*der Komet*
			o enigma	*das Rätsel*
			o problema	*das Problem u. a.*
			ferner:	
			o dia	*der Tag*
			o mapa	*die Landkarte*
-ã	a lã a manhã	*die Wolle* *der Morgen*	o afã	*der Eifer, die Beflissenheit*
			o clã	*der Clan*
			o imã *(íman)*	*der Magnet*
			o galã	*der Galan; Held, (Liebhaber) im Kino usw.*
			o talismã	*der Talisman*
-ê	a mercê	*die Gnade*		
-ei	a lei a grei	*das Gesetz* *die Herde, das Volk*		
-ade	a bondade a felicidade	*die Güte* *das Glück*		
-ice	a tolice a velhice	*die Dummheit* *das Alter*		
-gem	a imagem a origem	*das Bild* *der Ursprung*	a personagem oder o personagem	*die Person, die (Roman-) Figur*
-ez	a escassez	*die Knappheit*	o jaez	*das (Pferde-)Geschirr*
			o pez	*das Pech (Teer)*
			o xadrez	*das Schach*
-iz	a cicatriz	*die Narbe*	o aprendiz	*der Lehrling*
			o chafariz	*der Brunnen*
			o giz	*die Kreide*
			o juiz	*der Richter*
			o matiz	*der Farbton*
			o nariz	*die Nase*
			o verniz	*der Lack*
-ão	*Viele Substantive auf* **-ão**, *insbesondere die Abstrakta:*			
	a perfeição a solidão	*die Vollkommenheit* *die Einsamkeit*		

---

[1] Häufigste Endung für feminine Substantive.

2.5 **Feminin** sind die Namen der meisten Obstbäume und Früchte:

a amendoeira	*der Mandelbaum*	a laranjeira	*der Orangenbaum*
a amêndoa	*die Mandel*	a laranja	*die Orange*
a cerejeira	*der Kirschbaum*	a macieira	*der Apfelbaum*
a cereja	*die Kirsche*	a maçã	*der Apfel*
a figueira	*der Feigenbaum*	a pereira	*der Birnbaum*
aber:		a pera	*die Birne*
o figo (!)	*die Feige*	a videira	*der Weinstock*
a ginjeira	*der Sauerkirschbaum*	a uva	*die Traube*
a ginja	*die Sauerkirsche*		

Allerdings sind folgende **maskulin**:

o castanheiro	*der Kastanienbaum*	o marmeleiro	*der Quittenbaum*
aber:		o marmelo[1]	*die Quitte*
a castanha (!)	*die Kastanie*	o morangueiro	*die Erdbeerpflanze*
o damasqueiro	*der Aprikosenbaum*	o morango	*die Erdbeere*
o damasco	*die Aprikose*	o pessegueiro	*der Pfirsichbaum*
o limoeiro	*der Zitronenbaum*	o pêssego	*der Pfirsich*
o limão	*die Zitrone*		

II. Bildung der femininen Form der Substantive
(Formação do feminino dos substantivos/nomes)

2.6 1. Substantive, die auf **-o** oder **-e** enden, bilden das Femininum auf **-a**:

o menino	*der kleine Junge*	o pombo	*der Täuberich*
a menina	*das kleine Mädchen*	a pomba	*die Taube*
o mestre	*der Lehrer*	o hóspede	*der Logiergast,*
a mestra	*die Lehrerin*	a hóspeda	*der/die Untermieter(in)*
			(vgl. hierzu 2.12)

2.7 2. Substantiven, die auf Konsonant auslauten, wird ein **-a** angehängt:

o doutor	*der Doktor*	a doutora
o deus	*der Gott*	a deusa
o aprendiz	*der Lehrling*	a aprendiza
o espanhol	*der Spanier*	a espanhola

aber:

o ator	*der Schauspieler*	a atriz
o embaixador	*der Botschafter*	a embaixatriz[2]
o imperador	*der Kaiser*	a imperatriz
o cônsul	*der Konsul*	a consulesa
o czar	*der Zar*	a czarina

---

[1] «Marmelade»: hergeleitet vom portugiesischen **«marmelo»**; **«marmelada»** heißt die portugiesische Quittenmarmelade.

[2] *die Frau des Botschafters*; a embaixadora *die Botschafterin*.

o benzedor	der Gesundbeter	a benzedeira	
o cantador	der (Volks-)Sänger	a cantadeira	
o homem	der Mann	a mulher	
o rapaz	der Junge	a rapariga	
o pardal	der Spatz	a pardoca, pardaloca, pardaleja	

3. auf **-ês** auslautende Substantive bilden das Femininum auf **-esa**: 2.8

o freguês	der Kunde	a freguesa
o francês	der Franzose	a francesa

4. Substantive auf **-ão** bilden das Femininum auf verschiedene Arten, je nach lateinischem Ursprung: 2.9

   a) **-ão > -ana** [selten]; **-ão > -ã:**

João	Johannes, Hans	Joana
o sultão	der Sultan	a sultana
o aldeão	der Dorfbewohner, der Bauer	a aldeã
o alemão	der Deutsche	a alemã
o cidadão	der Bürger	a cidadã
o cristão	der Christ	a cristã
o órfão	die Waise	a órfã
o pagão	der Heide	a pagã
o irmão	der Bruder	a irmã
o anão	der Zwerg	a anã
o ancião	der Greis	a anciã

   b) **-ão > -ona; -ão > -oa:**

o mandrião	der Faulpelz, Nichtsnutz	a mandriona
o solteirão	der eingefleischte Junggeselle	a solteirona
o valentão	der Kraftmeier, Kraftprotz	a valentona
o leão	der Löwe	a leoa
o patrão	der Arbeitgeber, Chef, Meister	a patroa

5. Einige Substantive bilden das Femininum auf **-esa, -essa, -isa, -ina, -inha**: 2.10

o abade	der Abt	a abadessa
o conde	der Graf	a condessa
o barão	der Baron	a baronesa
o duque	der Herzog	a duquesa
o príncipe	der Prinz	a princesa
o poeta	der Dichter	a poetisa
o profeta	der Prophet	a profetisa
o sacerdote	der Priester	a sacerdotisa
o herói	der Held	a heroína
o rei	der König	a rainha
o galo	der Hahn	a galinha

6. Andere feminine Formen: 2.11

o avô	der Großvater	a avó
o bode	der Ziegenbock	a cabra

o boi	der Ochse	a vaca
o cão	der Hund	a cadela
o carneiro	der Hammel	a ovelha
o cavalo	das Pferd	a égua
o compadre	der Gevatter	a comadre
o frade	der Mönch	a freira
o genro	der Schwiegersohn	a nora
o ilhéu	der Inselbewohner	a ilhoa
o ladrão	der Dieb	a ladra
o marido	der Ehemann	a mulher
o melro	die Amsel	a mélroa
o padrasto	der Stiefvater	a madrasta
o padrinho	der Pate	a madrinha
o pai	der Vater	a mãe
o perdigão	der Rebhahn	a perdiz
o peru	der Truthahn	a perua
o réu	der Angeklagte	a ré
o veado	der Hirsch	a corça
o zângão	die Drohne	a abelha

7. Einige Substantive haben eine einzige Form sowohl für das Maskulinum wie für das Femininum:

a) mit Endung auf **-ante, -ente, -inte**:

o, a estudante	der Student, die Studentin
o, a agente	der Agent, die Agentin
o, a cliente	der Kunde, die Kundin
o, a doente	der, die Kranke, der Patient, die Patientin
o, a gerente	der Geschäftsführer, die Geschäftsführerin
o, a pedinte	der Bettler, die Bettlerin

Ausnahmen: o elefante, a elefanta; o gigante, a giganta *(der Riese, die Riesin)*; o infante, a infanta *(der Infant, die Infantin)*; o parente, a parenta *(der Verwandte, die Verwandte)*; in Brasilien: a Presidenta da República.[1]

b) mit Endung auf **-cida**:

o, a suicida	der Selbstmörder, die Selbstmörderin

c) mit Endung auf **-ista**:

o, a artista	der Künstler, die Künstlerin
o, a cientista	der Wissenschaftler, die Wissenschaftlerin
o, a dentista	der Zahnarzt, die Zahnärztin
o, a fadista	der Fadosänger, die Fadosängerin
o, a jornalista	der Journalist, die Journalistin
o, a pianista	der Pianist, die Pianistin
o, a socialista	der Sozialist, die Sozialistin
etc.	

---

[1] Gesetz vom 3. 4. 2012.

d) und andere wie:

o, a camarada	der Kamerad, die Kameradin
o, a colega	der Kollege, die Kollegin
o, a compatriota	der Landsmann, die Landsmännin
o, a indígena	der, die Eingeborene
o, a artífice	der Handwerker, die Handwerkerin
o, a cônjuge	der Ehemann, die Ehefrau
o, a cúmplice	der Komplize, die Komplizin
o, a intérprete	der Interpret, die Interpretin; der Dolmetscher, die Dolmetscherin
o, a hereje	der Ketzer, die Ketzerin
o, a jovem	der junge Mann, die junge Frau
o, a mártir	der Märtyrer, die Märtyrerin
o, a selvagem	der, die Wilde

8. Andere Substantive haben nur ein Genus, können aber Personen beider Geschlechter bezeichnen:

a criança	das Kind
a criatura	das Geschöpf
o ídolo	das Idol
o indivíduo	das Individuum
a pessoa	der Mensch, die Person
a testemunha	der Zeuge, die Zeugin
a vítima	das Opfer

9. Manche Tiernamen haben nur ein Genus:

a formiga	die Ameise
a rã	der Frosch
o rouxinol	die Nachtigall
o tigre	der Tiger

Wenn wir das Geschlecht solcher Tiere präzisieren wollen, dann fügen wir ihrem Namen die Wörter **macho** *(männlich)* oder **fêmea** *(weiblich)* hinzu:

o tigre macho	der Tiger	o tigre fêmea	die Tigerin
oder			
o macho do tigre		a fêmea do tigre	

10. Einige Substantive haben nur eine Form, aber je nach Genus verschiedene Bedeutung:

o cabeça	der Leiter	o corneta	der Hornist
a cabeça	der Kopf	a corneta	das Horn
o caixa	der Kassierer; das Kassenbuch	o corte (ó)	der Schnitt
a caixa	die Schachtel; die Kasse	a corte (ô)	der Hof
o capital	das Kapital	o cura	der Pfarrer
a capital	die Hauptstadt	a cura	die Heilung, die Kur
o cisma	das Schisma, die Spaltung	o grama	das Gramm
a cisma	die Grübelei; die Grille	a grama	das Gras; die Quecke

o lente	der Dozent	o vogal	das stimmfähige Mitglied
a lente	die Linse	a vogal	der Vokal, der Selbstlaut
o segurança	der Wachmann		
a segurança	die Sicherheit		

2.16 11. Manche Feminina, die aus der lateinischen Pluralform abgeleitet wurden, werden als Kollektiva gebraucht:

o banco	die Bank	o madeiro	der Balken, Block; das Langholz
a banca	das Bankwesen, die Banken	a madeira	das Holz
o fruto	die Frucht	o ovo	das Ei
a fruta	das Obst	a ova	der Eierstock der Fische
o lenho	der Holzklotz	o ramo	der Zweig
a lenha	das Brennholz	a rama	das Blattwerk, das Geäst

2.17 12. Bei manchen Wörtern bezeichnet die feminine Form das größere oder breitere Objekt:

o banco	die (Sitz-)Bank	o manto	der Umhang
a banca	der große Tisch, Schreibtisch	a manta	die Decke
o barco	das Schiff, Boot	o mosco	die kleine Fliege, die Mücke
a barca	die Barke, der Kahn	a mosca	die Fliege
o caldeiro	der Kochtopf	o poço	der (Zieh-, Schöpf-) Brunnen
a caldeira	der Kessel	a poça	die Pfütze; die Lache
o cesto	der Korb	o rio	der Fluss
a cesta	der große Korb	a ria	das Haff, die Ria
o janelo	das kleine Fenster	o saco	der Sack, die Reisetasche, die Tüte
a janela	das Fenster	a saca	der große Sack

2.18 13. Einige Substantive haben eine ähnliche Form, sind jedoch sehr unterschiedlich in ihrer Bedeutung:

o banho	das Bad	o fado	der Fado,[1] das Schicksal
a banha	das Tierfett	a fada	die Fee
o bolo	der Kuchen	o fardo	der Ballen
a bola	der Spielball	a farda	die Uniform
o cano	das Rohr	o fito	das Ziel
a cana	das (Schilf-)Rohr	a fita	das Band
o cargo	das Amt	o limo	die Grünalge; der Flussschlamm
a carga	die Last	a lima	die Feile; die Limette
o cigarro	die Zigarette	o meio	das Mittel; die Mitte
a cigarra	die Zikade	a meia	der Strumpf
o encosto	die Lehne	o minuto	die Minute
a encosta	der Hang	a minuta	das Musterformular

---

[1] port. Liedgattung.

o modo	die Art und Weise	o prato	der Teller
a moda	die Mode	a prata	das Silber
o peito	die Brust	o troco	das Wechselgeld
a peita	das Bestechungsgeld [veraltet]	a troca	der Tausch, Wechsel
o pimento	die Paprikaschote		
a pimenta	der Pfeffer		

III. Der Plural der Substantive
(Plural dos substantivos/nomes)

1. Der Plural der portugiesischen Substantive wird folgendermaßen gebildet:

Endung auf	Beispiele		Plural	
Vokal	a cadeira	der Stuhl	**-s**	as cadeiras
	o gato	die Katze		os gatos
(außer	o céu	der Himmel		os céus
betontem **-ão**)	o pai	der Vater		os pais
	a mãe	die Mutter		as mães
	a alemã	die Deutsche		as alemãs
	o órgão	das Organ, die Orgel		os órgãos
	o órfão	die Waise		os órfãos
	a bênção	der Segen		as bênçãos
-r, -z, -s	o mar	das Meer	**-es**	os mares
mit Betonung auf	a mulher	die Frau		as mulheres
der letzten Silbe	o computador	der Computer		os computadores
	o escritor	der Schriftsteller		os escritores
	o rapaz	der Junge		os rapazes
	a vez	das Mal[1]		as vezes
	o petiz	der Kleine		os petizes
(Wörter auf **-ês**	o país	das Land		os países
verlieren den	o deus	der Gott		os deuses
Akzent im Plural)	o freguês	der Kunde		os fregueses
-s	o alferes	der Fähnrich	**unver-**	os alferes
mit Betonung auf	o atlas	der Atlas	**ändert**	os atlas
der zweitletzten	o lápis	der Bleistift		os lápis
Silbe	o ourives	der Goldschmied		os ourives
	ebenso:			
	o cais	der Kai		os cais
	o arrais	der Bootsführer		os arrais
-n	o abdómen	der Unterleib	**-es**	os abdómenes
	o dólmen	das Hünengrab		os dólmenes
	o líquen	die Flechte		os líquenes

---

[1] im Sinne von **uma vez** (*einmal*), **muitas vezes** (*oft*) usw.

-al	o sal	*das Salz*	-ais	os sais
	o animal	*das Tier*		os animais
	Ausnahmen:			
	a cal	*der Kalk*		as cales *od.* cais
	o mal	*das Böse, das Übel*		os males
	o real	*der Real (ehemalige Münzeinheit)*		os réis
betontem -el	o hotel	*das Hotel*	-éis	os hotéis
	o papel	*das Papier*		os papéis
	o pincel	*der Pinsel*		os pincéis
	Ausnahmen:			
	o fel	*die Galle*		os feles
	o mel	*der Honig*		os meles *od.* méis
unbetontem -el	o automóvel	*das Auto*	-eis	os automóveis
	o telemóvel	*das Handy*		os telemóveis
	o túnel	*der Tunnel*		os túneis
betontem -il	o ardil	*die List (listiges Vorgehen)*	-is	os ardis
	o peitoril	*die Brüstung*		os peitoris
	o canil	*die Hundehütte*		os canis
unbetontem -il	o projétil	*das Geschoss*	-eis	os projéteis
	o réptil	*das Reptil*		os répteis
-ol	o sol	*die Sonne*	-óis	os sóis
	o lençol	*das Betttuch*		os lençóis
-ul	o paul	*der Sumpf*	-uis	os pauis
	Ausnahme:			
	o cônsul	*der Konsul*		os cônsules
-em, -ém, -im, -om, -um	o homem	*der Mensch, der Mann*	-ns	os homens
	o armazém	*das Kaufhaus*		os armazéns
	o fim	*das Ende*		os fins
	o dom	*die Gabe*		os dons
	o álbum	*das Album*		os álbuns
-ão bei einer geringen Zahl von Wörtern:	a mão	*die Hand*	-ãos[1]	as mãos
	o irmão	*der Bruder*		os irmãos
	o corrimão	*das Treppengeländer*		os corrimãos
	o cidadão	*der Bürger*		os cidadãos
	o cristão	*der Christ*		os cristãos
	o chão	*der Boden*		os chãos
	o grão	*das Korn*		os grãos
	o cortesão	*der Höfling*		os cortesãos
	o pagão	*der Heide*		os pagãos
	und wenige andere			

---

[1] Ableitung: lateinischer Akk. Sing. auf *-anum*; Pl. *-anus, -anos.* Beispiel.: lat. **manus** → ma(n)us → port. **mãos**.

III. Der Plural der Substantive

bei einer geringen Zahl von Wörtern:	o pão	das Brot	-ães[1]	os pães
	o cão	der Hund		os cães
	o alemão	der Deutsche		os alemães
	o capitão	der Hauptmann, der Kapitän		os capitães
	o charlatão	der Scharlatan		os charlatães
	o capelão	der Kaplan		os capelães
	o sacristão	der Küster		os sacristães
	und wenige andere			
häufigste Form:	o leão	der Löwe	-ões[2]	os leões
	a canção	das Lied		as canções
	a opinião	die Meinung		as opiniões
	o ladrão	der Dieb		os ladrões
	o trovão	der Donner		os trovões
	und viele andere			
Zwei oder drei Pluralformen:	o ancião	der Greis		os anciãos (auch: os anciães, os anciões)
	o aldeão	der Dorfbewohner, der Bauer		os aldeãos os aldeões os aldeães
	o vilão	der Kleinstädter, der gemeine Kerl		os vilãos os vilões
	o ermitão	der Einsiedler		os ermitãos os ermitães os ermitões
	o guardião	der Leibwächter		os guardiães os guardiões

2. Substantive auf **-o,** deren betonter Vokal ein geschlossenes **-o** ist, öffnen dieses **-o** im Plural:

o almoço (mô)	das Mittagessen	os almoços (mó)
o caroço (rô)	der Obstkern	os caroços (ró)
o jogo (jô)	das Spiel	os jogos (jó)
o olho (ô)	das Auge	os olhos (ó)
o ovo (ô)	das Ei	os ovos (ó)
o povo (pô)	das Volk	os povos (pó)
o socorro (cô)	die Hilfe	os socorros (có)

---

[1] Ableitung: lateinischer Akk. Sing. auf -anem; Pl. -anes. Beispiel.: lat. **panes** → pa(n)es → port. **pães**.

[2] Ableitung: lateinischer Akk. Sing. auf -onem; Pl. -ones. Beispiel.: lat. **leones** → leo(n)es → port. **leões**. Bei allen drei Formen entfiel das **-n** und bewirkte die Nasalierung des vorangehenden Vokals.

2.21 *Ausnahmen:*
(das betonte **-o** bleibt geschlossen im Plural)

o abono	*die Bürgschaft*	o lobo	*der Wolf*
o bodo	*die Armenspeisung*	o mocho	*der Kauz;*
o bojo	*der Bauch, die Ausbauchung*		*der Hocker*
o bolo	*der Kuchen*	o moço	*der Bursche,*
o coco	*die Kokosnuss*		*junge Mann*
o dono	*der Besitzer*	o molho	*die Sauce*
o estojo	*das Futteral*	o mono	*der Affe*
o ferrolho	*der Riegel*	o mosto	*der Most*
o garoto	*der Straßenjunge*	o morro	*der Hügel*
o globo	*die Kugel, der Globus*	o piloto	*der Pilot*
		o potro	*das Fohlen*
o gorro	*die Zipfelmütze*	o raposo	*der männliche Fuchs*[1]
o gosto	*der Geschmack*	o rosto	*das Gesicht*
o lodo	*der Schlamm*	o trambolho	*der Klumpen*

2.22 3. Einige Substantive werden nur im Plural gebraucht:

as algemas	*Handschellen*	as núpcias	*Hochzeit*
as alvíssaras	*Finderlohn*	os anais	*Annalen*
as andas	*Stelzen*	os arredores	} *Umgebung*
as arras	*Heiratsgut* [veraltet]	as cercanias	
as calças	*Hose*	as cãs	*weißes Haar*
as ceroulas	*Unterhose*	as olheiras	*Augenringe, -schatten*
as cuecas	*Schlüpfer, Slip*	os parabéns	*Glückwunsch*
as cócegas	*Kitzel(n)*	os pêsames	*das Beileid*
os esponsais	*Verlobung* [veraltet]	as primícias	*Erstlinge*
as entranhas	*Eingeweide*	as suíças	*Koteletten, Backenbart*
as exéquias	*Trauerfeier*	as têmporas	*Schläfen*
as fezes	*Exkremente*	as trevas	*Finsternis*
os maiores	*Vorfahren*	as vitualhas	*Lebensmittel* [veraltet]
as matinas	*die Mette*	os víveres	*Lebensmittel*

2.23 4. Andere Substantive haben im Plural eine andere Bedeutung als im Singular:

a água	*das Wasser*	a féria	*der Lohn*
as águas	*das Heilwasser, die Heilquellen*	as férias	*die Ferien*
		a fonte	*die Quelle*
o ar	*die Luft*	as fontes	*die Schläfen*
os ares	*das Klima*		
o bem	*das Gute*	o género	*die Art und Weise*
os bens	*das Vermögen, der Besitz*	os géneros	*die Waren*
a costa	*die Küste*	o óculo	*das Fernglas*
as costas	*der Rücken*	os óculos	*die Brille*

---

[1] Gattungsbezeichnung und weibliches Tier: a raposa.

a paciência	*Geduld*	a saúde	*die Gesundheit,*
as paciências	*die Patiencen*		*der Trinkspruch*
a prata	*das Silber*	as saúdes	*nur: die Trinksprüche*
as pratas	*die Silbersachen*		

5. Personennamen haben einen Plural,

a) wenn sie die Mitglieder einer Familie bezeichnen:

Os Silvas, este ano, passam as férias no estrangeiro.　　*Die Silvas verbringen dieses Jahr ihre Ferien im Ausland.*

b) wenn sie nicht die Personen meinen, sondern ihre Eigenschaften symbolisieren:

Na história da humanidade são raros os **Gandhis,** mas abundam os **Neros.**　　*In der Geschichte der Menschheit gibt es wenige Gandhis, aber übermäßig viele Neros.*

IV. Kollektive Substantive *(Substantivos/nomes coletivos)*

1. Sammelbegriffe:

a alcateia	*das (Wolfs-)Rudel*	o exército	*das Heer*
a armada	*die (Kriegs-)Flotte*	a frota	*die Flotte*
o bando	*der (Vogel-)Schwarm*	a leva	*der (Gefangenen-)*
a cáfila	*die Kamelherde,*		*Transport, der Trupp*
	die Karawane;	o magote	*der Trupp*
	das Pack	a manada	*die Kuhherde*
a canalha	*das Gesindel*	a matilha	*die Meute*
a caravana	*die Karawane*	o pomar	*der Obstgarten*
o cardume	*der (Fisch-)Schwarm*	a quadrilha	*die Diebes-, Räuberbande*
a choldra	*das Pack*	o rancho	*die Schar, die Gruppe*
o chorrilho	*der Haufen*	o rebanho	*die (Schafs-), (Ziegen-)Herde*
(de disparates)	*Dummheiten, Fehler*	a récua	*die Gruppe von Lasttieren*
a companha	*die Bootsmannschaft*	a réstia	*der Zwiebel-, Knoblauchzopf*
a corja	*das Pack*	o souto	*das Gehölz;*
o enxame	*der (Bienen-)Schwarm*		*das Kastanienwäldchen*

2. Bei Verwandtschaft bezeichnet der Plural des **maskulinen** Wortes den kollektiven Begriff:

o pai	*der Vater*	o tio	*der Onkel*
os pais	*die Eltern*	os tios	*Onkel und Tante*
o filho	*der Sohn*		
os filhos	*die Kinder*	**Ausnahme:**	
	(Söhne und Töchter)	a avó	*die Großmutter*
o irmão	*der Bruder*	os avós	*die Großeltern;*
os irmãos	*die Geschwister,*		*auch: die Vorfahren*
	die Gebrüder		

3. Mit einigen Suffixen, die eine Ansammlung, eine große Anzahl bezeichnen, lassen sich kollektive Substantive bilden:

-ada	papelada *(Papierkram, die Papiere)*
	passarada *(Vogelschwarm, die Vögel)*
-agem	folhagem *(Laub, Blattwerk)*
-al	pinhal *(Pinienwald)*
	olival *(Olivenhain)*
	laranjal *(Orangenhain)*
-ama	mourama *(große Anzahl Mauren; Land der Mauren)*
-aria, -ario	casaria, casario *(Häuserreihe, große Anzahl Häuser)*
-edo	arvoredo *(Wäldchen, Hain; die Bäume)*
	vinhedo *(Weinberg)*
-ia, -io	penedia *(Felsengewirr)*; rapazio *(die männliche Jugend)*
-ório	foguetório *(Menge Raketen; Abbrennen von Feuerwerk)*
-ouço (-oiço)	pedrouço *(Steinhaufen)*

§ 3 Das Adjektiv

Die Adjektive richten sich in Genus und Numerus nach dem Substantiv, das sie qualifizieren, z. B.

mesas redondas	*runde Tische*

Dasselbe gilt, im Gegensatz zum Deutschen, wenn die Adjektive in prädikativer Stellung stehen:

as mesas são redondas	*die Tische sind rund*

I. Das Genus der Adjektive *(Género dos adjetivos)*

1. Einige Adjektive haben nur eine Form für das Maskulinum und das Femininum. Es sind diejenigen,

   a) die auf **-e** enden, wie:

alegre	*fröhlich*
doente	*krank*

sowie das Adjektiv

só	*allein, einsam*[1]

Beispiele:

um rapaz alegre	*ein fröhlicher Junge*
uma rapariga alegre	*ein fröhliches Mädchen*
um espírito doente	*ein krankes Gemüt*
uma pessoa doente	*ein kranker Mensch*
o homem só	*der einsame Mann, der Mann allein*
a mulher só	*die einsame Frau, die Frau allein*

   b) die auf Konsonant (außer **-ês, -ol, -or** und **-uz**) enden, wie:

um engano fatal	*ein verhängnisvoller Fehler*
uma queda fatal	*ein tödlicher Sturz*
um exame fácil	
uma prova fácil	*eine leichte Prüfung*
o céu azul	*der blaue Himmel*
a água azul	*das blaue Wasser*
um costume popular	*ein volkstümlicher Brauch*
uma canção popular	*ein Volkslied*
um rapaz simples	*ein einfacher junger Mann*
uma rapariga simples	*ein einfaches Mädchen*

---

[1] aber: **sozinho, sozinha** = *allein, einsam*: **o homem sozinho, a mulher sozinha**

um professor capaz	ein fähiger Lehrer
uma professora capaz	eine fähige Lehrerin
um moço feliz	ein glücklicher Junge
uma moça feliz	ein glückliches Mädchen
um desastre atroz	ein grässlicher Unfall
uma lembrança atroz	eine grässliche Erinnerung
um erro comum	ein üblicher Fehler
uma sala comum	ein Wohnzimmer (mit Essecke)
um homem ruim	ein bösartiger Mann
uma doença ruim	eine bösartige Krankheit

2. Verschiedene Formen für das Maskulinum und das Femininum haben die Adjektive auf **-o, -ão, -u, -eu, ês, -ol, -or und -uz**. Für die Bildung der femininen Form der Adjektive gelten die gleichen Regeln wie für die Substantive.

a) Adjektive auf **-o** und **-ão**:

bonito, bonita	*schön*
feio, feia	*hässlich*
são, sã	*gesund*
vão, vã	*nichtig*
glutão, glutona	*gefräßig*
beirão, beiroa	*aus der port. Provinz Beira*

b) Adjektive auf **-ês,**[1] **-ol,**[1] **-or**[1] und **-uz**:

português, portuguesa	*portugiesisch*
chinês, chinesa	*chinesisch*
espanhol, espanhola	*spanisch*
maçador, maçadora	*lästig*
encantador, encantadora	*entzückend*
andaluz, andaluza	*andalusisch*

Ausnahmen:

Immer noch eine einzige Form haben:

bicolor (tricolor)	*zweifarbig (dreifarbig)*
incolor	*farblos*
sensabor	*geschmacklos, fade*
maior	*größer*
menor	*kleiner*
melhor[2]	*besser*
pior[2]	*schlechter*
superior[2]	*überlegen*

---

[1] im Altportugiesischen nur eine Form.
[2] Substantive: **a melhora,** *(die Besserung),* **a piora** *(die Verschlechterung),* **a superiora** *(die Oberin).*

inferior	*unterlegen*
exterior	*äußerlich*
interior	*innerlich*
ulterior	*später, jenseits*
citerior	*diesseits*
anterior	*vorhergehend*
posterior	*folgend, später*
cortês	*höflich*
montês	*wild (z. B.* **gato montês** *Wildkatze)*
pedrês	*schwarzweiß gesprenkelt (z. B.* **galinha pedrês** *schwarzweiß gesprenkeltes Huhn)*
soez	*gemein, niedrig [veraltet]*

3. Bemerkungen

a) Adjektiven auf **-u** (nach Konsonant) wird für die feminine Form ein **-a** angehängt:

cru, crua	*roh*
nu, nua	*nackt*

Ausnahme:

um homem hindu, uma mulher hindu	*ein Hindu, eine Hindu-Frau*

b) Adjektive auf **-eu** bilden das Femininum auf **-eia**:

ateu, ateia	*gottlos*
europeu, europeia	*europäisch*
hebreu, hebreia	*hebräisch*
plebeu, plebeia	*plebejisch*
etc.	

Ausnahmen:

judeu, judia	*jüdisch*
sandeu, sandia	*närrisch*

c) Wenn der betonte Vokal des Adjektivs ein geschlossenes **o** ist, so öffnet sich dieses **o** in der Regel im Femininum (wie beim Substantiv), z. B.

novo (nô-), nova (nó-)	*neu, jung*
morno (môr-), morna (mór-)	*lauwarm*

und alle Adjektive auf **-oso,** wie

formoso (-mô-), formosa (-mó-)	*schön*
perigoso (-gô-), perigosa (-gó-)	*gefährlich*

Eine Reihe von Adjektiven bewahrt jedoch das geschlossene **o** auch im Femininum:

absorto	*in Gedanken versunken*	coxo	*hinkend*
balofo	*aufgedunsen*	envolto	*eingehüllt*
chocho	*saftlos, trocken*	fofo	*weich, bauschig*

fosco	*matt*	revolto	*aufgewühlt*
gordo	*dick*	roto	*zerlumpt, verschlissen*
insosso	*salzlos*	roxo	*violett*
maroto	*verschlagen, gerissen*	salobro	*brackig*
moço	*jung*	solto	*frei, lose*
oco	*hohl*	tolo	*dumm, eitel*

d) Das Femininum von **bom** ist **boa**, das von **mau** ist **má**:

um homem bom	*ein gütiger Mann*
um homem mau	*ein schlechter Mann*
uma notícia boa	*eine gute Nachricht*
uma notícia má	*eine schlechte Nachricht*

e) Das Adjektiv **Santo** *(Heiliger)* wird zu **São (S.)** vor maskulinen Personennamen, die mit Konsonant (außer h) anfangen:

São (S.) João	*Sankt (St.) Johannes, der heilige (hl.) Johannes*
São (S.) Pedro	*Sankt (St.) Peter, der heilige (hl.) Peter (Petrus)*
aber	
Santo António	

Bei femininen Namen ändert sich die Form **Santa** nicht:

Santa Teresa, Santa Inês, Santa Ana *oder* Sant'Ana

f) Das Adjektiv **grande** wird bei einigen Komposita zu **grão, grã**:

Grão-Duque	*Großherzog*
Grã-Bretanha	*Großbritannien*

g) **Belo** hat auch die Kurzform **bel** (nur noch in wenigen Komposita):

a seu bel-prazer   *wie es ihm gefällt, wie es ihm beliebt, nach seinem Gutdünken*

II. Der Plural der Adjektive *(Plural dos adjetivos)*

Für die Bildung des Plurals der Adjektive gelten die gleichen Regeln wie für die Substantive.

branco	brancos	*weiß*
grande	grandes	*groß*
são	sãos	*gesund*
alemão	alemães	*deutsch*
alemã	alemãs	*deutsch*
jovem	jovens	*jung*
ruim	ruins	*schlecht*
bom	bons	*gut*
boa	boas	*gut*
mau	maus	*schlecht*
má	más	*schlecht*
melhor	melhores	*besser*
cortês	corteses	*höflich*

feliz	felizes	*glücklich*
andaluz	andaluzes	*andalusisch*
fácil	fáceis	*leicht*
gentil	gentis	*liebenswürdig*
confortável	confortáveis	*bequem*
natural	naturais	*natürlich*
azul	azuis	*blau*
espanhol	espanhóis	*spanisch*
generoso	generosos	*großzügig*
(-rô-)	(-ró-)	
novo (nô-)	novos (nó-)[1]	*neu, jung*

III. Genus und Numerus der Adjektive, die mehr als ein Substantiv qualifizieren

Wenn das Adjektiv mehr als ein Substantiv qualifiziert, gelten folgende Regeln:

1. Haben die Substantive das gleiche Genus, so stimmt das Adjektiv im Genus mit ihnen überein und nimmt die Pluralform an:

Gato e cão **amigos**	*Hund und Katze befreundet*
Mãe e filha **parecidas**	*Mutter und Tochter einander ähnlich*

2. Haben die Substantive verschiedene Genera, so ergeben sich zwei Möglichkeiten:

   a) Steht das Adjektiv vor den Substantiven, stimmt es mit dem ersten Substantiv überein:

Bela semana e mês!   *Schöne Woche, schöner Monat!*

   b) Steht das Adjektiv nach den Substantiven, so nimmt es die Form des Maskulinums Plural an:

Marido e mulher **idosos**	*Mann u. Frau, beide schon älter*
Casas e jardins bem **cuidados**	*Gut gepflegte Häuser u. Gärten*

3. Die Adjektive, die sich nur auf Teile des von einem Substantiv im Plural dargestellten Begriffes beziehen, bleiben im Singular:

As línguas **alemã** e **portuguesa**   *Die deutsche und die portugiesische Sprache*

IV. Die Stellung des Adjektivs beim Substantiv (attributives Adjektiv)

1. Prinzipiell wird das Adjektiv dem Substantiv **nachgestellt** (objektive Feststellung einer Eigenschaft):

---

[1] Einige Adjektive öffnen das betonte **o** *nicht* im Plural (s. Liste 3.4 zum Femininum).

um homem gordo	*ein dicker Mann*
uma casa encarnada	*ein rotes Haus*
uma senhora alemã	*eine deutsche Frau*
um governo estável	*eine stabile Regierung*
uma cor clara	*eine helle Farbe*
«A velhinha ... passou **a mão escura, trémula** e **rugosa**, pelo **dorso peludo** do gato.»	*Die Alte ... strich mit ihrer dunklen, zittrigen und faltigen Hand über den haarigen Rücken der Katze.*

Maria Judite de Carvalho, «As Palavras Poupadas»

2. Dem Substantiv **vorangestellt** wird es aber,

3.10   a) wenn es eine subjektive Bewertung ausdrückt, z. B. Gefühle betont, wie oft in Gedichten:

«Adiante verdejava um prado de ervas altas, avivado pela brancura de **vaidosos, lânguidos lírios**; junto d'água passeavam aos pares **pensativas cegonhas**.»	*Etwas weiter weg grünte eine Wiese mit hohen Gräsern, belebt vom Weiß eitler, schmachtender Lilien; dicht am Wasser spazierten Paare nachdenklicher Störche.*

Eça de Queirós, «A Relíquia»

«Quanto tempo mais teria de rezar com a **odiosa velha** o **fastiento terço**?»	*Wie lange noch würde er wohl den langweiligen Rosenkranz mit der verhassten Alten beten müssen?* Ibid.
Ai! Há quantos anos eu parti chorando deste meu **saudoso, carinhoso lar**! ...	*Ach, vor wie viel Jahren zog ich weinend aus diesem heimeligen, liebevollen Haus!*

Guerra Junqueiro, «Os Simples»

3.11   b) bei Ausrufen der Freude, der Traurigkeit, des Erstaunens:

Que **linda casa**!	*Was für ein schönes Haus!*
«– **Deliciosa torrada**! murmurou o doutor. – **Excelente torrada**! suspirei eu cortesmente.»	*– Köstlicher Toast! raunte der Doktor. – Ausgezeichneter Toast! seufzte ich höflich.* Eça de Queirós, «A Relíquia»
«**Pobre** e **estéril** criatura!»	*Armes und unfruchtbares Geschöpf!* Ibid.

3.12   c) wenn das Adjektiv rhetorisch verwendet wird, in konventionellen Zeitungs- oder Redeausdrücken wie:

o insigne homem de letras	*der bedeutende Geisteswissenschaftler*
o célebre escritor	*der berühmte Schriftsteller*
«E convidou logo Jorge, Sebastião e Julião para um jantar na quinta-feira, ‹um **modesto jantar** de rapazes, no seu **humilde tugúrio,** para festejar a **régia graça**›.»	*Und er lud Jorge, Sebastião und Julião sogleich zu einem Abendessen am Donnerstag ein, ‹zu einem einfachen Essen von Junggesellen in seiner bescheidenen Bude, um die königliche Gnade zu feiern›.*

Eça de Queirós, «O Primo Basílio»

3.13   d) wenn die besondere Wichtigkeit der Aussage unterstrichen werden soll:

Hão de realizar-se **as necessárias reformas** em Portugal!	*Die für Portugal notwendigen Reformen müssen durchgeführt werden!*

3. Viele Adjektive nehmen eine andere Bedeutung an, je nachdem, ob sie dem Substantiv voran- oder nachgestellt sind; in der Voranstellung haben diese Adjektive einen übertragenen Sinn:

um velho companheiro	*ein alter (langjähriger) Kamerad*
um companheiro velho	*ein alter (betagter) Kamerad*
uma nova amiga	*eine neue Freundin*
uma amiga nova	*eine junge Freundin*
um pobre rapaz	*ein armer (bemitleidenswerter) Junge*
um rapaz pobre	*ein (materiell) armer Junge*
uma rica casa	*ein prächtiges, vorteilhaftes Haus*
uma casa rica	*ein reiches Haus*
um grande homem	*ein großer (bedeutender) Mann*
um homem grande (= alto)	*ein (körperlich) großer Mann*
um simples exercício	*bloß eine Übung, nichts anderes als eine Übung*
um exercício simples	*eine einfache Übung*
uma verdadeira história	*eine echte Story; eine Geschichte, die das Leben schrieb*
uma história verdadeira	*eine wahre Geschichte*

«Que **rico cheirinho** a igreja!»   *Was für ein schöner Duft nach Kirche!*

Eça de Queirós, «A Relíquia»

«Minha **pobre Glória** ... como estás mudada!»   *Meine arme Glória ... wie hast du dich verändert!*

Maria Judite de Carvalho, «As Palavras Poupadas»

«Era um homem, um **simples homem,** um **pobre homem rico.**»   *Er war ein Mann, nur ein Mann, ein armer, reicher Mann.*

Maria Judite de Carvalho, «Tanta Gente. Mariana»

«Nem ele próprio sabia – era um **homem simples** ...»   *Nicht einmal er wusste es – er war ein einfacher Mann ...*   ibid.

4. Das Adjektiv **último** wird wie alle Ordnungszahlen immer vorangestellt:

No **último dia** de aulas, fiz uma revisão de matéria.   *Am letzten Unterrichtstag wiederholte ich den Stoff.*

Últimas notícias!   *Letzte Nachrichten!*

5.

a) Das Adjektiv **único** wird in der Bedeutung von *einzig(er)* dem Substantiv vorangestellt:

É o **único romance dele** que eu não conheço.   *Es ist der einzige Roman von ihm, den ich nicht kenne.*

Não encontrei uma **única blusa** a meu gosto.   *Ich habe nicht eine einzige Bluse nach meinem Geschmack gefunden.*

Ausnahmen:

filho **único**, filha **única** *Einzelkind (einziger Sohn, einzige Tochter)*
rua de **sentido único** *Einbahnstraße*

b) Dem Substantiv nachgestellt, hat **único** die Bedeutung von *einzigartig:*

És uma **rapariga única!**	*Du bist ein einzigartiges Mädchen!*
«Dilatava, com volúpia intensa, todos os segundos daquele **instante estranho** e **único.**»	*Sie verlängerte mit großem Genuss alle Sekunden jenes fremden und einzigartigen Augenblicks.*

Joaquim Paço d'Arcos, «*A Corça Prisioneira*»

3.17   6. Als Adjektiv wird **certo** immer dem Substantiv nachgestellt:[1]

um relógio **certo**	*eine Uhr, die richtig geht, eine genaue Uhr*
uma conta **certa**	*eine Rechnung, die stimmt*
um amigo **certo**	*ein zuverlässiger Freund*

3.18 ## V. Die Steigerung des Adjektivs *(Graus dos adjetivos)*

POSITIV	belo	schön
KOMPARATIV		
1. *der Überlegenheit* (de superioridade)	mais belo que mais belo do que	schöner als
2. *der Gleichheit* (de igualdade)	tão belo como	so schön wie
3. *der Unterlegenheit* (de inferioridade)	menos belo que menos belo do que	weniger schön als
SUPERLATIV		
1. *absoluter Superlativ*[2]		
einfach/synthetisch	belíssimo[3]	sehr schön
zusammengesetzt/analytisch	muito belo	sehr schön
2. *relativer Superlativ*[2]	o mais belo	der Schönere der Schönste
	o menos belo	der am wenigsten Schöne

---

[1] Vor dem Substantiv ist **certo** ein Indefinitbegleiter, «ein gewisser»: um **certo** amigo *ein gewisser Freund.*

[2] Der relative Superlativ drückt den höchsten Grad innerhalb einer gegebenen Vergleichsmenge aus. Der absolute Superlativ drückt einen sehr hohen Grad ohne Angabe einer Vergleichsmenge aus.

[3] Siehe hierzu Anmerkung 3.26.

V. Die Steigerung des Adjektivs

1. Der Komparativ

   a) Zum Komparativ der Überlegenheit:

Beispiele:

Esta casa é **mais** confortável **(do) que** a outra.[1]	*Diese Wohnung ist gemütlicher als die andere.*
«No entanto, a Senhora Li era velha, **mais** velha **do que** o Senhor Choi ...»	*Indessen war Frau Li alt, älter als Herr Choi ...* Maria Ondina, «*A China Fica ao Lado*»
Tu tens **mais** dinheiro **(do) que** ela, mas também trabalhas **mais (do) que** ela.	*Du hast mehr Geld als sie, aber du arbeitest auch mehr als sie.*

Vor einem Verb kann nur die Form **do que** gebraucht werden.

As máquinas de lavar louça são **mais** caras **do que** pensas.	*Die Geschirrspülmaschinen sind teurer, als du denkst.*

   b) Zum Komparativ der Gleichheit:

Beispiel:

O livro que estou a ler não é **tão** interessante **como** o que já li.	*Das Buch, das ich gerade lese, ist nicht so interessant wie das, das ich schon gelesen habe.*

Beim Komparativ der Gleichheit steht vor Substantiven oder nach Verben **tanto** statt **tão**:

Ela não tem **tanto** dinheiro/**tanta** paciência como tu.	*Sie hat nicht so viel Geld/Geduld wie du.*
Ela não trabalhou **tanto** como eu.	*Sie arbeitete nicht so viel wie ich.*

   c) Zum Komparativ der Unterlegenheit:

Im Gegensatz zum Deutschen wird im Portugiesischen die Form **menos (belo) do que** sowie **o menos (belo)** recht oft verwendet.

Beispiele:

«Miss Cheng, **menos** romântica **do que eu,** dizia ...»	*Miss Cheng, die weniger romantisch war als ich, sagte ... (= nicht so romantisch wie ich ...)* Maria Ondina, «*A China Fica ao Lado*»
«Saindo de casa de Manuel Quintino, Carlos não ia **menos** agitado **do que** deixara Cecília.»	*Als er das Haus von Manuel Quintino verließ, war Carlos nicht weniger bewegt als Cecília, die er gerade zurückgelassen hatte. (= genau so bewegt wie Cecília ...)* Júlio Dinis, «*Uma Família Inglesa*»

---

[1] Früher wurde beim Komparativ **de** statt des heutigen **que** oder **do que** verwendet. Die altportugiesische Form **maior de dezoito anos** *älter als achtzehn* ist jetzt noch in Gebrauch.

d) Sowohl der Komparativ der Überlegenheit wie der Komparativ der Unterlegenheit können durch die Adverbien **muito, muitíssimo, bastante, bem** und **consideravelmente** verstärkt werden:

muito mais belo   *viel schöner*
muitíssimo mais belo   *sehr viel schöner*
bastante mais caro   *ziemlich viel teurer*
bem menos agradável   *viel weniger angenehm*

Beispiel:

«Lisboa era **bem mais** divertida – disse Carlos.»	*Lissabon war viel amüsanter – sagte Carlos.*
	Eça de Queirós, *«Os Maias»*

2. Der Superlativ

a) Zum absoluten Superlativ

aa) Die synthetische Form
Die synthetische Form wird normalerweise durch Anhängen von **-íssimo** an den Stamm des Adjektivs gebildet: vulgar**íssimo**, trivial**íssimo**.

1) Endet das Adjektiv auf **Vokal,** fällt das Vokal-Suffix weg:

admirado	*verwundert*	admiradíssimo
contente	*zufrieden*	contentíssimo
feio	*hässlich*	feiíssimo (*oder* feíssimo)

2) Die Endungen **-co** und **-go** werden zu **-quíssimo** und **-guíssimo** im Superlativ, damit die Aussprache der Konsonanten erhalten bleibt (siehe hierzu 8.225):

fraco	*schwach*	fraquíssimo
rico	*reich*	riquíssimo
largo	*breit*	larguíssimo

3) Die Adjektivendung **-vel** wird vor dem Suffix **-íssimo** zu **-bil-** (*aus dem lateinischen* **-bilis**):

amável	*liebenswürdig*	amabilíssimo
respeitável	*ehrwürdig, ansehnlich*	respeitabilíssimo
indelével	*unauslöschlich*	indelebilíssimo
sensível	*feinfühlig*	sensibilíssimo
imóvel	*unbeweglich*	imobilíssimo
solúvel	*lösbar; löslich*	solubilíssimo
volúvel	*flatterhaft; unbeständig*	volubilíssimo

4) Finales **-z** wird vor dem Suffix **-íssimo** zu **-c-**:

capaz	*fähig*	capacíssimo
feliz	*glücklich*	felicíssimo
feroz	*wild, grausam*	ferocíssimo

Beispiele:

O que me acabas de contar é **interessantíssimo!**	Was du mir eben erzählt hast, ist äußerst interessant!
Trata-se de um caso **banalíssimo**.	Es handelt sich um einen ganz banalen Fall.
Os teus pais são **amabilíssimos**.	Deine Eltern sind äußerst liebenswürdig.

ab) Sonderformen

1) Viele Adjektive haben für die synthetische Form des absoluten Superlativs eine Sonderform, die ihren Ursprung im Lateinischen hat:

antigo	*alt, antik*	antiquíssimo
amigo	*freundschaftlich*	amicíssimo
comum	*allgemein*	comuníssimo
cristão	*christlich*	cristianíssimo
cruel	*grausam*	crudelíssimo
doce	*süß*	dulcíssimo (*oder* docíssimo)
(in)fiel	*(un)treu*	(in)fidelíssimo
frio	*kalt*	frigidíssimo
geral	*allgemein*	generalíssimo
magnífico	*herrlich*	magnificentíssimo
benéfico	*wohltuend*	beneficentíssimo
maléfico	*bösartig, verderblich*	maleficentíssimo
benévolo	*wohlwollend, gütig*	benevolentíssimo
malévolo	*böswillig, übelwollend*	malevolentíssimo
nobre	*edel*	nobilíssimo
sábio	*gelehrt, weise*	sapientíssimo
sagrado	*heilig*	sacratíssimo
são	*gesund*	saníssimo
simples	*einfach*	simplicíssimo

2) Einige Adjektive bilden die synthetische Form des absoluten Superlativs auf **-érrimo**:

acre	*herb, säuerlich-bitter*	acérrimo
áspero	*rauh*	aspérrimo
célebre	*berühmt*	celebérrimo
íntegro	*vollständig, integer*	integérrimo
livre	*frei*	libérrimo
mísero	*elend*	misérrimo
pobre	*arm*	paupérrimo (*oder* pobríssimo)
próspero	*blühend*	prospérrimo
salubre	*gesund, zuträglich (Klima, Milieu)*	salubérrimo
úbere [selten]	*fruchtbar*	ubérrimo

3) Eine kleine Gruppe von Adjektiven bildet die synthetische Form des absoluten Superlativs auf **-ílimo**:

fácil	*leicht*	facílimo
difícil	*schwer*	dificílimo

| grácil | zart, zierlich | gracílimo |
| humilde | demütig | humílimo (*oder* humildíssimo, humilíssimo) |

3.25 ac) Die analytische Form

Die analytische Form wird meistens mit dem Adverb **muito** (*verstärkt:* **muitíssimo**) gebildet, aber auch mit **bastante, assaz, bem, extraordinariamente, extremamente, grandemente, imensamente, sumamente, excecionalmente, simplesmente** u. ä.

Beispiele:

«As ideias que eu tinha acerca dela eram **muito** gerais e **muitíssimo** falsas.»	*Die Meinungen, die ich über sie hatte, waren sehr allgemein und absolut falsch.*
	Maria Judite de Carvalho, «*Tanta Gente, Mariana*»
Ela é **extraordinariamente** bela.	*Sie ist außerordentlich schön.*
Ele é **extremamente** pobre.	*Er ist äußerst arm.*
«E eu ... contemplava a pudica religiosa ... – **Bem** tola, murmurei.»	*Und ich ... betrachtete die keusche Nonne ... Schön dumm, murmelte ich.*
	Eça de Queirós, «*A Relíquia*»

3.26 *Merke:*

Die synthetische Form des absoluten Superlativs wird als eine stärkere Steigerung empfunden als die analytische Form:

muito barato	*sehr billig*	muito belo,	*sehr schön,*
baratíssimo	*spottbillig*	muito lindo	*sehr hübsch*
muito rico	*sehr reich*	belíssimo,	*bildschön*
riquíssimo	*steinreich*	lindíssimo	*bildhübsch*
muito triste	*sehr traurig*	muito caro	*sehr teuer*
tristíssimo	*todtraurig*	caríssimo	*sündhaft teuer*

b) Zum relativen Superlativ

3.27 ba) Der relative Superlativ wird gebildet, indem man den Komparativformen **mais** oder **menos** den bestimmten Artikel voranstellt.

Beispiele:

De todos os golos do jogo, este foi **o mais** emocionante.	*Von allen Toren des Spiels war dies das aufregendste.*
Esta é **a mais** bela paisagem que eu já vi!	*Dies ist die schönste Landschaft, die ich jemals gesehen habe!*

Im Unterschied zum Französischen beispielsweise wird der Artikel nicht wiederholt, wenn das Adjektiv nach dem Substantiv steht:

| Esta é **a** paisagem **mais** bela que eu já vi. | *Dies ist die schönste Landschaft, die ich jemals gesehen habe.* |
| **Os** atos **mais** insignificantes podem ser mal interpretados. | *Die unscheinbarsten Handlungen können falsch verstanden werden.* |

bb) Die portugiesische Form **o mais belo** gibt die deutschen Formen *der Schönste* und im Fall von zweien *der Schönere* wieder. Es ist im Portugiesischen unerheblich, ob die Gruppe, aus der jemand oder etwas hervorragt, aus zwei oder mehr Elementen besteht.

O aluno **mais** aplicado da classe é o Carlos; **o mais** preguiçoso é o Alfredo.	*Der fleißigste Schüler der Klasse ist Karl, der faulste ist Alfred.*
«**Os dois** sentaram-se na cama para se vestir. **O mais** novito ainda tentou deitar-se outra vez ...»	*Die beiden richteten sich im Bett auf, um sich anzuziehen. Der Jüngere versuchte noch, sich ein zweites Mal hinzulegen.*
	Trindade Coelho, «*Os Meus Amores*»

bc) Die Menge, mit der das Satzsubjekt verglichen wird, wird meistens von der Präposition **de,** aber auch von den Präpositionen **entre** oder **dentre** begleitet.

Ela é a mais atenciosa **das** empregadas (entre as empregadas, dentre as empregadas).	*Sie ist die aufmerksamste der Verkäuferinnen (unter den Verkäuferinnen).*

bd) Der relative Superlativ der Unterlegenheit wird im Gegensatz zum Deutschen häufig verwendet. Vgl. 3.21.

O menos sensível se comoveria.	*Sogar der Unempfindlichste (wörtl.: der am wenigsten Empfindliche) würde gerührt sein.*
Até o menos inteligente compreende tal coisa.	*Selbst der Dümmste (wörtl.: der am wenigsten Intelligente) versteht so etwas.*

VI. Die unregelmäßige Steigerung bestimmter Adjektive

Eine Reihe von Adjektiven wird unregelmäßig gesteigert:

POSITIV	KOMPARATIV	RELATIVER SUPERLATIV	ABSOLUTER SUPERLATIV SYNTHETISCH	ANALYTISCH
bom *gut*	melhor *besser*	o melhor der Beste am besten	ótimo *sehr gut*	muito bom *sehr gut*
mau *schlecht*	pior *schlechter*	o pior der Schlechteste am schlechtesten	péssimo *sehr schlecht*	muito mau *sehr schlecht*
grande *groß*	maior *größer*	o maior der Größte am größten	máximo grandíssimo[1] *sehr groß*	muito grande *sehr groß*

---

[1] Vgl. **grandessíssimo,** niedere Umgangssprache: Grandessíssimo burro! *etwa: Rindvieh, Hornochse!*

pequeno *klein*	mais pequeno menor *kleiner*	o mais pequeno o menor *der Kleinste* *am kleinsten*	pequeníssimo mínimo *sehr klein*	muito pequeno *sehr klein*
alto *hoch*	mais alto superior *höher*	o mais alto *der Höchste* *am höchsten*	altíssimo supremo *sehr hoch*	muito alto *sehr hoch*
baixo *niedrig*	mais baixo inferior *niedriger*	o mais baixo *der Niedrigste* *am niedrigsten*	baixíssimo ínfimo *sehr niedrig*	muito baixo *sehr niedrig*

3.32   1. Besonderheiten

a) **Máximo** und **mínimo** werden im übertragenen Sinn gebraucht:

Isto é **o máximo!**	*Das ist der Gipfel / das Höchste!*
Este é **o mínimo** preço?	*Ist das der billigste Preis (den Sie machen können)?*

b) Ebenfalls im übertragenen Sinn werden gebraucht:

supremo	*höchst, oberst*
ínfimo	*unterst, niedrigst*
superior	*überlegen*
inferior	*unterlegen*

Beispiele:

O Supremo Tribunal de Justiça é em Lisboa.	*Der Oberste Gerichtshof ist in Lissabon.*
Ele é uma pessoa de ínfima categoria!	*Er ist ein Mensch übelster Sorte!*
Em poder de fascinação, este orador é superior (inferior) ao outro.	*An Ausstrahlungskraft ist dieser Redner dem anderen überlegen (unterlegen).*

2. Weitere Besonderheiten

3.33   a) nach den Komparativformen

superior	*höher, größer*
inferior	*niedriger, geringer*
anterior	*früher*
posterior	*später*
ulterior	*später*

steht die Präposition **a**.

Beispiele:

O artigo de fundo de hoje é **superior ao** de ontem.	*Der heutige Leitartikel ist besser als der von gestern.*
A vista do primeiro andar é **inferior à** do segundo.	*Die Aussicht vom ersten Stock ist schlechter als die vom zweiten.*

b) einige Komparativformen können verkleinert werden: 3.34

melhor   melhorzinho, -a
maior   maiorzinho, -a

Beispiele:

Então? Está melhorzinho (melhorzinha)?	*Nun? Geht es Ihnen denn schon etwas besser?*
O ano passado eras muito pequeno, mas agora, que és maiorzinho, já tens obrigação de ter juízo!	*Letztes Jahr warst du noch sehr klein, aber jetzt, wo du schon ein bisschen größer bist, solltest du auch etwas vernünftiger sein!*

c) adjektivisch und substantivisch gebraucht bedeuten 3.35

maior   *volljährig*
menor   *minderjährig*

Beispiele:

– O João já é maior? – Não. Só atinge a maioridade em março.	*– Ist Hans schon volljährig?* *– Nein, er wird erst im März volljährig.*
É proibida a entrada a menores.	*Eintritt für Minderjährige verboten.*

VII. Andere Formen der Steigerung

1. Durch Präfixe: 3.36

hipersensível   *überempfindlich*
visto e **re**visto   *gründlich durchgesehen / geprüft*
ultramoderno   *supermodern*
superlotado   *überfüllt*

2. Durch Suffixe, die die Vergrößerung angeben (Augmentative): 3.37

feião, feiona
feiarrão, feiarrona   *sehr hässlich*

(Siehe Vergrößerungsformen § 5)

3. Durch Suffixe, die die Verkleinerung angeben (Diminutive), hier aber im 3.38
   Sinne des Superlativs gebraucht werden:

água fresquinha   *ganz frisches Wasser*
carne tenrinha   *ganz zartes Fleisch*

(Siehe Verkleinerungsformen § 5)

3.39 **4. Durch die Wiederholung des Adjektivs:**

Ele é rico, rico! *Er ist reich, reich!*

3.40 **5. Durch die Wiederholung des Substantivs (aus dem Hebräischen):**

o Rei dos reis *der König der Könige*
o sábio dos sábios *der Allerweiseste*
o Cântico dos Cânticos *das Hohelied*

«**Pobres de pobres** são pobrezinhos, *Die Ärmsten der Armen sind Bettler,*
almas sem lares, aves sem ninhos.» *Seelen ohne Obdach, Vögel ohne Nest.*

Guerra Junqueiro, «Os Simples»

3.41 **6. Durch einen Vergleich:**

escuro como breu *stockfinster*
claro como água *sonnenklar*
doce como (o) mel *zuckersüß*
magro que nem um cão *spindeldürr*

VIII. Zu den Zahladjektiven *(adjetivos numerais)* siehe die Ordinalzahlen § 6 : 13.

3.42 Bemerkung: Zahladjektive (*adjetivos numerais ordinais: primeiro, segundo, terceiro*, etc.) sind normalerweise nicht steigerungsfähig. Hier eine umgangssprachliche Ausnahme:

Ele cometeu um erro de **primeiríssima** *Er hat einen Fehler schlimmster Art began-*
ordem. *gen.*

§ 4 Die Pluralbildung der Komposita

I. Der Plural der zusammengesetzten Substantive
(Plural dos substantivos/nomes compostos)

1. Besteht das Wort aus zwei Substantiven oder aus einem Substantiv und einem Adjektiv, erhalten beide Teile die Pluralform: 4.1

couve-flor	couves-flores	*Blumenkohl, -e*
jardim-escola	jardins-escolas	*Kindergarten, -gärten*
amor-perfeito	amores-perfeitos	*Stiefmütterchen*
guarda-noturno	guardas-noturnos	*Nachtwächter*
obra-prima	obras-primas	*Meisterwerk, -e*
matéria-prima	matérias-primas	*Rohstoff, -e*
feijão-verde	feijões-verdes	*grüne Bohne, -n*

2. Steht das Substantiv nach dem Adjektiv, erhält in einigen Fällen nur das Substantiv die Pluralform: 4.2

grã-cruz	grã-cruzes	*Verdienstkreuz, -e*
grão-mestre	grão-mestres	*Großmeister*

In den meisten Fällen erhalten jedoch beide Teile die Pluralform, z. B.

baixo-relevo	baixos-relevos	*Basrelief, Flachrelief, -e/-s*
gentil-homem	gentis-homens	*Edelmann, Edelleute*
má-língua	más-línguas	*Lästerzunge, -n*
pública-forma	públicas-formas	*Abschrift, -en*

sowie die Namen der Wochentage, z. B.

quinta-feira	quintas-feiras	*Donnerstag, -e*

3. Nur das Substantiv erhält die Pluralform,   4.3

    a) wenn das Wort aus einem unveränderlichen Element und einem Substantiv besteht

abaixo-assinado	abaixo-assinados	*Eingabe, -n*
ex-ministro	ex-ministros	*Ex-Minister*
vice-presidente	vice-presidentes	*Vizepräsident, -en*
co-herdeiro	co-herdeiros	*Miterbe, -n*
super-homem	super-homens	*Übermensch, -en*

    b) wenn das Wort aus einer Verbform und einem Substantiv besteht:

guarda-chuva[1]	guarda-chuvas	*Regenschirm, -e*
guarda-lama[1]	guarda-lamas	*Kotflügel*
mata-borrão	mata-borrões	*Löschpapier, -e*

---

[1] *guarda* ist hier eine Form des Verbs *guardar*.

pica-pau	pica-paus	*Specht, -e*
porta-voz	porta-vozes	*Sprachrohr, [fig.]*
		Sprecher(in), -innen

Bei einigen Wörtern dieses Typs steht das Substantiv immer im Plural:

o(s) abre-latas	*der, die Dosenöffner*
o(s) arranha-céus	*der, die Wolkenkratzer*
o(s) guarda-redes	*der Torwart, die Torwarte*
o(s) limpa-chaminés	*der, die Schornsteinfeger*
o(s) limpa-vidros	*der, die Scheibenwischer*
o(s) para-choques	*die Stoßstange, -n*
o(s) para-raios	*der, die Blitzableiter*
o(s) quebra-nozes	*der, die Nussknacker*
o(s) saca-rolhas	*der, die Korkenzieher*
aber:	
o(s) paraquedas	*der Fallschirm, die Fallschirme*

4.4   4. Besteht das zusammengesetzte Substantiv aus einer verdoppelten Verbform, wird nur das zweite Wort in den Plural gesetzt:

o chupa-chupa	os chupa-chupas	*der, die Lutscher*
o pisca-pisca	os pisca-piscas	*das Blinklicht, die Blinklichter*

4.5   5. Wenn zwei Substantive durch eine Präposition verbunden sind, erhält nur das erste die Pluralform:

ave-do-paraíso	aves-do-paraíso	*Paradiesvogel, -vögel*
bicho-da-seda	bichos-da-seda	*Seidenraupe, -n*
ervilha-de-cheiro	ervilhas-de-cheiro	*Wicke, -n*
estrela-do-mar	estrelas-do-mar	*Seestern, -e*

Merke: Bei *fim de semana, fins de semana* (Wochenende, -n) und *pão de ló, pães de ló* (Bisquitkuchen) sind die Bindestriche weggefallen.

4.6   6. Es erhält ebenfalls nur das erste Substantiv die Pluralform, wenn es von dem zweiten Substantiv näher bestimmt wird, wie folgende Beispiele zeigen:

ano-luz	anos-luz	*Lichtjahr, -e*
palavra-chave	palavras-chave	*Schlüsselwort, -wörter*
processo-crime	processos-crime	*Strafprozess, -e, Strafverfahren*
situação-limite	situações-limite	*Grenzsituation, -en*

II. Der Plural der zusammengesetzten Adjektive *(Plural dos adjetivos compostos)*

4.7   1. Bei der Zusammensetzung aus zwei Adjektiven, erhalten beide die Pluralendung:

surdo-mudo	surdos-mudos	*taubstumm (m)*
surda-muda	surdas-mudas	*taubstumm (f)*

2. a) Bei zwei Adjektiven, die eine Nationalität bezeichnen, tritt nur das zweite in den Plural:

anglo-americano, -a	anglo-americanos, -as	
euro-asiático, -a	euro-asiáticos, -as	
luso-brasileiro, -a	luso-brasileiros, -as	*portugiesisch-brasilianisch*

b) Dasselbe geschieht bei einigen Adjektiven, die technische, politische oder wissenschaftliche Dinge bezeichnen:

físico-químico, -a	físico-químicos, -as	*physikalisch-chemisch*
histórico-filosófico, -a	histórico-filosóficos, -as	*historisch-philosophisch*
médico-cirúrgico, -a	médico-cirúrgicos, -as	*medizinisch-chirurgisch*

3. Besteht das Wort aus einem unveränderlichen Element und einem Adjektiv, tritt nur das Adjektiv in den Plural:

anti-higiénico, -a	anti-higiénicos, -as	*unhygienisch*
mal-educado, -a	mal-educados, -as	*ungezogen, schlecht erzogen*
pós-laboral	pós-laborais	*nach der Arbeit*
pré-histórico, a	pré-históricos, -as	*vorgeschichtlich*
recém-nascido, -a	recém-nascidos, -as	*neugeboren*
sobre-humano, -a	sobre-humanos, -as	*übermenschlich*
todo-poderoso, -a	todo-poderosos, -as	*allmächtig*

4. Zusammengesetzte Farbadjektive, deren letztes Element ein Substantiv ist, sind unveränderlich:

luvas azul-turquesa	*türkisfarbene Handschuhe*
vestidos cor-de-rosa	*rosafarbene Kleider*
olhos verde-mar	*meergrüne Augen*

§ 5 Vergrößerungs- und Verkleinerungsformen

I. Die Formen

Durch verschiedene Suffixe kann den Substantiven und den Adjektiven die Idee der Größe, der Kleinheit, der Zärtlichkeit oder der Verachtung gegeben werden. Betrachten wir zunächst die Formen, deren Gebrauch nicht auf bestimmte Wörter beschränkt ist.

1. Vergrößerungsformen:

   -ão, -zão (-ona)

   Diese Suffixe werden oft im pejorativen Sinn gebraucht. Siehe 5.10

2. Verkleinerungsformen:

   a) **-inho, -zinho** (-a)

   Diese Suffixe werden im Portugiesischen auf allen Sprachniveaus sehr häufig gebraucht. Oft stehen sie nicht für Kleinheit, sondern für die subjektive Bewertung, die emotional gefärbte Einstellung des Sprechers gegenüber der gemeinten Person oder Sache. Sie können Zärtlichkeit, Sympathie, Mitleid, Interesse, Sehnsucht, Wunsch, Begehren, Vergnügen u. a. bedeuten. Sie können aber auch herabsetzend (pejorativ) oder ironisch gebraucht werden; damit lassen sich feine Nuancierungen zum Ausdruck bringen. Siehe 5.11.

   Wenn nur Kleinheit gemeint ist, wird meistens das Adjektiv **pequeno** verwendet: um país pequeno *(ein kleines Land)*, uma casa pequena *(ein kleines Haus)*.

   b) **-ito, -zito** (-a)

   Auch oft pejorativ gebraucht, siehe 5.11.

II. Zum Gebrauch der Vergrößerungs- und Verkleinerungsformen
(Emprego das formas aumentativas e diminutivas)

1. Endet ein Substantiv oder Adjektiv auf unbetontem Vokal, so fällt dieser Vokal weg und die Formen **-ão** (-ona), **-inho** (-inha), oder **-ito** (-ita) werden angehängt:

burro *(Esel)*	burrinho, burrito, burrinhos, burritos
casa *(Haus)*	casinha, casita, casinhas, casitas
gato *(Katze)*	gatinho, gatito, gatão
bonito *(schön)*	bonitinho(a); bonitão, bonitona
feio *(hässlich)*	feiinho(a); feião, feiona

Ausnahmen:
a) Dem femininen Adjektiv **boa** wird die Form **-zinha** oder **-zita** angehängt: **boazinha, boazita**
b) Dem Adjektiv **pequeno(a)** wird das Suffix **-ino** anstelle von **-inho** angehängt: **pequenino(a)**
c) Bei den Wörtern auf stummem **-e** ergeben sich Schwankungen:

doce *(süß)*	docinho
quente *(warm)*	quentinho
aber:	
pobre *(arm)*	pobrezinho (*auch:* pobrinho)
leve *(leicht)*	levezinho
leite *(Milch)*	leitinho
balde *(Eimer)*	baldinho
aber:	
ave *(Vogel)*	avezinha

2. Endet das Substantiv oder Adjektiv auf betontem Vokal, Nasalvokal, Diphthong, **-m** oder **-r**, so werden die Formen mit **-z-** angehängt:

avó *(Großmutter)*	avozinha[1]
pai *(Vater)*	paizinho
mãe *(Mutter)*	mãezinha
maçã *(Apfel)*	maçãzinha, maçãzita
mau *(schlecht, mask.)*	mauzinho, mauzito, mauzão
má *(schlecht, fem.)*	mazinha, mazita, mazona[1]
bom *(gut, mask.)*	bonzinho, bonzito[2]
nuvem *(Wolke)*	nuvenzinha, nuvenzita[2]
colher *(Löffel)*	colherzinha, colherzita

3. Wörtern mit Endung auf **-s** oder **-z** werden die Formen **-inho, -ito** oder **-ão** angehängt:

adeus *(auf Wiedersehen!)*	adeusinho
nariz *(Nase)*	narizinho, narizito
rapaz *(Junge)*	rapazinho, rapazito

Vor dem Suffix **-ão** wird das **-z** oft zu **-g-**:

rapaz	rapagão
nariz	narigão

4. Wörtern auf **-l** mit Betonung auf der letzten Silbe können meist beide Formen angehängt werden:

papel *(Papier)*	papelinho *oder* papelzinho
quintal *(Garten)*	quintalinho *oder* quintalzinho

---

[1] Achten Sie auf den Wegfall des Akzents.
[2] Achten Sie auf die Verwandlung des **-m** in **-n-**.

Wird die vorletzte Silbe betont, ist nur die Form mit **-z-** möglich:

automóvel *(Auto)*   automovelzinho

5.5 5. **Feminine Substantive werden maskulin, wenn ihnen das Vergrößerungssuffix -ão angehängt wird:**

a parede *(die Wand)*   o paredão
a mulher *(die Frau)*   o mulherão *aber auch* a mulherona

5.6 6. Der Plural der Verkleinerungsformen der Wörter auf **-ão** und auf **-l** wird gebildet, indem man dem normalen Plural dieser Wörter ohne **-s** die Verkleinerungssuffixe **-zinhos(as)** oder **-zitos(as)** anhängt:

liçãozinha, liçãozita   liçõezinhas, liçõezitas
animalzinho, animalzito   animaizinhos, animaizitos

5.7 7. Die Neigung des Portugiesen zu Verkleinerungsformen ist so ausgeprägt, daß Verkleinerungsformen der Verkleinerungsformen und sogar Verkleinerungsformen der Vergrößerungsformen nicht selten sind, wie z. B.:

pequenininho *(winzig klein)*,
pobretãozito *(Hungerleider, armer Schlucker)*

5.8 8. **Wichtig:** Einige Adjektive, Adverbien und adverbiale Ausdrücke sowie «pouco» und «nada» können durch das Suffix **-inho(a)** gesteigert werden:

coitado	*der Arme!*	coitadinho	*der Ärmste!*
cheio	*voll*	cheiinho	*ganz voll; randvoll usw.*
fresco	*frisch, kühl*	fresquinho	*ganz frisch; ziemlich kühl*
limpo	*sauber*	limpinho	*ganz sauber*
só	*allein*	sozinho	*ganz allein*
cedo	*früh*	cedinho	*ganz früh*
de manhã	*am Morgen*	de manhãzinha	*früh am Morgen, in aller Frühe*
à tarde	*nachmittags*	à tardinha	*am späten Nachmittag*
nada	*nichts*	nadinha	*gar nichts*
pouco	*wenig*	pouquinho / poucochinho	*ganz/sehr wenig*

Bei einigen Substantiven hat das Suffix **-ão** eine Verkleinerungsfunktion:

a carta *(der Brief)*   o cartão *(die Karte)*
a corda *(das Seil)*   o cordão *(die Schnur, die Kette)*
a ponte *(die Brücke)*   o pontão *(der Brückensteg)*

Beispiele:

5.9 Vergrößerungsformen:

Ele é um mocetão!	*Er ist ein strammer Junge!*
Ela é uma mocetona!	*Sie ist ein stattliches Mädchen!*
Este tapete custa um dinheirão!	*Dieser Teppich kostet einen Haufen Geld!*
Isto vai dar um trabalhão!	*Das wird eine Mordsarbeit geben!*

Verkleinerungsformen:

Eles vivem perto da cidade numa casinha pequenina.	Sie leben nahe der Stadt in einem kleinen Häuschen.
Os teus coelhinhos são muito bonitos.	Deine Kaninchen sind sehr schön.
Passei uns diazitos na praia.	Ich habe ein paar Tage am Strand verbracht.
Vamos tomar um cafezinho!	Trinken wir ein Tässchen Kaffee!
Bebe este chazinho, e vais-te sentir logo melhor!	Trink diesen Schluck Tee, und du wirst dich gleich besser fühlen!
Não posso demorar-me mais. Adeusinho!	Ich kann nicht länger bleiben. Mach's gut! (Tschüsschen!)
Coitadinho, ele está tão mal! Está quase ceguinho!	Der Ärmste, es geht ihm so schlecht. Er ist fast blind!
Este pequenito sabe nadar muito bem.	Dieser kleine Junge kann sehr gut schwimmen.
«A velhinha disse numa voz suave ...: – Então, Menino Gato, então ... É uma mosca ... uma simples mosca ... **Quietinho, quietinho** ...»	Die Alte sagte in einem sanften Ton: – Nun, Katerchen, nun ... Es ist eine Fliege ... nur eine Fliege ... Ruhig, schön ruhig ... Maria Judite de Carvalho, «As Palavras Poupadas»
«Mas Luísa, a **Luisinha,** saiu muito boa dona de casa; era asseada, alegre como um **passarinho** ... – É um **anjinho** ... – dizia então Sebastião ...»	Aber Luisa, die kleine Luisa, erwies sich als eine sehr gute Hausfrau; sie war adrett, munter wie ein Vögelchen ... – Sie ist ein Engelchen ... – sagte dann Sebastian ... Eça de Queirós, «O Primo Basílio»

III. Pejorative Vergrößerungs- und Verkleinerungsformen

1. Vergrößerungsformen

Vergrößerungsformen werden oft in herabsetzender oder ironischer Bedeutung gebraucht, so z. B.

solteirona *(alte Jungfer),* valentão *(Kraftmeier),*
santarrão *(scheinheilig),* pesadão *(schwerfällig)*

2. Verkleinerungsformen

a) Die Diminutivform **-eco,** (-eca) wird immer im herabsetzenden Sinn gebraucht:

um livreco	*ein unbedeutendes Buch, ein Schmöker*
uma fazenda barateca	*ein auch in der Qualität billiger Stoff*
um vestideco	*ein einfaches billiges Kleid, ein Fähnchen*

b) Das Suffix **-ito(a)** wird oft im abwertenden Sinn gebraucht:

um livrito barato	*ein billiges Büchlein*

c) Das Suffix **-inho(a)** kann eine herabsetzende Konnotation haben, was dann am Kontext und/oder an der Intonation zu erkennen ist:

homenzinho	*einfacher Mann, Männchen*
mulherzinha	*einfache Frau, Weib*

Beispiele im Kontext:

«… hesitou por instantes, não fossem os passos traí-la aos ouvidos da **mulherzinha**.»	*… sie zögerte einige Augenblicke, dass ihre Schritte sie ja nicht in den Ohren der guten Frau verrieten.* Joaquim Paço d'Arcos «*A Corça Prisioneira*»
«Aqui há tempos … ia eu já a abrir a porta da rua, pela madrugada, e entrava aquela **criaturinha** para casa.»	*Vor einiger Zeit … ich wollte gerade die Haustür wieder aufschließen, in der Frühe, da trat dieser verkommene Kerl in sein Haus.* Júlio Dinis, «*Uma Família Inglesa*»

d) Zum ironischen Effekt von **-inho** vgl. folgende Beispiele:

… e lá lhe marcaram os lugares nos bilhetes. Por sinal marcaram-nos tão bem que, ao tentar ocupá-los, no comboio, se descobriu que os mesmos tinham sido marcados também para outros passageiros e foi preciso viajar **sentadinhos** nas malas, que o Senhor Revisor avisou logo que estava ali para fazer os **furinhos** nos bilhetes e não para resolver as complicações provocadas pela distração dos camaradas.

… *und schließlich hat man ihm die Platzreservierung auf den Fahrkarten vermerkt. Übrigens hat man die Plätze so gut reserviert, dass sich bei dem Versuch, sie im Zug einzunehmen, herausstellte, dass sie auch schon für andere Fahrgäste reserviert worden waren, und man musste brav auf den Koffern sitzen, denn der Herr Schaffner kündigte alsbald an, dass er da war, um die Löchelchen in die Fahrkarten zu knipsen, und nicht, um die Komplikationen zu lösen, die durch die Unaufmerksamkeit seiner Kollegen verursacht worden waren.*

Aus einer Glosse von António Gomes de Almeida, *in der Zeitung* «*O Expresso*»

oder

– Bom **trabalhinho**! disse o carteirista depois de ter roubado uma carteira.	*– Saubere Arbeit! sagte der Taschendieb, nachdem er eine Brieftasche gestohlen hatte.*

IV. Andere Vergrößerungs- und Verkleinerungsformen

1. Vergrößerungsformen

a) **-alhão** (-alhona)

a vaga *(die Woge)*	o vagalhão *(Sturzwelle, Brecher)*
um brincalhão *(ein Spaßvogel)*	
porco *(Schwein; adj.: schmutzig)*	porcalhão, -ona *(Schmutzfink, dreckig)*

b) **-arrão, -zarrão** (-ona), **arão**

homem *(Mann)*	homenzarrão
gato *(Katze, Kater)*	gatarrão *(Riesenkater)*
feio *(hässlich)*	feiarrão
doido *(verrückt)*	doidarrão
a casa *(das Haus)*	o casarão *(das Riesenhaus)*

c) **aço** (-aça) – oft pejorativ

rico *(reich)*	ricaço *(schwerreicher Mann)*
mulher *(Frau)*	mulheraça *(Weibsbild)*
mestre *(Lehrer)*	mestraço *(schlechter Lehrer)*

d) **-alha**

o muro *(die Mauer)*   a muralha *(große Mauer, Stadtmauer)*

e) **-anha**

o monte *(der Berg)*   a montanha *(das Gebirge)*

f) **-ardo** (-arda)

feliz *(glücklich)*   felizardo *(Glückspilz)* [fam.]

g) **-arro** (-arra) – meistens pejorativ

a boca *(der Mund)*   a bocarra *(der riesige Mund,* fig.: *das Maul)*

h) **-astro** – pejorativ

poeta *(Dichter)*   poetastro *(Dichterling)*

i) **-az**

velhaco *(durchtrieben, verschlagen)*   velhacaz *(ganz durchtrieben, sehr verschlagen)*

j) **-ázio** – pejorativ

copo *(Glas)*   copázio *(Riesenglas)*

k) **-edo**

a rocha *(der Fels)*   o rochedo *(hoher Fels, Klippe)*

l) **-eiro** (-eira), **-eirão** (-eirona) – pejorativ

o bigode *(der Schnurrbart)*	a bigodeira *(Riesenschnurrbart)*
a voz *(die Stimme)*	o vozeirão *(lautes Organ)*

m) **-oco** (-oca)

o beijo *(der Kuss)*	a beijoca *(der Schmatz)*
feio *(hässlich)*	feioco *(recht hässlich)*

n) **-ol**

lenço *(Taschentuch, Kopftuch)*   lençol *(Betttuch)*

o) **-orro** (-orra) – pejorativ

o velho *(der Alte)*   o velhorro *(der alte Knacker)*

p) **-anzil** – pejorativ

o corpo *(der Körper)*   o corpanzil *(der Riesenleib)*

q) **-uça** – pejorativ

o dente *(der Zahn)*   a dentuça *(vorspringende Zähne;* fig.: *das Pferdegebiss)*

r) **-ufo** (-ufa) – pejorativ

gordo *(dick)*   gordufo *(fett)*

«Uma a uma, as nove piastras d'ouro tiniram na mão **gordufa** de Fatmé.»   *Einer nach dem anderen klingelten die neun Goldpiaster in den Wurstfingern der Fatmé.*

Eça de Queirós, *«A Relíquia»*

2. Verkleinerungsformen

a) **-acho**

rio *(Fluss)*   riacho *(Flüsschen)*

b) **-ebre** – pejorativ

uma casa *(ein Haus)*   um casebre *(eine elende Hütte)*

c) **-ejo** – pejorativ

animal *(Tier)*   animalejo *(Viech)*

d) **-el, -elo, -ela**

a corda *(das Seil)*   o cordel *(die Schnur)*
a via *(der Weg, die Straße)*   a viela *(das Gässchen)*

e) **-elho,** (-elha) – pejorativ; **-ilho** (-ilha)

rapaz *(Junge)*   rapazelho *(Lausejunge)*
artigo *(Artikel)*   artiguelho *(minderwertiger Artikel)*

     o cabecilha *(der Anführer)*
     a mantilha *(die Mantille, das Schleiertuch)*

f) **-eta, -ete, -zete** – oft pejorativ

a cara *(das Gesicht)*   a careta *(die Grimasse)*
a mala *(der Koffer)*   a maleta *(der kleine Koffer)*
o palácio *(der Palast)*   o palacete *(das Schlösschen)*
o tirano *(der Tyrann)*   o tiranete *(der Leuteschinder)*
«Pobrete, mas alegrete»   *arm aber fröhlich* [volkstümlich]

g) **-icho,** (-icha) – pejorativ

barba *(Bart)*   barbicha *(kleiner Bart)*

h) **-ico, iço** – oft pejorativ

namoro *(Liebschaft)*   namorico *(Liebschaft ohne Bedeutung)*
burro *(Esel)*   burrico *(kleiner Esel, Eselsfüllen)*
aranha *(Spinne)*   aranhiço *(hochbeinige Spinne;* fig.: *spindeldürre Person)*

i) **-ículo**

monte *(Berg)*   montículo *(Hügelchen; Häufchen)*

j) **-isco**

a chuva *(der Regen)*   o chuvisco *(der Nieselregen)*

k) **-im**

a flauta *(die Flöte)*   o flautim *(die Pikkoloflöte)*

l) **-ola** – meistens pejorativ

a aldeia *(das Dorf)*   a aldeola *(Dörfchen, Weiler)*
a graça *(der Witz)*   a graçola *(schlechter, unanständiger Witz)*
o rapaz *(der Junge)*   o rapazola *(der Grünschnabel)*

m) **-ote, -oto, -ota** – oft pejorativ

o velho, a velha *(der, die Alte)*   o velhote, a velhota *(der, die gute Alte)*
a ilha *(die Insel)*   a ilhota *(die kleine Insel)*
a perdiz *(das Rebhuhn)*   o perdigoto *(das junge Rebhuhn)*

n) **-ucho,** (-ucha) – oft pejorativ

gordo *(dick)*   gorducho *(Dickerchen)*
o papel *(das Papier)*   o papelucho *(der Wisch)*

o) **-ulo, -ula**

glóbulo *(Kügelchen; Blutkörperchen)*
célula *(Zelle)*

3. Familiäre Diminutivformen werden durch die Wiederholung einer Wortsilbe gebildet: **mamã, papá, titi** (aus **tio, tia**). Personennamen werden in der familiären Sprache verkürzt: **Zé** für **José, Guida** für **Margarida** usw.

§ 6 Die Zahlen

6.1 I. Die Grundzahlen *(Numerais cardinais)*

0	zero	100	cem
1	um, uma	101	cento e um
2	dois, duas	102	cento e dois
3	três	110	cento e dez
4	quatro	130	cento e trinta
5	cinco	145	cento e quarenta e cinco
6	seis	200	duzentos, duzentas
7	sete	300	trezentos, -as
8	oito	400	quatrocentos, -as
9	nove	500	quinhentos, -as
10	dez	600	seiscentos, -as
11	onze	700	setecentos, -as
12	doze	800	oitocentos, -as
13	treze	900	novecentos, -as
14	catorze	1000	mil *(unveränderlich)*
15	quinze	1001	mil e um
16	dezasseis[1]	1002	mil e dois
17	dezassete	1003	mil e três
18	dezoito	1022	mil e vinte e dois
19	dezanove	1200	mil e duzentos
20	vinte	1300	mil e trezentos
21	vinte e um[1]	1807	mil oitocentos e sete
22	vinte e dois	1946	mil novecentos e quarenta e seis
23	vinte e três	2030	dois mil e trinta
30	trinta	3580	três mil quinhentos e oitenta
40	quarenta	600 000	seiscentos mil
50	cinquenta	1 000 000	um milhão
60	sessenta	1 700 000	um milhão e setecentos mil
70	setenta	2 000 000	dois milhões
80	oitenta	1 000 000 000	in Portugal: mil milhões / in Brasilien: um bilião *(eine Milliarde)*
90	noventa	1 000 000 000 000	in Portugal: um bilião / in Brasilien: um trilião *(eine Billion)*

II. Bemerkungen zu den Grundzahlen

6.2   1. Die Endung **-a** bei den Zehnern von **trinta** bis **noventa** ist keine feminine Form, sondern eine unveränderliche Endung:

---

[1] Portugiesisch : dezasseis : 10(+) 6   vinte e um   : 20+ 1
   Deutsch   : sechzehn : 6(+)10   einundzwanzig : 1+20

trinta livros	*dreißig Bücher*
cinquenta homens	*fünfzig Männer*

2. Die reine Zahl **hundert** (100, nicht 101 oder 135) lautet immer **cem**. Also:

   a) vor Substantiven:

cem animais	*hundert Tiere*
cem cadeiras	*hundert Stühle*

   b) in zusammengesetzten Zahlen als Anzahl der Tausender und größerer Einheiten:

cem mil	100 000
cem mil oitocentos e três	100 803
cem milhões	100 000 000

aber

cento e um mil	101 000
cento e quatro mil e duzentos	104 200

3. In Zusammensetzungen steht **e**

   a) zwischen Zehnern und Einern:

28	vinte e oito

   b) zwischen Hundertern bzw. Tausendern und Zehnern (anders als im Deutschen):

336	trezentos e trinta e seis
1012	mil e doze

   c) zwischen Tausendern und Hundertern, jedoch nur, wenn keine kleinere Zahl folgt; kommt nach den Hundertern noch eine Zahl, dann wird **e** zwischen den Tausendern und den Hundertern weggelassen:

1600	mil e seiscentos
3400	três mil e quatrocentos
1578	mil quinhentos e setenta e oito
1984	mil novecentos e oitenta e quatro

4. **1900** kann nur **mil e novecentos** gelesen werden; die Form *neunzehnhundert* findet im Portugiesischen keine Entsprechung. Analoges gilt für alle Jahreszahlbezeichnungen.

5. Die Grundzahlen werden verwandt zur Bezeichnung

   a) des **Alters**:

Quantos anos tens?	⎫ *Wie alt bist du?*
Que idade tens?	⎬
Tenho trinta anos.	*Ich bin dreißig Jahre alt.*

Ausdrücke in Zusammenhang mit dem Alter:

Este homem deve ter quarenta e tal anos.	Dieser Mann dürfte über vierzig Jahre alt sein.
Esta criança tem uns sete anos.	Dieses Kind ist etwa[1] sieben Jahre alt.
Ela casou com vinte e dois anos.	Sie heiratete mit zweiundzwanzig Jahren.
A conhecida atriz Clara B., de trinta e cinco anos (de idade), visita hoje Lisboa.	Die bekannte Schauspielerin Clara B., fünfunddreißig Jahre alt, besucht heute Lissabon.
um quarentão / uma quarentona *[umgangssprachlich]*	ein Vierziger / eine Vierzigerin

6.7   b) des **Datums**:

1 (um) de fevereiro	1. Februar
6 (seis) de novembro	6. November
27 (vinte e sete) de agosto	27. August
O dia 26 de dezembro não é feriado em Portugal.	Der 26. Dezember ist kein Feiertag in Portugal.

6.8   6. Zur **Datumsangabe** gibt es drei Ausdrücke:

a / no dia / em	am
a 15 de setembro / no dia 15 de setembro	am 15. September
a 20 de janeiro / no dia 20 de janeiro	am 20. Januar
O Natal é a (no dia) 25 de dezembro.	Weihnachten ist am 25. Dezember.
Em 3 de junho, o Presidente da República fez uma importante comunicação ao país.	Am 3. Juni hat der Präsident der Republik dem Land eine wichtige Mitteilung gemacht.

Ausdrucksformen:

Quantos são hoje? (A quantos estamos hoje?)	Den Wievielten haben wir heute?
Hoje são 16 de maio. (Estamos a 16 de maio.)	Heute ist der 16. Mai.
Amanhã são 27 de novembro.	Morgen ist der 27. November.
Hoje já são oito!	Heute ist schon der Achte!
Hoje é (dia) 1 de outubro.	Heute ist der 1. Oktober.

---

[1] Siehe 1.6.

Das Geburtstagsdatum:

Em que dia fazes anos? \
Quando é que fazes anos?
     Wann hast du Geburtstag?

Faço anos   { no dia 5 de julho. / a 5 de julho.   *Ich habe am 5. Juli Geburtstag.*

Ele faz anos   { no dia 10 de março / a 10 de março   *Er hat am 10. März Geburtstag.*

7. Für die Jahresangabe gibt es zwei Formen:
em
no ano de

Os árabes entraram na Península Ibérica no ano de (em) 711.
  Die Araber betraten die Iberische Halbinsel im Jahre 711.

O Brasil foi descoberto em (no ano de) 1500 por Pedro Álvares Cabral.
  Brasilien wurde 1500 von Pedro Álvares Cabral entdeckt.

Das Datum auf Briefen:

Lisboa, 18 de abril de 1997   *Lissabon, den 18. April 1997*
oder
Lisboa, 18-4-1997   *Lissabon, 18. 4. 1997*

8. Ausdrücke der Zeit:

oito dias   *acht Tage* \
quinze dias (!)   *vierzehn Tage* \
três anos (dias) depois \
passados três anos (dias)   } *nach drei Jahren (Tagen)* \
(siehe auch 8.7, 8.8, 8.9)

III. Die Ordnungszahlen
(Numerais ordinais/adjetivos numerais)

Weil die Ordnungszahlen eine adjektivische Funktion haben, werden sie nach der neuen Nomenklatur des *«Dicionário Terminológico»* als *«adjetivos numerais»* der Wortklasse der Adjektive zugeordnet (siehe auch 3.42). Da sich an ihrer Form und Anwendung nichts geändert hat, werden sie aus praktischen Gründen weiterhin in diesem Kapitel behandelt, zusammen mit den Grund-, Bruch- und Vervielfältigungszahlen, die als *«quantificadores numerais»* bezeichnet werden (siehe Übersichtstafel § 7, Seite 62).

  1. primeiro, primeira   ($1.^o$, $1.^a$) \
  2. segundo, segunda   ($2.^o$, $2.^a$) \
  3. terceiro, terceira   ($3.^o$, $3.^a$) \
  4. quarto, -a   etc. \
  5. quinto, -a

6. sexto, -a
7. sétimo, -a
8. oitavo, -a
9. nono, -a
10. décimo, -a
11. décimo primeiro, décima primeira (undécimo, -a)
12. décimo segundo, décima segunda (duodécimo, -a)
13. décimo terceiro, décima terceira
14. décimo, -a quarto, -a
15. décimo, -a quinto, -a
16. décimo, -a sexto, -a
17. décimo, -a sétimo, -a
18. décimo, -a oitavo, -a
19. décimo, -a nono, -a
20. vigésimo, vigésima
21. vigésimo primeiro, vigésima primeira
29. vigésimo, -a nono, -a
30. trigésimo, trigésima
40. quadragésimo, quadragésima
50. quinquagésimo, quinquagésima
60. sexagésimo, sexagésima
70. septuagésimo, septuagésima
80. octogésimo, octogésima
90. nonagésimo, nonagésima
100. centésimo, -a
101. centésimo primeiro, centésima primeira
200. ducentésimo, -a
283. ducentésimo, -a octogésimo, -a terceiro, -a
300. tricentésimo, -a
400. quadringentésimo, -a
500. quingentésimo, -a
600. seiscentésimo, -a
700. septingentésimo, -a
800. octingentésimo, -a
900. nongentésimo, -a
1 000. milésimo, -a
2 000. duomilésimo, -a
3 000. trimilésimo, -a
10 000. décimo, -a milésimo, -a
1 000 000. milionésimo, -a

IV. Bemerkungen zu den Ordnungszahlen

6.14 1. Die Ordnungszahlen richten sich in Genus und Numerus nach dem Substantiv, dem sie vorangestellt werden:

As primeiras árvores a florir são as amendoeiras.

Die ersten Bäume, die blühen, sind die Mandelbäume.

No segundo andar deste prédio vive um casal sem filhos.

Im zweiten Stock dieses Gebäudes lebt ein Ehepaar ohne Kinder.

2. Für den ersten Tag eines Monats kann man die Ordinalzahl verwenden, wenn dieser als Fest- oder Gedenktag gemeint ist:

O primeiro de janeiro　　　　　　　Der erste Januar
(oder: o dia um de janeiro)

A Rua 1.º (Primeiro) de dezembro　　Die Straße des 1. Dezember

Ausdrücke und Redensarten:

pela primeira (segunda) vez　　　　zum ersten (zweiten) Mal
pela última vez　　　　　　　　　zum letzten Mal
Ele foi o primeiro (o segundo, o terceiro)　　*Er kam als Erster (Zweiter, Dritter) an.*
a chegar.

3. In folgenden Fällen werden die Ordinalzahlen (ohne Artikel) dem Substantiv nachgestellt:

   a) Bei **Herrscher- und Papstnamen** (bis zehn)

D. João II[1]　　　　　　　König Johannes II.
(Dom João Segundo)　　　　(König Johannes der Zweite)
Paulo VI　　　　　　　　　Paul VI.
(Paulo Sexto)　　　　　　　(Paul der Sechste)
Carlos V　　　　　　　　　Karl V.
(Carlos Quinto)　　　　　　(Karl der Fünfte)

Nach zehn werden die Grundzahlen verwendet:

Luís XIV　　　　　　　　　Ludwig XIV.
(Luís Catorze)　　　　　　　(Ludwig der Vierzehnte)
Leão XIII　　　　　　　　　Leo XIII.
(Leão Treze)　　　　　　　(Leo der Dreizehnte)

   b) Bei **Jahrhunderten** (ebenfalls bis zehn)

No século IX (nono), os árabes dominavam a Península Ibérica.　　*Im neunten Jahrhundert beherrschten die Araber die Iberische Halbinsel.*
aber:
Camões viveu no século XVI (dezasseis).　　*Camões lebte im sechzehnten Jahrhundert.*

   c) Meistens bei den Kapiteln eines Buches sowie bei den Gesängen eines Epos (auch nur bis zehn) und bei den Artikeln eines Gesetzes:

capítulo IV　　aber　　capítulo XII　　　　Kapitel IV　　und　　Kapitel XII
(capítulo quarto)　　　(capítulo doze)　　　(Kapitel vier)　　　　(Kapitel zwölf)

o canto V (quinto) de «Os Lusíadas»　　*der fünfte Gesang der «Lusiaden»*

no art. 1.º (artigo primeiro) da Constituição　　*im Art. 1 des Grundgesetzes*

4. **Die Wochentage** (*os dias da semana*)

domingo　　　　　　　　　　　　Sonntag
segunda-feira　　(2.ª -feira)　　　　Montag

---

[1] Im Gegensatz zu den arabischen Ziffern haben die römischen bei der Angabe der Ordnungszahlen keinen Punkt.

terça-feira[1]	(3.ª -feira)	*Dienstag*
quarta-feira	(4.ª -feira)	*Mittwoch*
quinta-feira	(5.ª -feira)	*Donnerstag*
sexta-feira	(6.ª -feira)	*Freitag*
sábado		*Samstag*

Ausdrücke in Zusammenhang mit den Wochentagen:

Que dia é hoje? É terça-feira?	*Welcher Tag ist heute? Dienstag?*
Não, é quarta. Terça foi ontem.	*Nein, Mittwoch. Gestern war Dienstag.*
Em que dia chega ele?	*An welchem Tag kommt er an?*
Chega na 5.ª-feira / no sábado / no domingo.	*Er kommt Donnerstag / Samstag / Sonntag an.*
A que dias é que o médico dá consulta?	*An welchen Tagen hat der Arzt Sprechstunden?*
Às segundas, quartas e sextas. (às 2.ᵃˢ, 4.ᵃˢ e 6.ᵃˢ)	*Montags, mittwochs und freitags.*

5. Im Unterschied zum Deutschen werden die Ordnungszahlen in folgenden Ausdrücken **nicht** verwendet:

de três em três dias	*jeden dritten Tag (alle drei Tage)*
de dois em dois meses	*jeden zweiten Monat*
etc.	usw.

V. Die Bruchzahlen *(Numerais fracionários)*

um meio; metade	*ein halb; die (eine) Hälfte*
um terço (dois, três terços)	*ein (zwei, drei) Drittel*
um quarto (dois, três quartos)	*ein (zwei, drei) Viertel*
um quinto	*ein Fünftel*
um sexto	*ein Sechstel*
um sétimo	*ein Siebtel*
um oitavo	*ein Achtel*
um nono	*ein Neuntel*
um décimo	*ein Zehntel*

Ab der Bruchzahl $\frac{1}{11}$ setzt sich der Nenner aus der Grundzahl und dem Wort «avo(s)» zusammen:

um onze avos	*ein Elftel*
um doze avos	*ein Zwölftel*
um treze avos	*ein Dreizehntel*
um vinte avos	*ein Zwanzigstel*
(oder um vigésimo)	
um vinte e um avos	*ein Einundzwanzigstel*

---

[1] Beim Wort **terça-feira** treffen wir auf die alte Form **terço (a)** (*vom Lateinischen tertius*), heute **terceiro**.

um centésimo	*ein Hundertstel*
um milésimo	*ein Tausendstel*
um milionésimo	*ein Millionstel*

Dezimalbrüche

zero vírgula oitenta e cinco	*0,85*
três vírgula catorze	*3,14*

VI. Bemerkungen zu den Bruchzahlen

1. Vor einem Substantiv wird **meio** *ohne Artikel* gebraucht:

meio litro de leite	*ein halber Liter Milch*
meia dúzia	*ein halbes Dutzend*
meia hora	*eine halbe Stunde* (vgl. 1.28)

2. metade *(die Hälfte)* wird ebenfalls *ohne Artikel* gebraucht:

Ela passou metade das férias na praia e metade no campo. — *Sie verbrachte die Hälfte ihrer Ferien am Strand und die Hälfte auf dem Land.*

3. Die Uhrzeit

Que horas são?
Quantas horas são? — *Wieviel Uhr ist es?*

Bei der Antwort steht das Verb nur in drei Fällen im Singular:

É uma hora	*Es ist ein Uhr*
É meio-dia	*Es ist zwölf Uhr mittags*
É meia-noite	*Es ist zwölf Uhr nachts, Mitternacht.*
Já é uma (hora) e um quarto!	*Es ist schon Viertel nach eins!*
É meio-dia ⎫ e meia hora	*Es ist halb eins (12.30 Uhr)*
É meia-noite ⎭	*Es ist halb eins (0.30 Uhr)*

Sonst steht es immer im Plural:

São três horas	*Es ist drei Uhr*
São quatro (horas) e cinco (minutos)	*Es ist vier Uhr fünf*
São duas e um quarto	*Es ist Viertel nach zwei*
São oito e meia	*Es ist halb neun*
São dez menos vinte e cinco (Faltam) vinte e cinco para as dez	*Es ist fünfundzwanzig vor zehn*
São nove menos um quarto (Falta) um quarto para as nove	*Es ist Viertel vor neun*
São cinco horas em ponto	*Es ist Punkt fünf*
São onze e tal	*Es ist nach elf / es ist elf Uhr und etwas*

Bei **offiziellen Zeitangaben und Fahrplänen** benutzt man die Formen:

oito e quinze	*acht Uhr fünfzehn*
oito e trinta	*acht Uhr dreißig*

oito e trinta e cinco	*acht Uhr fünfunddreißig*
vinte e três e quarenta	*dreiundzwanzig Uhr vierzig*
vinte e quatro horas	*vierundzwanzig Uhr*

Die Zeitangabe mit der Präposition a (dt.: *um*):

A que horas abrem as lojas em Portugal?	*Um wieviel Uhr öffnen die Geschäfte in Portugal?*
Às nove horas.	*Um neun Uhr.*
A que horas almoças?	*Um wie viel Uhr isst du zu Mittag?*
À uma hora ou à uma e tal.	*Um ein Uhr oder nach eins.*

6.26 VII. Die Vervielfältigungswörter *(Numerais multiplicativos)*

Duplo (dúplice); o dobro	*doppelt; das Doppelte*
triplo (tríplice); o triplo	*dreifach; das Dreifache*
quádruplo; o quádruplo	*vierfach; das Vierfache*
etc.	usw.
quíntuplo	*fünffach*
sêxtuplo	*sechsfach*
séptuplo — seltene Formen;	*siebenfach*
óctuplo — Ersatzformen:	*achtfach*
nónuplo — cinco vezes mais,	*neunfach*
décuplo — oito vezes mais,	*zehnfach*
undécuplo — dez vezes mais usw.	*elffach*
duodécuplo	*zwölffach*
cêntuplo	*hundertfach*

Beispiele:

Ele tem o dobro da idade dela.	*Er ist doppelt so alt wie sie.*
Nestas férias gastei o triplo do dinheiro que gastei nas férias do ano passado.	*In diesem Urlaub habe ich dreimal so viel Geld ausgegeben wie vergangenes Jahr.*
(... cinco vezes mais dinheiro do que o ano passado.)	*(... fünfmal so viel Geld wie vergangenes Jahr.)*

6.27 VIII. Die Sammelbegriffe *(Numerais coletivos)*

Sie werden als Substantive gebraucht.

1. Menge

um par, dois pares	*ein Paar, zwei Paar*
uma dezena; dezenas	*zehn, etwa zehn; -zig*
uma dúzia; dúzias	*ein Dutzend; Dutzende*
um quarteirão	*ein viertelhundert*

uma vintena	zwanzig, etwa zwanzig
um cento; centos	hundert, etwa hundert; Hunderte
uma centena; centenas	hundert, etwa hundert; Hunderte
um milhar; milhares	tausend, etwa tausend; Tausende
um milheiro	tausend, etwa tausend

Beispiele:

Dê-me uma dúzia de laranjas.	Geben Sie mir ein Dutzend Orangen.
Alguns milhares de pessoas estavam no aeroporto à espera da rainha.	Einige tausend Leute warteten am Flughafen auf die Königin.
Durante a guerra, os bombardeamentos das cidades causaram a morte de centenas de milhares de pessoas.	Während des Krieges wurden durch die Bombenangriffe auf die Städte Hunderttausende von Menschen getötet.

2. Zeit

uma década (um decénio)	ein Jahrzehnt
uma quinzena[1]	vierzehn Tage

Beispiele:

As aulas começam na primeira quinzena de abril.	Der Unterricht beginnt in der ersten Aprilhälfte.
A ditadura de Salazar consolidou-se na década de trinta (nos anos trinta).	Die Salazar-Diktatur festigte sich in den dreißiger Jahren.

um trimestre	ein Vierteljahr
um semestre	ein Halbjahr, ein Semester
um lustro	ein Jahrfünft
um século	ein Jahrhundert
um milénio	ein Jahrtausend

IX. Idiomatische Redewendungen mit Zahlen

Disse-lhe **meia dúzia** de verdades duras.	Ich habe ihm ein paar harte Wahrheiten gesagt.
Ela pega em **mil coisas** e não acaba nenhuma.	Sie fängt tausend Sachen an und bringt keine zu Ende.
Esta vida são **dois dias**!	Das Leben ist kurz! (geflügeltes Wort)

---

[1] Es existiert noch **quarentena**, ursprünglich *vierzig Tage*, heute nur noch in dem Ausdruck:
Ficar de quarentena *unter Quarantäne stehen*
Vgl.   a Quaresma *die Fastenzeit*
         (die 40-tägige Zeit zwischen Aschermittwoch und Ostersonntag)

§ 7 Die Pronomen: Stellvertreter und Begleiter des Substantivs

Viele Pronomen können Stellvertreter des Substantivs sein oder als Begleiter des Substantivs adjektivisch/attributiv gebraucht werden. In diesem Fall werden sie als *«determinantes»* oder als *«quantificadores»* bezeichnet, denn sie sind im engeren Sinn keine Pronomen, sondern Artikelwörter.

Die verschiedenen Funktionen werden in diesem Kapitel eingehend behandelt.

Die Begleiter des Substantivs
«Determinantes» und *«quantificadores»* nach dem neuen *«Dicionário Terminológico»*:

Begleiter: Wörter, die ein Substantiv spezifizieren (Artikelwörter)	*Determinantes* (Determinierer)	artigos definidos e indefinidos	bestimmte und unbestimmte Artikel (siehe § 1)
		determinantes demonstrativos	Demonstrativbegleiter/ demonstrative Artikelwörter
		determinantes possessivos	Possessivbegleiter/ possessive Artikelwörter
		determinante relativo	Relativbegleiter/ relatives Artikelwort
		determinantes interrogativos	Interrogativbegleiter/ interrogative Artikelwörter
		determinantes indefinidos	einige Indefinitbegleiter/ indefinite Artikelwörter
	Quantificadores (Quantifikatoren)	quantificadores universais	einige Indefinitbegleiter/ indefinite Artikelwörter
		quantificadores existenciais	einige Indefinitbegleiter/ indefinite Artikelwörter
		quantificador relativo	Relativbegleiter/ relatives Artikelwort
		quantificador interrogativo	Interrogativbegleiter/ interrogatives Artikelwort
		quantificadores numerais	numerais cardinais Grundzahlen numerais fracionários Bruchzahlen numerais multiplicativos Vervielfältigungszahlen (siehe § 6)

Personalpronomen sind nur Stellvertreter des Substantivs.

Im Folgenden werden obengenannte Begleiter zusammen mit den Pronomen behandelt. Die Unterschiede im Gebrauch werden jeweils herausgehoben und erklärt.

I. Das Demonstrativpronomen *(Pronome demonstrativo)* 7.1

	veränderlich			unveränderlich
Singular		Plural		
mask.	fem.	mask.	fem.	
este	esta	estes	estas	isto
(der hier, dieser)	*(die hier, diese)*			*(das hier, dieses)*
esse	essa	esses	essas	isso
(der da)	*(die da)*			*(das da)*
aquele	aquela	aqueles	aquelas	aquilo
(der da/dort, jener)	*(die da/dort, jene)*			*(das da/dort, jenes)*

Die Demonstrativpronomina werden mit folgenden Präpositionen zusammen- 7.2
gezogen:

de:	deste	desta	destes	destas	disto
	desse	dessa	desses	dessas	disso
	daquele	daquela	daqueles	daquelas	daquilo
em:	neste	nesta	nestes	nestas	nisto
	nesse	nessa	nesses	nessas	nisso
	naquele	naquela	naqueles	naquelas	naquilo
a:	àquele	àquela	àqueles	àquelas	àquilo[1]

II. Der Gebrauch der Demonstrativpronomina

1. Die veränderlichen Demonstrativpronomina können substantivisch oder als 7.3
   Begleiter eines Substantivs adjektivisch sein *(determinantes demonstrativos)*;
   sie richten sich in Genus und Numerus nach dem Substantiv, das sie bestimmen. Die unveränderlichen Demonstrativpronomina können nur substantivisch gebraucht werden.

2. Demonstrativpronomina und -begleiter betreffen im Allgemeinen Personen 7.4
   und Sachen, die folgende Eigenschaften haben:

	I	II	III	IV	V
este esta estes estas isto	sie sind in der Nähe des Sprechers	sie stehen in enger Beziehung zum Sprecher	der Sprecher hat von ihnen gesprochen	sie wurden im vorherigen Satz an letzter Stelle erwähnt	sie sind zeitlich der Zeit des Sprechens nahe

---

[1] **este** und **esse** werden mit **a** nicht zusammengezogen.

	I	II	III	IV	V
esse essa esses essas isso	sie sind in der Nähe des Angesprochenen	sie stehen in enger Beziehung zum Angesprochenen	der Angesprochene hat von ihnen gesprochen	–	sie weisen auf eine zeitliche Nähe zum Besprochenen hin
aquele aquela aqueles aquelas aquilo	sie sind entfernt von beiden Gesprächspartnern	sie stehen nicht in enger Beziehung zu den Gesprächspartnern oder stehen in naher Beziehung zu einem Dritten	dritte Personen hatten von ihnen gesprochen	sie wurden im vorhergehenden Satz an erster Stelle erwähnt	sie weisen auf eine von der Zeit des Sprechens entfernte Vergangenheit hin

Schematisch:

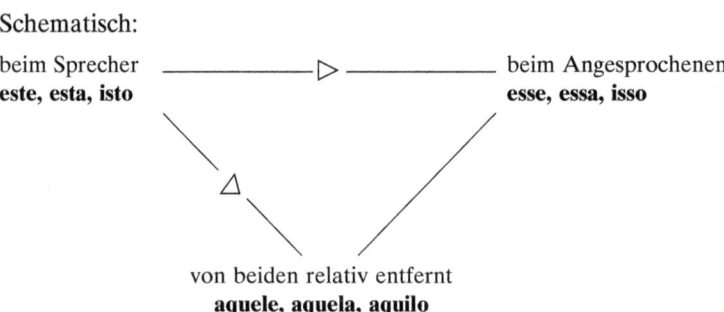

Im Deutschen gibt es nur eine Zweiteilung:

der hier (schriftsprachlich «dieser»), **der da** (schriftsprachlich «jener»).

7.5 *Beispiele zur Tafel:*
Zu I:

Este quadro é mais bonito que **esse**.	*Dieses Bild ist schöner als das da.*
Esta casa é mais antiga do que **aquela**.	*Dieses Haus ist älter als das dort (drüben).*
Esse livro que tens na mão é bom?	*Ist das Buch, das du in der Hand hast, gut?*
Conhece **aquele** senhor que vai além?	*Kennen Sie den Herrn, der dort geht?*
– O que é **isto**? – **Isso** é um caderno.	*– Was ist das (bei mir)?* *– Das (bei Ihnen) ist ein Heft.*
– O que é **isso**? – **Isto** é um livro.	*– Was ist das (bei Ihnen)?* *– Das hier ist ein Buch.*
– O que é **aquilo**? – **Aquilo** é uma cortina.	*– Was ist das da? (relativ entfernt von beiden Gesprächspartnern)* *– Das dort ist ein Vorhang.*

«Mariana entrou no quarto. – **Esta** mulher tem sido a minha providência – disse Simão.»	*Marianne betrat das Zimmer.* *– Diese Frau war bis jetzt mein Schutzengel – sagte Simon.* <div align="right">Camilo Castelo Branco, «Amor de Perdição»</div>
«Faça o que quiser. Mas tire-me **isso** daí.»	*Machen Sie, was Sie wollen. Aber nehmen Sie mir das da weg.* <div align="right">Maria Judite de Carvalho, «As Palavras Poupadas»</div>
«**Lá** vai **aquela** faia. Pobre velha! Era à tua sombra que meu pai me ensinava a ler! Encostava-se **àquele** tronco ...»	*Da geht sie dahin, die Buche dort! Arme Alte! In deinem Schatten brachte mein Vater mir das Lesen bei. Er lehnte sich an jenen Stamm ...!* <div align="right">Júlio Dinis, «A Morgadinha dos Canaviais»</div>

Merke:

Die Bedeutung dieser Demonstrativpronomen bzw. Demonstrativbegleiter kann durch die Ortsadverbien **aqui** *(hier)*, **aí** *(da)*, **ali** *(dort, da)* und **além, acolá** *(da drüben, dort drüben)* noch zusätzlich hervorgehoben werden:
 Este livro **aqui** / esse livro **aí** / aquele livro **ali** é bom. O que é **isto aqui?**; o que é **isso aí?**; o que é **aquilo ali/além/acolá?**

Beispiele zu II:

«Estamos todos tão cansados **desta** confusão de palavras e de corpos ...»	*Wir alle sind dieses Durcheinander von Worten und Körpern so leid ...* <div align="right">U. Tavares Rodrigues, «A Dama de Trunfo», «Nus e Suplicantes»</div>
«Pareces realmente uma estrela do neorealismo italiano. Com **esses** cabelos negros de louca ...»	*Du siehst aus wie ein Star des italienischen Neo-Realismus mit diesen wirren schwarzen Haaren ...*<div align="right">Ibid.</div>
«Pobre rapaz! **Aquilo** é que é sofrer!»	*Armer Junge!* *Das heißt Leiden!* <div align="right">Eça de Queirós, «O Primo Basílio»</div>

Beispiele zu III:

«E contudo, **estas** palavras, Antónia, são para teu bem.»	*Und doch sind diese Worte gut gemeint, Antónia.*<div align="right">Urbano T. Rodrigues, «A Dama de Trunfo»</div>
«– Há aí um restaurante onde servem feijoada. – Puxa! **Isso** é verdade mesmo?»	*– Hier gibt es ein Restaurant, wo Bohnen serviert werden.* *– Nein so etwas! Ist das wirklich wahr?* <div align="right">Maria Judite de Carvalho, «Tanta Gente, Mariana»</div>
«E tudo **aquilo**, dito por ela, parecia extremamente importante ...»	*Und alles das, so von ihr gesagt, erschien äußerst wichtig ...*<div align="right">Ibid.</div>

Beispiele zu IV:

São muito diferentes os ritmos da língua portuguesa e da espanhola: **esta** é a língua dos dramaturgos, **aquela** a dos líricos.	*Der Rhythmus der portugiesischen Sprache unterscheidet sich sehr von dem der spanischen: diese ist die Sprache der Dramatiker, jene die der Lyriker.*

Beispiele zu V:

O exame é no dia 20 **deste** mês.	*Das Examen ist am 20. dieses Monats.*
Nos anos cinquenta, não havia tantos automóveis como hoje; **nesse** tempo, as pessoas andavam mais de bicicleta.	*In den fünfziger Jahren gab es nicht so viele Autos wie heute; zu jener Zeit fuhr man mehr mit dem Fahrrad.*
«Há qualquer coisa que talvez seja importante e que **naquela** altura me impressionou.»	*Es gibt etwas, das vielleicht wichtig ist und mich damals beeindruckt hat.* Maria Judite de Carvalho, «As Palavras Poupadas»

7.6   3. Die Demonstrativpronomina und -begleiter **esse** und **aquele** können einen abwertenden Sinn haben; in diesem Falle kann das Neutrum **isso, aquilo** auch eine Person bezeichnen.

Beispiele:

Esse malandro, se eu o apanho!	*Dieser Gauner, wenn ich den erwische!*
Aquilo é que é um maroto!	*Das ist vielleicht ein Schlingel!*

Auf dieselbe Art kann aber auch – mit der entsprechenden Intonation – Bewunderung oder Wertschätzung zum Ausdruck gebracht werden:

«Se era bonita? Muito bonita, umas mãos de duquesa... E como **aquilo** cantava o fado!»	*Ob sie hübsch war? Sehr hübsch; Hände wie eine Herzogin... Und wie die erst den Fado sang!* Eça de Queirós, «Os Maias»

7.7   4. Ausdrücke und Redewendungen:

E esta!	*Na, so was!* *Wer hätte das gedacht!*
Esta (essa) agora!	{ *Das hat gerade noch gefehlt!* *Nein, so was!*
Uma coisa destas!/dessas!	*So etwas!*
Essa é boa! Essa não está má!	*Das ist gut! Das ist ein Ding!* *Was für eine Idee, das ist vielleicht eine Idee!*
Ainda mais essa! Só me faltava essa!	*Auch das noch!* *Das fehlte mir gerade noch!*
Nessa não caio eu!	*Darauf falle ich nicht herein!*
Espera por essa!	*Darauf kannst du lange warten!*
Fia-te nessa!	*Vertraue bloß nicht darauf!*

Ora essa!	a) *Nein, so etwas!*
	   Aber hören Sie mal!
	b) *als Antwort auf «Dankeschön»:*
	   Bitte, bitte, gern geschehen!

Foi **por essas e por outras** (que eu desconfiei!)	*Aus diesen und anderen Gründen (wurde ich misstrauisch!)*
nisto	*in diesem Augenblick; plötzlich*
isto é	*das heißt*
além disso	*außerdem*
por isso	*deshalb*
isso sim! (s. 16.14)	
1) nem por isso	*nicht viel, nicht (so) sehr, nicht besonders*

Beispiel:

– Estás cansada? – **Nem por isso.**	– *Bist du müde?* – *Nicht sehr.*

2) nem por isso	fazer	*(und) trotzdem nicht tun*
	deixar de fazer	*nichtsdestoweniger/trotzdem tun* (vgl. 11.2)

Ferner:

Ela é bonita, **isso é,** mas também muito vaidosa.	*Sie ist hübsch, das ist richtig, aber auch sehr eitel.*
Se ele come muito? **Isso come!**	*Ob er viel isst? Und ob!* (vgl. «Se come!» 16.8)

III. Weitere Demonstrativpronomina

1. **O, a, os, as** sind Demonstrativpronomina vor **que** und **de**.

   a) vor **que**:

o que	*oder*	aquele que	*derjenige, der*
a que	*oder*	aquela que	*diejenige, die*
os que	*oder*	aqueles que	} *diejenigen, die*
as que	*oder*	aquelas que	
o que	*oder*	aquilo que	*das, was*

Beispiele:

Aqueles dois rapazes são meus conhecidos. **O que** (aquele que) está sentado esteve ontem em minha casa.	*Die zwei Jungen da sind Bekannte von mir. Der, der da sitzt, war gestern bei mir.*
Não gosto desta fazenda. **A que** (aquela que) vi ontem era mais bonita.	*Dieser Stoff gefällt mir nicht. Der, den ich gestern gesehen habe, war schöner.*
Já pensaste **no que** (naquilo que) te propus?	*Hast du schon an das gedacht, was ich dir vorgeschlagen habe?*

> «O dinheiro modifica es pessoas duma maneira tão extraordinária! **As que** eram secretamente, modestamente más, passam a sê-lo com ostentação quando enriquecem.»
>
> *Das Geld verändert die Menschen auf so außergewöhnliche Weise! Diejenigen, die im Verborgenen und in geringem Maß böse waren, werden es ostentativ, wenn sie reich werden.*
>
> Maria Judite de Carvalho, «*Tanta Gente, Mariana*»

7.9   aa) **O que** kann in Subjekt- und Objektfunktion 1) auf Personen bezogen im Deutschen mit dem Indefinitpronomen «wer/wen» übersetzt werden:

O que fala muito, pensa às vezes pouco.   *Wer viel spricht, denkt manchmal wenig.*
(vgl. 7.36)

2) auf Sachen bezogen im Deutschen mit «was» übersetzt werden:

O que eu comi ontem fez-me mal.   *Was ich gestern gegessen habe, ist mir schlecht bekommen.*

7.10   ab) **O que** kann sich auch auf den Inhalt eines ganzen Satzes beziehen:

Ela está constipada, **o que** não admira.   *Sie ist erkältet, was mich nicht wundert.*

Ele quer subir de posto, **o que** não é fácil.   *Er will befördert werden, was nicht leicht ist.*

Statt **o que** kann man in diesem Fall auch **coisa que** sagen:

Ele quer subir de posto, **coisa que** não é fácil.

7.11   b) vor **de**
wird nur **o, a, os, as (o de, a de, os de, as de)** und nicht *aquele(s), aquela(s)* verwendet.

Beispiele:

| Leste a notícia no jornal de hoje ou **no de** ontem? | *Hast du die Nachricht in der Zeitung von heute oder in der von gestern gelesen?* |
| As férias do ano passado foram boas, como serão **as deste** ano? | *Die Ferien des letzten Jahres waren gut. Wie werden die diesjährigen sein?* |

7.12   c) **o** ist auch ein Demonstrativpronomen, das sich zusammenfassend auf vergangene Äußerungen bezieht, in Sätzen vom Typ

| Este aluno é bom, mas aquele também **o** é. | *Dieser Schüler ist gut, aber der da ist es auch.* |

Im Unterschied zum Deutschen wird im Portugiesischen das Pronomen jedoch in der Umgangssprache meist weggelassen:

Este aluno é bom, mas aquele também é.

7.13
2. **o outro**[1]   der (das) andere
   a outra   die andere

---

[1]   **o outro** wird in idiomatischen Ausdrücken im Sinne von *jemand* gebraucht: Como dizia o outro ... *Wie jemand mal sagte ...*

III. Weitere Demonstrativpronomina

os outros as outras	die anderen
o mesmo	der (das) gleiche, derselbe, dasselbe
a mesma	die gleiche, dieselbe
os mesmos as mesmas	die gleichen, dieselben
tal	ein solcher, eine solche, ein solches; der (die, das) von dir/ihr/ihm erwähnte
tais	solche; die von dir/ihr/ihm erwähnten

Beispiele zu **o(s) outro(s), a(s) outra(s)**:

Quando morávamos **na outra casa**, tínhamos um jardim. Nesta não.	*Als wir in dem anderen Haus wohnten, hatten wir einen Garten. In diesem nicht.*
Não faças **aos outros** aquilo que não queres que te façam a ti.	*Was du nicht willst, das man dir tu, das füg auch keinem andern zu!* (Sprichwort)
Os dois irmãos são muito trabalhadores. Este é médico e **o outro** é advogado.	*Beide Brüder sind sehr fleißig. Dieser ist Arzt und der andere ist Rechtsanwalt.*

Folgende Formen entstehen durch die Kombination von **este, esse, aquele** mit **outro**:

estoutro		der (das) andere hier
essoutro		der (das) andere da
aqueloutro		der (das) andere dort
	[selten]	
estoutra		die andere hier
essoutra		die andere da
aqueloutra		die andere dort

«Homem interessante!... Veio aí por causa de umas terras que herdou do irmão, **dessoutro** tio do Dâmaso que morreu há meses...»	*Ein interessanter Mann!... Er kam hierher wegen einiger Ländereien, die er von seinem Bruder geerbt hatte, dem anderen Onkel von Dâmaso, der vor Monaten gestorben war.* Eça de Queirós, «Os Maias»

Beispiele zu **o(s) mesmo(s), a(s) mesma(s)**:

Ainda moras **na mesma** casa onde moravas o ano passado?	*Wohnst du noch in demselben Haus, in dem du letztes Jahr wohntest?*
Já vi duas vezes **o mesmo** filme.	*Ich habe denselben Film schon zweimal gesehen.*
«Oh! maravilha! Era **a mesma** santa irmã que levara nos seus castos joelhos... a camisa da Mary! Era **a mesma**!»	*Was für ein Wunder! Es war dieselbe heilige Schwester, die auf ihren keuschen Knien... das Hemd der Mary getragen hatte! Dieselbe!* Eça de Queirós, «A Relíquia»

7.15 **o(s) mesmo(s), a(s) mesma(s)**
können auch mit einem anderen Demonstrativpronomen oder -begleiter verbunden werden, dann allerdings ohne Artikel:

«**Nessa mesma** tarde, no Hotel das Pirâmides, soube com júbilo que um vapor ... partia de madrugada para as terras benditas de Portugal!»	*An demselben Nachmittag erfuhr ich im «Hotel der Pyramiden» voller Freude, dass im Morgengrauen ein Schiff in das gesegnete Land Portugals aufbrechen würde.*
	Ibid.

7.16 Die Steigerungsform lautet: **o(s) mesmíssimo(s), a(s) mesmíssima(s)**

«– Então posso dizer à titi que a coroazinha de espinhos é **a mesma**...	*– Also kann ich der Tante (eigtl. Tantchen) sagen, dass das Dornenkrönchen dasselbe ist...*
– Pode dizer-lhe em meu nome que foi **a mesmíssima,** espinho por espinho...»	*– Sie können ihr in meinem Namen sagen, dass es haargenau dasselbe war. Dorn für Dorn...* Ibid.

7.17 *Ausdrücke:*

(estar, ficar) na mesma	*beim alten, unverändert (sein, bleiben)*
é a mesma coisa é o mesmo	*} es ist egal, es ist das gleiche*
– Então como está o doente hoje? – Está **na mesma.**	*– Wie geht es denn dem Patienten heute? – Unverändert.*
– Preferes ter aulas de manhã ou de tarde? – Para mim, **é a mesma coisa (é o mesmo)**.	*– Hast du lieber morgens oder nachmittags Unterricht? – Mir ist das egal.*

7.18 *Beispiele zu* **tal, tais** (im Sinne von **esse -a, aquele -a, isso, aquilo**)

Não digas **tal!** (= isso)	*Sag so etwas nicht!*
O **tal** rapaz (= aquele rapaz) de que tu me falaste veio ontem à minha casa.	*Genau der Junge, von dem du mir erzählt hast, besuchte mich gestern.*
Trouxeste **os tais** jornais (= aqueles jornais) que me prometeste?	*Hast du mir die versprochenen Zeitungen mitgebracht?*

7.19 # IV. Das Possessivpronomen *(Pronome possessivo)*

	Singular			
	Mask.		Fem.	
1. Sg.	o meu	*mein*	a minha	*meine*
2. Sg.	o teu	*dein*	a tua	*deine*
3. Sg.	o seu	*sein, ihr, Ihr*	a sua	*seine, ihre, Ihre*

	Singular			
	Mask.		Fem.	
1. Pl.	**o nosso**	*unser*	**a nossa**	*unsere*
2. Pl.	**o vosso**	*euer*	**a vossa**	*eure*
3. Pl	**o seu**	*ihr, Ihr*	**a sua**	*ihre, Ihre*

	Plural			
	Mask.		Fem.	
1. Sg.	**os meus**	*meine*	**as minhas**	*meine*
2. Sg.	**os teus**	*deine*	**as tuas**	*deine*
3. Sg.	**os seus**	*seine, ihre, Ihre*	**as suas**	*seine, ihre, Ihre*
1. Pl.	**os nossos**	*unsere*	**as nossas**	*unsere*
2. Pl.	**os vossos**	*eure*	**as vossas**	*eure*
3. Pl.	**os seus**	*ihre, Ihre*	**as suas**	*ihre, Ihre*

V. Der Gebrauch der Possessivpronomina

1. Die Possessivpronomina können sowohl adjektivisch als *«determinantes»*, d. h. Begleiter *(mein Vater, meine Mutter)* als auch substantivisch *(mein Vater und **deiner**)* gebraucht werden. Sie richten sich in Genus und Numerus nach dem Substantiv, auf das sie sich beziehen. Werden sie adjektivisch gebraucht, stehen sie vor dem Substantiv; *im Gegensatz zum Deutschen* werden sie jedoch *in der Regel vom bestimmten Artikel begleitet*.

Beispiele:

o meu casaco e o teu	*mein Mantel und deiner*
a tua terra	*dein Land, deine Heimat*
a minha casa	*mein Haus, meine Wohnung, das Haus, in dem ich wohne*
os nossos sonhos	*unsere Träume*
as vossas viagens	*eure Reisen*
os teus sapatos e os meus	*deine Schuhe und meine*
as tuas ilusões	*deine Illusionen*

2. Da die Anrede im Portugiesischen in der dritten Person Singular und Plural erfolgt, könnten bei den Formen **o seu, a sua, os seus, as suas** Unklarheiten darüber entstehen, ob der Besitzer der Angeredete oder ein Dritter ist. So wird im letzteren Fall gewöhnlich folgende Form gebraucht: die Präposition **de** und die 3. Person des Personalpronomens. Sie wird dem Substantiv nachgestellt:

Der Besitzer ist der Angeredete		*Der Besitzer ist eine dritte Person*	
o seu livro	*Ihr Buch*	o livro **dele**	*sein Buch*
		o livro **dela**	*ihr Buch*
		o livro **deles**	*ihr Buch*
		o livro **delas**	*ihr Buch*

a sua paciência	Ihre Geduld	a paciência **dele**	seine Geduld
		a paciência **dela**	ihre Geduld
		a paciência **deles**	ihre Geduld
		a paciência **delas**	ihre Geduld
os seus caprichos	Ihre Launen	os caprichos **dele**	seine Launen
		os caprichos **dela**	ihre Launen
		os caprichos **deles**	ihre Launen
		os caprichos **delas**	ihre Launen
as suas ideias	Ihre Ideen	as ideias **dele**	seine Ideen
		as ideias **dela**	ihre Ideen
		as ideias **deles**	ihre Ideen
		as ideias **delas**	ihre Ideen

«Não, Fernando, não quero de maneira nenhuma que por minha causa fique separado **da sua mãe**.»	*Nein, Fernando, ich will auf gar keinen Fall, dass Sie sich meinetwegen von Ihrer Mutter trennen.* Joaquim Paço d'Arcos «*A Corça Prisioneira*»
«**O mal dela** não era físico ... **O mal dela** era psíquico.»	*Ihr Leiden war nicht körperlich ... Ihr Leiden war seelisch.* Ibid.

7.22   3. Der Possessivbegleiter der dritten Person wird viel seltener gebraucht als im Deutschen. Insbesondere bei Familienmitgliedern und bei persönlichen Sachen (wie Kleidungsstücken) wird **o seu, a sua** weggelassen, da die Besitzverhältnisse sich meist aus dem Kontext ergeben:

Ele vive com a (sua) **mãe**. (= Ele vive com a mãe dele.)	*Er lebt bei seiner Mutter.*
Ela perdeu **o lápis**.	*Sie hat ihren Bleistift verloren.*
Ela levou **o casaco**, porque está fresco.	*Sie nahm ihren Mantel mit, weil es kühl ist.*
«**O pai**, sim, esse fora um santo, até na forma como aturara quarenta anos **a mulher**! ... Fora pena não ter sido ele a sobreviver-lhe. Teria tido, com **o filho e a nora**, a velhice tranquila que não chegara a gozar.»	*Sein Vater, ja, der war ein Heiliger, sogar in der Art und Weise, wie er vierzig Jahre seine Frau ertragen hat! ... Es war schade, dass er sie nicht überlebt hat. Er hätte mit seinem Sohn und seiner Schwiegertochter ein ruhiges Alter gehabt, das er nun nicht mehr genießen konnte.* Joaquim Paço d'Arcos, «*A Corça Prisioneira*»

7.23   4. Wie an anderer Stelle erwähnt, ist das Subjektpronomen der 2. Person Plural **vós** nicht mehr gebräuchlich (siehe 7.51); man benutzt die Form **vocês** (oder auch **os senhores, as senhoras**) mit der 3. Person Plural des Verbs. Die Possessivpronomen und -begleiter **o(s) vosso(s), a(s) vossa(s)** dagegen werden heute noch gebraucht.

Merke:

Subjekt	Possessivpronomen bzw. -begleiter
vocês	o(s) vosso(s), a(s) vossa(s)
os senhores, as senhoras und andere Anredeformen	o(s) vosso(s), a(s), vossa(s) *oder* o(s) seu(s), a(s) sua(s)

Beispiele:

Vocês trouxeram **o vosso** carro ou o **do vosso** pai?	*Habt ihr euren Wagen oder den eures Vaters mitgebracht?*
Senhoras e senhores, tomem **os vossos** lugares, por favor! (= os seus lugares)	*Meine Damen und Herren, nehmen Sie bitte ihre Plätze ein!*

5. In folgenden Fällen wird der Possessivbegleiter **ohne** Artikel gebraucht: 7.24

a) beim **Vokativ:**

Minha senhora!	*Meine Dame!*	*(im Deutschen entweder*
Minha querida!	*Meine Liebe!*	*keine Anrede oder*
Meu caro amigo!	*Mein teurer Freund!*	*Namensnennung)*
Meu amor!	*Mein(e) Liebste(r)!*	
Ó minha mãe!	*Mutter!*	

im **Briefkopf:**

Meu querido Pai: *(Mein) lieber Vater!*

bei Kritik, Herabwürdigung, Beschimpfung in der Form:

Seu burro!	*Du Esel! (Sie Esel)*[1]
Seu idiota!	*Du Idiot! (Sie Idiot!)*
«Seu diabo! rosnou Juliana rangendo os dentes.»	*Sie Teufel! knurrte Juliana und knirschte mit den Zähnen.* Eça de Queirós, «O Primo Basílio»

auch in der scherzhaften oder zärtlichen Anrede:

Minha tonta!	*Mein Dummerchen!*
Meu maroto!	*Mein Schlingel!*

bei einigen **Titelangaben** wie:

Vossa Excelência (V. Ex.ª)	*Sie*[2]; *Ew. Exzellenz*
(Sua Excelência)	*(Seine / Ihre Exzellenz)*
Vossa Majestade	*Ew. Majestät*
(Sua Majestade)	*(Seine / Ihre Majestät)*

---

[1] Bei der Beschimpfung erfolgt im Portugiesischen eine Distanzierung: der Sprecher sagt immer «seu ... sua ...», selbst wenn er sonst den Angesprochenen duzt.

[2] «V. Ex.ª» ist im Portugiesischen kein Titel, sondern eine höfliche, formale Anrede, siehe 19.9.

Vossa Alteza	Ew. Hoheit
(Sua Alteza)	(Seine, Ihre Hoheit)
«Ocupo esta cabine ao lado da de **V. Ex.**a.	Ich habe diese Kabine neben Ihrer.
Venho também de Paris.	Ich komme auch aus Paris.
Conheço **V. Ex.**a há muito tempo de nome e de vista.»	Ich kenne Sie seit langem dem Namen nach und vom Ansehen.

Joaquim Paço d'Arcos, «A Corça Prisioneira»

«O secretário, em silêncio, arredou a cadeira para que **Sua Ex.**a passasse.»	Der Sekretär stellte schweigend den Stuhl zur Seite, damit Seine Exzellenz vorbeigehen konnte. Ibid.

b) in den Ausdrücken:

em minha casa[1]	bei mir / uns zu Hause, zuhause
(isto fica) a meu cargo	das übernehme ich
a meu favor	zu meinen Gunsten
em meu nome	in meinem Namen
em meu poder	in meiner Macht
por minha conta	auf meine Rechnung, auf meine Verantwortung
por minha vontade	wenn's nach mir ginge

c) meistens in der **Apposition**:

O gato, **seu único companheiro,** estava deitado ao sol.	Die Katze, sein einziger Kamerad, lag in der Sonne.
Ele foi falar com o doutor Alves, **seu procurador.**	Er ging zu Dr. Alves, seinem Vermögensverwalter.
«... a Lúcia, **minha amiga** de sempre e para sempre, julgava eu.»	Lúcia, seit jeher und für immer meine Freundin, dachte ich.

Maria Judite de Carvalho, «Tanta Gente, Mariana»

d) substantivisch nach dem Verb **ser** in der Bedeutung von *gehören*:

Este caderno **é meu.**	Dieses Heft gehört mir.
[Zum Vergleich:	
Este caderno é o meu.	Dieses ist mein Heft.]
A guerra fez-nos perder tudo o que **era nosso.**	Dieser Krieg nahm uns alles, was uns gehörte.
Eles não querem o que **não é deles.**	Sie wollen nicht, was ihnen nicht gehört.

e) vgl. noch 7.29 und 7.30

6. Je nachdem, ob wir den Artikel verwenden oder weglassen, haben folgende Sätze verschiedene Bedeutung:

a) Aquele rapaz é **o teu amigo?**	Ist dieser Junge dort dein Freund? (Du hast einen Freund, von dem du oft erzählst, ist es dieser dort?)

---

[1] vgl. «*na minha casa*», wobei «Haus» eher wörtlich gemeint ist:
Na minha casa há um grande sótão. *In meinem Haus gibt es einen großen Speicher.*

b) Aquele rapaz é **teu amigo?**	*Ist dieser Junge dort mit dir befreundet?*
a) Aquela senhora é **a minha professora.**	*Diese Dame dort ist meine Lehrerin (von der ich oft spreche, das ist sie).*
b) Aquela senhora é **minha professora.**	*Diese Dame dort ist meine Lehrerin. (Ich hatte dir nie von ihr erzählt.)*
a) Quem é aquele rapaz? **É o meu irmão.**	*Wer ist dieser junge Mann? Es ist mein Bruder (von dem ich dir erzählt habe, das ist er).*
b) Conheces aquele rapaz? Conheço; é **meu irmão.**	*Kennst du diesen jungen Mann dort? Ja, er ist mein Bruder. (Du wusstest nicht, dass ich einen Bruder habe, aber ich sage es dir jetzt.)*

Der bestimmte Artikel zeigt an, dass der Sprecher beim Hörer denselben Kenntnisstand bezüglich der Existenz des Bezeichneten voraussetzt.

Das Weglassen des Artikels zeigt an, dass der Sprecher den Hörer über die Existenz des Bezeichneten erst informiert.

7. Im unbestimmten Gebrauch des Possessivbegleiters (für annähernde Werte und Quantitäten) kann der Artikel weggelassen oder verwendet werden:

«... não é mau sujeito, não. Tem **suas** venetas, como quase todos os ingleses ...»	*... er ist kein übler Mensch, nein. Er hat seine Marotten, wie fast alle Engländer ...*
	Júlio Dinis, «*Uma Família Inglesa*»
Ela tem **os seus** quarenta anos.	*Sie ist so um die vierzig.*

8. Possessivbegleiter können mit Demonstrativbegleitern verbunden stehen. (Dabei entfällt der Artikel.)

Este seu colega é muito simpático.	*Ihr Kollege hier ist sehr nett.*
Onde vive **aquela tua** prima de que me falaste?	*Wo wohnt deine Kusine, von der Du mir erzählt hast?*
«O quê? Seria eu **essa tua** paixão central, muito sincera?»	*Was? Bin ich etwa deine eigentliche, ganz aufrichtige Leidenschaft?*
	U. Tavares Rodrigues, «*A Dama de Trunfo*», «*Nus e Suplicantes*»

In diesem Fall kann der Possessivbegleiter nachgestellt werden:

Como se chama **aquele colega seu** que encontrámos agora?	*Wie heißt dieser Ihr Kollege, den wir gerade getroffen haben?*

9.

a) Wird der Possessivbegleiter in Verbindung mit dem unbestimmten Artikel, mit einer Zahl oder mit einem Interrogativ- oder Indefinitbegleiter benutzt, dann wird es in der Regel dem Substantiv nachgestellt.

Apresento-lhe **um compatriota meu** que chegou ontem.	*Ich stelle Ihnen einen Landsmann von mir vor, der gestern angekommen ist.*

Este é o retrato de **uma irmã minha** que você não conhece.		*Das ist das Bild einer Schwester von mir, die Sie nicht kennen.*
A **que obra sua** se refere?		*Welches Ihrer Werke meinen Sie?*
Vou mostrar-lhe **algumas poesias minhas/ três poesias minhas**.		*Ich zeige Ihnen einige von meinen Gedichten/drei von meinen Gedichten.*

b) Auch in emphatischen Sätzen und Ausdrücken erfolgt meistens die Nachstellung des Possessivbegleiters.

Deus meu! (= Meu Deus!) *Mein Gott! Guter Gott!*

Filha minha não fazia tal coisa. *Meine Tochter würde so etwas nie tun!*

7.31 10. Die Possessivpronomen können mit **mais** und **muito** gesteigert werden.

Esta casa é **mais minha** do que tua! *Dieses Haus steht mir näher als dir!*
oder
Dieses Haus gehört eher mir als dir!

Esta ideia foi **mais nossa** do que deles! *Diese Idee stammt mehr von uns als von ihnen!*

«– Pelo menos é o que consta. Que (ela) teve até cinco pequenos dele ...
– Meus! **Muito meus!** Do meu sangue!»

*– So hört man es wenigstens. Dass sie sogar fünf Jungen von ihm gekriegt hat ...
– Das sind doch meine! Meine eigenen! Von meinem Blut!*

Gespräch zweier Katzen aus Miguel Torga, «Mago», «Bichos»

7.32 VI. Das Relativpronomen *(Pronome relativo)*

Das Portugiesische kennt folgende Relativpronomina:

que	*der, die, das, die*	quem	*wer; derjenige, der*
o qual a qual	*die, welcher die, welche*	cujo(s) cuja(s)	*dessen, deren deren* (Relativbegleiter!)
os quais as quais	*die, welche die, welche*	quanto(s) quanta(s)	*wieviel(e)* (siehe 7.40)

VII. Der Gebrauch der Relativpronomina

7.33 1. Das Relativpronomen **que** ist unveränderlich und wird für Personen und Sachen, als Subjekt und als Objekt, auch mit Präpositionen, verwendet.

Beispiele:

Os programas **que** eu vi esta semana foram bons.	*Die Programme, die ich diese Woche gesehen habe, waren gut.*
Os artigos **com que** ela negoceia não me interessam.	*Die Waren, mit denen sie handelt, interessieren mich nicht.*

O homem **de que me** falaste já não vive nesta cidade.	*Der Mann, von dem du mir erzählt hast, lebt nicht mehr in dieser Stadt.*
As artistas **que** ontem atuaram não são muito conhecidas.	*Die Künstlerinnen, die gestern auftraten, sind nicht sehr bekannt.*

2. Die Relativpronomina **o qual, a qual, os quais, as quais** beziehen sich ebenfalls auf Personen und Sachen. Sie werden im Allgemeinen in der Schriftsprache gebraucht und richten sich in Genus und Numerus nach dem Substantiv, auf das sie sich beziehen. Ihr Gebrauch empfiehlt sich, wenn mit dem Pronomen **que** die Bedeutung des Satzes nicht klar ist oder eine Wiederholung von **que** vermieden werden soll, oder aber ganz allgemein aus stilistischen Gründen.

Beispiel:

Os estudantes e as suas eternas críticas, **as quais** às vezes me aborreciam, constituem a minha melhor recordação.	*Die Studenten und ihre ewige Kritik, welche mich manchmal ärgerte, sind meine schönste Erinnerung.*

Stünde das Relativpronomen **que** anstelle von **as quais,** so wäre unklar, ob die Studenten oder nur ihre Kritik den Sprecher ärgerten. Da aber **as quais** in Genus und Numerus mit dem Substantiv übereinstimmt, auf das es sich bezieht, bleibt kein Zweifel daran, dass es das ewige Kritisieren war und nicht die Studenten.

Ähnlich bei:

Vai ser vendida a coleção de selos do meu colega, **da qual** eu tanto gosto.	*Die Briefmarkensammlung meines Kollegen, die mir so gut gefällt, wird verkauft.*

Umgangssprachlich wird das Pronomen **o qual, a qual** nur in Verbindung mit Präpositionen gebraucht.
Nach **sem, sob** und nach mehrsilbigen Präpositionen ist die Anwendung von **o qual, a qual** (statt **que**) obligatorisch.

A ponte **sob a qual** passámos agora data do tempo dos romanos.	*Die Brücke, unter der wir eben hindurchfuhren, stammt aus der Römerzeit.*
Os óculos, **sem os quais** ele não pode ler uma linha, estilhaçaram-se no chão.	*Die Brille, ohne die er nicht eine Zeile lesen kann, zerbrach auf dem Boden.*
Aquele romance **sobre o qual** escreveste um artigo está a obter um grande êxito.	*Jener Roman, über den du einen Artikel geschrieben hast, ist ein großer Erfolg.*
A situação, **perante a qual** todos recuariam, não o assustou.	*Die Situation, vor der alle zurückschrecken würden, schreckte ihn nicht.*
A notícia, **segundo a qual** o Presidente da República se encontrava em perigo de vida, revelou-se falsa.	*Die Nachricht, nach der sich der Präsident der Republik in Lebensgefahr befand, erwies sich als falsch.*

7.36 3. Das Pronomen **quem** ist unveränderlich und bezieht sich ausschließlich auf Personen.

a) Ohne Beziehungswort steht es für den Demonstrativausdruck **o que** oder **aquele que** (Deutsch: *wer/wen* oder *derjenige, der*); in der Regel wird es eher in Sprichwörtern und verallgemeinernden Äußerungen verwendet, während **o que** meistens spezifischer ist. (Vgl. 7.8 und 7.9)

Quem rouba um pão é ladrão,	*Wer ein Brot stiehlt, ist Dieb,*
Quem rouba um milhão é barão!	*Wer stiehlt eine Million, ist Baron!*
	Port. Sprichwort
Convida **quem** quiseres!	*Lade ein, wen du willst!*

7.37 b) Zusammen mit Präpositionen (als eigentliches Relativpronomen) hat **quem** die Bedeutung von «der, die, das, die».

O homem **com quem** estiveste ontem pede para o receberes agora.

Der Mann, mit dem du gestern zusammen warst, bittet darum, dass du ihn jetzt empfängst.

A rapariga **de quem** você me falou partiu há uma hora para Londres.

Das Mädchen, von dem Sie mir erzählt haben, ist vor einer Stunde nach London abgefahren.

Aquele **em quem** confiaste era um cobarde.

Derjenige, dem du vertraut hast, war ein Feigling.

A senhora **a quem** enviámos as flores escreveu um cartão a agradecer. (Dativobjekt)

Die Dame, der wir die Blumen geschickt haben, schrieb eine Karte, um sich zu bedanken.

7.38 Übt **quem** die Funktion des Akkusativobjekts aus, dann wird es von der Präposition **a** begleitet:

O homem **a quem** defendi é estrangeiro. (höhere Stilebene)

Der Mann, den ich verteidigte, ist Ausländer.

Zum Vergleich die häufiger gebrauchte Form:

O homem **que** defendi é estrangeiro.   (vgl. 10.12)

Nach der Präposition **sem** wird **quem** durch **o/a qual, os/as quais** ersetzt:

A mulher, **sem a qual** ele não pode viver ... *(und nicht:* a mulher, sem quem ...*)*

Die Frau, ohne die er nicht leben kann ...

7.39 4. Der Relativbegleiter (*determinante relativo*) **cujo(s), cuja(s)** ist eine Genitivform und wird in der Umgangssprache nicht benutzt. Zu beachten: während das deutsche Pronomen «dessen, deren» sich nach dem vorausgehenden Bezugswort (das den Besitzer bezeichnet) richtet, gehört das portugiesische «cujo(s), cuja(s)» in Genus und Numerus zu dem nachfolgenden Substantiv, wie folgt:

Aquelas alunas **cuja aplicação** eu louvei passaram todas no exame.

Die Schülerinnen, deren Fleiß ich gelobt habe, bestanden alle ihre Prüfung.

O rapaz, **cuja delicadeza** me sensibilizou, é de muito boas famílias.

Der Junge, dessen Höflichkeit mich beeindruckt hat, kommt aus einer sehr guten

O professor **cujas lições** tanto me agradam está doente.	*Familie.* *Der Lehrer, dessen Unterricht mir so gut gefällt, ist krank.*

Der Relativbegleiter **cujo(s), cuja(s)** steht auch mit Präpositionen:

A senhora **de cujos** filhos sou amigo é aquela.	*Die Dame, mit deren Söhnen ich befreundet bin, ist diese dort.*
O homem, **em cuja** honestidade sempre acreditei, desiludiu-me.	*Der Mann, an dessen Ehrlichkeit ich immer geglaubt habe, hat mich enttäuscht.*
Eis um professor **de cuja** competência ninguém duvida.	*Da ist ein Lehrer, an dessen Fähigkeit niemand zweifelt.*

5. **Quanto(s), quanta(s)** werden als Relativpronomina nur in Verbindung mit **tudo, todos, todas** und **tanto, tanta, tantos, tantas** gebraucht. Die Letzten können auch weggelassen werden, wenn ihr Sinn aus dem Kontext heraus erkennbar ist:

tudo quanto = tudo o que = quanto **tanto quanto = quanto**	*alles, was*
Disse-lhe **tudo quanto** sabia. Disse-lhe **tudo o que** sabia. Disse-lhe **quanto** sabia.	*Ich sagte ihm alles, was ich wusste.*
Isto é **tudo quanto** tenho. Isto é **quanto** tenho. Isto é **tudo o que** tenho.	*Das ist alles, was ich habe.*
Arrancou uma lágrima de piedade a **todos quantos** (= **todos os que**) o viram.	*Allen, die ihn sahen, kamen Tränen des Mitleids.*
Comprei **(tanto) quanto** podia transportar.	*Ich habe so viel eingekauft, wie ich tragen konnte.*
Ela recebeu muitos presentes/muitas prendas, mas não **(tantos) quantos/(tantas) quantas** desejava.	*Sie bekam viele Geschenke, aber nicht so viele, wie sie sich gewünscht hatte.*

VIII. Das Interrogativpronomen *(Pronome interrogativo)*

Alle genannten Relativpronomina – außer **cujo** – werden auch als Interrogativpronomina gebraucht. Sie leiten direkte und indirekte Fragen ein.

que? o que?	*was?*
que?	*was für? (vor Substantiv)*
quem?	*wer? wen?*
qual?	*welcher? welche?*
quais?	*welche?*
quanto(s)?	*wie viel(e)?*
quanta(s)?	*wie viel(e)?*

IX. Der Gebrauch der Interrogativpronomina

1. **Que?** kann auch vom bestimmten Artikel **o** begleitet werden: **o que?**. Diese aus der indirekten Frage durch Analogie entstandene Form (quero saber o que tens *ich möchte wissen, was du hast*) ist heute allgemein verbreitet.

Beispiele:

Que queres? / **Que** é que queres?[1] **O que** queres? / **O que** é que queres?	*Was willst du?*
Que há de novo? **O que** há de novo?	*Was gibt es Neues?*
Que fizeram vocês ontem? **O que** fizeram vocês ontem?	*Was habt ihr gestern gemacht?*

Achtung: Que é de ...? = Onde está ...?

Que é do teu irmão?	*Wo ist / steckt dein Bruder?*

Que ist ein unbetontes Wort (die Betonung liegt immer auf dem nächsten Wort) und erhält einen Zirkumflex, wenn es allein oder am Satzende steht:

O quê? Você já não me conhece?	*Was? Sie kennen mich nicht mehr?*
Ele tentou explicar-me não sei **o quê.**	*Er versuchte mir was weiß ich zu erklären.*

Nur die Form **que** kann von einer Präposition begleitet werden:[2]

De que estás a falar?	*Wovon sprichst du?*

Als Begleiter eines Substantivs bedeutet **que ...?** «was für ...?»

Que homem é aquele?	*Was ist das für ein Mann?*
Que compras fizeste?	*Was für Einkäufe hast du gemacht?*
Que mal te fez ela para lhe responderes assim?	*Was hat sie dir getan, dass du ihr so antwortest?*
Que novidades me traz?	*Was für Neuigkeiten bringen Sie mir?*

2. **Qual, quais?** werden als Interrogativpronomen oder Interrogativbegleiter *nie* vom Artikel begleitet. Sie drücken die Auswahl zwischen zwei oder mehr Gegenständen (oder auch Personen) gleicher Art aus.

De qual destes vestidos gosta mais? Do branco ou do azul?	*Welches dieser Kleider mögen Sie lieber? Das weiße oder das blaue?*
Quais são as disciplinas que mais te agradam?	*Welche Fächer gefallen dir am besten?*
Com qual das tuas amigas vais ao cinema hoje?	*Mit welcher deiner Freundinnen gehst du heute ins Kino?*

---

[1] Zur Konstruktion mit **é que** siehe 15.3.
[2] Mit der Konstruktion **é que** wird diese Regel in der Umgangssprache nicht immer beachtet.

3. **Quem?** bezieht sich auch als Interrogativpronomen nur auf Personen. Es wird oft in Verbindung mit Präpositionen gebraucht.

Quem é?	*Wer ist da?*
Quem te deu este bolo?	*Wer hat dir diesen Kuchen gegeben?*
De quem estás a falar?	*Von wem sprichst du?*
A quem mandas este postal? (Dativobjekt)	*Wem schickst du diese Karte?*
Com quem almoçou hoje?	*Mit wem haben Sie heute zu Mittag gegessen?*
Contra quem jogam os alemães no domingo?	*Gegen wen spielen die Deutschen am Sonntag?*

Auch in der indirekten Frage:

Eu quero saber **quem** marcou o golo.   *Ich will wissen, wer das Tor geschossen hat.*

Als Akkusativobjekt des Fragesatzes kann **quem?** von der Präposition a begleitet werden:

Quem é que[1] tu vês mais vezes?   *Wen siehst du öfter?*

oder auf höherer Stilebene:

A quem é que tu vês mais vezes?   *Wen siehst du öfter?*

ebenso bei der indirekten Frage:

Ele perguntou **quem** é que tu vês mais vezes.
Ele perguntou **a quem** é que tu vês mais vezes.   } *Er fragte, wen du öfter siehst.*

Da der Relativbegleiter **cujo** in Interrogativsätzen nicht mehr in Gebrauch ist, hat die deutsche Form «wessen?» keine direkte Entsprechung im Portugiesischen; sie wird ersetzt durch den Ausdruck **de quem (é)?/de quem (são)?**

De quem é esta fábrica?	*Wessen Fabrik ist das? (= Wem gehört sie?)*
De quem são estas joias?	*Wessen Juwelen sind das?*

4. **Quanto(s), quanta(s)?** können substantivisch oder adjektivisch (vor einem Substantiv als *«quantificadores interrogativos»*) gebraucht werden.

Quanto pagou o senhor por este quadro?	*Wie viel haben Sie für dieses Bild bezahlt?*
Quantas aulas tiveste hoje?	*Wie viel (Unterrichts-)Stunden hattest du heute?*
– **Quantos** dias demoras para chegar a Lisboa?	*Wie viel Tage brauchst du, bis du in Lissabon ankommst?*
– Ainda não sei **quantos**.	*Ich weiß noch nicht, wie viele.*
Quanto custa este carro?	*Was kostet dieser Wagen?*
Ela perguntou-me **quantas** divisões tem a minha casa.	*Sie fragte mich, wie viel Räume mein Haus hat.*

---

[1] Zur Konstruktion mit **é que** siehe 15.3.

5. Die Interrogativbegleiter leiten oft Ausrufe und Ausrufesätze ein:

Que coisa!   *So etwas!*
Que mulher!   *Was für eine Frau!*
Quantas vezes eu já ouvi isso!   *Wie oft habe ich das schon gehört!*

X. Das Personalpronomen *(Pronome pessoal)*

	Subjekt	Reflexiv	Dativ	Akkusativ	mit Präposition (außer *«com»*)
1. Pers. Sg.	eu	me	me	me	mim
2. Pers. Sg.	tu	te	te	te	ti
Anredeform	você	se	lhe	o, a	si, você
3. Pers. Sg.	ele, ela	se	lhe	o / a	si / ele, ela
1. Pers. Pl.	nós	nos	nos	nos	nós
2. Pers. Pl.	(vós) / vocês	(vos) / se	vos	vos	(vós) / vocês
3. Pers. Pl.	eles, elas	se	lhes	os / as	si / eles, elas

7.51 **Wichtig:** Nach **você** (*Sie*, informell; in Brasilien *du*) steht das Verb in der 3. Person Singular; das gilt auch für alle Pronomen, die sich auf den Angeredeten beziehen.

Die 2. Person Plural des Subjektpronomens **vós** ist veraltet, sie wird nur noch regional, in der Kirche und außerdem gelegentlich rhetorisch verwendet. Anstelle von «vós» ist in der Umgangssprache die Form **vocês** getreten, das darauffolgende Verb steht in der 3. Person Plural. (Siehe 19.3)

XI. Der Gebrauch der Personalpronomina

7.52 1. Das Subjektpersonalpronomen

a) Das Subjektpersonalpronomen ist entbehrlich, wenn das Subjekt aus der Verbalform oder aus dem Kontext hervorgeht, anderenfalls muss es zur genauen Unterscheidung gebraucht werden.

Beispiele:
In dem Satz

«Foi para Portugal»	*«Fuhr nach Portugal»*

ist ohne Kontext nicht zu erkennen, wer nach Portugal gefahren ist, ob «er» oder «sie»; eine vollständigere Form wäre also:

Ele foi para Portugal.	*Er fuhr nach Portugal.*
oder	
Ela foi para Portugal.	*Sie fuhr nach Portugal.*

Betrachten wir nun folgenden Text einer Frage-Antwort-Sequenz:

| – Para onde foi ele? | – Wohin ist er gefahren? |
| – Foi para Portugal. | – Er ist nach Portugal gefahren. |

Im zweiten Satz wird das Subjekt weggelassen, da aus der Frage schon klar hervorgeht, wer abgereist ist.

Bei antithetisch gebauten Sätzen und bei der Emphase wird das Subjektpersonalpronomen wiederholt: 7.53

| **Eu** lavo, **eu** esfrego, **eu** limpo – e que fazes tu?! | *Ich wasche, ich schrubbe, ich putze – und was machst du?!* |

b) Zu **nós** 7.54

Statt **nós** wird in der familiären Umgangssprache oft **a gente** mit der dritten Person Singular gebraucht.

| **A gente** daqui não **vê** nada! | *Von hier sehen wir nichts!* |
| **A gente** ainda **sai** hoje? | *Gehen wir heute noch aus?* |

Nós wird auch im Pluralis majestatis (Plural der Majestät) oder im Pluralis modestiae (Plural der Bescheidenheit) statt **eu** gebraucht. 7.55

| **Nós**, o rei, decretamos... | *Wir, der König, ordnen an...* |
| Procedemos assim animados (*oder* animado!)[1] das melhores intenções... *statt:* Procedi assim animado das melhores intenções... | *Wir haben, von den besten Absichten geleitet, so gehandelt...* |

c) Zu **eles** 7.56

Umfasst das Subjekt in der Mehrzahl männliche und weibliche Elemente, wird der Plural der männlichen Form des Personalpronomens (**eles**) gebraucht.

Beispiel:

| Tenho vários **alunos e alunas.** Ontem, **eles** vieram todos visitar-me. | *Ich habe einige Schüler und Schülerinnen. Gestern kamen sie alle mich besuchen.* |

d) Nach **fora/afora** *(außer),* **exceto** *(außer),* **menos** *(außer),* **salvo** *(außer),* **segundo** *(nach, gemäß)* und **tirante** *(ausgenommen)* stehen die Subjektformen **eu** und **tu.**

Beispiel:

| Todos lá estiveram, **menos eu/tu.** | *Alle waren da, außer mir/dir.* |

---

[1] Beim Plural der Bescheidenheit kann das Partizip im Singular bleiben.

7.57 Das Reflexiv-, Dativ- und Akkusativpronomen wird normalerweise dem Verb *nachgestellt* – bei zusammengesetzten Zeiten dem Hilfsverb – und mit diesem durch Bindestrich verbunden. (Zur Stellung der Personalpronomina siehe 7.76 u. folgende).

7.58 2. Das Reflexivpronomen

1. Pers. Sg.	me	**lembro-me**	*ich erinnere mich*
2. Pers. Sg.	te	**lembras-te**	*du erinnerst dich*
3. Pers. Sg.	se	**lembra-se**	*er/sie erinnert sich;*
			Sie (Sg.) erinnern sich
1. Pers. Pl.	nos	**lembramo-nos**	*wir erinnern uns*
2. Pers. Pl.	(vos)	**(lembrais-vos)**	*ihr erinnert euch*
3. Pers. Pl.	se	**lembram-se**	*sie/Sie (Pl.) erinnern sich*

7.59 Das **-s** der ersten Person Plural aller Verben fällt vor dem Reflexivpronomen **nos** weg.

Anstelle der 2. Person Plural «lembrais-vos» wird heute die Form **vocês lembram-se** gebraucht (vgl. 7.51).

7.60 Einige Verben sind im Portugiesischen reflexiv, die im Deutschen nicht reflexiv sind – und umgekehrt, z. B.

calar-se	*schweigen*
casar-se (*auch* **casar**)	*heiraten, sich verheiraten*
chamar-se	*heißen*
esquecer-se (de)	*vergessen*
levantar-se	*aufstehen, sich erheben*
passar-se	*passieren, sich ereignen*
rir-se (*auch* **rir**)	*lachen*
sorrir-se (*auch* **sorrir**)	*lächeln*
tornar-se	*werden*

aber:

acontecer, suceder, ocorrer	*sich ereignen, geschehen*
agradecer	*sich bedanken*
conversar (com alguém)	*sich (mit jemandem) unterhalten*
descansar, repousar	*sich ausruhen*
embarcar	*(sich) einschiffen, an Bord gehen*
desembarcar	*(sich) ausschiffen, von Bord gehen*
mudar	*sich ändern*
pigarrear	*sich räuspern*

Beispiele:

Que maçada! Esqueci-me do meu telemóvel!	*Wie ärgerlich! Ich habe mein Handy vergessen!*
Não posso esquecer-me de telefonar à minha tia, que faz hoje anos.	*Ich darf nicht vergessen, meine Tante anzurufen, die heute Geburtstag hat.*

Lembras-te daquela aldeiazinha dos Açores, onde passámos três dias?	*Erinnerst du dich an dieses kleine Dorf auf den Azoren, wo wir drei Tage verbrachten?*
Ela tem-se sentido bem aqui.	*Sie fühlt sich wohl hier.*
O poeta Antero de Quental suicidou-se em 1891.	*Der Dichter Antero de Quental nahm sich 1891 das Leben*
Hoje, nós levantámo-nos muito cedo.	*Heute sind wir sehr früh aufgestanden.*
Vocês tornaram-se medrosos.	*Ihr seid ängstlich geworden.*
Eles casaram(-se) ontem.	*Sie haben gestern geheiratet.*

3. Das Dativpronomen *(complemento indireto)*

1. Pers. Sg.	**me**	*mir*
2. Pers. Sg.	**te**	*dir*
3. Pers. Sg.	**lhe**	*ihm, ihr, Ihnen (Sg.)*
1. Pers. Pl.	**nos**	*uns*
2. Pers. Pl.	**vos**	*euch*
3. Pers. Pl.	**lhes**	*ihnen, Ihnen (Pl.)*

Beispiele:

Empresta-me este livro!	*Leih mir dieses Buch!*
O teu amigo tem-te escrito muitas vezes.	*Dein Freund hat dir oft geschrieben.*
Ela está muito contente. As amigas fizeram-lhe uma grande surpresa.	*Sie freut sich sehr. Ihre Freundinnen haben ihr eine große Überraschung bereitet.*
Ela mostrou-te a casa?	*Hat sie dir das Haus gezeigt?*
Ele quer contar-vos tudo. *auch:* Ele quer contar tudo a vocês.	*Er will euch alles erzählen.*
Ele telefonou há uma hora e eu disse-lhe que tu não estavas em casa.	*Er rief vor einer Stunde an, und ich sagte ihm, dass du nicht zu Hause bist.*
Como passou você as férias? Agradou-lhe a praia onde esteve?	*Wie haben Sie die Ferien verbracht? Hat Ihnen der Strand gefallen, an dem Sie waren?*
Ele deu-nos uma boa notícia.	*Er brachte uns eine gute Nachricht.*
O carteiro entregou-lhes as cartas.	*Der Briefträger hat ihnen/Ihnen die Briefe ausgehändigt.*
A festa agradou-lhes?	*Hat Ihnen/ihnen das Fest gefallen?*

a) Oft wird das Dativpronomen statt des Possessivpronomens verwendet:

Ela cobiça-**lhe a fortuna,** senão não casava com ele.	*Sie hat es auf sein Vermögen abgesehen, sonst würde sie ihn nicht heiraten.*
Este barulho cansa-**me a cabeça.**	*Dieser Lärm macht mich (meinen Kopf) müde.*
Ela viu-**lhe a tristeza** e começou a chorar.	*Sie sah seine/ihre Traurigkeit und fing an zu weinen.*

7.63 b) Manchmal wird das nachdrückliche Interesse einer höhergestellten Person an der Durchführung einer Handlung durch ein Dativpronomen ausgedrückt (Dativus ethicus):

Come-me a sopa toda!	*Iss mir ja die Suppe auf!*
Lave-me bem esse chão!	*Wischen Sie mir ja den Boden gut auf!*
Presta-me bem atenção à explicação do professor, senão levas!	*Pass mir ja gut auf die Erklärung des Lehrers auf, sonst setzt es was!*

7.64 c) Der Dativ, der in deutschen Sätzen des Typs «Ich kaufte mir ein Buch», «Ich nähe mir ein Kleid» vorkommt, wird im Portugiesischen gewöhnlich nicht übersetzt. Soll der Dativ besonders hervorgehoben werden, kann er mit «para mim» wiedergegeben werden, wie folgt:

Ich kaufte mir ein Buch	{ Eu comprei um livro. { Eu comprei um livro **para mim**. [emphatisch]
Ich nähe mir ein Kleid	{ Eu faço um vestido. { Eu faço um vestido para mim.

Vgl. auch einen sprachlichen Ausdruck wie:

Da kommt dir plötzlich ein Windstoß ...   De repente vem uma rajada de vento ...

7.65 **4. Das Akkusativpronomen** *(complemento direto)*

1. Pers. Sg.	**me**	*mich*
2. Pers. Sg.	**te**	*dich*
3. Pers. Sg.	**o, a**	*ihn, sie, es; Sie (Sg.)*
1. Pers. Pl.	**nos**	*uns*
2. Pers. Pl.	**vos**	*euch*
3. Pers. Pl.	**os, as**	*sie; Sie (Pl.)*

7.66 a) Die Akkusativpronomina der 3. Person Singular **(o, a)** und Plural **(os, as)** werden zu **lo, la, los, las,** wenn die davor stehenden Verben auf **-r, -s** oder **-z** enden. Diese Endungsbuchstaben fallen dann bei den Verben weg.

Da Wörter mit Endung auf **-r** oder **-z** auf der letzten Silbe betont werden und diese Buchstaben hier wegfallen, ohne daß die Betonung sich ändert, wird diese durch Akzente gekennzeichnet:

-a bekommt einen «acento agudo» und wird zu **-á; -e** wird durch einen «acento circunflexo» zu **-ê**. Ohne Akzent bleibt die Endung auf **-i** nach Konsonant.

Beispiele zu **-r**:

Die Infinitivform:

comprar	+ o(s)	**comprá-lo(s)**
comprar	+ a(s)	**comprá-la(s)**
vender	+ o(s)	**vendê-lo(s)**
vender	+ a(s)	**vendê-la(s)**
abrir	+ o(s)	**abri-lo(s)**
abrir	+ a(s)	**abri-la(s)**

Beispiele zu -z:

Die 3. Person Singular des Präsens der Verben **dizer** *(sagen)*, **fazer** *(machen)*, **trazer** *(bringen)*, ihre Ableitungen und die 1. sowie die 3. Person Singular des einfachen Perfekts des Verbs **fazer**:

ele faz	+ o(s)	fá-lo(s)
ele faz	+ a(s)	fá-la(s)
ela diz	+ o(s)	di-lo(s)
ela diz	+ a(s)	di-la(s)
você traz	+ o(s)	trá-lo(s)
você traz	+ a(s)	trá-la(s)
eu fiz	+ o(s)	fi-lo(s)
eu fiz	+ a(s)	fi-la(s)
ele fez	+ o(s)	fê-lo(s)
ele fez	+ a(s)	fê-la(s)

Beispiele zu -s:

Die Verbalformen der 2. Person Singular und der 1. Person Plural (mit Ausnahme der 2. Person Singular des Einfachen Perfekts, die auf **-e** endet):

tu compras	+ o(s)	tu compra-lo(s)
tu compras	+ a(s)	tu compra-la(s)
nós compramos	+ o(s)	nós compramo-lo(s)
nós compramos	+ a(s)	nós compramo-la(s)
tu vendias	+ o(s)	tu vendia-lo(s)
tu vendias	+ a(s)	tu vendia-la(s)
nós vendíamos	+ o(s)	nós vendíamo-lo(s)
nós vendíamos	+ a(s)	nós vendíamo-la(s)
tu abres	+ o(s)	tu abre-lo(s)
tu abres	+ a(s)	tu abre-la(s)
nós abrimos	+ o(s)	nós abrimo-lo(s)
nós abrimos	+ a(s)	nós abrimo-la(s)
tu repetiras	+ o(s)	tu repetira-lo(s)
tu repetiras	+ a(s)	tu repetira-la(s)
nós repetíramos	+ o(s)	nós repetíramo-lo(s)
nós repetíramos	+ a(s)	nós repetíramo-la(s)

b) Endet die davorstehende Verbform auf einen Nasallaut (fast immer **-m**), werden **o, a, os, as** zu **no, na, nos, nas**, und zwar bei der 3. Person Plural aller Verbformen sowie bei den Singularformen **põe, tem** und **vem**:

eles compram	+ o(s)	eles compram-no(s)
elas compram	+ a(s)	elas compram-na(s)

eles vendiam elas vendiam	+ o(s) + a(s)	eles vendiam-no(s) elas vendiam-na(s)	
eles abriram elas abriram	+ o(s) + a(s)	eles abriram-no(s) elas abriram-na(s)	
eles dão/põem elas dão/põem	+ o(s) + a(s)	eles dão-no(s)/põem-no(s) elas dão-na(s)/põem-na(s) *sowie*	ele põe-no(s) ela põe-na(s)
vocês tinham comprado	+ o(s) + a(s)	vocês tinham-no(s) vocês tinham-na(s) comprado	
ele tem vendido	+ o(s) + a(s)	ele tem-no(s) ele tem-na(s) vendido	

c) In allen anderen Fällen, d. h. nach den Verbformen, die auf Vokal enden, ändern sich die Akkusativpronomina **o, a, os, as** nicht: abro-**o**, vendi-**a**, vendeste-a, vendeu-o, comprei-**as**, comprou-**os**, une-**os**, uniu-**as** usw.

Achtung: **quer + o(s)** → **quere-o(s)**   er/sie will ihn/es/sie
           quer + a(s) → **quere-a(s)**   er/sie will sie

7.68   5. Die Kombination der Dativ- mit den Akkusativpronomina

Sind in einem Satz ein Dativ- und ein Akkusativpronomen vorhanden, so wird im Gegensatz zum Deutschen das Dativpronomen dem Akkusativpronomen vorangestellt. Dabei verschmelzen sie zu folgenden Formen:

me	+ o + a	**mo** **ma**	ihn mir, es mir sie mir
	+ os + as	**mos** **mas**	sie mir sie mir
te	+ o + a	**to** **ta**	ihn dir, es dir sie dir
	+ os + as	**tos** **tas**	sie dir sie dir
lhe	+ o + a	**lho** **lha**	ihn (es) ihm/ihr sie ihm, sie ihr
	+ os + as	**lhos** **lhas**	sie ihm, sie ihr sie ihm, sie ihr
lhes	+ o + a	**lho** **lha**	ihn (es) ihnen sie ihnen
	+ os + as	**lhos** **lhas**	sie ihnen sie ihnen

7.69   Bei den folgenden beiden Formen entfällt das Endungs-**s** beim Dativpronomen und das Akkusativpronomen **o** wird zu **lo**. (Vgl. 7.66)

nos	+ o	**no-lo**	*ihn uns, es uns*
	+ a	**no-la**	*sie uns*
	+ os	**no-los**	*sie uns*
	+ as	**no-las**	*sie uns*
vos	+ o	**vo-lo**	*ihn euch, es euch*
	+ a	**vo-la**	*sie euch*
	+ os	**vo-los**	*sie euch*
	+ as	**vo-las**	*sie euch*

Beispiele:

Os alunos fizeram os exercícios e entregaram-mos.	*Die Schüler machten die schriftlichen Arbeiten und gaben sie mir ab.*
Ele comprou uma pulseira e vai oferecer-ta no dia dos teus anos.	*Er kaufte ein Armband und wird es dir an deinem Geburtstag schenken.*
O meu primo tinha um carro novo, mas roubaram-lho a noite passada.	*Mein Vetter hatte einen neuen Wagen, aber er wurde ihm letzte Nacht gestohlen.*
Ela tem uma casa linda e ontem mostrou-no-la.	*Sie hat ein schönes Haus; gestern zeigte sie es uns.*
O meu marido deu as calças a limpar, mas entregaram-lhas mal passadas. (Vgl. noch 8.64)	*Mein Mann gab die Hose in die Reinigung, aber man hat sie ihm schlecht gebügelt zurückgegeben.*

6. Das Personalpronomen nach Präpositionen (außer «com») 7.70

		je nach Präposition
1. Pers. Sg.	**mim**	*mir, mich*
2. Pers. Sg.	**ti**	*dir, dich*
3. Pers. Sg.	**si**	*Ihnen, Sie, sich (selber)*
	ele	*ihm, ihn, es*
	ela	*ihr, sie*
1. Pers. Pl.	**nós**	*uns*
2. Pers. Pl.	**(vós), vocês**	*euch*
3. Pers. Pl.	**si**	*sich (selber)*
	eles	*ihnen, sie*
	elas	*ihnen, sie*

Vós nach Präposition wird selten und nur in der gehobenen Sprache verwendet. 7.71
In der Umgangssprache wird es durch **vocês** ersetzt.

Das Personalpronomen **si** wird in zwei Fällen gebraucht: 7.72

a) im reflexiven Sinn, meist in den verstärkten Kombinationen **si próprio** und **si mesmo**:

Quem condena os outros, esquece-se de olhar para si próprio (si mesmo).	Wer die anderen verurteilt, vergisst sich selbst anzuschauen.
Ela pergunta a si própria se seria capaz de fazer semelhante sacrifício.	Sie fragt sich, ob sie zu so einem Opfer fähig wäre.
Os homens têm demasiada confiança em si próprios (si mesmos).	Die Menschen setzen zu viel Hoffnung in sich selbst.

7.73   b) in der Anrede in der Bedeutung von **o senhor, a senhora, você**:

Chegou uma carta para si! (para o Sr., para a Sra., para você).	Es ist ein Brief für Sie angekommen.
Está aqui uma pessoa a perguntar por si. (por você, pelo senhor, pela senhora).	Hier ist jemand, der nach Ihnen fragt.

7.74   Weitere Beispiele für das Personalpronomen mit Präposition:

Não se esqueça **de mim**!	Vergessen Sie mich nicht!
Ontem pensei muito **em ti**.	Gestern habe ich sehr an dich gedacht.
O Alberto não pode viver **sem ela**. Não pensa senão **nela**.	Albert kann ohne sie nicht leben. Er denkt nur an sie.
Conheço-o há muito tempo e só posso dizer bem **dele**.	Ich kenne ihn seit langem und kann nur Gutes von ihm sagen.
Está tudo acabado **entre nós**.	Zwischen uns ist alles aus.
Os nossos pais fizeram muitos sacrifícios **por nós**.	Unsere Eltern haben viele Opfer für uns gebracht.
Tenho aqui um postal **para vocês**.	Ich habe hier eine Postkarte für euch.
Não me lembrei **de vocês**.	Ich habe nicht an euch gedacht.
Olhei **para eles** e comecei a rir.	Ich schaute sie an und fing an zu lachen.
Há que tempos que não sei nada **delas**.	Seit langem erfahre ich nichts von ihnen.
Nem me fales **neles**!	Dass du mir ja nicht über sie sprichst!

7.75   **7. Verschmelzung der Präposition com mit den Personalpronomina**

In einigen Fällen verschmilzt die Präposition **com** mit den Personalpronomina:

1. Pers. Sg.	comigo	mit mir
2. Pers. Sg.	contigo	mit dir
3. Pers. Sg.	consigo	mit sich (selber); mit Ihnen (Anrede)
	com ele	mit ihm
	com ela	mit ihr
1. Pers. Pl.	connosco	mit uns
2. Pers. Pl.	(convosco) com vocês	mit euch

3. Pers. Pl.	consigo com eles com elas	mit sich mit ihnen mit ihnen

Beispiele:

Eu hoje sonhei **contigo**.	*Ich habe heute von dir geträumt.*
Queres vir passear **comigo**?	*Willst du mit mir spazieren gehen?*
Ele ralhou **consigo** próprio (**consigo** mesmo).	*Er hat mit sich selbst geschimpft.*
Gostaria de discutir este assunto **consigo**. (Anrede)	*Ich würde dieses Thema mit Ihnen gern besprechen.*
Isso não é **com ele**.	*Das ist nicht seine Sache.*
Eles não falam **connosco**. (populär: com a gente)	*Sie sprechen nicht mit uns.*
Há bocado ouvi o pai ralhar **com elas**.	*Vor einer Weile habe ich den Vater mit ihnen schimpfen hören.*
A mãe hoje tem muito que fazer, não pode **ir com vocês**.	*Die Mutter hat heute viel zu tun, sie kann nicht mit euch gehen.*

XII. Zur Stellung der Personalpronomina

7.76

1. Wie bereits erwähnt, stehen die Reflexiv-, Akkusativ- und Dativpersonalpronomina unmittelbar nach dem Verb und werden mit diesem durch einen Bindestrich verbunden. (Vgl. 7.57)

2. In bestimmten Fällen erfolgt Inversion. Dann steht das Pronomen vor dem Verb. Der Bindestrich entfällt.

7.77

Die Inversion erfolgt

    a) in Nebensätzen:

7.78

Não quero **que se incomode** por minha causa.	*Ich möchte nicht, dass Sie meinetwegen Umstände machen.*
Enquanto o meu pai **me mandar** dinheiro, as coisas correm bem.	*Solange mein Vater mir Geld schickt, läuft alles gut.*
Se ele **nos escrevesse,** ficávamos descansados.	*Wenn er uns schreiben würde, wären wir beruhigt.*

    b) bei der Verneinung:

7.79

Não te apetece ir passear?	*Hast du keine Lust spazieren zu gehen?*
Eles **não me viram**.	*Sie sahen mich nicht.*

Ela **nunca lhe deu** razão de queixa. *Sie gab ihr (ihm) nie Grund zur Klage.*

Ninguém nos dá nada de graça. *Niemand gibt uns etwas umsonst.*

Não o conheço. *Ich kenne ihn nicht.*

Nada o impressiona. *Nichts beeindruckt ihn.*

7.80 c) wenn direkte oder indirekte Fragesätze sowie Ausrufesätze mit einem Fragewort anfangen:

Que **lhe disse** você? *Was haben sie ihm (ihr) gesagt?*

Quais destes selos **te parecem** mais valiosos? *Welche dieser Briefmarken scheinen dir wertvoller zu sein?*

Onde **a encontraste**? *Wo hast du sie getroffen?*

Perguntei-lhe quando é que ele **se resolve** a comprar a casa. *Ich fragte ihn, wann er sich entschließt, das Haus zu kaufen.*

Quantos erros **se cometem** na vida! *Wie viele Fehler macht man (doch) im Leben!*

7.81 d) nach einigen Adverbien wie:

ainda	*noch*		**quase**	*fast*
apenas	*nur*		**sempre**	*immer*
até	*sogar*		**só**	*nur*
bem	*gut*		**somente**	*nur*
já	*schon*		**talvez**	*vielleicht*
mal	*kaum*		**também**	*auch*

Beispiele:

Eu **já te tinha** contado esta história. *Ich hatte dir diese Geschichte schon erzählt.*

Talvez eles **nos convidem** para a festa. *Vielleicht laden sie uns zum Fest ein.*

Só ela **me reconheceu.** *Nur sie erkannte mich.*

Apenas um amigo **me ajudou.** *Nur ein Freund half mir.*

Ele **mal a conhece.** *Er kennt sie kaum.*

Pelo contrário! **Até nos alegramos** com isso. *Ganz im Gegenteil! Wir freuen uns sogar darüber.*

Ainda me virei para trás, mas já não o vi. *Ich drehte mich noch um, aber sah ihn schon nicht mehr.*

Este barulho **sempre o irritou.** *Dieser Lärm ärgerte ihn immer.*

Tu **também me criticaste.** *Du hast mich auch kritisiert.*

Ele **quase lhe vendeu** o terreno. *Er hätte ihm fast das Grundstück verkauft.*

e) nach den unbestimmten Pronomen **algo, algum, alguém, ambos, cada, cada qual, cada um, pouco, outro, vários, qualquer, tanto, todo, tudo, nada, nenhum, ninguém:**

Tudo te faz impressão, rapaz!	*Alles stört dich, Junge!*
Qualquer pessoa **se assustaria.**	*Jedermann würde erschrecken.*
Ambos me são simpáticos, mas ela mais.	*Beide sind mir sympathisch, aber sie mehr.*
Todos os restaurantes **nos desagradaram.**	*Alle Restaurants gefielen uns nicht.*

f) nach Präpositionen (außer «a»), denen ein Infinitiv folgt:

Por ela **se sacrificar** tanto pelos outros, é que teve aquele desgosto.	*Gerade weil sie sich so für die anderen aufopferte, hatte sie diesen Ärger.*
Não tenho dinheiro **para me instalar** num hotel dessa categoria.	*Ich habe nicht das Geld, um in ein Hotel dieser Klasse zu gehen.*
Ele foi-se embora **sem o avisar.**	*Er ging weg, ohne ihn zu benachrichtigen.*

aber:
Habituei-me **a vê-lo** todos os dias.	*Ich gewöhnte mich daran, ihn jeden Tag zu sehen.*

g) nach der Präposition **em** mit dem Gerundium (vgl. 8.192):

Em me arranjando, saio logo.	*Sobald ich angezogen bin, gehe ich weg.*

h) nach folgenden koordinierenden Konjunktionen:

não só ... mas também (como também)	nicht nur ... sondern auch
tanto ... como	sowohl ... als auch
ou ... ou	entweder ... oder
nem ... nem	weder ... noch
ora ... ora	bald ... bald
já ... já	bald ... bald
quer ... quer	sei es ... sei es
quer ... ou	ob ... ob

Beispiele:

Esta leitura **não só te** instrui **como também te** distrai.	*Diese Lektüre bildet dich nicht nur, sondern unterhält dich auch.*
Quer me ralhes **ou me** louves, não acabo o trabalho mais depressa.	*Ob du mir mir schimpfst oder mich lobst, ich werde mit der Arbeit nicht schneller fertig.*

i) in Wunschsätzen folgenden Typs:

Deus me livre!	*Bewahr' mich Gott.*
Deus me acuda!	*Gott steh' mir bei!*
Deus lhes perdoe!	*Gott verzeihe ihnen!*

7.87 j) bei einer emphatischen Inversion der Satzelemente:

Na rua o pus eu ainda ontem.	*Auf die Straße habe ich ihn noch gestern gesetzt.*
Um carro te ofereceu o teu pai, e nem assim estás satisfeito!	*Ein Auto hat dir dein Vater geschenkt, und immer noch bist du nicht zufrieden!*

3. Die Stellung des Personalpronomens bei den Hilfsverb-Infinitiv-Konstruktionen

Das Personalpronomen kann sowohl an das Hilfsverb wie an den Infinitiv angehängt werden

7.88 a) bei der periphrastischen Konjugation, wenn sie einen Infinitiv enthält:

Ela **veio contar-me** a verdade. Ela **veio-me contar** a verdade.	*Sie kam, um mir die Wahrheit zu erzählen.*
Ela **anda a tratar-se.** Ela **anda-se a tratar.**	*Sie ist in Behandlung.*
Ele **está a vestir-se.** Ele **está-se a vestir.**	*Er zieht sich gerade an.*

Enthält die periphrastische Konjugation die Präposition **de**, steht das Personalpronomen meistens nach der Präposition:

Você **tem de se** concentrar. (*Literarischer:* Você tem de concentrar-se.)	*Sie müssen sich konzentrieren.*

7.89 b) bei den Modalverben, denen ein Infinitiv folgt (**poder, dever, querer**):

Posso **ajudar-te.** **Posso-te** ajudar!	*Ich kann dir helfen.*
Quero **fazer-lhe** uma surpresa. **Quero-lhe** fazer uma surpresa.	*Ich will ihm/ihr/Ihnen eine Überraschung bereiten.*

7.90 c) Bei den Verben **ver, ouvir, sentir** sowie **deixar, fazer, mandar** gibt es folgende Möglichkeiten:

ca) das Pronomen ist Objekt zum finiten Verb:

Vejo-**o** chegar	*Ich sehe ihn kommen*

cb) das Pronomen ist Objekt zum Infinitiv:

Vejo maltratá-**lo**	*Ich sehe, wie er misshandelt wird.*

cc) Im letzteren Falle kann in der Umgangssprache das Pronomen zum finiten Verb treten:

Vejo-**o** maltratar

cd) beide Verben können ein Objekt bekommen:

Vejo-**o** maltratá-**lo**	*Ich sehe, wie er ihn misshandelt.* (*Ich sehe A den B misshandeln.*)

ce) Bei reflexiven Verben kann nur das finite Verb ein Objekt haben; beim Infinitiv wird das Reflexivpronomen derselben Form nicht wiederholt:

Ele fez-**me** rir *Er brachte mich zum Lachen*
(und nicht: Ele fez-me rir-me!*)*

aber:
Ele viu-o rir *Er sah ihn lachen*
oder:
Ele viu-o rir-**se**

XIII. Das Indefinitpronomen *(Pronome indefinido)*

Indefinitpronomina und Indefinitbegleiter bezeichnen eine unbestimmte Menge von Sachen, Personen, Eigenschaften usw. (*«quantificadores indefinidos»*). Es gibt veränderliche und unveränderliche Indefinitpronomina.

Veränderliche Indefinitpronomina:

todo(s), toda(s)	*alle, jeder, ganz*
algum(a), alguns, algumas	*irgendeiner, irgendeine, irgendein; einige*
nenhum(a), nenhuns, nenhumas	*keiner, keine, kein; keine*
certo(s), certa(s)[1]	*ein gewisser, eine gewisse, ein gewisses, gewisse*
um, uma, uns, umas[2]	*einer, eine, ein, einige*
ambos, ambas	*beide*
qualquer, quaisquer	*irgendeiner, irgendeine, irgendein; irgendwelche jeder/jede/jedes (beliebige), alle beliebigen*
muito(s), muita(s)	*viel(e)*
pouco(s), pouca(s)	*wenig(e)*
outro(s), outra(s)[1]	*ein anderer, eine andere, ein anderes, andere*
tanto(s), tanta(s)	*so viel(e)*
vários, várias	*verschiedene*

---

[1] Diese sind *«determinantes indefinidos»*.
[2] **um, uma** vor Substantiven: unbestimmter Artikel (vgl. 1.5).

Unveränderliche Indefinitpronomina:

tudo	*alles*
nada	*nichts*
alguém	*jemand*
ninguém	*niemand*
algo [gehoben]	*etwas*
outrem [selten]	*jemand anderes*
cada	*jeder, jede*
cada um, cada uma	*jede(r)*
cada qual	*jede(r)*
quem quer	*wer auch immer*
mais	*mehr*
os/as demais	*die anderen, die übrigen*
menos	*weniger*

XIV. Der Gebrauch der Indefinitpronomina

7.92   1. Zu   **todo, toda**   *ganz, all*
                 todos, todas   *alle; (jeder)*
                 tudo   *alles*

a) Beim adjektivischen Gebrauch steht zwischen **todo(s), toda(s)** und dem Substantiv der bestimmte Artikel. Beim substantivischen Gebrauch entfällt der bestimmte Artikel.

Adjektivisch:

todos os homens   *alle Männer*
todas as crianças   *alle Kinder*

todo o mundo   *die ganze Welt; alle Welt, jedermann*
com **toda a** força   *mit aller Kraft, mit ganzer Kraft*

toda a população   *die ganze Bevölkerung*

todo o dia   *den ganzen Tag*
todos os dias   *jeden Tag*

toda a manhã   *den ganzen Morgen*
todas as manhãs   *jeden Morgen*

Ele pôs **toda a casa** em desalinho.   *Er brachte das ganze Haus in Unordnung.*

Todas as casas devem ter um certo conforto.   *Alle Wohnungen (Häuser) sollten einen gewissen Komfort haben.*

Substantivisch:

Todos sabem como ele é bondoso.   *Alle wissen, wie gütig er ist.*

Todas vieram logo cumprimentar-me.   *Sie kamen alle sofort, um mich zu begrüßen.*

b) Auch in Verbindung mit einem Demonstrativpronomen entfällt beim Gebrauch von **todo** der bestimmte Artikel. Außer bei **aquele que, o que** und **o de** kann **todo** in Verbindung mit dem Demonstrativbegleiter sowohl dem Substantiv vorangestellt als auch dem Substantiv nachgestellt werden.

Todo aquele que cumpre os seus deveres, tem a consciência tranquila.	*Jeder, der seine Pflichten erfüllt, hat ein ruhiges Gewissen.*
Toda esta atrapalhação para nada! *oder:* **Esta** atrapalhação **toda** para nada!	*Die ganze Aufregung umsonst!*
Todos estes serviços são grátis. *oder:* **Estes** serviços **todos** são grátis.	*Alle diese Leistungen sind kostenlos.*

c) Zu **tudo** – *alles*

Tudo begleitet *nie* ein Substantiv.

Tudo o que ele disse era mentira.	*Alles, was er sagte, war gelogen.*
Ela conforma-se com **tudo**.	*Sie findet sich mit allem ab.*
Dás-me **tudo** isso? Dás-me isso **tudo**?	*Gibst du mir das alles?*
Anda **tudo** (= toda a gente) cheio de medo de uma revolução. [familiär]	*Alles hat (alle Leute haben) zurzeit Angst vor einer Revolution.*

d) Ausdrücke:

o todo	*das Ganze*
ao todo	*insgesamt*
de todo **de todo em todo**	*gänzlich, ganz und gar*

Beispiele:

Quem vê as partes, não vê **o todo**.	*Wer die Teile sieht, sieht nicht das Ganze.*
Eles eram dez **ao todo**.	*Sie waren insgesamt zehn.*
Recebi cinco euros de cada cliente. **Ao todo** foram cem euros.	*Ich bekam fünf Euro von jedem Kunden. Insgesamt waren es hundert Euro.*
Ela não permitiu **de todo em todo** que eu trabalhasse.	*Sie erlaubte mir absolut nicht zu arbeiten.*
«Sim: talvez os olhos não tenham perdido **de todo**, mesmo hoje, aquela espécie de moleza húmida ...»	*Ja! Vielleicht haben die Augen selbst heute noch nicht gänzlich jenen feuchten Schimmer verloren.*
	João Gaspar Simões, *«O Marido Fiel»*

2. Zu **nenhum, nenhuma, nenhuns, nenhumas** – *kein(e)*

Nenhum(a) kann voran- oder nachgestellt werden.

Beispiele:

Não tenho **nenhum lápis**. Não tenho **lápis nenhum**.	} *Ich habe keinen Bleistift.*
Ela nunca me deu **nenhuma desilusão**. Ela nunca me deu **desilusão nenhuma**.	} *Sie hat mich niemals enttäuscht.*

7.97   3. Zu **algum, alguma, alguns, algumas**

a) Vor dem Substantiv oder alleinstehend kann **algum, alguma, alguns, algumas** folgende Bedeutungen haben:

aa) *irgendeiner, irgendeine, irgendeines, irgendwelche* – meist in Fragesätzen verwendet:

Você deseja **alguma coisa?**	*Wünschen Sie irgendetwas?*
Encontraste **alguns colegas?**	*Hast du irgendwelche Kollegen getroffen?*
Um telegrama a estas horas! **Alguma** má notícia!	*Ein Telegramm um diese Zeit! Irgendeine schlechte Nachricht!*
Tenho aqui vários jornais. Queres **algum?**	*Ich habe hier verschiedene Zeitungen. Möchtest du eine?*

ab) **alguns, algumas (uns, umas)** – nur im Plural gebraucht: *einige, manche*

Beispiele:

alguns livros	*einige Bücher*
algumas cadeiras	*einige Stühle*
Disse-lhes a verdade: **alguns** acreditaram, outros não.	*Ich sagte ihnen die Wahrheit: manche glaubten mir, andere nicht.*
Algumas pessoas são otimistas por natureza.	*Einige Leute sind von Natur aus optimistisch.*
«... os pedintes era a ela que se dirigiam, **uns** da porta, **outros** da janela, e **alguns** havia já a horas certas.»	*... sie war es, an die sich die Bettler wandten, einige an der Tür, andere am Fenster und einige kamen gar schon zu festen Zeiten.*
	Trindade Coelho, «Vae Victis» aus «*Os meus Amores*»

7.98   b) Nach einem verneinten Verb wird **algum, alguma** dem Substantiv nachgestellt und bedeutet: *keiner, keine, keines*. Es ist stärker betont als **nenhum, nenhuma**.

Nunca ouvi dizer **palavra alguma** em desfavor dela. *wirkt stärker als:* Nunca ouvi dizer **nenhuma palavra** em desfavor dela.	*Ich habe nie etwas Nachteiliges über sie gehört.*
De ti, não aceito **coisa alguma**.	*Von dir nehme ich nichts an.*
Não tem **motivo algum** para se zangar com eles.	*Er (sie) hat keinen Grund, ihnen böse zu sein.*

c) Redewendungen mit **alguma** – familiär, immer negative Bedeutung.

Não andes ao sol, olha que apanhas **alguma**... (alguma doença, gripe, insolação)	*Lauf nicht in der Sonne, sonst holst du dir noch was.* *(gemeint ist: irgendeine Krankheit, Grippe, einen Sonnenstich)*
Ele ficou triste com a carta; **alguma** que o aborreceu... (alguma notícia má, surpresa desagradável)	*Der Brief hat ihn traurig gemacht; irgendeine Nachricht, die ihn verdross... (irgendeine schlechte Nachricht, unangenehme Überraschung)*
Não confio nele; qualquer dia, faz **alguma**... (alguma ação reprovável, alguma tolice)	*Ich traue ihm nicht; eines Tages macht er eine Dummheit... (irgendeine verwerfliche Tat, irgendeine Dummheit)*

4. Zu **ambos, ambas** – *beide*

Beispiele:

Qual das equipas ganhará o jogo? **Ambas** são fortes...	*Welche Mannschaft wird das Spiel gewinnen? Beide sind stark...*

Wird **ambos** adjektivisch gebraucht, ist der Artikel zwischen ihm und dem Substantiv erforderlich:

Ambas as irmãs são inteligentes, mas a mais velha não tem sorte.	*Beide Schwestern sind intelligent, aber die ältere ist vom Pech verfolgt.*
Ambos os carros são bons, mas eu prefiro o azul.	*Beide Wagen sind gut, aber ich ziehe den blauen vor.*

Statt **ambos** sagt man häufig **os dois, as duas**:

Qual das equipas ganhará o jogo? **As duas** são fortes...	

5. Zu **cada, cada um(a), cada qual** – *jeder, jede*

a) Die Form **cada** ist nur mit einem Substantiv zu verwenden. Ohne nachfolgendes Substantiv werden die Formen **cada um** und **cada qual** benutzt.

Beispiele:

Cada dia nos traz sua surpresa.	*Jeder Tag bringt uns eine Überraschung.*
Cada um responde por si.	*Jeder ist für sich selbst verantwortlich.*
Ela tem três filhas: **cada uma** lhe deu seu presente no dia dos anos.	*Sie hat drei Töchter: jede hat ihr zum Geburtstag ein eigenes Geschenk gemacht.*
Cada qual sabe as forças que tem.	*Jeder kennt seine (eigenen) Kräfte.*

In der Umgangssprache hört man aber auch oft Sätze des Typs:

Estas rosas custam dois euros **cada.**	*Diese Rosen kosten zwei Euro pro Stück.*

7.103 **b) Zur Übersetzung des deutschen Pronomens** *jeder*

Todos, todas wird verwendet, wenn eine Gruppe oder Anzahl von Personen und Sachen gemeint ist, deren Gemeinsamkeit betont werden soll: jeder = alle, jedermann.

Cada wird dann verwendet, wenn wir die Einzigartigkeit einer Person oder Sache, das Unterscheidende innerhalb einer Gruppe hervorheben wollen: jeder = jeder einzelne.

Beispiele:

Ele dá aulas **todos os dias**.	*Er gibt jeden Tag Unterricht.*
Desgostos, **todos** os têm, mas **cada um** suporta os seus.	*Kummer und Leid haben alle, aber jeder muss selbst damit fertig werden.*
Cada pessoa tem as suas inclinações.	*Jeder Mensch hat seine Neigungen.*
Cada flor tem o seu perfume.	*Jede Blume hat ihren Duft.*
Ela passa **todos** os fins de semana com os pais, mas **cada** fim de semana lhe traz uma alegria nova.	*Sie verbringt alle Wochenenden mit ihren Eltern, aber jedes Wochenende bringt ihr eine andere Freude.*
Cada terra com seu uso, **cada** roca com seu fuso.	*Andere Länder, andere Sitten.* Sprichwort

7.104 **c) Redewendungen:**

Ela diz **cada uma**!	*Sachen sagt die!*
Ele faz **cada uma**!	*Er stellt die tollsten Dinge an!*
Tu tens **cada uma**!	*Du kommst aber auch auf Ideen!*

7.105 **6. Zu mais** – *mehr* **und os/as demais** – *die Übrigen*

Beispiel:

Há **mais pessoas** à espera além de si!	*Es warten mehr Leute außer Ihnen!*

7.106 **Mais** und **demais** haben mit dem bestimmten Artikel **os, as** die Bedeutung von *die Übrigen, die anderen* (häufiger: **os outros**):

Só ele é que veio à aula, **os demais** faltaram. (= os outros)	*Nur er kam zum Unterricht, die Übrigen fehlten.*
Ela é a única que se preocupa com este problema, **as mais** não querem saber. (= as outras)	*Sie ist die Einzige, die sich mit diesem Problem beschäftigt, die anderen kümmern sich nicht darum.*

O mais bedeutet *das Übrige*:

Eu cumpri o meu dever, tudo **o mais** não me interessa.	*Ich habe meine Pflicht erfüllt, alles Übrige interessiert mich nicht.*

Os (as) mais de hat die Bedeutung von *die meisten*:

As mais das famílias têm televisão. *gewöhnlich:* **A maioria das** famílias tem televisão.	*Die meisten Familien haben Fernsehen.*

Die unveränderliche Form **o mais de** wird in demselben Sinn gebraucht:

Ele hoje foi muito pontual. **O mais das vezes** (= as mais das vezes, a maior parte das vezes) chega atrasado.	*Er war heute sehr pünktlich. Meistens kommt er verspätet an.*

7. Zu **muito(s), muita(s)** – *viel(e)* und **pouco(s), pouca(s)** – *wenig(e)*

Beide Pronomina bzw. Begleiter können gesteigert werden:

Poucas pessoas sabem isto.	*(Nur) wenige Leute wissen das.*
Pouquíssimas pessoas sabem isto. *oder:*	*Ganz wenige Leute wissen das.*
Muito poucas pessoas sabem isto.	*Sehr wenige Leute wissen das.*
Você teve **muito trabalho**.	*Sie haben viel Arbeit gehabt.*
Você teve **muitíssimo trabalho**.	*Sie haben sehr viel Arbeit gehabt.*

8. Zu **qualquer, quaisquer** – *irgendeiner; jeder/alle beliebige(n)*

Beispiele:

Ele aceita **qualquer trabalho**.	*Er nimmt jede Arbeit an.*
Qualquer pessoa te diz onde é essa rua.	*Jedermann kann dir sagen, wo diese Straße ist.*
Tu estás triste! Tu tens **qualquer coisa**!	*Du bist traurig! Du hast irgendetwas!*

Nach einem verneinten Verb bedeutet **qualquer, quaisquer**: *keinerlei, gar keine*:

Ele **não** tem **quaisquer interesses** a ligá-lo ao projeto.	*Keinerlei Interessen verbinden ihn mit dem Vorhaben.*
Não tenho **qualquer dúvida** a esse respeito.	*Ich habe gar keinen Zweifel in dieser Hinsicht.*

Alleinstehend – meist als Antwort – wird das Pronomen **qualquer** vom unbestimmten Artikel begleitet:

– Qual destes livros deseja? – **Um qualquer.**	*– Welches dieser Bücher möchten Sie? – Irgendeins.*
– Qual destas raparigas vais convidar para dançar? – **Uma qualquer.**	*– Welches dieser Mädchen wirst du zum Tanzen auffordern? – Irgendeine./Eine x-beliebige.*

– Quais destes vestidos/destas blusas queres meter na mala? – **Uns quaisquer./Umas quaisquer.**	– Welche von diesen Kleidern/diesen Blusen willst du in den Koffer packen? – Irgendwelche.

Die Formen **qualquer um, qualquer uma** *(jeder/jede x-beliebige)* werden auch häufig gebraucht:

– Queres um prego grande ou pequeno? – **Qualquer um** serve.	– Möchtest du einen großen oder einen kleinen Nagel? – Irgendeinen./Einen x-beliebigen.

7.111 9. Weitere Indefinitpronomina und -begleiter

Beispiele:

Certo dia, ele pôs-se a pensar no futuro.	Eines Tages begann er, an die Zukunft zu denken.
Há **certas pessoas** que não sabem estar sozinhas.	Es gibt bestimmte Leute, die nicht allein sein können.
Conheço **um* certo rapaz** que passa aqui todos os dias.	Ich kenne einen (gewissen) Jungen, der jeden Tag hier vorbeigeht.
Tenho uma classe de quarenta alunos: **uns** são trabalhadores, **outros** não.	Ich habe eine Klasse mit vierzig Schülern: einige sind fleißig, andere nicht.
Ele tem **menos dores** desde que tomou o remédio.	Er hat weniger Schmerzen, seit er die Arznei genommen hat.
Conheces **alguém** que te possa ajudar?	Kennst du jemanden, der dir helfen kann?
– Quem é? – É **alguém** que eu não conheço.	– Wer ist es? – Es ist jemand, den ich nicht kenne.
«É curioso: é a primeira vez que explico a **outrem** qualquer coisa do meu carácter.»	Es ist merkwürdig: es ist das erste Mal, dass ich einem anderen etwas über meinen Charakter erzähle.
	João Gaspar Simões, «O Marido Fiel»
Ele disse **algo** (qualquer coisa) que eu não percebi.	Er sagte etwas, das ich nicht verstand.

* Der unbestimmte Artikel **um** kann vor **certo** zur Präzisierung einer Äußerung verwendet werden.

7.112 ## XV. Reziproke Pronomina *(Pronomes recíprocos)*

Sie werden gebildet, indem man zwischen **um, uma, uns, umas** und **o(s) outro(s), a(s) outra(s)** eine Präposition schiebt. Diese wird, wenn möglich, mit dem Artikel zusammengezogen:

um ao outro uns aos outros uma à outra umas às outras	*einander*
um do outro uns dos outros uma da outra umas das outras	*voneinander*

um pelo outro, etc.	*füreinander*
um com o outro, etc.	*miteinander*
um sem o outro, etc.	*ohneeinander*
um para o outro, etc.	*füreinander, zueinander*
um contra o outro, etc.	*gegeneinander*

Beispiele:

As crianças sentem-se bem **umas com as outras**.	*Kinder fühlen sich wohl miteinander.*
– Muito obrigada. – Ora essa! Nós somos **uns para os outros**.	*– Vielen Dank.* *– Nichts zu danken! Jeder tut, was er kann, für die anderen. (Wir sind füreinander da.)*
«Matai-vos **uns aos outros**.»	*Bringt euch gegenseitig um!* *Titel eines Romans von Jorge Reis*

XVI. Indefinite pronominale Ausdrücke

seja quem for	*wer es auch sei, egal wer es ist**
fosse quem fosse	*wer es auch gewesen sein mag, egal wer es war**
seja qual for	*welcher es auch sei*
fosse qual fosse	*welcher es auch war*
seja o que for	*was es auch ist*
fosse o que fosse	*was es auch war*
quem quer que é	*wer es auch ist*
quem quer que seja	*wer es auch sein mag**
quem quer que fosse	*wer es auch gewesen ist**
o quer que é (**o que quer que é**)	*was es auch ist*
o quer que seja (**o que quer que seja**)	*was es auch sein mag*
o quer que fosse (**o que quer que fosse**)	*was es auch gewesen ist*
qualquer que seja	*welcher es auch sein mag*
qualquer que fosse	*welcher es auch war*

* verneint: überhaupt niemand(en), keinen Einzigen

Beispiele:

Não recebe **quem quer que seja.**	*Er (sie) empfängt niemanden, ganz gleich, wer es ist.*
Seja quem for, não abro a porta.	*Egal wer es ist, ich öffne die Tür nicht.*
Durante três dias não vi **quem quer que fosse.**	*Drei Tage lag sah ich überhaupt niemanden.*
Ele aceita todo o trabalho, **seja qual for.**	*Er nimmt jede x-beliebige Arbeit an.*
Ele aceitava todo o trabalho, **fosse qual fosse.**	*Er würde jede x-beliebige Arbeit annehmen.*
«Viu-se um dos pés da mulher escrever na terra **o que quer que fosse,** protesto, súplica, epitáfio ...»	*Man sah einen der Füße der Frau etwas in den Sand schreiben, was es auch immer war, Protest, Flehen, Nachruf...* Fialho de Almeida, «O Filho» aus «O País das Uvas»
«Oh! **seja o que for,** que me importa.»	*Ach! Egal was es auch ist, was kümmert's mich.* Almeida Garret, «Falar Verdade a Mentir»
«... outra era a impressão que Joaninha lhe fizera, **fosse ela qual fosse.**»	*Ganz anders war der Eindruck, den Hanna auf ihn gemacht hatte, was auch immer es war.* Almeida Garrett, «Viagens na Minha Terra»
«Não; não quero que se fale mais no Sr. Henrique de Souzelas. Vejo que não te é agradável que as outras se ocupem dele. **Sejam quais forem** as razões que tens para isso ...»	*Nein, ich will nicht, dass man länger über Herrn Henrique de Souzelas spricht. Ich merke, dass es dir nicht angenehm ist, dass die anderen sich mit ihm beschäftigen. Welche Gründe du auch immer dafür hast...* Júlio Dinis, «A Morgadinha dos Canaviais»
«Você sucedeu-lhe **o que quer que seja** de muito bom!»	*Ihnen ist wohl irgendetwas sehr Schönes passiert!* Eça de Queirós, «Os Maias»

XVII. Zur Übersetzung des deutschen Pronomens «man»

1. Bezieht sich «man» auf eine unbestimmte Allgemeinheit, wird es im Portugiesischen folgendermaßen wiedergegeben:

   a) durch eine Reflexivkonstruktion, z. B.

Às vezes, **fala-se** demais.	*Manchmal spricht man zu viel.*
Já não **se usam casacos de peles.**	*Man trägt keine Pelzmäntel mehr.*
Daqui **veem-se os barcos** dos pescadores no mar.	*Von hier aus sieht man die Boote der Fischer auf dem Meer.*

Bei dieser Konstruktion wird das Objekt des deutschen Satzes im Portugiesischen zum Subjekt, mit dem die Verbform übereinstimmen muß. (Vgl. 8.234)

Die Reflexivkonstruktion schließt häufig eine Vorschrift ein; im Deutschen steht oft ein Modalverb: «*man* kann, darf, soll, sollte, (nicht)».[1]

Isso não **se faz!**	*Das tut man nicht, das darf man nicht tun!*
Isso não **se diz!**	*Das sagt man nicht, das sollte man nicht sagen!*
Isso não **se come!**	*Das kann man nicht essen!*

b) durch die 3. Person Plural des Verbs ohne Subjektpronomen bei Verben wie **dizer** *(sagen)*, **contar** *(erzählen)*, **afirmar** *(behaupten)*:

Dizem que (diz-se que) os alemães são muito trabalhadores.	*Man sagt, dass die Deutschen sehr fleißig sind.*
Contam que (conta-se que) o último rei de Portugal era muito bondoso e culto.	*Man erzählt, dass der letzte König von Portugal sehr gütig und gebildet war.*

2. Bezieht sich «man» auf eine bestimmte Gruppe von Leuten (z.B. Personal von Behörden, Geschäften, Restaurants) oder auf bestimmte – unbekannte oder nicht identifizierte – Personen, wird *die 3. Person Plural des Verbs ohne Subjektpronomen* benutzt.

Que informações te **deram?**	*Was für Auskünfte hat man dir gegeben?*
Na universidade **fizeram**-me muitas injustiças.	*Auf der Universität hat man mir viel Unrecht angetan.*
Nesta loja **atendem**-me sempre bem.	*In diesem Geschäft werde ich immer gut bedient.*
Neste restaurante **servem** muito mal.	*In diesem Restaurant isst man sehr schlecht.*
Receberam-te bem?	*Hat man dich gut empfangen?*
No correio **atenderam**-me depressa.	*Bei der Post hat man mich schnell bedient.*

3. Handelt es sich um eine Gruppe von Personen, zu der der Sprecher auch gehört oder mit der er sich identifiziert, kann, wie im Deutschen, die 1. Person Plural verwendet werden.

Em Portugal, **comemos** (come-se) mais peixe do que na Alemanha.	*In Portugal essen wir (isst man) mehr Fisch als in Deutschland.*

An der Wahl der 1. Person Plural zeigt sich, dass der Sprecher ein Portugiese ist oder in Portugal lebt.

4. Die 1. Person Plural wird ebenfalls verwendet, wenn das Verb reflexiv ist. Die Reflexivkonstruktion mit **se** ist in diesem Fall nicht möglich, weil zweimal das Pronomen **se** aufeinanderstoßen würde.

---

[1] Das deutsche «man muss» (wir müssen = **temos que**) wird manchmal im Portugiesischen mit **há que** wiedergegeben:

Há que trabalhar muito para reconstruir o país!	*Man muss viel arbeiten, um das Land wiederaufzubauen!*

Beispiele:

Não devemos **preocupar-nos** demasiado com o dia de amanhã.	*Man soll sich nicht übertriebene Sorgen um den morgigen Tag machen.*
Sentimo-nos bem em regiões de clima temperado.	*Man fühlt sich wohl in Gegenden mit gemäßigtem Klima.*

7.119 Nicht selten werden die Ausdrücke **a pessoa, as pessoas** als Subjekt verwendet.

A pessoa não deve **As pessoas** não devem	preocupar-se demasiado com o dia de amanhã.

In der Umgangssprache werden oft die Ausdrücke **uma pessoa** und **a gente** gebraucht.

Uma pessoa não deve **A gente** não deve	preocupar-se demasiado com o dia de amanhã.

§ 8 Das Verb

Die portugiesische Sprache unterscheidet drei Konjugationen je nach Endung des Infinitivs: 8.1

1. Konjugation auf **-ar**
2. Konjugation auf **-er**
3. Konjugation auf **-ir**

A – Der Indikativ *(Indicativo)*

I. Das Präsens der regelmäßigen Verben   8.2
(Presente dos verbos regulares)

		auf **-ar** Beispiel: **comprar** *kaufen*	auf **-er** Beispiel: **vender** *verkaufen*	auf **-ir** Beispiel: **partir** *zerbrechen; abfahren*
1. Pers. Sg.	eu	compr-**o**	vend-**o**	part-**o**
2. Pers. Sg.	tu	compr-**as**	vend-**es**	part-**es**
3. Pers. Sg. Anredeform	ele, ela você, o senhor, a senhora, etc.	compr-**a**	vend-**e**	part-**e**
1. Pers. Pl.	nós	compr-**amos**	vend-**emos**	part-**imos**
2. Pers. Pl.	(vós)	(compr-**ais**)	(vend-**eis**)	(part-**is**)
3. Pers. Pl. Anredeform	eles, elas vocês, os senhores, as senhoras, etc.	compr-**am**	vend-**em**	part-**em**

II. Das Präsens der Hilfsverben
(Presente dos verbos auxiliares)

	1. ter *haben*	2. haver *haben*	3. ser *sein,*[1]	4. estar *sein,*1 *sich befinden*
eu	tenho	hei	sou	estou
tu	tens	hás	és	estás
ele, ela você, o senhor, a senhora, etc.	tem	há	é	está
nós (vós)	temos (tendes)	havemos (haveis)	somos (sois)	estamos (estais)
eles, elas vocês, os senhores, as senhoras, etc.	têm	hão	são	estão

III. Der Gebrauch der Hilfsverben

1. Zum Gebrauch von **ter**

Ter ist das Hilfsverb der zusammengesetzten Zeiten bei *allen* Verben, z.B.

(eu) **tenho** vindo	*ich bin gekommen*
(ele) **tem** comido	*er hat gegessen*
(nós) **temos** sido	*wir sind gewesen*

2. Zum Gebrauch von **haver**

Als Hilfsverb für die zusammengesetzten Zeiten ist das Verb **haver** aus der gesprochenen Sprache verschwunden.

In der Schriftsprache wird es noch manchmal im Plusquamperfekt statt **ter** verwendet, um den Stil zu variieren.

Zu der Bildung von periphrastischen Formen mit Hilfe von **haver** vgl. 8.247.

Daneben wird **haver** noch gebraucht:

a) als unpersönliches Verb (nur in der 3. Person Singular: **há**), um die Existenz, das Vorhandensein von Menschen oder Sachen zu bezeichnen; es wird in diesem Sinn sehr häufig verwendet und entspricht im Deutschen *es gibt, es ist, es sind* u.a.

---

[1] Zur Unterscheidung zwischen «ser» und «estar» vgl. 8.10 bis 8.18.

Beispiele:

Há muitas pessoas nesta sala.	*Es sind viele Leute in diesem Saal.*
Há tanta gente com fome no mundo!	*Es gibt so viele Menschen in der Welt, die hungern!*
Há quem só saiba falar aos gritos.	*Es gibt Leute, die nicht sprechen können, ohne zu schreien.*

b) bei Zeitausdrücken, die im Deutschen mit *seit* oder *vor* gebildet werden (beides: **há**). Dabei werden Konstruktionen im Präsens in der Regel mit *seit*, Bildungen im Perfekt in der Regel mit *vor* übersetzt:

Eu **conheço**-o **há** dois meses.   *Ich kenne ihn seit zwei Monaten.*

Eu **conheci**-o **há** dois meses.   *Ich lernte ihn vor zwei Monaten kennen.*

Geht der Sprecher von der Perspektive der Vergangenheit aus (Nacherzählung, indirekte Rede), wird **havia** gebraucht:

Eu conhecia-o **havia** dois meses, quando ele teve o desastre.   *Ich kannte ihn schon zwei Monate, als er den Unfall hatte.*

Ela disse-me que o conhecia **havia** dois meses, quando ele teve o desastre.   *Sie sagte mir, dass sie ihn schon zwei Monate gekannt habe, als er den Unfall hatte.*

c) Einige Zeitausdrücke:

há muito (tempo)   *seit (vor) langem/seit (vor) langer Zeit*
há pouco (tempo)   *seit (vor) kurzer Zeit/seit (vor) kurzem*

havia muito   *seit (vor) langem/seit (vor) langer Zeit*
havia pouco   *seit (vor) kurzer Zeit/seit (vor) kurzem*

há mais tempo   *seit (vor) längerer Zeit*
há menos tempo   *seit (vor) kürzerer Zeit*

há tanto tempo!   *seit (vor) so langer Zeit*
há quanto tempo!   *seit (vor) wie langer Zeit*

há dois anos   *seit (vor) zwei Jahren*
há três meses   *seit (vor) drei Monaten*
etc.

Beispiele:

Não a vejo **há muito** tempo.	*Ich habe sie seit langem nicht gesehen.*
Encontrei-o **há pouco** tempo.	*Ich habe ihn vor kurzer Zeit getroffen.*
Ele está na Alemanha **há mais tempo** do que tu.	*Er ist seit längerer Zeit in Deutschland als du.*
Eles tinham partido **havia cinco minutos.**	*Sie waren vor fünf Minuten abgefahren.*
Há tanto tempo que ele não escreve!	*Seit so langer Zeit hat er nicht geschrieben!*

3. Zum Gebrauch von ser

8.10 **Ser** wird gebraucht:

a) bei wesentlichen Eigenschaften und Dauerzuständen, die sich ihrer Natur nach nicht ändern oder doch wenigstens eine Zeitlang konstant bleiben (Nationalität, Beruf, Konfession, Charakter, Form, Material), bzw. wenn der Sprecher etwas als wesentlich oder dauerhaft darstellen will:

Aqueles homens **são** ingleses.	Die Männer da sind Engländer.
Nós **somos** de Lisboa.	Wir sind aus Lissabon.
A população alemã é em parte católica, em parte protestante.	Die deutsche Bevölkerung ist zum Teil katholisch, zum Teil evangelisch.
Esta história é muito triste.	Diese Geschichte ist sehr traurig.
Eles **são** estudantes de Direito.	Sie sind Jurastudenten.
Vocês **são** muito levianos.	Ihr seid sehr leichtsinnig.
Esta mesa é redonda.	Dieser Tisch ist rund.
Ambas as irmãs **são** morenas e bonitas.	Beide Schwestern sind brünett und hübsch.
És feliz?	Bist du glücklich?
Tu **és** um amor!	Du bist ein Schatz!

8.11 b) bei Daten- oder Zeitangaben:

Hoje é quinta-feira.	Heute ist Donnerstag.
Amanhã já **são** catorze!	Morgen ist schon der 14.!
É meio-dia e meia hora.	Es ist halb eins.
Ainda **é** cedo.	Es ist noch früh.

8.12 c) als Hilfsverb beim Passiv:[1]

A roupa **é lavada** todas as semanas.	Die Wäsche wird jede Woche gewaschen.
Este programa **é visto** por milhões de pessoas.	Dieses Programm wird von Millionen Menschen gesehen.

4. Zum Gebrauch von estar

8.13 **Estar** wird gebraucht:

a) bei vorübergehenden Zuständen (Krankheit, Emotionen, Wetter usw.):

Ela **está** doente.	Sie ist (zurzeit) krank.
(dagegen: Ela é doente. Ela é doente do estômago/do coração.	Sie ist eine kranke Frau. Sie ist magenkrank/herzkrank.)
Ela **está** alegre. (dagegen: Ela é alegre.	Sie ist (im Augenblick) fröhlich. Sie hat eine fröhliche Natur.)

---

[1] Vgl. Passiv 8.232.

Ela **está** boa.	*Ihr geht es gut.*
(dagegen: Ela é boa.	*Sie ist gütig/gutherzig.)*
Ele hoje **está** feliz, **está** radiante.	*Er ist heute glücklich, er strahlt.*
(dagegen: Ele é feliz.	*Er ist glücklich/er ist ein glücklicher Mensch.)*
O meu telemóvel **está** descarregado.	*Mein Handy ist nicht aufgeladen.*
O carro **está** sujo.	*Der Wagen ist schmutzig.*
Esta fruta ainda **está** verde.	*Dieses Obst ist noch grün.*
Estou hoje muito cansada e triste.	*Ich bin heute sehr müde und traurig.*
«Que bonita que ela **está**! pensou (Basílio). E eu que **estava** quase decidido a não vir ver! **Está** d'apetite! **Está** muito melhor!»	*Wie gut sie jetzt aussieht! dachte (Basílio). Und dabei hatte ich fast beschlossen, sie nicht zu besuchen! Ganz appetitlich! Sie sieht viel besser aus!*
	Eça de Queirós, *«O Primo Basílio»*

b) bei Ortsangaben («sich befinden»). Der Ort oder Platz wird mit der Präposition **em** oder mit einem Ortsadverb angegeben: 8.14

Ela, a esta hora, **está** em casa.	*Zu dieser Zeit ist sie zu Hause.*
O carro não **está** na garagem, **está** na rua.	*Der Wagen ist/steht nicht in der Garage, er ist/steht auf der Straße.*
– O seu amigo **está** em Lisboa?	*Ist Ihr Freund in Lissabon?*
– Não, **está** em Paris.	*Nein, er ist in Paris.*
O quê? Tu já cá **estás**?	*Was? Bist du schon da?*
– Onde **estás** tu?	*Wo bist du?*
– **Estou** aqui.	*Ich bin hier.*

Wichtig: 8.15

Bei *unveränderlichen Ortsangaben*, z. B. bei Institutionen, Gebäuden usw. wird **ser** (oder **ficar**) verwendet:

Onde é a universidade? É (fica) na parte nova da cidade.	*Wo ist die Universität? Sie liegt im neuen Stadtteil.*
Onde é o correio?[1] É aqui.	*Wo ist die Post (Amt)? Sie ist hier.*
Onde é a Rua das Flores?	*Wo ist die Blumenstraße?*

c) mit einem Partizip, um einen Endzustand, das Resultat einer Handlung auszudrücken (Zustandspassiv siehe 8.235):   8.16

Zustandspassiv	*Zum Vergleich*: Passiv
As cartas **estão** escritas.	*As cartas são escritas.*
Die Briefe sind geschrieben.	*Die Briefe werden geschrieben.*

---

[1] aber:
    Onde **está** o correio?   *Wo ist die Post (Briefe)?*
    Está aqui.   *Sie ist hier.*

Os rapazes **estão** apanhados.
Die Jungen sind gefasst.
O livro **está** lido.
Das Buch ist gelesen.

Os rapazes são apanhados.
Die Jungen werden gefasst.
O livro é lido.
Das Buch wird gelesen.

Auch:

estar sentado	*sitzen*
estar deitado	*liegen*
estar de (em) pé	*stehen*

8.17 d) bei den Ausdrücken:

estar com ...	*haben*
estar com apetite	*Appetit haben*
estar com fome	*Hunger haben*
estar com sede	*Durst haben*
estar com sono	*schläfrig sein*
estar com calor	*jdm. warm/heiß sein*
estar com frio	*frieren*
estar com sorte	*Glück haben*
estar com azar	*Pech haben*
estar com dores de cabeça	*Kopfschmerzen haben*
estar com febre	*Fieber haben*
estar com gripe	*Grippe haben*
estar com medo	*Angst haben, befürchten*
estar com preguiça	*lustlos (faul) sein*
estar com vergonha	*sich schämen*
estar com vontade	*Lust haben*
estar à espera de	*warten auf*
estar à procura de	*auf der Suche nach etwas sein*

Ausdrücke in Zusammenhang mit dem Wetter:

está calor	*es ist warm/heiß*
está frio	*es ist kalt*
está fresco	*es ist frisch/es ist kühl*
está vento	*es ist windig*
está sol	*die Sonne scheint, es ist sonnig*
está bom tempo	*es ist gutes Wetter*
está mau tempo	*es ist schlechtes Wetter*
está o céu azul	*der Himmel ist blau*
está um tempo ótimo, lindo	*es ist ausgezeichnetes, schönes Wetter*
está um tempo horrível	*es ist ein furchtbares Wetter*

8.18 e) als Hilfsverb der periphrastischen Konstruktion: **estar** mit einem Gerundium oder mit der Präposition **a** und einem Infinitiv bezeichnet das unmittelbare Präsens, die Handlung, die gerade stattfindet:

estar a	+ Infinitiv	in Portugal bevorzugte Form
estar	+ Gerundium	in Brasilien bevorzugte Form

Estou a ler um romance.	*Ich lese gerade einen Roman.*
Estou **lendo** um romance.	
Nós **estamos a jantar.**	*Wir essen gerade zu Abend.*
Nós estamos **jantando.**	
Não faças barulho, o pai **está a dormir** (está **dormindo**).	*Mach keinen Lärm, Vater schläft gerade.*
A casa **está a arder!**	*Das Haus brennt!*
A casa está **ardendo!**	(siehe hierzu auch 8.239)

Zum Gebrauch der Tempora   8.19

Der Gebrauch der Tempora hängt nicht nur von den objektiven Gegebenheiten einer Situation ab, sondern auch von der Perspektive des Sprechers.

IV. Der Gebrauch des Präsens

Das Präsens wird verwendet: 8.20

1. als generelles oder duratives Präsens für Zustände oder Handlungen, die nicht momentan, sondern allgemeingültig oder fortwährend sind, wobei der aktuelle Moment in der Regel eingeschlossen ist. Nehmen wir als Beispiel folgendes Gespräch:

– Olá! Tu por aqui?	– *Hallo, du hier?*
– **Moro** nesta rua. Este semestre **estudo** em Heidelberg. Não sabias?	– *Ich wohne in dieser Straße. Dieses Semester studiere ich in Heidelberg. Wusstest du das nicht?*
– Não. É uma novidade para mim. Muito **folgo** em sabê-lo. E então? **Sentes-te** bem?	– *Nein. Das ist mir neu. Es freut mich, das zu hören. Ja und? Fühlst du dich wohl hier?*
– Por enquanto, **sinto.** A cidade é agradável e os arredores **são** bonitos.	– *Bis jetzt ja. Die Stadt ist angenehm und die Umgebung ist schön.*

2. für den aktuellen Moment, wenn die Handlung punktuell verstanden wird.   8.21

Das ist beispielsweise der Fall bei den sogenannten performativen Äußerungen, d.h. Äußerungen, durch die eine Handlung vollzogen wird:

Prometo-lhe não tornar a fazer isto.	*Ich verspreche Ihnen, dies nicht wieder zu tun.*
Batizo-te com o nome de Maria.	*Ich taufe dich auf den Namen Maria.*
Aconselho-o a ter paciência.	*Ich rate Ihnen, Geduld zu haben.*
Juro-te que é verdade!	*Ich schwöre dir, dass es wahr ist!*

8.22 **Wichtig:**

Die gerade verlaufende Handlung wird im Portugiesischen normalerweise durch eine periphrastische Form mit **estar** bezeichnet (vgl. 8.18).

8.23 3. als iteratives Präsens für Handlungen, die sich regelmäßig wiederholen:

Ela **levanta-se** muito cedo.	*Sie steht sehr früh auf.*
Os meus pais **almoçam** à uma hora e **jantam** às sete.	*Meine Eltern essen um ein Uhr zu Mittag und um sieben Uhr zu Abend.*
Vou todas as semanas a Mannheim.	*Ich fahre jede Woche nach Mannheim.*
Passamos sempre as férias em Portugal.	*Wir verbringen unsere Ferien immer in Portugal.*

8.24 4. als Präsens der zeitlosen Aussagen:

O dia **tem** 24 horas.	*Der Tag hat 24 Stunden.*
O nosso sistema solar **pertence** à Via Láctea.	*Unser Sonnensystem gehört zur Milchstraße.*
Três vezes nove **são** vinte e sete.	*Drei mal neun sind siebenundzwanzig.*
Portugal **fica** a sudoeste da Europa.	*Portugal liegt im Südwesten von Europa.*

8.25 5. als historisches Präsens, um die Erzählungen lebhafter zu gestalten. (Zu beachten: der Wechsel vom einfachen Perfekt zum Präsens in folgender Kriminalszene:)

«Perplexo, também não a distingui e atentei unicamente na sua respiração ofegante... A rapariga da pensão!... **Vem** para mim, aflita – torturada. **Julgo** que vai dizer-me, suplicar qualquer coisa e **sinto** ainda os seus dedos crisparem-se no meu casaco – contudo os silvos, breves e repetidos, **soam** bem perto.»	*Verdutzt habe ich sie auch nicht richtig wahrgenommen und nur ihre Atemlosigkeit bemerkt... Das Mädchen von der Pension!... Sie kommt zu mir bedrückt – gequält. Ich habe den Eindruck, dass sie mir etwas sagen will, dass sie eine Bitte hat, und ich fühle noch, wie ihre Finger sich an meine Jacke klammern, jedoch klingen die kurzen und wiederholten Pfiffe (der Polizei) sehr nahe.*
	António Maria de Sousa Marques, *«Interlúdio Sentimental»*

8.26 6. als futurisches Präsens

a) statt des Futurs I Indikativ für Handlungen in naher Zukunft und für solche, von denen sicher angenommen wird, dass sie stattfinden:

No sábado **parto** para Portugal. **Passo** lá cinco semanas.	*Am Samstag fahre ich nach Portugal. Ich verbringe dort fünf Wochen.*
«– Aonde vão? – Não se altere! respondeu sorrindo-se. **Chegamos** ali abaixo à sala real, e é um	*– Wohin gehen Sie?* *– Regen Sie sich nicht auf, antwortete er und lächelte. Wir sind schnell dort unten*

instante enquanto **tiramos** um rei e **pomos** outro.»	*im königlichen Saal, und es dauert nur einen Augenblick, einen König zu stürzen und einen anderen einzusetzen.*
	Fortunato de Almeida, «*História de Portugal*»

b) statt des Konjunktivs Futur I:[1]

Se me **fazes** (fizeres)1 uma coisa dessas, nunca mais te falo.	*Wenn du mir das antust (antun solltest), werde ich nie mehr mit dir sprechen.*
«Se **não tomo** cautela, ainda vem a ser esse o meu fim – comentou Batista.»	*Wenn ich nicht aufpasse, wird das auch mein Ende sein, bemerkte Batista.*
	Joaquim Paço d'Arcos, «*A Corça Prisioneira*»
«E se teu marido nos **persegue**, se **formos** detidos na fronteira?»	*Und wenn dein Mann uns verfolgt, wenn wir an der Grenze gefasst werden?*
	Eça de Queirós, «*O Primo Basílio*»

7. in der Umgangssprache statt des Imperfekts oder des Plusquamperfekts des Konjunktivs in irrealen Bedingungssätzen:[2]

Se eu **sei** uma coisa dessas, nunca lá tinha ido. (= Se eu soubesse …)	*Wenn ich so was gewusst hätte, wäre ich nie dahin gegangen.*
Se eu o **ouço** dizer tal coisa, tinha-lhe dado uma bofetada. (= Se eu o tivesse ouvido …)	*Wenn ich ihn so was hätte sagen hören, hätte ich ihm eine Ohrfeige gegeben.*

8. als Imperativ:

«Você **não fica** ao pé de nenhum senhor. **Põe-se** a andar imediatamente.»	*Sie bleiben bei gar keinem Herrn. Sie machen sofort, dass Sie wegkommen.*
	Silva Gaio, «*Mário*»
«Pois minha rica – disse a tia Vitória. Tu **vais** ao Brito, ao hotel, e **entendes-te** com ele.»	*Nun, meine Teure – sagte Tante Viktoria. Du gehst zu Brito ins Hotel und sprichst mit ihm.*
	Eça de Queirós, «*O Primo Basílio*»

Zum Ausdruck der Zeiten, für die das Deutsche das Imperfekt und das Perfekt benutzt, gibt es im Portugiesischen drei Tempora: das **Imperfeito** (Imperfekt), das **Pretérito Perfeito Simples** (einfaches Perfekt) und das **Pretérito Perfeito Composto** (zusammengesetztes Perfekt). Jedes dieser Tempora hat ziemlich genau definierte Funktionen, so dass – wiederum im Gegensatz zum Deutschen – in einem bestimmten Kontext nur selten sowohl das eine Tempus wie das andere wahlweise gebraucht werden kann.

Diese feine Differenzierung in den Funktionen stellt für den deutschsprachigen Lernenden eine der größten Schwierigkeiten der portugiesischen Sprache dar.

---

[1] Der Konjunktiv Futur drückt aus, dass der Sprecher die Handlung eher für hypothetisch, das Präsens, dass er sie für sehr gut möglich hält. Vgl. 8.142 und folgende.
[2] Vgl. 8.136 Irreale Bedingungssätze.

V. Das Imperfekt *(Pretérito imperfeito)*

	comprar	vender	partir
eu	compr-**ava**	vend-**ia**	part-**ia**
tu	compr-**avas**	vend-**ias**	part-**ias**
ele, ela, você, etc.	compr-**ava**	vend-**ia**	part-**ia**
nós	compr-**ávamos**	vend-**íamos**	part-**íamos**
(vós)	(compr-**áveis**)	(vend-**íeis**)	(part-**íeis**)
eles, elas, vocês, etc.	compr-**avam**	vend-**iam**	part-**iam**
ter	**estar**	**ser**	**haver**
tinha	est-ava	era	hav-ia
tinhas	est-avas	eras	hav-ias
tinha	est-ava	era	hav-ia
tínhamos	est-ávamos	éramos	hav-íamos
(tínheis)	(est-áveis)	(éreis)	(hav-íeis)
tinham	est-avam	eram	hav-iam

VI. Der Gebrauch des Imperfekts

Das Imperfekt bezeichnet vergangene Handlungen oder Vorgänge in ihrem Verlauf, ohne Bezug auf Anfang und Ende. Es wird gebraucht:

1. als deskriptives Imperfekt, wenn man sich in Gedanken in die Vergangenheit versetzt und beschreibt (nicht aufzählt), was damals (durativ) Gegenwart und Wirklichkeit war. Es wird daher verwendet für die Beschreibung z.B. von Landschaften, Milieus, Menschen, Situationen, Begleitumständen, Hintergründen, seelischen oder körperlichen Zuständen usw.; auch für das Alter, die Herkunft und die Abstammung eines Menschen wird immer das Imperfekt – und nicht das einfache Perfekt – gebraucht. Durch das Imperfekt nähert sich der Sprecher der Vergangenheit und erlebt sie. Das Imperfekt drückt daher häufig eine stärkere Gefühlsbeteiligung des Sprechers als das einfache Perfekt aus.

Naquele tempo **morava** eu numa casa grande, num prédio antigo que **era** perto da Faculdade de Letras, onde eu **estudava**.

Damals wohnte ich in einer großen Wohnung in einem alten Haus, das in der Nähe der Philosophischen Fakultät lag, an der ich studierte.

«**Era** decerto um formoso e magnífico moço, alto, bem feito ... **Trazia** a barba toda ... o que lhe **dava** uma fisionomia de belo cavaleiro da Renascença. E o avô, cujo olhar risonho e húmido **transbordava** de emoção, todo se **orgulhava** de o ver, de o ouvir ...»

Er war zweifellos ein gut aussehender und prächtiger junger Mann, groß, gut gebaut ... Er trug einen Vollbart ... was ihm die Züge eines schönen Edelmannes der Renaissance verlieh. Und sein Großvater, dessen heitere und feuchte Augen vor Rührung überliefen, war ganz stolz, ihn zu sehen, zu hören ... Eça de Queirós, *«Os Maias»*

«O mar **estava** tranquilo, e o ar puro e diáfano. As costas de África fronteiras, lá na extremidade do horizonte, **pareciam** uma orla escura bordada no manto azul do firmamento. A aragem do Norte **encrespava** suavemente a superfície das águas; as ondas **vinham** espraiar-se preguiçosamente no areal da baía. O barqueiro Ranimiro **dormia** na sua barca, amarrada na foz do Palmónio. Uma saudade indizível **atraía--me para o mar.**»

Das Meer war ruhig und die Luft rein und klar. Die Küsten Afrikas gegenüber, dort am Ende des Horizonts, erinnerten an einen dunklen Saum, gestickt auf das blaue Gewand des Firmaments. Der leichte Nordwind bewegte sanft die Wasseroberfläche; die Wellen verliefen sich gemächlich auf dem Sand der Bucht. Der Fährmann Ranimiro schlief in seinem Boot, das bei der Mündung des Palmónio festgemacht war. Eine unsagbare Sehnsucht zog mich aufs Meer. Alexandre Herculano, «Eurico, o Presbítero»

Am Anfang der Märchen steht ein Imperfekt, mit welchem wir uns in der Phantasie in eine Welt außerhalb der Begriffe von Vergangenheit und Gegenwart versetzen; so entsteht der Eindruck der Zeitlosigkeit: 8.34

«**Era** uma vez …»

«*Es war einmal …*»

2. als repetitives oder iteratives Imperfekt, für Handlungen, die sich in der Vergangenheit regelmäßig wiederholten:[1] 8.35

Dantes, **levantava-me** todos os dias às seis horas.

Früher stand ich jeden Tag um sechs Uhr auf.

Sempre que nos **encontrávamos**, **parávamos** um pouco a conversar.

Immer wenn wir uns trafen, blieben wir ein bisschen stehen, um zu plaudern.

«Os almoços do Ramalhete **eram** sempre delicados e longos; depois, ao café, (os dois) **ficavam** ainda conversando; e **passava** da uma hora[2] … quando Carlos se **lembrava** do seu consultório. **Bebia** um cálice de «chartreuse», **acendia** à pressa um charuto.
– Ao trabalho, ao trabalho!
– **exclamava.**»

Das Mittagessen in Ramalhete war immer vorzüglich und zog sich hin; dann, beim Kaffee, unterhielten die beiden sich noch ein wenig; und es war immer nach eins, wenn Carlos sich an seine Praxis erinnerte. Er trank ein Gläschen «Chartreuse» und zündete sich in Eile eine Zigarre an. An die Arbeit, an die Arbeit! rief er aus. Eça de Queirós, «Os Maias»

3. als Ausdruck der Handlung, die noch andauerte, als eine andere eintrat: 8.36

Eu **estava** a ouvir as notícias quando ele entrou.

Ich hörte gerade die Nachrichten, als er hereinkam.

Quando o irmão nasceu, ela ainda **era** pequena.

Als ihr Bruder geboren wurde, war sie noch klein.

«Ainda **falavam** de Portugal e dos seus males, quando a tipoia parou.»

Sie sprachen noch von Portugal und seinen Missständen, als die Kutsche hielt.

Eça de Queirós, «Os Maias»

---

[1] Siehe hierzu 8.53 Nr. 2.
[2] Auf die Vergangenheit bezogene Angaben der Uhrzeit mit **ser** od. **passar de** stehen **immer** im Imperfekt: **era** uma hora, **eram** sete horas, **passava** das oito usw.

8.37 4. statt des Präsens, um Wünsche, Bitten oder einfach Ankündigungen höflich auszudrücken (besonders häufig bei Verben wie **querer, desejar** u. ä.):

Queria pedir-lhe um favor![1]	*Ich möchte Sie um einen Gefallen bitten!*
Desejava ver aquele vestido que está na montra.	*Ich möchte das Kleid sehen, das im Schaufenster ist.*
Não **queria** incomodá-lo. **Vinha** só dizer-lhe que tudo correu bem.	*Ich möchte Sie nicht stören! Ich möchte Ihnen nur sagen, dass alles gut verlaufen ist.*

8.38 5. statt des Konditionals in der Umgangssprache:[2]

a) für Wünsche, die unrealisierbar oder schwer zu realisieren sind oder deren Verwirklichung nicht sicher ist:

Gostava de ser eternamente jovem!	*Ich möchte ewig jung bleiben!*
Eu só **queria** a paz na minha casa!	*Ich wünschte nur Frieden in meinem Haus!*
Só **gostava** de o apanhar aqui ...	*Wenn ich den erwische!*
«Olha, ainda **preferia** ... que fosses como aquela tua amiga ...»	*Weißt du, dann würde ich es doch vorziehen... wenn du wie deine Freundin da wärest...*

Urbano Tavares Rodrigues, «*Nus e Suplicantes*»

8.39 b) im Hauptsatz irrealer Bedingungssätze:[3]

A vida **era** (seria) mais fácil, se tudo fosse mais barato.	*Das Leben würde einfacher sein, wenn alles billiger wäre.*
Se ele me telefonasse, eu **ficava** (ficaria) mais descansada.	*Wenn er mich anrufen würde, wäre ich ruhiger.*
«Ainda se fosse com o irmão, **era** coisa que passava.»	*Wenn es sich um seinen Bruder handeln würde, dann wäre es etwas, was bald vorübergehen würde.*

Júlio Dinis, «*Os Fidalgos da Casa Mourisca*»

8.40 6. statt des Imperfekts Konjunktiv in der populären Umgangssprache:

«Ai, estava bem aviada **se esperava** (= esperasse) pelo teu conselho.»	*Na, da wäre ich gut beraten, wenn ich auf deinen Rat warten würde.*

Júlio Dinis, «*Os Fidalgos da Casa Mourisca*»

«Boa mulher estava eu **se** me **estonteava** assim à primeira.»	*Was für eine Frau wäre ich, wenn ich mich gleich zu Anfang aus der Ruhe bringen ließe.* Ibid.
«**Se** o fidalgo o **via por** sogro de um filho seu, era para estoirar de paixão.»	*Wenn der adlige Herr ihn als Schwiegervater eines seiner Söhne sähe, würde er vor Aufregung platzen.* Ibid.

---

[1] Wirkt höflicher und bescheidener als: «Quero pedir-lhe um favor.»
[2] Vgl. Konditional 8.76 bis 8.84.
[3] Vgl. «Irreale Bedingungssätze», 8.136 und folgende.

VII. Das einfache Perfekt *(Pretérito perfeito simples)*

	comprar	vender	partir
eu	compr-**ei**	vend-**i**	part-**i**
tu	compr-**aste**	vend-**este**	part-**iste**
ele, ela, você, etc.	compr-**ou**	vend-**eu**	part-**iu**
nós	compr-**ámos**[1]	vend-**emos**	part-**imos**
(vós)	(compr-**astes**)	(vend-**estes**)	(part-**istes**)
eles, elas, vocês, etc.	compr-**aram**	vend-**eram**	part-**iram**
ter	**ser**	**estar**	**haver**
tive	fui	estive	houve
tiveste	foste	estiveste	houveste
teve	foi	esteve	houve
tivemos	fomos	estivemos	houvemos
(tivestes)	(fostes)	(estivestes)	(houvestes)
tiveram	foram	estiveram	houveram

In seiner Bedeutung entspricht das einfache Perfekt in einigen Fällen dem deutschen Imperfekt, in anderen Fällen dem deutschen Perfekt. Das einfache Perfekt bezeichnet insbesondere vergangene Handlungen oder Vorgänge, die durch Anfang und/oder Ende klar begrenzt sind.

VIII. Der Gebrauch des einfachen Perfekts

Das einfache Perfekt wird gebraucht:

1.
   a) bei völlig abgeschlossenen Handlungen, die sowohl Ereignisse des Alltags wie auch historische Geschehnisse sein können:

Ontem **choveu.**	*Gestern hat es geregnet.*
Acabei o trabalho agora mesmo.	*Ich bin eben mit der Arbeit fertig geworden.*
Trouxeste-me o que te pedi? – **Trouxe.**	*Hast du mir das gebracht, worum ich dich gebeten habe? – Ja.*
O ano passado **fiz** uma viagem à Itália.	*Letztes Jahr habe ich eine Reise nach Italien gemacht.*
O tempo passa! Ela já **foi** bonita ...	*Die Zeit vergeht! Einstmals war sie schön ...*
Gago Coutinho e Sacadura Cabral **fizeram,** em 1922, a primeira viagem aérea de Lisboa ao Rio de Janeiro.	*Gago Coutinho und Sacadura Cabral machten 1922 die erste Luftreise von Lissabon nach Rio de Janeiro.*

---

[1] Zu diesem Akzent siehe 8.218.

8.44 **b) bei der Aufzählung von Ereignissen oder Handlungen:**[1]

«Verdadeiramente inquieto, **prosseguiu** Carlos nas suas pesquisas, até chegar à Alameda do Repouso. Em um dos bancos de pedra **pareceu-lhe** distinguir o vulto escuro de um homem. **Aproximou-se.** Com sentimento de verdadeira alegria, **reconheceu** Manuel Quintino. Cedo porém **sucedeu** o susto a esta primeira impressão. O velho estava imóvel e com as feições transtornadas. Carlos **segurou-lhe** o braço, que **sacudiu** com violência. – Manuel Quintino! ... **Respondeu-lhe** um som rouco e inarticulado. Carlos **chamou-o** mais alto outra vez. Àquela voz conhecida Manuel Quintino **abriu** lentamente os olhos e **fixou** em Carlos a vista esgazeada».	*Wirklich beunruhigt suchte Carlos weiter, bis er die Alameda de Repouso erreichte. Auf einer der Steinbänke kam es ihm so vor, als ob er die Gestalt eines Mannes erkennen konnte. Er näherte sich. Mit einem Gefühl echter Freude erkannte er Manuel Quintino. Bald jedoch folgte der Schreck diesem ersten Eindruck. Der Alte war unbeweglich und seine Gesichtszüge waren entstellt. Carlos fasste seinen Arm, den er dann heftig schüttelte. – Manuel Quintino! ... Als Antwort kam ein heiserer und unartikulierter Laut. Carlos rief ihn noch einmal lauter. Bei dieser bekannten Stimme öffnete Manuel Quintino langsam die Augen und heftete den starren Blick auf Carlos.* <small>Júlio Dinis, «Uma Família Inglesa»</small>

8.45 **2. für die Handlung, die eintrat, während eine andere noch andauerte (vgl. Imperfekt 8.36):**

Eles **tocaram** à campainha, quando eu estava ao telefone.	*Sie klingelten, als ich gerade telefonierte.*
Quando **liguei** o rádio, já o noticiário estava quase no fim.	*Als ich das Radio anmachte, waren die Nachrichten fast schon zu Ende.*
«Carlos ia a responder, talvez imprudentemente, quando um gesto da irmã lhe **impôs** silêncio.»	*Carlos wollte gerade antworten, vielleicht unvorsichtig, als eine Geste seiner Schwester ihm zu schweigen gebot.*
	<small>Júlio Dinis, «Uma Família Inglesa»</small>

8.46 Vergleichen wir im folgenden Text den Gebrauch des Imperfekts für die Beschreibung mit dem des einfachen Perfekts für neu eintretende Handlungen oder Ereignisse:

«**Fomos** passar um fim de semana a Gouveia porque o pai do António se **sentia** doente. Afinal não **era** nada de grave, já o **encontrámos** levantado a trabalhar como sempre e preocupado porque as oliveiras **tinham** pouca flor. O dia **estava** bonito e **fomos** dar um passeio. O António, já não sei porquê, talvez unicamente para falar, para preencher umas horas que **era** preciso ocupar com qualquer coisa, **resolveu** tirar fotografias. Lembro-me de que me **encostei** a uma árvore e de que **tinha** os braços escorridos ao longo do tronco. **Houve** um estalido e eu **estremeci**.
– **Acabou** – **disse** soltando os braços.
– Que **foi** que **acabou**? – **perguntou** ele com voz fraca, insegura.

---

[1] Wenn es sich bei der Aufzählung nicht um eine beschreibende Spezifizierung eines bereits vorliegenden Handlungsrahmens handelt, z. B.:

Nesse tempo, ela trabalhava muito: de dia, tratava da casa e à noite estudava.	*Damals arbeitete sie viel: tagsüber machte sie die Hausarbeit und abends studierte sie.*

– Não sei, qualquer coisa. **Estava** a olhar para ti e **sentia-me** bem como **estava**. Bem, apesar de tudo. Depois, a máquina **disparou** e tu e eu **mudámos** ambos de posição. Aparentemente nada nos **obrigou** a isso ...
– Que ideia a tua! **Tinha** de ser. Não **podíamos** ficar assim o resto da vida. Eu disse: – Não, não **podíamos**.»

Wir machten uns auf, um ein Wochenende in Gouveia zu verbringen, weil Antónios Vater sich krank fühlte. Schließlich war es nichts Ernstes; als wir ihn antrafen, war er schon aufgestanden und arbeitete wie immer und machte sich Sorgen, weil die Olivenbäume so spärlich blühten. Der Tag war schön und wir machten einen Spaziergang. António entschloss sich, Fotos zu machen, ich weiß nicht mehr warum, vielleicht nur um zu plaudern, um ein paar Stunden auszufüllen, die man mit etwas ausfüllen musste. Ich erinnere mich, dass ich mich an einen Baum anlehnte und meine Arme den Stamm entlang herabhängen ließ. Es klickte, und ich zuckte zusammen. – Es ist aus, sagte ich, indem ich die Arme an mich zog. – Was ist denn aus? fragte er mit schwacher, unsicherer Stimme. – Ich weiß nicht, irgendwas. Ich schaute dich an und fühlte mich gut dabei. Gut, trotz allem. Dann klickte der Apparat und du und ich änderten unsere Stellungen. Scheinbar zwang uns nichts dazu...
– *Was für eine Idee, die du da hast! Es musste sein. Wir konnten nicht für den Rest des Lebens so bleiben! Ich sagte:* – *Nein, wir konnten es wohl nicht.*

M. Judite de Carvalho, «*Tanta Gente, Mariana*»

Das einfache Perfekt wird auch manchmal gebraucht:

3. in der Umgangssprache für Handlungen oder Ereignisse, deren Resultat der Sprecher (oft fiktiv) vorwegnimmt:

Uma palavra mais, e **morreste**!   Ein Wort noch und du bist ein toter Mann!

4. als Befehl in der Umgangssprache:

Rua! **Andou**!   Raus hier!

IX. Das zusammengesetzte Perfekt
(Pretérito perfeito composto)

Das zusammengesetzte Perfekt wird aus dem Präsens des Hilfsverbs **ter** und dem Partizip des Hauptverbs zusammengesetzt.

Das Partizip endet bei den Verben der 1. Konjugation auf **-ado** und bei denen der 2. und 3. Konjugation auf **-ido**:

	Infinitiv	*Partizip*
1. Konjugation:	comprar	comprado
2. Konjugation:	vender	vendido
3. Konjugation:	partir	partido
Hilfsverben:	ter	tido
	ser	sido
	estar	estado
	haver	havido

Es gibt eine Reihe von unregelmäßigen Partizipien (vgl. unregelmäßige Partizipien 8.212).

In allen mit **ter** zusammengesetzten Zeiten ist das *Partizip unveränderlich!*

eu	tenho	
tu	tens	
ele, ela, você	tem	comprado, vendido, partido,
nós	temos	tido, sido, estado, havido
(vós)	tendes)	
eles, elas, vocês	têm	

X. Der Gebrauch des zusammengesetzten Perfekts

8.50 1. Das zusammengesetzte Perfekt kann in seiner Bedeutung mit dem deutschen Perfekt nicht verglichen werden. Es bezeichnet ausschließlich Handlungen oder Zustände, die in der Vergangenheit einsetzten und bis in die Gegenwart hinein wiederholt oder fortgesetzt werden (bzw. wiederholt oder fortgesetzt gedacht werden). Es wird daher im Deutschen oft durch ein Präsens wiedergegeben.

– Então, que **tem feito**? Não o **tenho visto! Tem estado** doente?

– *Also, was haben Sie gemacht (bis jetzt)? Ich habe Sie (die ganze Zeit) nicht gesehen. Waren Sie krank (und sind Sie es noch)?*

oder

Was machen Sie eigentlich? Man sieht Sie gar nicht mehr!

– Não. Mas **tenho trabalhado** muito, **não tenho saído.**

– *Nein. Aber ich habe (in letzter Zeit) viel gearbeitet, ich bin gar nicht aus dem Haus gegangen.*

Tem estado muito calor. Eu **tenho bebido** tanta água!

Es ist die ganze Zeit sehr heiß gewesen. Ich habe so viel Wasser getrunken!

«**Tenho estado** apoquentado – ia dizendo Sebastião. – Muito apoquentado! Quero falar-te.»

In letzter Zeit bin ich besorgt – sagte Sebastian. – Sehr besorgt! Ich will mit dir sprechen.
Eça de Queirós, «*O Primo Basílio*»

«É verdade que essas loucuras se apoderaram de mim, que desde criança até hoje **tenho sido** todo delas.»

Es stimmt, dass diese Wahnideen sich meiner bemächtigten, dass sie mich seit meiner Kindheit bis heute gefangen halten.
Júlio Dinis, «*A Morgadinha dos Canaviais*»

«Em piores talas me **tenho visto** na minha vida, sem perder a cabeça.»

Ich habe mich schon öfter in schlimmerer Bedrängnis in meinem Leben gesehen, ohne den Kopf zu verlieren.
Júlio Dinis, «*Os Fidalgos da Casa Mourisca*»

«Esta mulher **tem sido** a minha providência.»

Diese Frau ist mein Segen.
Camilo Castelo Branco, «*Amor de Perdição*»

2. Das zusammengesetzte Perfekt wird auch manchmal in der Umgangssprache 8.51
statt des Plusquamperfekts des Konjunktivs in irrealen Bedingungssätzen gebraucht:[1]

«Valha-me Deus, se a senhora **tem dito** ...» (= tivesse dito)	*Ach Gott, wenn Sie es gesagt hätten ...* Eça de Queirós, *«O Primo Basílio»*
«De resto não sei o que seria dela, coitada, se não **tem arranjado** aquele emprego – se não lho **tenho arranjado,** sim, porque fui eu que lho consegui ...»	*Im Übrigen weiß ich nicht, was aus ihr würde, der Ärmsten, wenn sie diese Stelle nicht bekommen – wenn ich sie ihr nicht besorgt hätte, ja, denn ich habe sie ihr besorgt.* Maria Judite de Carvalho, *«As Palavras Poupadas»*
«E depois que os Alemães se voltaram contra a Rússia, se ainda me **têm apanhado** aqui, talvez não me tivessem feito a vida cómoda.»	*Und als die Deutschen sich gegen Russland wandten, hätten sie mir vielleicht das Leben sauer gemacht, wenn sie mich hier noch angetroffen hätten.* Joaquim Paço d'Arcos, *«A Corça Prisioneira»*
«Se (ela) não me **tem fixado** com insistência, nem a reconhecia.»	*Wenn sie mich nicht so beharrlich angestarrt hätte, hätte ich sie nicht erkannt.* Ibid.

3. Das zusammengesetzte Perfekt kann auch ausdrücken, dass eine Handlung 8.52
zu Ende ist und dass keine Notwendigkeit oder Neigung besteht, sie fortzusetzen. Dieser Gebrauch des zusammengesetzten Perfekts findet sich aber nicht mehr in der Gegenwartssprache. Er besteht nur noch in einigen Redewendungen und man begegnet ihm in alten literarischen Texten:

Tenho dito.	*Ich habe gesprochen.*	(Schluss einer Rede)
Tenho entendido.	*Ich habe verstanden.*	
«O meu arco **tenho posto** na nuvem, este será por sinal do concerto entre mim e a terra.»	*Meinen Bogen habe ich in die Wolken gesetzt; der soll das Zeichen sein des Bundes zwischen mir und der Erde.*	1. Mose 9.13

XI. Zum Vergleich des Imperfekts, des einfachen Perfekts und des zusammengesetzten Perfekts

8.53

Um den Gebrauch dieser Tempora zu verdeutlichen, geben wir im Folgenden noch eine Reihe deutscher und portugiesischer Beispiele, in denen sie einander gegenübergestellt werden.

Beim Übersetzen vom Deutschen ins Portugiesische scheidet das zusammengesetzte Perfekt oft von vornherein aus, da der spezielle Fall einer Fortsetzung des Zustandes bzw. einer Wiederholung der Handlung bis in die Gegenwart hinein nicht sehr häufig vorkommt. Man hat demnach meistens zwischen dem Imperfekt und dem einfachen Perfekt zu wählen.

---

[1] Vgl. 8.139 Irreale Bedingungssätze der Vergangenheit.

1. a) *Ich bin in den Saal gegangen und fand keinen Platz mehr; es war alles besetzt.*   **Entrei** na sala e já não **encontrei** lugar; **estava** tudo ocupado.

Dieser Satz besteht aus einer Handlung oder Handlungsfolge, die völlig abgeschlossen ist, und aus der Beschreibung der Situation, die man vorfindet, die schon gegeben war.

Für die Handlung(en) steht das einfache Perfekt, für die vorhandene Situation das Imperfekt.

b) *Ich habe gestern Weihnachtseinkäufe gemacht; die Geschäfte waren überfüllt.*   Eu ontem **fiz** compras para o Natal; as lojas **estavam** apinhadas.

Ein paralleler Satz zu a): er besteht aus einer einmaligen, völlig abgeschlossenen Handlung (Einkäufe machen), die das einfache Perfekt erfordert, und aus der Darstellung der Begleitumstände, der Situation, die in den Geschäften herrschte; diese Situation wird durch das Imperfekt ausgedrückt.

c) *Ich habe gestern Weihnachtseinkäufe gemacht; da schrie plötzlich ein Kind.*   Eu ontem **andava a fazer** compras para o Natal; de repente, uma criança **gritou**.

Was im vorigen Satz als Handlung dargestellt wurde, ist nun Rahmensituation (Imperfekt), in der sich plötzlich etwas Neues ereignet (einfaches Perfekt). (Das Portugiesische drückt in diesem Fall den durativen Vorgang des Einkaufens oft durch ein periphrastisches Imperfekt aus. Vgl. 8.238 Periphrastische Konjugation).

2. a) *Früher ging ich oft ins Kino; jetzt habe ich keine Zeit dafür.*   Antigamente, eu **ia** muitas vezes ao cinema; agora, não tenho tempo para isso.

Die vergangene Gewohnheit erfordert ein Imperfekt.

b) *Während ich in Wien war, ging ich jede Woche ins Theater.*   Enquanto **estive** em Viena, **fui** todas as semanas ao teatro.

Obwohl hier auch eine regelmäßig wiederholte Handlung gemeint ist, wird das einfache Perfekt gebraucht, da die Wiederholung der Handlung auf eine genau begrenzte Zeit (meinen Aufenthalt in Wien) beschränkt ist.

3. Betrachten wir nun einen bestimmten Typ von Sätzen, der im Portugiesischen oft vorkommt:

a) *Ela já **foi** muito rica!*   Sie war schon einmal sehr reich!

oder

b) *Eu já **tive** saúde, mas hoje sou um doente.*   Ich war einmal gesund, aber heute bin ich ein kranker Mensch.

Hier fasst der Sprecher die damalige Zeit (des Reichtums, der Gesundheit usw.) distanziert als ein klar begrenztes Ganzes auf.

Anders ist es bei den Sätzen:

c) Antigamente, **ela era** muito rica; **tinha** uma casa luxuosa, muitos criados, etc.

Früher war sie sehr reich: sie hatte ein luxuriöses Haus, viele Bedienstete usw.

d) Antigamente, eu **tinha** saúde: **subia** estas escadas a correr, sem me cansar!

Früher war ich gesund: ich lief diese Treppen hinauf, ohne zu ermüden.

Der Sprecher bezieht sich hier auf dieselben Gegebenheiten, er will sie aber in ihren charakteristischen Einzelheiten, in ihrem Ablauf beschreiben; es geht ihm darum, mitzuteilen, wie es früher war, und während er uns die damalige Zeit vor Augen führt, tritt die Tatsache, dass sie längst vorbei ist, momentan in den Hintergrund.

4. Ein Beispiel aus der Erzählung «O falso pesquisador» (Nus e Suplicantes, U. Tavares Rodrigues); der Sprecher erzählt von seinem Treffen mit einem Mädchen:

«**Começava** a incomodar-me aquela doçura canina numa moça que se mostrara, de começo, tão bravia. **Sentia-me** mal, não sei explicar. **Tive** necessidade absoluta de fugir.»

Diese unterwürfige Sanftheit in einem Mädchen, das sich anfangs so kratzbürstig zeigte, störte mich allmählich. Ich fühlte mich nicht wohl dabei, ich kann es nicht erklären. Ich hatte (auf einmal) das dringende Bedürfnis zu fliehen.

Die Beschreibung der Gefühle, die das Treffen beschatteten, wird im Imperfekt vorgenommen; dann wechselt der Autor plötzlich zum einfachen Perfekt und sagt **tive necessidade** statt **tinha necessidade.** Offensichtlich will er nicht von einem weiteren Gefühl sprechen, das ihn die ganze Zeit über beherrschte, sondern er erzählt jetzt von einem Gefühl, das plötzlich in ihm auftaucht: auf einmal wollte er sich einer Sache entziehen, die anfing, für ihn unbequem zu werden. Dieses neue Gefühl wird durch ein einfaches Perfekt ausgedrückt.

5. Andere – deutsche – Beispiele:

a) *An deiner Stelle würde ich das nicht tun!*

No teu lugar, eu não **fazia** isso!

oder

b) *Ich hätte nicht so viel Geduld wie er!*

Eu não **tinha** tanta paciência como ele!

In der Umgangssprache wird der Konditional oft durch das Imperfekt ersetzt.

6. a) *In letzter Zeit habe ich keine Nachrichten aus Portugal bekommen.*

Nos últimos tempos não **tenho recebido** notícias de Portugal.

b) *In den letzten Wochen arbeitet(e) er viel.*

Nas últimas semanas ele **tem trabalhado** muito.

(vgl. 8.50)

Hier sind die Voraussetzungen für die Anwendung des zusammengesetzten Perfekts erfüllt, denn es handelt sich um einen Zustand bzw. eine Tätigkeit, deren Fortsetzung bis in die Gegenwart hineinreicht.

7. Vgl. in den folgenden Beispielen den Bedeutungsunterschied je nach gewähltem Tempus:

Este inverno **tem chovido** muito. } *Diesen Winter hat es viel geregnet.*
Este inverno **choveu** muito.

Durch die Anwendung des zusammengesetzten Perfekts im ersten Satz erfahren wir, dass es immer noch Winter ist und viel regnet. Aus dem zweiten Satz geht hervor, dass der Winter, der sehr regnerisch war, jetzt vorbei ist.

XII. Das einfache Plusquamperfekt
(Mais-que-perfeito simples)

Das Plusquamperfekt I wird von der 3. Person Plural des einfachen Perfekts abgeleitet, indem man die Endsilben (z.B. von **compr-aram, vend-eram, part-iram**) durch folgende Endungen ersetzt:

	comprar	vender	partir
eu	compr-**ara**	vend-**era**	part-**ira**
tu	compr-**aras**	vend-**eras**	part-**iras**
ele/ela	compr-**ara**	vend-**era**	part-**ira**
nós	compr-**áramos**	vend-**êramos**	part-**íramos**
(vós)	(compr-**áreis**)	(vend-**êreis**)	(part-**íreis**)
eles/elas	compr-**aram**	vend-**eram**	part-**iram**

	ter	ser	estar	haver
eu	tivera	fora	estivera	houvera
tu	tiveras	foras	estiveras	houveras
ele/ela	tivera	fora	estivera	houvera
nós	tivéramos	fôramos	estivéramos	houvéramos
(vós)	(tivéreis)	(fôreis)	(estivéreis)	(houvéreis)
eles/elas	tiveram	foram	estiveram	houveram

XIII. Das zusammengesetzte Plusquamperfekt
(Mais-que-perfeito composto)

Das Plusquamperfekt II wird aus dem Imperfekt des Verbs **ter** und dem Partizip des Hauptverbs gebildet.

eu	tinha	
tu	tinhas	
ele/ela	tinha	**comprado, vendido, partido**
nós	tínhamos	**tido, sido, estado, havido**
(vós)	(tínheis)	
eles/elas	tinham	

XIV. Der Gebrauch des Plusquamperfekts

1. Abgesehen von Nuancen, gebraucht man im Portugiesischen das Plusquamperfekt wie im Deutschen. Es bezeichnet eine Handlung, die schon beendet war, als eine andere einsetzte.

2. Das *Plusquamperfekt I* ist aus der gesprochenen Sprache fast verschwunden. Stattdessen wird das Plusquamperfekt II verwendet, das die gleiche Bedeutung hat. In der Schriftsprache werden beide gebraucht.

Beispiele:

Ela veio visitar-me porque lhe **tinham dito** que eu estava doente.	*Sie besuchte mich, weil man ihr gesagt hatte, dass ich krank war.*
Os nossos amigos estiveram em Lisboa a semana passada, mas nós **tínhamos ido** para o estrangeiro.	*Unsere Freunde waren letzte Woche in Lissabon, aber wir waren im Ausland.*
Quando nós chegámos, já tu **tinhas jantado** há muito tempo.	*Als wir ankamen, hattest du schon längst zu Abend gegessen.*
«Só por milagre eu **reconhecera** na maturidade de uma mulher de cabelos oxigenados, a frágil, morena, pálida rapariga que **fora** a minha querida amiga e a confidente do meu grande amor. Só a custo a Graça me **descobrira** no disfarce avelhentado de uma mulher fatigada. Ela **casara** com um magistrado nem bem nem mal.»	*Nur durch ein Wunder hatte ich in der Reife einer Frau mit blondiertem Haar das zerbrechliche, dunkelhaarige, blasse Mädchen wiedererkannt, die meine liebe Freundin und die Vertraute meiner großen Liebe gewesen war. Nur mit Mühe hatte Graça mich in den gealterten Gesichtszügen einer müden Frau entdeckt. Sie hatte einen Richter geheiratet, ihre Ehe lief so schlecht und recht..*
	Maria Archer, «Nada lhe Será Perdoado»

3. Die 3. Person Plural des einfachen Plusquamperfekts deckt sich formal mit der 3. Person Plural des einfachen Perfekts (z. B. **compraram, venderam, partiram**). Um Schwierigkeiten im Verständnis des Textes zu vermeiden, wird immer die zusammengesetzte Form verwendet (**tinham comprado, tinham vendido, tinham partido**), wenn die 3. Person Plural des Plusquamperfekts gemeint ist.

Sie hatten mit mir zu Abend gegessen wird demnach im Portugiesischen ausschließlich mit «Eles tinham jantado comigo» wiedergegeben. «Eles jantaram comigo» bedeutet dagegen: *Sie aßen mit mir zu Abend.*
Im folgenden Beispiel tritt dies ganz klar hervor. Die Autorin, die gerne und oft das Plusquamperfekt I gebraucht, wechselt hinüber zum Plusquamperfekt II, wenn es sich um die 3. Person Plural handelt:

«... a ação ... prolongava-se de mês para mês no tribunal da cidade ... enquanto	*Der Prozess zog sich im Stadtgericht von Monat zu Monat hin, während sie, ohne*

ela, sem um tostão, sem amparo dos homens que **amara** ou a **tinham amado,** enganava a fome dando lições.»	*einen Pfennig, ohne die Hilfe der Männer, die sie geliebt hatte oder die sie geliebt hatten, sich über Wasser hielt (wörtl.: den Hunger täuschte), indem sie Nachhilfestunden gab.* Maria Archer, «Nada lhe Será Perdoado»

8.59 4. Das Plusquamperfekt I wird in der Schriftsprache auch als Irrealis gebraucht, ist allerdings heute in dieser Funktion veraltet:

a) anstelle des Konditionals, in der Regel zum Ausdruck eines Wunsches:

«... que o morrer agora tamanha ventura **fora**...» (= seria ...)	*... dass jetzt zu sterben ein so großes Glück wäre...* Almeida Garrett, «Adosinda»
«Um momento antes, Carlos **dera** (= daria, teria dado) a sua vida por ouvir aquela palavra; um momento depois, **dera** a vida pela não ter ouvido.»	*Einen Moment vorher hätte Carlos sein Leben gegeben, um jenes Wort zu hören; einen Moment danach hätte er sein Leben gegeben, es nicht gehört zu haben.* Almeida Garrett, «Viagens na Minha Terra»

8.60 b) anstelle des Imperfekts und des Plusquamperfekts Konjunktiv, oft auch als Ausdruck eines Wunsches:

«Ah, depois de morrer, **pudera** (= pudesse) o avô abraçar o neto ...!»	*Ach könnte doch nach seinem Tod der Großvater seinen Enkel umarmen...!* Tomás de Figueiredo, «A Toca do Lobo»
«Seu marido **fora** (= fosse) eu, que a mania lhe tirava.»	*Wäre ich ihr Mann, ich würde ihr die Flausen schon austreiben.* Júlio Dinis, «A Morgadinha dos Canaviais»
«E por Deus, Carlos, eu já lhe quero como se **fora** (= fosse) minha irmã.»	*Und bei Gott, Carlos, ich liebe sie jetzt schon, als ob sie meine Schwester wäre.* Almeida Garrett, «Viagens na Minha Terra»
«E por tão longe eu **morrera!** (= tivesse morrido). Mas não quis Deus assim.»	*Und es wäre besser gewesen, wenn ich in der Ferne gestorben wäre! Aber Gott hat es so nicht gewollt.* Almeida Garrett, «Frei Luís de Sousa»

8.61 c) In einigen Ausdrücken des Wunsches hat sich das Plusquamperfekt bis heute erhalten:

melhor fora	*es wäre besser, es wäre besser gewesen*
tomara, tomara que quem me dera prouvera a Deus *(veraltet)*	} *wenn (ich) doch...*

Beispiele:

«Considerando bem, **melhor fora** que o estafermo da solteirona nunca lhe tivesse aparecido.»	*Wenn man es genau betrachtet, wäre es besser gewesen, wenn ihm diese Vogelscheuche, diese alte Jungfer, nie über den Weg gelaufen wäre.* Miguel Torga, «Bichos»

«E eu venho dizer-te que te amo, que **tomara** dar a minha vida por ti.»	*Und ich komme, um dir zu sagen, dass ich dich liebe, dass ich gerne mein Leben für dich geben würde.* Almeida Garrett, «Viagens na Minha Terra»
«Morrer! **Tomara** eu! Mas meu pai ...»	*Sterben! Wäre das schön! Aber mein Vater...* Almeida Garrett, «Um Auto de Gil Vicente»
«Ai! **quem me dera** saber como está a minha tia Patrocínio!»	*Ach, wenn ich doch erfahren könnte, wie es meiner Tante Patrocínio geht!* Eça de Queirós, «A Relíquia»
«**Quem me dera** a vossa idade e as vossas pernas valentes, que eu vos **dissera** o caminho.» (= diria o caminho)	*Wenn ich euer Alter hätte und eure starken Beine, würde ich euch den Weg zeigen.* Tomás Ribeiro, «D. Jaime»
Prouvera a Deus que eu mentisse hoje!»	*Schön wäre es, wenn ich heute lügen würde!* Alexandre Herculano, «Lendas e Narrativas»

XV. Das Futur I *(Futuro imperfeito)*

Das portugiesische Futur I stammt von der vulgärlateinischen Konstruktion Infinitiv + Indikativ Präsens des Verbes *habere* (→ portugiesisch **haver**) ab, die das synthetische Futur ersetzte.

Es wird heute aus dem Infinitiv des Hauptverbs und den abgekürzten Formen des Präsens von **haver** gebildet:

eu	comprar-**ei**	vender-**ei**	partir-**ei**
tu	comprar-**ás**	vender-**ás**	partir-**ás**
ele/ela	comprar-**á**	vender-**á**	partir-**á**
nós	comprar-**emos**	vender-**emos**	partir-**emos**
(vós)	(comprar-**eis**)	(vender-**eis**)	(partir-**eis**)
eles/elas	comprar-**ão**	vender-**ão**	partir-**ão**

eu	ter-ei	ser-ei	estar-ei	haver-ei
tu	ter-ás	ser-ás	estar-ás	haver-ás
ele/ela	ter-á	ser-á	estar-á	haver-á
nós	ter-emos	ser-emos	estar-emos	haver-emos
(vós)	(ter-eis)	(ser-eis)	(estar-eis)	(haver-eis)
eles/elas	ter-ão	ser-ão	estar-ão	haver-ão

Es gibt nur drei Verben, die von dieser Regel geringfügig abweichen. Von **dizer** *(sagen)*, **fazer** *(machen)*, **trazer** *(bringen)* bildet man das Futur I mit der verkürzten Form des Infinitivs:

eu	dir-ei	far-ei	trar-ei
tu	dir-ás	far-ás	trar-ás
ele/ela	dir-á	far-á	trar-á
nós	dir-emos	far-emos	trar-emos
(vós)	(dir-eis)	(far-eis)	(trar-eis)
eles/elas	dir-ão	far-ão	trar-ão

XVI. Die Stellung der Personalpronomina bei Futur und Konditional

Beim Futur I sowie beim Futur II und beim Konditional I und II (vgl. 8.76 und 8.89) wird die Infinitivform von der Endung getrennt, das Personalpronomen dazwischengeschoben und durch zwei Bindestriche verbunden:

ver-me-á	er (sie, Sie) wird (werden) mich sehen
dar-lho-ei	ich werde es ihm (ihr, Ihnen) geben
oferecer-no-lo-ão	sie werden es uns schenken
comprar-tas-iam *(Konditional)*	sie würden sie dir abkaufen
ter-mo-ás dado *(Futur II)*	du wirst es mir gegeben haben

Ist nur ein Akkusativpronomen der 3. Person **(o, a, os, as)** vorhanden, so gelten dafür und für den vorangehenden Infinitiv die Regeln der Randnummer 7.66:

comprá-lo-ei	ich werde ihn (es) kaufen
convidá-lo-ás	du wirst ihn einladen
vendê-la-ia *(Konditional)*	ich (er, sie, Sie) würde(n) sie verkaufen
uni-los-íamos *(Konditional)*	wir würden sie verein(ig)en
abri-los-emos	wir werden sie öffnen
vê-la-ão	sie (Sie, Pl.) werden sie sehen
tê-las-ias lido *(Konditional II)*	du würdest sie gelesen haben

Beispiele im Kontext:

Dar-me-ão eles um bom ordenado?	Werden sie mir auch wohl ein gutes Gehalt geben?
Ela **ter-nos-á** visto?	Ob sie uns gesehen hat?
Ela tem uma casa muito linda. Mostrar-**no-la-á**?	Sie hat ein sehr schönes Haus. Ob sie es uns zeigen wird?
«O médico **pô-lo-ia** são em poucos meses.»	Der Arzt würde ihn in wenigen Monaten gesund machen.
	Maria Ondina, «A China Fica ao Lado»

XVII. Der Gebrauch des Futurs I

Das Futur I bezeichnet eine Handlung, die in der Zukunft liegt. Es wird jedoch in der Umgangssprache, wenn eine rein *temporale* Bedeutung vorliegt, selten gebraucht. Man zieht dann das Präsens oder eine periphrastische Form vor (vgl.

8.247 und 8.251). Wird das Futur I gebraucht, so deutet dies meist nicht allein auf eine temporale Funktion, sondern auf eine mehr oder weniger starke modale Färbung der Aussage.

1. Das Futur I drückt einen Willen, ein Versprechen, eine Voraussage aus:

Beispiele:

«Nunca um neto de D. Afonso do Salado **beijará** a mão da que el-rei quer chamar rainha. Nunca D. Dinis de Portugal **beijará** a mão da mulher de João Lourenço da Cunha.»	*Nie wird ein Enkel des D. Afonso von Salado die Hand derjenigen küssen, die der König Königin nennen will. Nie wird D. Dinis von Portugal die Hand der Frau von João Lourenço da Cunha küssen.*
	Alexandre Herculano, *«Lendas e Narrativas»*
«Conta a história, maldito: as reflexões nós as **faremos.**»	*Erzähl die Geschichte, du verdammter Kerl: die Überlegungen werden wir schon selbst machen.*
	Almeida Garrett, *«D. Branca, Canto IX, Kap. XX»*
«Luísa hesitava. – Talvez, **veremos** – dizia. – Dize que sim! – Sê boa rapariga. – Pois sim, amanhã **veremos**, amanhã **falaremos.**»	*Luise zögerte. – Vielleicht, wir werden sehen – sagte sie. – Sag ja! Sei ein braves Mädchen! – Nun ja, morgen werden wir sehen, morgen werden wir sprechen.*
	Eça de Queirós, *«O Primo Basílio»*
«O pai **fará** como entender.»	*Vater, du wirst handeln, wie du es für richtig hältst.*
	Joaquim Paço d'Arcos, *«A Corça Prisioneira»*
«Leonor, tu podes ficar nesta casa, nada te **faltará.**»	*Leonor, du kannst in diesem Hause bleiben, es wird dir an nichts fehlen.* Ibid.
«Estou à espera. Um dia **virás** ter comigo, **tomar-me-ás** nos braços... Nem **saberás** propriamente o que hás de dizer. **Será** o teu olhar...»	*Ich warte. Eines Tages wirst du zu mir kommen und mich in die Arme nehmen. Du wirst nicht einmal genau wissen, was du sagen sollst. Es wird dein Blick sein...*
	Augusto Abelaira, *«Enseada Amena»*
«Juntos heis-de vencer e prosperar. **Dominareis** a estiagem e os rigores da invernia e os azares dos anos madrastos, porque **sereis** cinco irmãos unidos na esperança e na confiança. E desta vez **estarei** eu convosco, lá de longe a acompanhar-vos...»	*Zusammen werdet ihr siegen und gedeihen. Ihr werdet die Dürre und die Härte des Winters und die Schicksalsschläge der schlechten Jahre überwinden, weil ihr jetzt fünf Brüder seid, die in der Hoffnung und im Vertrauen vereint sind. Und dieses Mal werde ich bei euch sein und euch aus der Ferne begleiten...*
	Urbano Tavares Rodrigues, *«Oxalá»* aus *«Nus e Suplicantes»*

2. Das Futur vertritt den Imperativ und drückt dann einen Ratschlag, eine Bitte oder einen Befehl aus:

«Se a taberna de Folco Taca vos ouviu fazer preito infame aos peões de Lisboa,	*Sollte aber die Kneipe des Folco Taca gehört haben, dass ihr den Bürgern Lissabons ei-*

quebrá-lo-eis diante do vosso rei; **quebrá--lo-eis,** que vo-lo digo eu.»

nen infamen Treueeid geleistet habt, dann werdet ihr ihn vor eurem König brechen; ihr werdet ihn brechen, das sage ich euch.

Alexandre Herculano, «Lendas e Narrativas»

«Não **furtarás.**»

Du sollst nicht stehlen.   5. Mose, 5.19

8.68   3. Das Futur I kann auch eine Unsicherheit bzw. einen Zweifel an einem Zustand oder an einer Handlung der Gegenwart ausdrücken (vgl. dt. *wohl*):

«Parece-lhe que **terá** cura a doença?»

Glauben Sie, dass die Krankheit heilbar ist?

Júlio Dinis, «A Morgadinha dos Canaviais»

«Não é ela a mãe, visto isso – pensou Henrique – **Será** irmã?»

Also ist sie nicht die Mutter – dachte Henrique. Ist sie wohl die Schwester?   Ibid.

«**Choverá**? – perguntou Brízida. – Julgo que não – respondeu Madalena.»

Regnet es? – fragte Brízida. Ich glaube nicht. – antwortete Madalena.   Ibid.

«Se todos os homens **serão** assim?»

Ob alle Männer wohl so sind?

Almeida Garrett, «Viagens na Minha Terra»

«Oh! senhores! – pensava ele – pois eu não me **divertirei** nesta deliciosa cidade? **Entrará** comigo o bolor da velhice?»

Oh! Mein Gott! – dachte er – ob ich mich in dieser zauberhaften Stadt langweilen werde? Ob ich wohl schon in die Jahre komme?   Eça de Queirós, «A Cidade e as Serras»

8.69   XVIII. Das periphrastische Futur mit «haver»

Wenngleich es zum Kapitel der periphrastischen Formen gehört, wollen wir es aus praktischen Gründen zusammen mit dem Futur I besprechen.

Das periphrastische Futur mit **haver** wird oft und gern gebraucht. Es setzt sich folgendermaßen zusammen: das Präsens des Verbs **haver** wird mit dem Infinitiv des Hauptverbs durch die Präposition **de** verbunden.

	Präsens von **haver**	Präp. **de**	Infinitiv des Hauptverbs
eu	hei	de	
tu	hás	de	
ele/ela	há	de	**comprar, vender, partir**
nós	havemos	de	**ter, ser, estar, haver**
(vós	haveis	de)	
eles/elas	hão	de	

XIX. Zum Gebrauch des periphrastischen Futurs mit «haver»

Das periphrastische Futur bezeichnet:

1. den Willen oder den festen Entschluss des Sprechers, etwas zu tun, oder die feste Annahme, dass etwas geschieht. Im Deutschen lässt es sich je nach Sprechakt durch *bestimmt, ohne Zweifel, auch, auch schon* und andere Partikeln wiedergeben.

Beispiele:

«Pois olha, Carlos: eu nunca amei, nunca **hei de** amar a nenhum homem senão a ti.»	*Nun hör mal, Carlos: ich habe niemals einen anderen Mann außer dir geliebt und werde auch/bestimmt/ohne Zweifel niemals einen anderen lieben.* Almeida Garrett, «*Viagens na Minha Terra*»
«Só às minhas mãos deves morrer. E **hás de**!»	*Du sollst nur durch meine Hände sterben. Und du wirst es auch!* Ibid.
«Preciso esquecer-me ... e **hei de** esquecer-me.»	*Ich muss vergessen ... und ich werde auch vergessen.* Almeida Garrett, «*A Sobrinha do Marquês*»
«– **Havemos de** voltar a conversar. **Há de** ver que eu só zelo pelos seus interesses.»	*Wir müssen nochmal darüber reden. Sie werden bestimmt sehen, dass ich nur Ihr Interesse im Auge habe.* Joaquim Paço d'Arcos, «*A Corça Prisioneira*»
«Resmunga para aí, velha, que ainda te **hei de** ir acompanhar ao cemitério e **hei de** ficar senhora de tudo o que é teu!»	*Nörgle ruhig herum, Alte, denn ich werde dich schon noch einmal auf den Friedhof geleiten und all das besitzen, was jetzt dir gehört!* Ibid.
«É verdade ... **há de** vir aí uma senhora procurar-me. Mande-a entrar para a sala.»	*Ach übrigens ... es wird mich (bestimmt) eine Dame aufsuchen. Lassen sie sie ins Wohnzimmer eintreten.* Maria Judite de Carvalho, «*As Palavras Poupadas*»

2. In der direkten oder indirekten Frage drückt **haver de** + *Infinitiv* einen Zweifel, eine Unsicherheit aus und ist im Deutschen fast immer mit *sollen* gleichzusetzen.

O que **hei de** fazer?	*Was soll ich tun?*
Como **há de** ela governar-se com uma reforma tão pequena?	*Wie soll sie von so einer kleinen Pension leben?*
Eles não sabem como **hão de** proceder nesta melindrosa situação.	*Sie wissen nicht, wie sie in dieser heiklen Situation handeln sollen.*
«E quem me **há de** perdoar, a mim?»	*Und wer soll ausgerechnet mir verzeihen?* Almeida Garrett, «*Viagens na Minha Terra*»

«– Diga-me alguma coisa que me console. Fale-me.	– *Sagen Sie mir etwas, was mich tröstet. Sprechen Sie mit mir.*
– Que **hei de** eu dizer?»	– *Was soll ich sagen?* Ibid.
«– Que encanto, que sedução! Como lhe **hei de** resistir!»	*Wie reizend! Wie verführerisch! Wie soll ich dem widerstehen?*
	Almeida Garrett, «*Frei Luís de Sousa*» III Akt, VI Szene

8.72 ## XX. Das Futur II *(Futuro perfeito ou composto)*

Das Futur II wird aus dem Futur I des Verbs **ter** und dem Partizip Perfekt des Hauptverbs gebildet:

eu	terei	
tu	terás	
ele/ela	terá	**comprado, vendido, partido**
nós	teremos	**tido, sido, estado, havido**
(vós)	(tereis)	
eles/elas	terão	

XXI. Der Gebrauch des Futurs II

8.73 Das Futur II wird gebraucht

1. für eine Handlung, die in der Zukunft abgeschlossen sein wird, bevor eine andere einsetzt.

Beispiele:

«Quando tiveres sessenta anos, a tua juventude e os anos mais belos da tua vida **terão sido** irremediavelmente **vividos**, perdidos num mundo sem liberdade.»	*Wenn du sechzig Jahre alt bist, werden deine Jugend und die schönsten Jahre deines Lebens unwiderruflich vorbei sein, verloren in einer Welt ohne Freiheit.*
	Augusto Abelaira, «*Enseada Amena*»
Quando ele regressar de férias, já eu **terei renovado** a casa toda.	*Wenn er aus dem Urlaub zurückkommt, werde ich das ganze Haus schon renoviert haben.*

8.74 In diesem Fall wird das Futur II wie im Deutschen in der Umgangssprache sehr häufig durch das zusammengesetzte Perfekt ersetzt, ohne dass der Sinn des Satzes sich ändert:

Quando ele regressar de férias, já eu **tenho renovado** a casa toda.	*Wenn er aus dem Urlaub zurückkommt, habe ich das ganze Haus schon renoviert.*

2. um Unsicherheit, Zweifel an einer *vergangenen* Handlung auszudrücken (vgl. im Deutschen die Partikel *wohl*):

Beispiele:

Isso **terá sido** mesmo assim?	*Ist das wirklich so gewesen?*
Quem **terá estado** aqui?	*Wer war wohl hier?*
Eles **terão tido** a coragem de me mentir?	*Ob sie wohl die Frechheit gehabt haben, mich zu belügen?*
«O ‹pick-up› desapareceu – que lhe **terá acontecido? Ter-se-á quebrado? Tê-lo-á** o pai **afastado** de si como a uma recordação demasiado penosa?	*Der Plattenspieler ist verschwunden – was ist wohl aus ihm geworden? Ob er kaputtgegangen ist? Ob ihn der Vater wohl weggetan hat wie eine allzu schmerzliche Erinnerung?* M. J. de Carvalho, *«As Palavras Poupadas»*
«Mas tem de se lembrar. Ouça, **não terá contado** à sua criada?»	*Aber Sie müssen sich erinnern. Hören Sie, haben Sie es nicht wohl doch Ihrem Dienstmädchen erzählt?* Ibid.
«A senhora Juliana **ter-lhe-á dado** alguma coisa?»	*Frau Juliana wird doch wohl nichts passiert sein?* Eça de Queirós, *«O Primo Basílio»*

B – Der Konditional *(Condicional)*

XXII. Der Konditional I *(Condicional simples)*

Wie das Futur wird der Konditional I aus dem Infinitiv des Hauptverbs und den *Imperfektendungen* des Verbs **haver** gebildet.

eu	comprar-**ia**	vender-**ia**	partir-**ia**
tu	comprar-**ias**	vender-**ias**	partir-**ias**
ele/ela	comprar-**ia**	vender-**ia**	partir-**ia**
nós	comprar-**íamos**	vender-**íamos**	partir-**íamos**
(vós)	(comprar-**íeis**)	(vender-**íeis**)	(partir-**íeis**)
eles/elas	comprar-**iam**	vender-**iam**	partir-**iam**

eu	ter-ia	haver-ia	ser-ia	estar-ia
tu	ter-ias	haver-ias	ser-ias	estar-ias
ele/ela	ter-ia	haver-ia	ser-ia	estar-ia
nós	ter-íamos	haver-íamos	ser-íamos	estar-íamos
(vós)	(ter-íeis)	(haver-íeis)	(ser-íeis)	(estar-íeis)
eles/elas	ter-iam	haver-iam	ser-iam	estar-iam

Wie beim Futur wird auch der Konditional von **dizer, fazer** und **trazer** mit der verkürzten Form des Infinitivs gebildet.

	dizer	fazer	trazer
eu	dir-ia	far-ia	trar-ia
tu	dir-ias	far-ias	trar-ias
ele/ela	dir-ia	far-ia	trar-ia
nós	dir-íamos	far-íamos	trar-íamos
(vós)	(dir-íeis)	(far-íeis)	(trar-íeis)
eles/elas	dir-iam	far-iam	trar-iam

XXIII. Der Gebrauch des Konditionals I

8.78 Der Konditional hat eine temporale und eine modale Funktion.

1. In seiner *temporalen Funktion* bringt er die Zukunft aus der Perspektive der Vergangenheit zum Ausdruck, d.h. er bezeichnet die Handlung, die von der Vergangenheit aus gesehen in der Zukunft liegt (**futuro do pretérito**). Der Konditional ist auch das Futur der indirekten Rede. (Vgl. dt. *jemand würde etwas tun*).

Beispiele:

«Batista não sabia bem como **descalçaria** a bota com o genro... Mas o temor que o genro **teria** do escândalo **não deixaria** de o ajudar, pois que Malafaya **não iria** debater em público, com o sogro, a autenticidade das assinaturas. Leonor **faria** o resto...»	*Batista wusste nicht genau, wie er aus der schwierigen Situation mit seinem Schwiegersohn wieder herauskommen sollte. Aber die Furcht seines Schwiegersohns vor dem Skandal würde ihm wohl helfen, denn in der Öffentlichkeit würde Malafaya nicht mit seinem Schwiegervater über die Echtheit der Unterschriften diskutieren. Leonor würde das Übrige tun...* Joaquim Paço d'Arcos, *«A Corça Prisioneira»*
«(Luísa) pôs-se a pensar que Basílio devia vir no dia seguinte: **vestiria** o roupão novo cor de castanha!»	*(Luise) fiel ein, dass B. wohl am nächsten Tag kommen würde: sie würde den neuen kastanienbraunen Morgenrock anziehen!* Eça de Queirós, *«O Primo Basílio«*
«Devia escrever a D. Felicidade, para a acompanhar ao teatro... Mandar um recado a Jorge, prevenindo-o de que o **iriam** buscar ao Hotel Gibraltar... Juliana **estaria** só... Mas **daria** a mulher as cartas?»	*Sie sollte D. Felicidade schreiben, damit sie sie ins Theater begleitete... Sie sollte Jorge eine Nachricht zukommen lassen, dass sie ihn im Hotel Gibraltar abholen würden... Juliana würde allein sein. ... Aber würde die Frau die Briefe herausgeben?* Ibid.
Ele disse-lhe que **tiraria** a carta em breve.	*Er sagte ihm (ihr), dass er bald den Führerschein machen würde.*

2. In seiner *modalen Funktion* bezeichnet der Konditional

a) eine Handlung, die unter bestimmten Bedingungen jetzt oder in der Zukunft stattfinden würde.

Beispiele:

Hoje, **ela seria** uma infeliz!	*Heute (unter heutigen Bedingungen) würde sie unglücklich sein!*
Aqui, **não** lhe **aconteceria** tal coisa!	*Hier würde Ihnen so etwas nicht passieren!*
Tu **não resistirias** a tal desgosto!	*So einen Schmerz würdest du nicht überleben!*
A minha amiga nunca me **faria** uma coisa dessas.	*Meine Freundin würde mir so etwas nie antun.*
«Fiz o que qualquer **faria**.»	*Ich habe getan, was jeder tun würde.*
	João Gaspar Simões, *«O Marido Fiel»*

Entsprechend wird der Konditional auch in den Hauptsätzen der irrealen Bedingungssätze gebraucht (vgl. 8.137):

Se nós fôssemos a Portugal nas férias, **passaríamos** muitos dias na praia.	*Wenn wir in den Ferien nach Portugal führen, würden wir viele Tage am Strand verbringen.*
«Que feliz que **seria** – se não fosse a infame!»	*Wie glücklich wäre sie, wenn es diese Schurkin nicht gäbe!*
	Eça de Queirós, *«O Primo Basílio»*
«– A posição, a fortuna! Mas de que me servem? – Servem-te para não as perderes. Se por infelicidade as perdesses, só então lhes **darias** o valor.»	*– Meine Stellung, mein Vermögen! Aber wozu dienen sie mir? – Sie dienen dir dazu, sie nicht zu verlieren. Erst wenn du sie durch ein Unglück verlieren würdest, würdest du ihren Wert erkennen.*
	Joaquim Paço d'Arcos, *«A Corça Prisioneira»*

b) Ähnlich wie im Deutschen kann mit dem Konditional auch Unsicherheit, Bescheidenheit, Höflichkeit oder Zweifel ausgedrückt werden, zum Beispiel *bei einem Wunsch* (vgl. *Jemand würde/könnte/möchte gerne etwas tun*):

Preferiria ficar hoje em casa.	*Ich würde heute lieber zu Hause bleiben.*
«Como **desejaria** visitar os países que conhecia dos romances!»	*Wie gerne würde sie die Länder besuchen, die sie aus den Romanen kannte.*
	Eça de Queirós, *«O Primo Basílio»*
«**Quereria** andar em caravanas, balouçada no dorso dos camelos.»	*Sie würde gerne mit Karawanen ziehen und auf dem Rücken der Kamele dahinschaukeln.* Ibid.
«Amanhã, **gostaria** de falar consigo.»	*Morgen möchte ich gern mit Ihnen sprechen.*
	Joaquim Paço d'Arcos, *«A Corça Prisioneira»*

8.82 oder bei einer Behauptung:

Eu **diria** que alguém entrou aqui.	Ich würde sagen, dass jemand hier war.
Juraria que era ele.	Ich könnte schwören, dass er es war.
«**Dir-se-ia** que a Natureza se preparava, respeitosa, para algum espetáculo solene.»	Man möchte meinen, dass die Natur sich respektvoll auf irgendein feierliches Schauspiel vorbereitete.

Maria Ondina, «A China Fica ao Lado»

8.83 und in der indirekten Rede:

«Qual **seria** o quarto do Alberto, **seria** ainda o mesmo? **Saberia** ele da presença dela, ali tão perto?»	Welches war wohl das Zimmer von Alberto, war es wohl noch dasselbe? Ob er wohl von ihrer so nahen Anwesenheit wusste?

Joaquim Paço d'Arcos, «A Corça Prisioneira»

8.84 Statt des Konditionals I wird in den oben angeführten Fällen sehr oft das Imperfekt gebraucht (besonders in der Umgangssprache).

Beispiele:

«A mim, prometeu-me (ela) várias vezes que me **deixava** [= deixaria] bem servido no testamento e no fim deixou-me uma bacia quebrada de louça da China...»	Mir hat sie öfters versprochen, dass sie mich in ihrem Testament gut bedenken würde, und am Ende hinterließ sie mir eine zerbrochene Schüssel aus chinesischem Porzellan.
	Joaquim Paço d'Arcos, «A Corça Prisioneira»
«– Que te parece, Ega? Dize lá. Que **fazias** [= farias] **tu**?»	– Was meinst du, Ega? Sag mal. Was würdest du tun? Eça de Queirós, «Os Maias»
«Se me dissessem que ali em baixo estava uma fortuna como a dos Rothschilds ou a coroa imperial de Carlos V à minha espera, para serem minhas se eu para lá corresse, **eu não apressava** o passo... Não! **Não saía** deste passinho lento...»	Selbst wenn man mir sagen würde, dass dort unten ein Vermögen wie das der Rothschilds oder die Kaiserkrone Karls V. auf mich wartet und mir gehören würde, wenn ich dorthin eilte, würde ich meinen Schritt nicht beschleunigen. Nein! Ich würde genauso langsam gehen. Ibid.
«**Desejava** bem, mas não me atrevo!»	Ich möchte schon gern, aber ich getraue mich nicht! Ibid.

8.85 XXIV. Der periphrastische Konditional mit «haver» und sein Gebrauch

Der periphrastische Konditional wird gebildet aus dem Imperfekt des Verbs **haver** und dem Infinitiv des Hauptverbs, die durch die Präposition **de** miteinander verbunden werden.

eu	havia	de	
tu	havias	de	
ele/ela	havia	de	**comprar, vender, partir**
nós	havíamos	de	**ter, ser, estar, haver**
(vós)	(havíeis)	de	
eles/elas	haviam	de	

Der periphrastische Konditional wird analog zu dem periphrastischen Futur gebraucht; anders als das periphrastische Futur bezieht er sich aber auf die Vergangenheit. 8.86

Der periphrastische Konditional steht in der indirekten Rede anstelle des periphrastischen Futurs.

1. Er ist Ausdruck des Willens zu einer Handlung oder der Sicherheit, dass 8.87
diese eintritt:

Beispiele:

«Ele começou a dizer que **havia de procurar** uma casinha para se verem à vontade.»	Zunächst sagte er, dass er ein Häuschen suchen wollte, damit sie sich leichter und ungestörter treffen könnten.
	Eça de Queirós, «*O Primo Basílio*»
«Sempre tinha sabido as coisas antes de acontecerem. Sempre soubera que Leda **havia de sair** dequela casa.»	Sie hatte immer alles gewusst, bevor es passierte. Sie hatte schon immer gewusst, dass Leda dieses Haus bestimmt verlassen müsste.
	Maria Judite de Carvalho, «*As Palavras Poupadas*»

2. Der periphrastische Konditional ist ferner Ausdruck des Zweifels bzw. der 8.88
Unsicherheit bei der direkten oder indirekten Frage in der Bedeutung von *sollen*, z. B.

«Como **havia de ser** se tal coisa acontecesse?»	Was würde sein, wenn sich das ereignete?
	M. J. de Carvalho, «*As Palavras Poupadas*»
Ela perguntou-me o que/como **havia de fazer**.	Sie fragte mich, was sie tun sollte.

XXV. Der Konditional II *(Condicional composto)* 8.89

Der Konditional II wird aus dem Konditional I des Verbs **ter** und dem Partizip Perfekt des Hauptverbs gebildet.

eu	teria	
tu	terias	
ele/ela	teria	**comprado, vendido, partido**
nós	teríamos	**tido, sido, estado, havido**
(vós)	(teríeis)	
eles/elas	teriam	

XXVI. Der Gebrauch des Konditionals II

8.90 Auch der Konditional II hat eine temporale und eine modale Funktion.

1. In seiner *temporalen* Funktion hat der Konditional II in Bezug auf den Konditional I die gleiche Bedeutung wie das Futur II in Bezug auf das Futur I, jedoch auf die Vergangenheit bezogen. Für den Gebrauch des Konditionals II gelten die gleichen Regeln wie für den Gebrauch des Futurs II. Der Konditional II ist auch das Futur II der indirekten Rede.

Beispiel für eine Handlung, die bereits abgeschlossen sein würde, ehe eine andere einsetzt:

| Eu prometi-lhe que, quando ele regressasse de férias, já **teria renovado** a casa toda. | Ich habe ihm versprochen, dass ich schon das ganze Haus renoviert hätte, wenn er aus dem Urlaub zurückkäme. |

8.91 In diesem Fall kann der Konditional II durch das Plusquamperfekt II ersetzt werden, ohne dass der Sinn des Satzes sich ändert:

Eu prometi-lhe que, quando ele regressasse de férias, já **tinha renovado** a casa toda.

8.92 2. Sehr häufig überlagert bei dem Konditional II eine modale Funktion die temporale. Es wird dann Unsicherheit in Bezug auf eine Handlung bzw. ein Ereignis der Vergangenheit in der indirekten Rede ausgedrückt (vgl. dt. *etwa, vielleicht*).

Beispiel:

| «**Não teria ela avistado** qualquer coisa que a interessasse, esses saltimbancos que às vezes aí passam ...?» | Hatte sie nicht vielleicht irgendetwas Interessantes bemerkt, diese Gaukler, die manchmal hier vorbeiziehen? |
| | Maria Judite de Carvalho, «*As Palavras Poupadas*» |

8.93 3. In seiner *modalen Funktion* drückt der Konditional II weiterhin aus

a) dass eine Handlung in der Vergangenheit unter bestimmten Bedingungen stattgefunden hätte.

Beispiele:

Noutro tempo, ela **teria sido** uma infeliz!	Früher (unter den damaligen Bedingungen) wäre sie unglücklich gewesen.
Aqui, não lhe **teria acontecido** tal coisa!	Hier wäre Ihnen so etwas nicht passiert!
«Tu não pensavas em te casar e hoje dou-te razão. **Terias comprometido** a tua carreira.»	Du hattest nie daran gedacht zu heiraten, und heute gebe ich dir recht. Es hätte deiner Karriere geschadet.
	Maria Judite de Carvalho, «*Desencontro*» aus «*Tanta Gente, Mariana*»

Entsprechend wird der Konditional II auch in den Hauptsätzen der irrealen Bedingungssätze der Vergangenheit gebraucht (vgl. 8.139): 8.94

Se nós tivéssemos ido a Portugal nas férias, **teríamos passado** muitos dias na praia.	Wenn wir in den Ferien nach Portugal gefahren wären, hätten wir viele Tage am Strand verbracht.
«Se ela lhe tivesse dito que não era a esposa do Sr. Castro Gomes, mas só amante do Sr. Castro Gomes, **teria** a sua paixão **sido** menos viva, menos profunda?»	Wenn sie ihm gesagt hätte, dass sie nicht die Gattin des Herrn Castro Gomes, sondern nur die Geliebte des Herrn Castro Gomes sei, wäre dann seine Leidenschaft weniger heftig, weniger tief gewesen?

Eça de Queirós, «Os Maias»

b) Auch bei dem Konditional II kann Unsicherheit, Bescheidenheit oder Höflichkeit bei einem Wunsch der Vergangenheit ausgedrückt werden (vgl. Konditional I): 8.95

Eu **teria gostado** de ir àquele baile.	Ich wäre gerne auf jenen Ball gegangen.
Ela **teria preferido** ficar hoje em casa.	Sie wäre heute lieber zu Hause geblieben.

c) Statt des Konditionals II wird in der Umgangssprache oft das Plusquamperfekt II benutzt. 8.96

Aqui, nunca lhe **tinha acontecido** tal coisa.	Hier wäre Ihnen so etwas nicht passiert.
Noutro tempo ela **tinha sido** uma infeliz.	Früher wäre sie unglücklich gewesen.
«E porque não foste? **Tínhamos feito** música. Fizeste mal. Devias ter ido.»	Und warum bist du nicht gekommen? Wir hätten Musik gemacht. Das war ein Fehler. Du hättest kommen sollen.
	Eça de Queirós, «O Primo Basílio»
«Por minha vontade, a Natalina nunca **tinha saído** cá de casa.»	Wenn es nach mir gegangen wäre, hätte Natalina nie das Haus verlassen.
	Joaquim Paço d'Arcos, «A Corça Prisioneira»

C – Der Konjunktiv *(Conjuntivo)*

XXVII. Der Konjunktiv Präsens *(Presente do conjuntivo)* 8.97

Sämtliche Formen des Konjunktivs Präsens werden von der 1. Person Singular des Indikativs Präsens abgeleitet, indem man das Endungs-o (z.B. bei **compro, vendo, parto**) durch folgende Konjunktivendungen ersetzt:

	comprar (compr-o)	vender (vend-o)	partir (part-o)
(Präsens Ind.)			
eu	compr-e	vend-a	part-a
tu	compr-es	vend-as	part-as
ele/ela	compr-e	vend-a	part-a
nós	compr-emos	vend-amos	part-amos
(vós)	(compr-eis)	(vend-ais)	(part-ais)
eles/elas	compr-em	vend-am	part-am

Folgende Verben weichen von dieser Regel ab: **ser, estar, haver, dar, ir, querer** und **saber** (vgl. 8.231).

Der Konjunktiv Präsens der Hilfsverben

	ter	**ser**	**estar**	**haver**
eu	tenh-a	sej-a	estej-a	haj-a
tu	tenh-as	sej-as	estej-as	haj-as
ele/ela	tenh-a	sej-a	estej-a	haj-a
nós	tenh-amos	sej-amos	estej-amos	haj-amos
(vós)	(tenh-ais)	(sej-ais)	(estej-ais)	(haj-ais)
eles/elas	tenh-am	sej-am	estej-am	haj-am

8.98 XXVIII. Der Konjunktiv Imperfekt
(Imperfeito do conjuntivo)

Die Formen des Konjunktivs Imperfekt aller Verben werden von der 3. Person Plural des einfachen Perfekts abgeleitet (z.B. compr-**aram**, vend-**eram**, part-**iram**), indem man die Endsilbe **-ram** weglässt und die Endungen **-sse**, **-sses** usw. anhängt:

	comprar (compr-aram)	vender (vend-eram)	partir (part-iram)
(einf. Perf.)			
eu	compr-asse	vend-esse	part-isse
tu	compr-asses	vend-esses	part-isses
ele/ela	compr-asse	vend-esse	part-isse
nós	compr-ássemos	vend-êssemos	part-íssemos
(vós)	(compr-ásseis)	(vend-êsseis)	(part-ísseis)
eles/elas	compr-assem	vend-essem	part-issem

Bei der 1. und der 3. Konjugation bekommt die 1. Person Plural den Akut, bei der 2. Konjugation den Zirkumflex. Unregelmäßige Verben der 2. Konjugation – außer **ser** – bekommen jedoch den Akut.

Der Konjunktiv Imperfekt der Hilfsverben

ter	**ser**	**estar**	**haver**
(tive-ram)	(fo-ram)	(estive-ram)	(houve-ram)
tivesse	fosse	estivesse	houvesse
tivesses	fosses	estivesses	houvesses
tivesse	fosse	estivesse	houvesse
tivéssemos	fôssemos	estivéssemos	houvéssemos
(tivésseis)	(fôsseis)	(estivésseis)	(houvésseis)
tivessem	fossem	estivessem	houvessem

Im Konjunktiv fehlen die beiden Zeiten 1. einfaches Perfekt und 2. Plusquamperfekt I. Es existieren nur die entsprechenden zusammengesetzten Formen:

XXIX. Der Konjunktiv Perfekt
(Perfeito composto do conjuntivo)

Der Konjunktiv Perfekt wird mit den Formen des Konjunktivs Präsens von **ter** und dem Partizip des Hauptverbs gebildet.

eu	tenha	
tu	tenhas	
ele/ela	tenha	**comprado, vendido, partido**
nós	tenhamos	**tido, sido, estado, havido**
(vós)	(tenhais)	
eles/elas	tenham	

XXX. Der Konjunktiv Plusquamperfekt
(Mais-que-perfeito composto do conjuntivo)

Der Konjunktiv Plusquamperfekt wird mit dem Konjunktiv Imperfekt von **ter** und dem Partizip des Hauptverbs gebildet.

eu	tivesse	
tu	tivesses	
ele/ela	tivesse	**comprado, vendido, partido**
nós	tivéssemos	**tido, sido, estado, havido**
(vós)	(tivésseis)	
eles/elas	tivessem	

XXXI. Der Gebrauch des Konjunktivs

Allgemeines

Im Gegensatz zum Indikativ, der auf die objektive Seite einer Handlung, eines Vorgangs, eines Ereignisses zielt, drückt der Konjunktiv die subjektive Einstellung hierzu aus. Diese Einstellung kann sein: Zweifel, Unsicherheit, Hoffnung, Befürchtung, Möglichkeit, Wahrscheinlichkeit oder sonstige Vorbehalte.

Daneben gibt es aber auch eine Reihe von Wörtern, Ausdrücken und Konjunktionen, die den Konjunktiv automatisch nach sich ziehen, die also nicht oder nur teilweise eine subjektive Einstellung des Sprechers wiedergeben.

1. Der Konjunktiv im Hauptsatz

Der Konjunktiv im Hauptsatz wird gebraucht:

a) als Imperativ[1]

Venda o carro!	*Verkaufen Sie den Wagen!*

Manchmal wird der Konjunktiv Imperfekt oder Plusquamperfekt in der Funktion eines fiktiven Wunsches, einer Kritik o. ä. (einer Art Imperativ der Vergangenheit) in Sätzen des Typs gebraucht:[2]

«**Esperasses** que viesse o pai dela.» — *Hättest du doch gewartet, bis ihr Vater kommt.*
David Mourão-Ferreira, «Casal Venha Lisboa», «Gaivotas em Terra»

«**Perguntasse,** devia saber!» — *Hätten Sie gefragt, dann wüssten Sie es! (Hätten Sie doch gefragt, dann müssten Sie es wissen!)*
Eça de Queirós, «Os Maias»

Tivesses descascado as batatas, já o almoço estava pronto! — *Hättest du die Kartoffeln geschält, dann wäre das Mittagessen schon fertig!*

b) als Optativ, um einen Wunsch auszudrücken,

ba) in der 3. Person in kurzen feststehenden Ausdrücken wie:

Viva Portugal!	*Es lebe Portugal!*
Queira Deus!	*Hoffentlich!*
Deus seja connosco!	*Gott sei mit uns!*
Deus seja nesta casa!	*Gott behüte dieses Haus!*
O diabo seja surdo!	*Toi, toi, toi!*

bb) manchmal mit **que** (als Optativ, in der indirekten Aufforderung, der Verwünschung u. ä.):

Que lhe **aproveite**!	*Wohl bekomm's!*
Que lhe **faça** bom proveito!	

---

[1] Siehe Imperativ 8.156.
[2] Vgl. Irreale Bedingungssätze 8.136 und folgende.

«Que esse remorso te **sirva** de consolação, meu homem!»	Mögen diese Gewissensbisse dir ein Trost sein, lieber Freund!
	Vitorino Nemésio, «*Mau Tempo no Canal*»
«Ouça, se vier o Sr. Sebastião, ou alguém, **que entre!**»	Übrigens, falls Herr Sebastião oder jemand anderes kommt, soll er eintreten!
	Eça de Queirós, «*O Primo Basílio*»
Que o leve o diabo!	Hol ihn der Teufel!

bc) in *allen* Personen bei Verstärkungsformeln folgenden Typs: 8.106

Eu seja cego, se isto não é verdade! (pop.)	Der Schlag soll mich treffen, wenn das nicht stimmt!
Assim Deus me faça feliz, como isto é verdade!	Wenn das wahr ist, dann möge Gott mich glücklich machen!
«**Eu seja o homem mais desgraçado do mundo,** se mas não pagar!»	Ich will der unglücklichste Mensch der Welt sein, wenn er mir das nicht teuer bezahlt!
	Aquilino Ribeiro, «*A Casa Grande de Romarigães*»

bd) nach dem Wunschausdruck **Deus queira que** sowie nach dem (aus dem Arabischen stammenden) Wunschwort **oxalá** oder **oxalá que**: 8.107

Deus queira que ele **tenha** sorte!	Hoffentlich hat er Glück!
Oxalá nunca **te arrependas** da tua decisão!	Hoffentlich bereust du deinen Entschluss nie!
Oxalá que ele faça boa viagem!	Hoffentlich hat er eine gute Fahrt!

be) Nach den einen Wunsch bezeichnenden Ausdrücken **quem me dera que, tomara que, prouvera a Deus que** steht das Verb immer im Konjunktiv *Imperfekt*: 8.108

Quem me dera que ele **estivesse** aqui!	Wäre er doch hier!
«**Tomara ela que ele fosse** feliz com a outra e que a deixasse em paz...»	Soll er doch (dachte sie) mit der anderen glücklich werden und sie in Frieden lassen...
	Joaquim Paço d'Arcos, «*Ana Paula*»
«**Tomara eu** agora **que ele chegasse** de Lisboa.»	Ich wünschte so sehr, er käme aus Lissabon zurück.
	Almeida Garrett, «*Frei Luís de Sousa*», 1. Akt, 4. Szene

c) nach **talvez** *(vielleicht)* – d.h. nur wenn **talvez** vor dem Verb steht: 8.109

Talvez eu coma hoje na cantina.	Vielleicht esse ich heute in der Mensa.
«**Talvez nos formemos** ambos em Direito!»	Vielleicht werden wir beide noch Juristen!
	Eça de Queirós, «*Os Maias*»
«Oh! filho. **Talvez** Jesus **morresse** ...»	Ach, mein Kind! Vielleicht ist Jesus schon gestorben...
	Eça de Queirós, Contos, «*O Suave Milagre*»
«O meu rumo... **Talvez o tenha encontrado,** de facto.»	Mein Weg... Vielleicht habe ich ihn tatsächlich gefunden.
	Maria J. de Carvalho, «*Tanta Gente, Mariana*»

Steht **talvez** jedoch nach dem Verb, wird der *Indikativ* gebraucht:

Ele **é talvez** mais velho do que tu.	*Er ist vielleicht älter als du.*
(Talvez ele seja mais velho do que tu.)	*(Vielleicht ist er älter als du.)*
Esta casa **é talvez** melhor do que a outra.	*Dieses Haus ist vielleicht besser als das andere.*
(Talvez esta casa seja melhor do que a outra.)	*(Vielleicht ist dieses Haus besser als das andere.)*
«**És talvez** uma dessas vienenses que tu dizes que têm um tão grande encanto…»	*Vielleicht bist du eine von diesen Wienerinnen, die, wie du sagst, so viel Charme haben…*

Eça de Queirós, «Os Maias»

8.110   d) in den Sätzen, die zwei verschiedene Möglichkeiten bezeichnen: **quer … quer, ou … ou, quer … ou** *(ob … oder ob, ganz egal ob … oder ob)*:

«Nenhum de nós sabia quem era o outro… **Ou o soubéssemos ou o ignorássemos**, os que decidiam de nossos destinos… tinham determinado unir-nos.»	*Keiner von uns wusste, wer der andere war… Ob sie es nun wussten oder nicht, diejenigen, die über unser Schicksal entschieden, hatten beschlossen, uns zusammenzubringen.*

Almeida Garrett, «A Sobrinha do Marquês»

«… onde passava, há tantos anos, as tardes de domingo. Todas. **Quer chovesse, quer fizesse sol.**»	*… wo er seit so vielen Jahren den Sonntagnachmittag verbrachte. Jeden. Bei Regen oder Sonnenschein. (Ganz egal ob es regnete oder die Sonne schien)*

Maria J. de Carvalho, «Tanta Gente, Mariana», «A Vida e o Sonho»

«Pouco importava o pretexto, **quer fosse ele** a queixar-se de ela não saber sequer fazer as camas, **ou (fosse) ela** a exprobrar-lhe a grosseria, a rudeza que espantava toda a gente lá de casa.»	*Der Vorwand war nebensächlich, ob er sich nun darüber beklagte, dass sie nicht einmal die Betten machen konnte, oder ob sie ihm seine Rohheit, seine Grobheit an den Kopf warf, die alle Leute aus ihrem Haus verscheuchte.*

Urbano Tavares Rodrigues, «Bastardos do Sol.»

2. Der Konjunktiv im Nebensatz

8.111   *Zur Zeitenfolge*

Ist ein Konjunktiv im Nebensatz erforderlich, so gelten folgende Regeln:

Bezieht sich der im Nebensatz ausgedrückte Sachverhalt auf die Gegenwart oder auf die Zukunft, werden folgende Tempora verwendet:

    Steht im Hauptsatz der Indikativ Präsens, folgt im Nebensatz der Konjunktiv Präsens; steht im Hauptsatz der Indikativ Imperfekt oder das einfache Perfekt, folgt im Nebensatz der Konjunktiv Imperfekt.

Bezieht sich der im Nebensatz ausgedrückte Sachverhalt auf die Vergangenheit, so werden folgende Tempora verwendet:

    Steht im Hauptsatz der Indikativ Präsens, folgt im Nebensatz der Konjunktiv Perfekt; steht im Hauptsatz der Indikativ Imperfekt oder das einfache Perfekt, folgt im Nebensatz der Konjunktiv Plusquamperfekt.

D. h. bei Gleichzeitigkeit bzw. Nachzeitigkeit des im Nebensatz ausgedrückten Sachverhalts steht

im Hauptsatz	im Nebensatz
Indikativ Präsens *(Imperativ)* *(Futur)*	*Konjunktiv Präsens*

im Hauptsatz	im Nebensatz
Indikativ Imperfekt *einfaches Perfekt* *(Plusquamperfekt)* *(Konditional)*	*Konjunktiv Imperfekt*

Bei Vorzeitigkeit des im Nebensatz ausgedrückten Sachverhalts steht

im Hauptsatz	im Nebensatz
Indikativ Präsens	*Konjunktiv Perfekt*

im Hauptsatz	im Nebensatz
Indikativ Imperfekt *einfaches Perfekt*	*Konjunktiv Plusquamperfekt*

(Siehe Beispiele in den folgenden Absätzen)

Der Konjunktiv ist im Nebensatz zwingend   8.112

a) nach unpersönlichen Ausdrücken wie:

basta que	*es genügt, dass*
convém que **é conveniente que**	*es ist angebracht, dass* *es empfiehlt sich, dass*
é admissível que	{ *es ist zulässig, dass* *man kann nichts dagegen haben, dass*
é bom que	*es ist gut, dass*
é duvidoso que	*es ist zweifelhaft, ob*
é difícil que	*es ist schwer, dass*
é espantoso que	*es ist erstaunlich, dass*
é estranho que	*es ist seltsam, dass*
é impossível que	*es ist unmöglich, dass*
é justo que	*es ist gerecht, dass*
é lógico que	*es ist logisch/klar, dass*
é mau que	*es ist schlecht, dass*
é melhor que	*es ist besser, dass*
é natural que	{ *es ist anzunehmen, dass* *es ist natürlich, dass*
é necessário que	*es ist nötig, dass*

é (uma) pena que	*es ist schade, dass*
é pior que	*es ist schlimmer, dass*
é possível que pode ser que	*es ist möglich, dass*
é preciso que	*es ist nötig, dass; er (sie, es) muss schon...*
é provável que	*es ist wahrscheinlich, dass*
é raro que	*es ist selten, dass*
é uma vergonha que	*es ist eine Schande, dass*
importa que	*es ist wichtig, dass*

Beispiele:

É possível que ele **esteja** no estrangeiro.	*Es ist möglich, dass er im Ausland ist.*
Como **era possível que** ele **estivesse** no estrangeiro?	*Wie war es möglich, dass er im Ausland war?*
É possível que ele **tenha estado** no estrangeiro.	*Es ist möglich, dass er im Ausland gewesen ist.*
Como **era possível que** ele **tivesse estado** no estrangeiro?	*Wie war es möglich, dass er im Ausland gewesen war?*
É estranho que ela ainda não **tenha vindo.**	*Es ist seltsam, dass sie noch nicht gekommen ist.*
É pena que tu não **tenhas visto** os meus coelhinhos!	*(Es ist) schade, dass du meine Kaninchen nicht gesehen hast!*
É preciso que poupes energia.	*Es ist nötig, dass du Energie sparst.*
Era preciso que ele **fosse** muito parvo para acreditar em tal coisa!	*Er müsste schon sehr dumm sein, wenn er so etwas glauben sollte!*
Basta que você **chegue** às nove horas.	*Es genügt, wenn Sie um neun Uhr ankommen.*
«**É espantoso que** eu **tenha** de vir a Paris para o ver!»	*Es ist seltsam, dass ich nach Paris kommen muss, um Sie zu sehen!*
	Joaquim Paço d'Arcos, «*A Corça Prisioneira*»
«Pode ir para sua casa, Afonso, **não é natural que** me **chamem** de noite.»	*Sie können nach Hause gehen, Afonso. Es ist nicht anzunehmen, dass man mich in der Nacht ruft.* Ibid.
«As pessoas que enchem o teu mundo são diferentes das do meu... No fundo é muito **provável que** algumas delas **sejam** as mesmas.»	*Die Leute, die deine Welt ausmachen, sind anders als die meiner... Im Grunde genommen ist es sehr wahrscheinlich, dass einige von ihnen dieselben sind.*
	Maria J. de Carvalho, «*Tanta Gente, Mariana*»
«A rapariga queria também dizer-lhe qualquer coisa, sentia que **era necessário que** o **fizesse.**»	*Das Mädchen wollte ihm (ihr) auch etwas sagen. Sie fühlte, es war notwendig, dass sie es tat.* Ibid.

«Até parecia impossível que só agora lhe ocorresse comprar um cavalo.»

Es schien sogar unmöglich, dass ihm erst jetzt einfiel, ein Pferd zu kaufen.
Tomás de Figueiredo, «A Toca do Lobo»

«Calas-te? **É melhor que** te **cales**» – intimou Arménio.

«Bist du wohl still? Du schweigst besser» schimpfte Arménio.
Urbano Tavares Rodrigues, «Bastardos do Sol»

«**Que importava que** uma mulher **tivesse desdenhado** o que eu lhe oferecera?»

Was machte es schon aus, dass eine Frau verschmäht hatte, was ich ihr angeboten hatte?
João Gaspar Simões, «O Marido Fiel»

Nach **é certo que, é claro que, é evidente que, é verdade que** steht *immer der Indikativ,* weil der im Nebensatz ausgedrückte Sachverhalt nicht bezweifelt wird.

«**É certo que** (ela) não **tem** febre.»   *Es ist sicher, dass sie kein Fieber hat.*
Urbano Tavares Rodrigues, «Nus e Suplicantes»

aber: bei Verneinung steht immer der Konjunktiv!

Não é certo que não **tenha** febre!   *Es ist nicht sicher, dass sie kein Fieber hat.*

b) nach Verben, die einen Wunsch, einen Willen oder einen Befehl ausdrücken, und anderen, bei deren Bedeutung sich ein zugrunde liegender Wunsch, Wille, Befehl usw. des Sprechers annehmen lässt, z. B.

aconselhar	*jemandem raten zu*
conseguir	*erreichen*
consentir	*erlauben, zulassen*
contar que	*rechnen mit*
deixar	*erlauben, zulassen*
desejar	*wünschen*
dizer que	*sagen (nur im Sinn eines Befehls)*
exigir	*verlangen*
evitar	*vermeiden*
fazer com que, fazer que	*bewirken*
impedir	*verhindern*
mandar	*befehlen*
ordenar	*anordnen, befehlen*
pedir	*bitten*
permitir	*erlauben*
proibir	*verbieten*

propor	vorschlagen
querer	wollen
recomendar	empfehlen
resolver	beschließen
sugerir que	nahelegen, anregen
suplicar	bitten, anflehen

Beispiele:

«**Quero que continues** a crer que vale a pena lutar, **não quero que sejas** outro homem, **quero que continues** o mesmo.»	*Ich will, dass du weiterhin glaubst, dass es sich lohnt zu kämpfen, ich will nicht, dass du ein anderer Mann wirst, ich will, dass du derselbe bleibst.*
	Augusto Abelaira, «*Enseada Amena*»
«**Deseja que** lhe **peçam** ajuda.»	*Er wünscht, dass man ihn um Hilfe bittet.*
	Ibid.
«Assim aquela eterna preocupação de honestidade que toda a vida a levara a **exigir que** todas as suas amigas e as suas criadas não **tivessem** histórias.»	*So auch diese ewige Sorge um die Ehrbarkeit, die sie ihr ganzes Leben fordern ließ, dass alle ihre Freundinnen und Dienstmädchen keine Männergeschichten haben sollten.*
	Maria J. de Carvalho, «*Desencontro*», «*Tanta Gente, Mariana*»
«Iria na carta **propor**-lhe **que partilhasse** com ele o exílio, a incerteza e a penúria?»	*Sollte er ihr in seinem Brief vorschlagen, die Verbannung, die Unsicherheit und die Not mit ihm zu teilen?*
	Joaquim Paço d'Arcos, «*A Corça Prisioneira*»
«Entreabre, então, a porta do quarto e **pede** à «dona» Augusta **que vá** ver quem é.»	*Sie öffnet leise die Schlafzimmertür und bittet Frau Augusta nachzusehen, wer es ist.*
	David Mourão-Ferreira, «*Gaivotas em Terra*», «*Casal Venha Lisboa*»
«O pior foi o resto. **Pediu**-me **que voltasse** para Lourenço Marques.»	*Am schlimmsten war, was dann kam. Er bat mich, nach Lourenço Marques zurückzukehren.*
	Ibid.
«**Diga** à Maria do Amparo **que venha** cá ter comigo!»	*Sagen Sie Maria do Amparo, sie soll zu mir kommen.*
	Ibid.
«D. Felicidade **propôs**-lhe então **que viesse** com ela à Encarnação.»	*D. Felizitas schlug ihr dann vor, mit ihr nach Encarnação zu kommen.*
	Eça de Queirós, «*O Primo Basílio*»
«Correu ao quarto de Juliana, ia **suplicar**-lhe **que** lhe **perdoasse, que ficasse, que a martirizasse!** ...»	*Sie rannte in Julianas Zimmer, sie wollte sie anflehen, ihr zu verzeihen, zu bleiben, sie zu quälen!...*
	Ibid.
«Só a dedicação e a coragem do tio Saavedra **faziam com que** aquilo [o barco] **navegasse** e não **fizesse** má figura.»	*Nur der Einsatz und der Mut des alten Saavedra bewirkten, dass es noch fuhr und keinen schlechten Eindruck machte.*
	Vitorino Nemésio, «*Mau Tempo no Canal*»

> «Mas Françoise arrancara a boina da cabeça, **deixara que** as suas claras madeixas **brilhassem** ao luar ...»
>
> Aber Françoise hatte die Mütze vom Kopf gezogen und ihre hellen Strähnen im Mondschein glänzen lassen ...
>
> João Gaspar Simões, *«O Marido Fiel»*
>
> «Não podia **consentir que** ele **vencesse**.»
>
> Ich konnte nicht zulassen, dass er gewann.
>
> Ibid.

c) nach Verben, die ein Gefühl ausdrücken (Hoffnung, Befürchtung, Freude, Bedauern, Verwunderung usw.), z. B.

esperar que estar à espera (de) que	*warten, dass; erwarten, dass*
ter esperança de que	*hoffen, dass*
admirar-se de que admira-me que	*sich wundern, dass* *es wundert mich, dass*
agradecer que	*danken, dass*
alegra-me que	*es freut mich, dass*
entristece-me que	*es macht mich traurig, dass*
estimar que	*schätzen, dass*
estranhar que	*sich wundern, dass*
gostar que	*gern mögen, gefallen, dass*
importar-se que	*etwas dagegen haben, dass*
lamentar que sentir que	*bedauern, dass*
preferir que	*vorziehen, dass*
recear que temer que ter medo que	*befürchten, dass* *Angst haben, dass*

Beispiele:

> «(Está) absurdamente **à espera de que seja** ele o primeiro a chorar, **que desate** ele a chorar e lhe **peça** perdão – lhe **peça** perdão, nem ela sabe de quê!»
>
> Es ist absurd, aber sie erwartet, dass er als Erster zu weinen anfängt, dass er in Tränen ausbricht und sie um Verzeihung bittet – und sie um Verzeihung bittet für etwas, von dem sie nicht einmal weiß, was es ist.
>
> David Mourão-Ferreira, *«Casal Venha Lisboa», «Gaivotas em Terra»*

> «Mas estava à espera de qualquer coisa; **estava à espera que** me **acontecesse** qualquer coisa.»
>
> Aber ich wartete auf etwas; ich wartete darauf, dass mir etwas passierte.   Ibid.

> «Tanto melhor! **Espero que** não te **tenha faltado** nada.»
>
> Umso besser! Ich hoffe, dir hat nichts gefehlt!   Ibid.

«A Maria Antónia **esperou que** eu **acalmasse**.»	*Maria Antónia wartete, bis ich mich beruhigt hatte.* Ibid.
«**Temia que** nesse momento a Maria Antónia **ficasse** com má ideia a meu respeito.»	*Ich befürchtete, dass Maria Antónia in diesem Augenblick einen schlechten Eindruck von mir bekäme.* Ibid.
«Era ali que se via a força das cantoras... D. Felicidade quase **tinha medo que** lhe **estalasse** alguma coisa na garganta.»	*Da eben sah man die Stärke der Sängerinnen... D. Felizitas hatte fast Angst, dass irgendetwas in ihrer Kehle zerspringen würde.* Eça de Queirós, «*O Primo Basílio*»
«O Conselheiro **sentia que** não **pudessem** ver o camarote real; a rainha, como sempre, estava adorável.»	*Der Kanzleirat bedauerte, dass sie die Königsloge nicht sehen konnten; die Königin war wie immer zauberhaft.* Ibid.
«**Lamento que** se **esconda** neste recanto, D. Luísa!»	*Ich bedaure, dass Sie sich in dieser Ecke verstecken, D. Luísa!* Ibid.
«**Lamentava que** a não **tivesse conhecido** há mais tempo...»	*Er bedauerte, sie nicht schon vor längerer Zeit kennengelernt zu haben.* Ibid.
«Eu a falar verdade **estimei que** meu primo **partisse**...»	*Offen gestanden war es mir angenehm, dass mein Vetter abgereist ist.* Ibid.
«Batista **não gostou que** o genro e Oliveira Barreto se **afastassem**.»	*Batista schätzte nicht, dass sich sein Schwiegersohn und Oliveira Barreto entfernten.* Joaquim Paço d'Arcos, «*A Corça Prisioneira*»
«O marido de Jacinta **importava-se que** ela se **exibisse** como animadora numa festa de beneficência, mas **aceitava que** tivesse amantes.»	*Es störte Jacintas Mann, dass sie sich als Conferencier auf einer Wohlfahrtsveranstaltung zur Schau stellte, aber er duldete, dass sie Liebhaber hatte.* Fernando Namora, «*Os Clandestinos*»

8.116   d) nach **duvidar, ter dúvida de que**:

«**Tenho dúvidas de que** os meus atos **influam** na marcha do mundo...»	*Ich bezweifle, dass meine Handlungen den Lauf der Welt beeinflussen.* Augusto Abelaira, «*Enseada Amena*»
«... quando se saía do segredo, **duvidava-se de que** as pessoas **fossem** reais...»	*... wenn man aus der Einzelhaft herauskam, bezweifelte man die Wirklichkeit der Menschen.* Fernando Namora, «*Os Clandestinos*»

8.117   e) nach den negierten Verben des Wissens, Verstehens, Denkens, Beweisens, des Behauptens und des Glaubens:

Não me **parece que** ele **seja** muito inteligente.	*Er scheint mir nicht sehr intelligent zu sein. (Wörtl.: es scheint mir nicht, dass er sehr intelligent ist).*
Não acredito que ele **tenha** tanto dinheiro como diz.	*Ich glaube nicht, dass er so viel Geld hat, wie er sagt.*

«– **Nunca pensei que tivesses** a fraqueza de acreditar em agouros...»	– *Niemals dachte ich, dass du die Schwäche besitzt, an Vorzeichen zu glauben...* Almeida Garrett, «*Frei Luís de Sousa*», II. Akt, 7. Szene
«**Não se pode dizer que** D. Clotilde **fosse** uma senhora de trato brilhante.»	*Man kann nicht sagen, dass D. Clotilde eine Dame mit glänzenden Umgangsformen war.* João Gaspar Simões, «*O Marido Fiel*»
«Não, **não creio que** o nosso Jorge **fale** sério.»	*Nein, ich glaube nicht, dass unser Georg es ernst meint.* Eça de Queirós, «*O Primo Basílio*»
«**Não digo que** não **exista** a mulher que me poderia prender.»	*Ich behaupte nicht, dass es die Frau, die mich fesseln könnte, nicht gibt.* Joaquim Paço d'Arcos, «*A Corça Prisioneira*»
«**Não concebia** bem **o que pudesse** ser o paraíso.»	*Er konnte sich kaum vorstellen, was das Paradies sein konnte.* Urbano Tavares Rodrigues, «*Bastardos do Sol*»
«**Não creio que gostasse** de mim...»	*Ich glaube nicht, dass sie mich liebte...* Augusto Abelaira, «*Enseada Amena*»
«E quanto aos fanáticos, **não digo que** não **tenham** a sua utilidade, tê-la-ão.»	*Und was die Fanatiker betrifft, so sage ich nicht, dass sie nicht ihren Nutzen haben, sie werden ihn (schon) haben.* Ibid.

f) nach Konjunktionen: 8.118

fa) *finale Konjunktionen*: 8.119

para que
a fim de que } *damit*

Beispiele:

«**Para que** Jorge não **tornasse** a surpreender os desleixos, Luísa começou a completar todas as manhãs os arranjos.»	*Damit Georg die Nachlässigkeiten nicht wieder bemerkte, fing Luísa an, jeden Morgen letzte Ordnung in den Haushalt zu bringen.* Eça de Queirós, «*O Primo Basílio*»
Fecho a porta do quarto, **a fim de que** não me **ouças**.	*Ich schließe die Zimmertür, damit du mich nicht hörst.*

fb) *konzessive Konjunktionen*: 8.120

embora
conquanto [gehoben]
se bem que
posto que [gehoben] } *obgleich, obwohl*

ainda que   *wenn ... auch*

mesmo que   *selbst wenn*

nem que   *selbst wenn, auch nicht ... wenn*

por muito que   *sosehr ... auch*

por pouco que   *sowenig ... auch*

por mais que	*sosehr ... auch*
por menos que	*sowenig ... auch*
por maior que	*so groß ... auch*
por menor que	*so klein ... auch*
onde quer que	*wo immer..., wo... auch*
como quer que	*wie immer..., wie... auch*
quem quer que	*wer immer..., wer... auch*
o que quer que	*was immer..., was... auch*
qualquer que	*welcher/e/es... immer, welcher/e/es... auch*

Beispiele:

«Pensavam pouco, essas mulheres, **embora** normalmente **falassem** bastante.»	*Sie dachten wenig, diese Frauen, obwohl sie gewöhnlich ziemlich viel redeten.* Maria Judite de Carvalho, «*Tanta Gente, Mariana*»
«De facto, D. Clotilde, **conquanto** lhe **faltasse** gramática, estava muito além do marido.»	*In der Tat, obwohl es D. Clotilde an grammatischen Kenntnissen fehlte, so war sie doch ihrem Mann weitaus überlegen.* João Gaspar Simões, «*O Marido Fiel*»
«Tenho o defeito de exagerar tudo: o mal e o bem, **se bem que exagere** mais o mal do que o bem.»	*Ich habe den Fehler, alles zu übertreiben: das Böse und das Gute, obwohl ich das Böse mehr übertreibe, als das Gute.* Ibid.
«**Posto que** as aparências **sejam** contra mim, a verdade é que hei de morrer convencido de que sou um marido fiel.»	*Obgleich der Anschein gegen mich spricht, ist es richtig, dass ich bestimmt in der Überzeugung sterben werde, ein treuer Ehemann zu sein.* Ibid.
«Lamentou ter perdido o primeiro ato: – **ainda que** não **gostasse** extremamente da música, apreciava-o por ser muito filosófico.»	*Er bedauerte, den ersten Akt versäumt zu haben; – wenn ihm auch die Musik nicht allzu sehr gefiel, so schätzte er ihn doch, weil er sehr philosophisch war.* Eça de Queirós, «*O Primo Basílio*»
Mesmo que ele me **venha** buscar de carro, não chegamos lá antes do meio-dia.	*Selbst wenn er mich mit dem Wagen abholt, kommen wir dort nicht vor zwölf Uhr mittags an.*
Mesmo que a minha filha não **tenha** passado no exame, eu não lhe ralho / não ralho com ela.	*Selbst wenn meine Tochter ihr Examen nicht bestanden hat, schimpfe ich nicht mit ihr.*
«... deixar que os anos corressem, acordar um dia ... sem coragem para tentar finalmente o estágio, **mesmo que** já **tivesse** dinheiro para os dois anos de Coimbra.»	*... die Jahre verstreichen lassen, eines Tages aufwachen..., ohne Mut, endlich die praktische Ausbildung zu wagen, selbst wenn sie schon das Geld für die zwei Jahre Coimbra hätte.* Augusto Abelaira, «*Enseada Amena*»

«Amanhã mesmo me vou embora. ... **Nem que** eu **passe** fome! **Nem que tenha** de servir, de me rebaixar!»	Noch morgen gehe ich weg ... Selbst wenn ich hungern muß! Selbst wenn ich als Dienstmädchen arbeiten, mich erniedrigen muß! Urbano Tavares Rodrigues, «*Bastardos do Sol*»
«... ir pedir asilo a alguma amiga. **Por poucas** horas **que fosse**.»	... eine Freundin um Unterkunft bitten. Und wäre es auch nur für wenige Stunden. Ibid.
«**Por mais que pensasse**, não conseguia ver o marido a viajar sozinho.»	Sosehr sie auch nachdachte, sie vermochte ihren Mann nicht allein reisen zu sehen. Augusto Abelaira, «*Enseada Amena*»
«E o pai, por **muito que** lhe **custasse** confessá-lo, não era de fiar.»	Und ihr Vater, so schwer es ihr auch fiel, das zuzugeben, war nicht vertrauenswürdig. Joaquim Paço d'Arcos, «*A Corça Prisioneira*»

fc) *konditionale Konjunktionen*:

se	wenn[1]
salvo se	ausgenommen, wenn
caso no caso que	} *falls*
a não ser que a menos que	} *es sei denn, dass*
contanto que desde que uma vez que suposto que [weniger gebräuchlich]	} *vorausgesetzt, dass*

Beispiele:

Podemos começar já, **caso** você esteja de acordo.	Wir können gleich anfangen, falls Sie einverstanden sind.
«Vê se te animas, homem, ... **a não ser que queiras** morrer assado neste braseiro.»	Mach, dass du munter wirst ... es sei denn, du willst geröstet in dieser Glut sterben. Manuel Mendes «*Girassol*» aus «*Estrada*»
«Com ela, Guilherme tudo pode conseguir. **Desde que** nunca a **perca**.»	Mit ihr kann Wilhelm alles erreichen. Vorausgesetzt, er verliert sie nie! Urbano Tavares Rodrigues, «*Nus e Suplicantes*»
«Nada neste mundo pode afligir-me seriamente, **desde que** eu te **tenha** a ti.»	Nichts in dieser Welt kann mich wirklich betrüben, vorausgesetzt, ich habe dich. Urbano Tavares Rodrigues, «*Bastardos do Sol*»

---

[1] Wird gesondert behandelt (siehe 8.136–41 und 8.146).

8.122 fd) *konsekutive Konjunktionen* (sofern sie keine Realität, sondern nur eine Eventualität ausdrücken):

tal que, tão ... que, tanto ... que	*so ... dass, so sehr ... dass*
de tal modo que, de tal maneira que	*so ... dass, derart, dass*
de tal sorte que, de tal forma que	*derart, dass*
não ... que não nunca ... que não	*nicht ... ohne dass* } *immer mit* *nie ... ohne dass* } *Konjunktiv*

Beispiele:

Estará ele **de tal maneira** ferido **que** não **possa** levantar-se?	*Wird er so verletzt sein, dass er nicht aufstehen kann? (Eventualität)*

Vgl. dagegen:

Ele está **de tal maneira** ferido **que** não **pode** levantar-se.	*Er ist so verletzt, dass er nicht aufstehen kann. (Realität)*
«Era **tão** veemente o seu sentimento **que afogasse** por completo o escrúpulo da traição ao amigo leal?»	*War sein Gefühl so heftig, dass es die Skrupel wegen des Verrats an seinem treuen Freund auslöschen konnte? (Eventualität)* Joaquim Paço d'Arcos, «A Corça Prisioneira»

Vgl. dagegen:

O seu sentimento era **tão** veemente **que afogava** por completo o escrúpulo da traição ao amigo leal.	*Sein Gefühl war so heftig, dass es die Skrupel wegen des Verrates an seinem treuen Freund auslöschte. (Realität)*
«**Não** posso ver-te à minha frente **que não** me **sinta** eu própria coberta de nojo.»	*Ich kann dich nicht vor mir sehen, ohne dass ich mich angewidert fühlte.* Urbano Tavares Rodrigues, «Bastardos do Sol»
«Ai, como o Gama não há! **Nunca** ia **que** me **não desse** os seus dez tostões ...»	*Ach, wie Gama gibt es keinen anderen! Er ging nie, ohne mir 10 Groschen zu geben...* *(ohne dass er mir 10 Groschen gab ... ohne dass er mir 10 Groschen gegeben hätte ...)* Eça de Queirós, «O Primo Basílio»

8.123 fe) nach **sem que** *(ohne dass)*:

Beispiele:

«O dia findou **sem que** o Lemos **aparecesse** a indagar do estado do companheiro da pensão.»	*Der Tag endete, ohne dass Lemos auftauchte, um sich nach dem Befinden des Pensionsgefährten zu erkundigen.* Joaquim Paço d'Arcos, «A Corça Prisioneira»

«Não poderia tocar-lhe **sem que** ela **soubesse** ...»	*Er konnte sie nicht berühren, ohne dass sie es bemerkte ...* João Gaspar Simões, *«O Marido Fiel»*
«Graça gosta de entrar **sem que** ela **dê** por isso.»	*Graça kommt gerne herein, ohne dass sie es merkt.* Maria Judite de Carvalho, *«As Palavras Poupadas»*

ff) nach **ou porque ... ou porque** *(sei es weil ... oder weil)*, nach **não porque** *(nicht weil)* und **não que** *(nicht dass)*:

Beispiele:

«O menino, **ou porque** a mão de Luís de Azevedo lhe **pesasse, ou porque** não lhe **fosse** simpática aquela preensão ... rompeu a fazer beicinho.»	*Der Junge begann eine Schnute zu ziehen, sei es weil ihm die Hand Luís de Azevedos lästig, sei es/oder weil ihm jene Berührung unangenehm war.* Aquilino Ribeiro, *«A Casa Grande de Romarigães»*
«Ana Isa sabia de tudo, **não porque procurasse** saber, mas porque recebia cartas anónimas.»	*Ana Isa wusste alles, nicht weil sie Erkundigungen eingeholt hatte, sondern weil sie anonyme Briefe erhielt.* Augusto Abelaira, *«Enseada Amena»*
«Paris deixara de ser Paris. **Não que** os Alemães o **tivessem molestado,** mas só a dura presença deles na cidade macia bastava para o incomodar.»	*Paris war nicht mehr Paris. Nicht, dass die Deutschen ihn belästigt hätten, aber schon ihre bloße Anwesenheit in der sanften Stadt genügte, um ihn zu stören.* Joaquim Paço d'Arcos, *«A Corça Prisioneira»*

fg) nach **como se** *(als ob)*. In diesem Fall – «Irrealis» – steht das Verb immer im Konjunktiv Imperfekt oder Plusquamperfekt:

Beispiele:

«Até ao horizonte ... o ermo estendia-se **como se** não **tivesse** fim.»	*Bis zum Horizont ... die Einöde erstreckte sich so weit, als ob sie kein Ende hätte.* Manuel Mendes, *«Girassol»*, aus *«Estrada»*
«Luísa olhou em roda, **como se** um raio **tivesse atravessado** o quarto.»	*Luísa sah sich um, als ob ein Blitz im Schlafzimmer eingeschlagen hätte.* Eça de Queirós, *«O Primo Basílio»*

Bemerkung:

Nach **como** kann der Konjunktiv stehen, wenn nicht nur Kausalität, sondern auch zeitliche Reihenfolge der Ereignisse gemeint ist. Es kommt fast ausschließlich in der Schriftsprache vor.

«**Como** o gato se **esgueirasse** pela fresta, entrevi a Senhora Li, de pé, no fundo do aposento.»	*Da die Katze gerade durch den Türspalt herauskam, (in dem Augenblick, in welchem die Katze ...) konnte ich Frau Li erblicken, die hinten in ihrem Gemach stand.* Maria Ondina, *«A China Fica ao Lado»*

Como o gato se esgueirou würde hier lediglich die Kausalitätsbeziehung zwischen den zwei Sätzen bezeichnen, ohne das temporale Moment zu berücksichtigen.

«**Como** no momento em que escrevia a Clotilde alguém **tivesse** empurrado a porta do escritório, guardei apressadamente a carta no bolso.»	Da in dem Augenblick, in dem ich Clotilde schrieb, jemand die Tür des Büros aufmachte, steckte ich den Brief hastig in die Tasche. <div style="text-align:right">João Gaspar Simões, «*O Marido Fiel*»</div>

8.126 fh) nach **antes que, primeiro que** *(bevor, ehe)*:

Beispiele:

«**Antes que cases,** olha o que fazes.»	*etwa: Drum prüfe, wer sich ewig bindet ...* <div style="text-align:right">Portugiesisches Sprichwort</div>
«A velha não arredaria dali **antes que** eles **fossem** ou **esclarecessem** as suas intenções.»	Die Alte würde nicht von der Stelle weichen, bevor sie nicht gingen oder ihre Absichten erklärten. <div style="text-align:right">Fernando Namora, «*Os Clandestinos*»</div>
«Porque não se matara antes ele ... **primeiro que** o outro **chegasse** ... com aquele seu riso de desafio?!»	Warum hatte er sich nicht lieber selbst getötet ... bevor der andere kam ... mit seinem herausfordernden Lächeln?! <div style="text-align:right">Urbano Tavares Rodrigues, «*Bastardos do Sol*»</div>

8.127 fi) nach **até que** *(bis dass),* wenn es sich um Zukunftsereignisse oder eine Absicht handelt:

«Pois agora ali estava, dali não tencionava sair, **até que fechasse** os olhos.»	Also da war er nun, von da wollte er nicht wieder weggehen, bis er die Augen für immer schloss. <div style="text-align:right">Tomás de Figueiredo, «*A Toca do Lobo*»</div>
«Ele enterrava-lhe os dedos na carne ... querendo magoá-la mais ainda, **até que** ela **deixasse** de insistir na provocação.»	Er vergrub seine Finger in ihrem Fleisch ... und wollte sie noch mehr quälen, bis sie aufhörte, auf der Provokation zu bestehen. <div style="text-align:right">Fernando Namora, «*Os Clandestinos*»</div>

8.128 fj) nach **logo que** *(sobald),* wenn diese Konjunktion sich auf Zukunftsereignisse bezieht und einen Willen oder eine Absicht ausdrückt. (Hier kann sowohl ein Konjunktiv Präsens wie auch ein Konjunktiv Futur gebraucht werden, ohne dass die Bedeutung des Satzes sich ändert.)

Beispiele:

Logo que esteja melhor, telefono-te. *oder:* **Logo que estiver** melhor, telefono-te.[1]	Sobald es mir besser geht, rufe ich dich an. dto.
«**Logo que chegue** o Professor Eduardo Reis, desejo ser prevenida.»	Sobald Professor Eduardo Reis kommt, möchte ich benachrichtigt werden. <div style="text-align:right">Joaquim Paço d'Arcos, «*A Corça Prisioneira*»</div>

---

[1] Siehe Konj. Futur 8.142 und folgende.

g) *in Relativsätzen,* die

ga) einen im Hauptsatz ausgedrückten Wunsch weiter erklären und präzisieren;

gb) eine Bedingung für die Gültigkeit des Hauptsatzes ausdrücken;

⎫
⎬ bedingende Relativsätze
⎭

gc) nicht die Realität, sondern lediglich eine Virtualität ausdrücken;

gd) eine generelle Behauptung (wie ein Einschub) beschränken;

ge) mit **quem** beginnen, wenn der Hauptsatz in Ausdrücken wie **há, não falta, aparece, encontra-se** u. ä. besteht.

ga) Der Konjunktiv wird in Relativsätzen gebraucht, die einen im Hauptsatz ausgedrückten Wunsch weiter erklären und präzisieren:

Beispiele:

Desejo um empregado **que saiba** inglês.	*Ich suche einen Angestellten, der Englisch kann.*
Queria uma empregada **que soubesse** cozinhar.	*Ich möchte eine Haushaltshilfe, die kochen kann.*
«**Queria** uma outra vida, forte, aventurosa, perigosa, **que** a **fizesse** palpitar …»	*Sie wünschte sich ein anderes Leben, stark, abenteuerlich, gefährlich, das sie erschauern ließe.*
	Eça de Queirós, «*O Primo Basílio*»
«**Procurava** respostas **que a satisfizessem** no teto liso e muito branco do quarto …»	*Sie suchte an der glatten und völlig weißen Zimmerdecke nach Antworten, die sie befriedigten.*
	Maria Judite de Carvalho, «*Tanta Gente, Mariana*»

Sätze dieses Typs haben oft einen finalen Sinn, wie z. B.:

Mande um canalizador **que** me **arranje** a torneira da cozinha.	*Schicken Sie einen Installateur, der mir den Wasserhahn in der Küche reparieren kann/soll.*

gb) Der Konjunktiv wird in Relativsätzen gebraucht, die eine Bedingung für die Gültigkeit des Hauptsatzes ausdrücken.

Beispiel:

Todos os operários **que trabalhem** há mais de cinco anos nesta fábrica têm direito a trinta dias de férias.	*Alle Arbeiter, die seit mehr als fünf Jahren in dieser Fabrik arbeiten (soweit sie seit mehr als fünf Jahren …), haben das Recht auf dreißig Tage Urlaub.*

gc) Der Konjunktiv wird in Relativsätzen verwendet, die nicht die Realität, sondern lediglich eine Virtualität ausdrücken (d. h. etwas, das möglicherweise eintritt). Betrachten wir den semantischen Unterschied bei folgenden Relativsätzen, je nach Verwendung des Indikativs oder des Konjunktivs:

1) a) Aquela criança cobiçava todos os brinquedos **que visse**.

Dieses Kind wollte alles Spielzeug haben, das es nur sah.
D. h. nicht nur das im Moment sichtbare, sondern alles Spielzeug, das ihm möglicherweise unter die Augen kommen würde.

b) Aquela criança cobiçava todos os brinquedos **que via**.

Dieses Kind wollte alles Spielzeug haben, das es sah.
D. h., es wollte alles Spielzeug haben, das tatsächlich vorhanden war und das das Kind sehen konnte.

2) a) O professor respondia a tudo o **que** lhe **perguntassem**.

Der Lehrer beantwortete alles, was man ihn auch fragte.
D. h. nicht nur die tatsächlich gestellten Fragen, sondern auch alle anderen, die ihm eventuell hätten gestellt werden können.

b) O professor respondia a tudo o **que** lhe **perguntavam**.

Der Lehrer beantwortete alles, was man ihn fragte.
D. h., er beantwortete alle Fragen, die man ihm tatsächlich stellte.

Ein Beispiel aus der Literatur:

«(Ele) tinha que se defender de todos os **que o provocassem**, ou **que** se **arrogassem** o direito de o julgar.»

Er musste sich gegen alle diejenigen verteidigen, die ihn eventuell provozierten oder sich das Recht anmaßten, über ihn zu richten. Urbano Tavares Rodrigues, «Bastardos do Sol»

Diese Art der Aussage zeigt an, dass ihn zwar noch keiner provoziert hatte, dass er aber vermutete, einige würden es tun. Hätte der Autor den Indikativ gewählt:

«Tinha que se defender de todos os **que o provocavam**, ou **que** se **arrogavam** o direito de o julgar», dann wäre der Satz so zu interpretieren: er musste sich verteidigen gegen alle, die ihn tatsächlich provozierten oder die sich tatsächlich schon das Recht anmaßten, über ihn zu richten.

Weitere *Beispiele* aus der Literatur, in denen die *Virtualität* ausgedrückt wird:

«Mas aceitava (então) como dogmas, todas as verdades pedantes **que** ele **enunciasse**.»

Aber sie akzeptierte (damals) als Dogmen all die eingebildeten Wahrheiten, die er verkündete.
Urbano Tavares Rodrigues, «Bastardos do Sol»

«Pela primeira vez Diogo reparava bem nela, na D. Terezinha do senhor Morgado... Que definida boca leal, nada **que** se **parecesse** com a dúbia e sinistra boca sem lábios da prima Sara!»

Zum ersten Mal nahm Diogo sie wirklich wahr, die D. Terezinha von Herrn Morgado... Was für ein bestimmter, ehrlicher Mund, nichts, was sich mit dem unschlüssigen und finsteren lippenlosen Mund seiner Cousine Sara hätte vergleichen lassen.
Tomás de Figueiredo, «A Toca do Lobo»

«Morrer, estava bem! Já haveria feito alguma coisa por **que valesse** a pena ter nascido.»

Sterben, gut! Dann hätte er etwas getan, wofür es sich unter Umständen lohnte, geboren zu sein. Ibid.

«Uma mulher que aceitaria uma resposta que a **humilhasse**...»
Eine Frau, die eine Antwort in Kauf nehmen würde, die sie erniedrigte...
Fernando Namora, «*Os Clandestinos*»

Relativsätze, die von Konditional- oder Konzessivsätzen abhängen, drücken in der Regel eine Virtualität aus: 8.133

Se vires sapatos **que** te **agradem,** compra-os.
Wenn du Schuhe siehst, die dir (eventuell) gefallen, kaufe sie.

Mesmo que ouça coisas **que não** me **agradem,** calo-me.
Selbst wenn ich Sachen höre, die mir (eventuell) nicht gefallen, schweige ich.

  gd) Der Konjunktiv wird in Relativsätzen verwendet, die eine generelle Behauptung beschränken (wie ein Einschub).   8.134

Beispiele:

Não mora aqui ninguém **que eu conheça.**	*Hier wohnt niemand, den ich kenne.*
«– Veio alguém? – Ninguém **que déssemos** fé.»	*– Ist jemand gekommen?* *– Niemand, den wir bemerkt hätten.* <div align="right">Aquilino Ribeiro, «*A Casa Grande de Romarigães*»</div>

  ge) Der Konjunktiv steht in Relativsätzen, die mit **quem** beginnen, wenn der Hauptsatz aus unbestimmten Ausdrücken wie **há, não falta, aparece, encontra-se** usw. besteht (dt. *es gibt Leute, die...* o. ä.).   8.135

Beispiele:

Há quem diga que ela não é séria.	*Es gibt Leute, die sagen, dass sie nicht ehrlich ist.*
Não falta quem me **ajude.**	*Es fehlt mir nicht an Hilfe.*
«... houve **quem jurasse** tê-lo visto ficar em grande sobressalto...»	*Es gab jemanden, der schwor, dass er ihn in großer Aufregung gesehen hatte...* <div align="right">Aquilino Ribeiro, «*A Casa Grande de Romarigães*»</div>

3. Der irreale Bedingungssatz   8.136

Im irrealen Bedingungssatz wird eine Hypothese aufgestellt, deren Verwirklichung der Sprecher für unmöglich hält.
    Das kann sich sowohl auf die Gegenwart wie auf die Vergangenheit beziehen.

  a) Der irreale Bedingungssatz der Gegenwart: 8.137

Im Bedingungssatz (Nebensatz mit **se**) wird der Konjunktiv Imperfekt, im bedingten Satz (Hauptsatz) der Konditional I oder in der Umgangssprache das Imperfekt Indikativ gebraucht.

Beispiele:

Se eu a **visse,** não a reconhecia (reconheceria).	*Wenn ich sie sähe, würde ich sie nicht erkennen.*
Se o exame **fosse** mais fácil, ela passaria (passava).	*Wenn die Prüfung leichter wäre, würde sie sie bestehen.*
Ele procedia (procederia) de outra maneira, **se nós** o **ajudássemos.**	*Er würde anders handeln, wenn wir ihm helfen würden.*
«**Se** não **fosse** um anjo, ainda estaria viva a esta hora.»	*Wäre sie nicht ein Engel, wäre sie jetzt noch am Leben.*
	Maria Judite de Carvalho, «*As Palavras Poupadas*»
«... eu não teria coragem de enfrentar o mundo de braço dado contigo **se** não **fosse** casada ...»	*... ich hätte nicht den Mut, der Welt Hand in Hand mit dir vor Augen zu treten, wenn ich nicht verheiratet wäre ...*
	Augusto Abelaira, «*Enseada Amena*»
«**Se tivesse** a certeza de que seria feliz, absolutamente feliz, trocando-te por alguém, trocava-te sem a mais leve hesitação.»	*Wäre ich sicher, dass ich glücklich würde, ganz und gar glücklich, wenn ich dich gegen jemanden eintauschte, würde ich dich eintauschen, ohne im Geringsten zu zögern.*
	Ibid.
«Ah, **se** a juventude entretanto não **desaparecesse! Se** ao menos eu **fosse** romancista, conservaria sempre a juventude, viveria muitas vezes histórias novas e sempre jovens! Mas **se fizesse** um romance, seria um romance cheio de sequências inacreditáveis ...»	*Ach, wenn die Jugend bis dahin nicht verflöge! Wenn ich wenigstens Romanschriftsteller wäre, würde ich die Jugend immer behalten, würde ich oft neue und immer junge Geschichten erleben! Wenn ich aber einen Roman schreiben würde, wäre es ein Roman voller unglaublicher Verwicklungen ...*
	Ibid.

8.138 In irrealen Wunschsätzen kann der Hauptsatz fehlen:

Se eu tivesse sorte...	*Wenn ich Glück hätte ...*
«Se nos viesse uma menina assim ...»	*Wenn wir auch so ein Mädchen bekämen ...*
	Maria J. de Carvalho, «*Uma História de Amor*» aus «*Tanta Gente, Mariana*»

8.139 b) Der irreale Bedingungssatz der Vergangenheit

Im Bedingungssatz (Nebensatz mit **se**) wird der Konjunktiv Plusquamperfekt, im Hauptsatz der Konditional II oder in der Umgangssprache der Indikativ Plusquamperfekt gebraucht.

Beispiele:

Se eu a **tivesse visto,** não a teria reconhecido (não a tinha reconhecido).	*Wenn ich sie gesehen hätte, hätte ich sie nicht erkannt.*
Se o exame **tivesse sido** mais fácil, ela tinha passado (teria passado).	*Wenn die Prüfung leichter gewesen wäre, hätte sie sie bestanden.*

> «Se (ela) ... lhe **tivesse dito** que não era a esposa do Sr. Castro Gomes, mas só amante do Sr. Castro Gomes, teria a sua paixão sido menos viva, menos profunda?»
>
> *Wenn (sie) ... ihm gesagt hätte, dass sie nicht die Frau des Herrn Castro Gomes, sondern nur dessen Geliebte sei, wäre dann seine Leidenschaft weniger stark, weniger tief gewesen?*
>
> Eça de Queirós, «*Os Maias*»

c) Irreale Bedingungssätze können auch gebildet werden, indem man die einleitende Konjunktion **se** weglässt und das Subjekt dem Prädikat nachstellt. In diesem Fall steht der Bedingungssatz immer vor dem bedingten Satz und wird mit ihm oft durch **e** verbunden.

Diese Konstruktion impliziert in der Regel eine gewisse Emphase und einen fiktiven Wunsch (vgl. dt. *Wenn er doch nur ... hätte*).

Beispiele für die Gegenwart:

> **Fosse eu** mais nova, e teria mais coragem!
>
> *Wäre ich nur jünger, hätte ich mehr Mut.*
>
> **Estivesse eu** no teu lugar, e verias!
>
> *Wäre ich doch nur an deiner Stelle, du würdest schon sehen!*
>
> «Outro **fosse ele,** nem aquela casa encarava mais.»
>
> *Wäre er nur ein anderer, würde er dieses Haus nicht mehr ansehen.*
>
> Miguel Torga, «*Bichos*»
>
> «**Pudesse eu** salvá-la, acreditava fosse no que fosse.»
>
> *Könnte ich sie nur damit retten, würde ich an alles glauben.*
>
> Urbano Tavares Rodrigues, «*Nus e Suplicantes*»
>
> «**Não trouxesse ele** a nuvem vermelha, e veríamos!»
>
> *Wenn er doch nur die rote Wolke nicht mitbrächte, dann würden wir sehen!*
>
> Miguel Torga, «*Bichos*»
>
> «A prima Maria do Socorro, por exemplo ... **Entrasse**-lhe **ela** aí viva, ao menos por instantes, e como a beijaria ... e lhe pediria desculpa...»
>
> *Cousine Maria do Socorro zum Beispiel ... Käme sie jetzt lebendig herein, und wäre es nur für einen Augenblick, wie würde er sie küssen und um Entschuldigung bitten ...*
>
> Tomás de Figueiredo, «*A Toca do Lobo*»

Beispiele für die Vergangenheit:

> **Tivesse eu adivinhado** as tuas intenções, e teria procedido de outra maneira.
>
> *Hätte ich nur deine Absichten erraten, so hätte ich schon anders gehandelt.*
>
> **Tivessem**-me **eles visto,** e tinham-me cumprimentado.
>
> *Hätten sie mich nur gesehen, hätten sie mich begrüßt.*

8.141 Schematische Darstellung des irrealen Bedingungssatzes (als Hilfe für die Übersetzung aus dem Deutschen):

Hauptsatz — Nebensatz

Gegenwart

Deutsch:
Ich würde ein Haus kaufen, wenn ich Geld hätte.
Portugiesisch:
Eu compraria
(Konditional I)

uma casa, se tivesse dinheiro.
(Konjunktiv Imperfekt)

Eu comprava
(Umgangsspr. Imperfekt)

Vergangenheit

Deutsch:
Ich würde ein Haus gekauft haben,
Ich hätte ein Haus gekauft, wenn ich Geld gehabt hätte.
Portugiesisch:
Eu teria comprado
(Konditional II)

uma casa, se tivesse tido dinheiro.
(Konjunktiv Plusquamperfekt)

Eu tinha comprado
(Umgangsspr. Plusquamperfekt)

8.142 XXXII. Der Konjunktiv Futur I
(Futuro imperfeito do conjuntivo)

Der Konjunktiv Futur hat keine direkte Entsprechung im Deutschen. Er bezeichnet die Möglichkeit oder auch die Unsicherheit einer Handlung bzw. eines Ereignisses in der Zukunft.

8.143 Der Konjunktiv Futur I wird von der 3. Person Plural des einfachen Perfekts abgeleitet, indem man die Endung «-am» wegfallen lässt und in der 2. Person Singular sowie der 1., (2.) und 3. Person Plural die entsprechenden Endungen des Konjunktivs Futur hinzufügt.

(einf. Perfekt)	**comprar** (comprar-am)	**vender** (vender-am)	**partir** (partir-am)
eu	comprar	vender	partir
tu	comprar-**es**	vender-**es**	partir-**es**
ele/ela	comprar	vender	partir
nós	comprar-**mos**	vender-**mos**	partir-**mos**
(vós)	(comprar-**des**)	(vender-**des**)	(partir-**des**)
eles/elas	comprar-**em**	vender-**em**	partir-**em**

	ter	**ser**	**estar**	**haver**
(einf. Perfekt)	(tiver-am)	(for-am)	(estiver-am)	(houver-am)
eu	tiver	for	estiver	houver
tu	tiver-es	for-es	estiver-es	houver-es
ele/ela	tiver	for	estiver	houver
nós	tiver-mos	for-mos	estiver-mos	houver-mos
(vós)	(tiver-des)	(for-des)	(estiver-des)	(houver-des)
eles/elas	tiver-em	for-em	estiver-em	houver-em

XXXIII. Der Gebrauch des Konjunktivs Futur I

Der Konjunktiv Futur I wird gebraucht

1. nach folgenden *temporalen Konjunktionen,* wenn sie sich auf die Zukunft beziehen:

quando	*wenn, in dem Augenblick, in dem*
enquanto	*während, solange*
enquanto não	*solange ... nicht*
assim que	*sobald*
logo que	*sobald (auch mit Konjunktiv Präsens)*
sempre que	*immer wenn, jedes mal wenn*
cada vez que	*(auch mit Konjunktiv Präsens)*
todas as vezes que	

Im Hauptsatz steht in diesen Fällen der Indikativ Futur oder in der Umgangssprache das Präsens.

Beispiele zu **quando**:

Quando eu **chegar** a casa, tomo logo um duche.	*Wenn ich zu Hause ankomme, dusche ich gleich.*
Quando ela **vier,** contará (conta) muitas novidades.	*Wenn (in dem Augenblick, in dem; wann immer) sie kommt, wird sie viele Neuigkeiten erzählen.*

Vgl. dagegen:

Quando (sempre que, cada vez que, todas as vezes que) mit dem Indikativ Präsens hat den Sinn von *immer wenn, jedes Mal wenn* und bezieht sich auf die Gegenwart *(gewohnheitsmäßige* Handlung):

Quando (cada vez que, todas as vezes que) **chego** a casa, tomo logo um duche.	*(Immer) wenn ich zu Hause ankomme, dusche ich gleich.*
Quando (sempre que, todas as vezes que) ela **vem,** conta muitas novidades.	*Immer wenn sie kommt, erzählt sie viele Neuigkeiten.*

Quando mit dem einfachen Perfekt bedeutet *als*:

Quando cheguei a casa, tomei logo um duche.	*Als ich zu Hause ankam, habe ich gleich geduscht.*
Quando ela **veio,** contou muitas novidades.	*Als sie kam, erzählte sie viele Neuigkeiten.*

Literarische Beispiele für **quando** mit dem Konjunktiv Futur:

«E lá **quando** te **apetecer** … podes ir gozar um bocado de música.» (= sempre que/cada vez que/todas as vezes que te apetecer …)	*Und wenn du Lust hast, … kannst du ein bisschen Musik genießen.* Eça de Queirós, «A Relíquia»
«**Quando** eles **derem** pela tramoia, já terei o dinheiro a bom recato.»	*Wenn sie mir auf die Schliche kommen, habe ich das Geld schon sicher verwahrt.* Joaquim Paço d'Arcos, «A Corça Prisioneira»
«Terás muito que contar **quanto fores** para o outro mundo.»	*Du wirst viel zu erzählen haben, wenn du in die andere Welt gehst.* Manuel de Campos Pereira, «David Pascoal»

Beispiele zu **enquanto**:

Enquanto eles cá **estiverem,** terei (tenho) mais trabalho.	*Während sie hier sind (sein werden), werde ich mehr Arbeit haben.*
aber auf die Vergangenheit bezogen: **Enquanto** eles cá **estiveram,** tive mais trabalho.	*Während sie hier waren, hatte ich mehr Arbeit.*
«– Não me deixas ir para o estrangeiro? – **Enquanto fores** minha mulher, não.»	*– Du lässt mich nicht ins Ausland gehen? – Nicht, solange du meine Frau bist.* Joaquim Paço d'Arcos, «A Corça Prisioneira»

Beispiele zu **assim que** *und* **logo que**:

Assim que puder, vou visitar-te.	*Sobald ich kann, werde ich dich besuchen.*
Logo que o vires, dá-lhe o recado.	*Sobald du ihn siehst, richte es ihm aus.*

Ferner wird der Konjunktiv Futur I gebraucht

2. nach **se** *(wenn, falls)* bei dem *realen Bedingungssatz*:

Im realen Bedingungssatz wird eine Hypothese aufgestellt, deren Verwirklichung in der Zukunft der Sprecher für möglich hält.

Im Hauptsatz (bedingter Satz) steht der Indikativ Futur oder das Präsens (in der Umgangssprache).

Se eu lhe **disser** a verdade, ele fica (ficará) zangado comigo.	*Wenn ich ihm die Wahrheit sage, wird er mir böse sein.* (*Wobei es möglich ist, dass ich sie ihm sage.*)

Vgl. dagegen den irrealen Bedingungssatz:

Se eu lhe **dissesse** a verdade, ele ficava (ficaria) zangado comigo.	*Wenn ich ihm die Wahrheit sagen würde, wäre er mir böse.* (*Aber ich sage sie ihm nicht.*)

Se a casa não **for** muito pequena, compro-a (comprá-la-ei).	*Wenn das Haus nicht zu klein ist, kaufe ich es.* *(Ich weiß noch nicht, ob es klein ist oder nicht).*

Vgl. dagegen den irrealen Bedingungssatz:

Se a casa não **fosse** muito pequena, eu comprava-a.	*Wenn das Haus nicht zu klein wäre, würde ich es kaufen. (Aber es ist zu klein.)*
«Se me **deixarem** em paz, não incomodarei ninguém.»	*Wenn man mich in Ruhe lässt, werde ich niemanden stören.* Joaquim Paço d'Arcos, «*A Corça Prisioneira*»
«Se não **quiseres,** ninguém te obriga a vir para cá.»	*Wenn du nicht willst, zwingt dich niemand, hierher zu kommen.* Ibid.
«... o Eduardo nunca mais terá tranquilidade de consciência **se cumprir** o que me anunciou e eu também não a terei **se não fizer** tudo para o demover da sua cega teimosia.»	*... Eduardo, Sie werden nie mehr ein ruhiges Gewissen haben, wenn Sie das durchführen, was Sie mir angekündigt haben, und ich werde es ebenfalls nicht haben, wenn ich nicht alles tue, um Sie von Ihrem blinden Eifer abzubringen.* Joaquim Paço d'Arcos, «*Ana Paula*»
«Assim, **se** me **escutar e atender** os meus rogos, bendi-lo-ei toda a vida.»	*So, wenn Sie mich anhören und mein Flehen nicht zurückweisen, werde ich Sie mein ganzes Leben preisen.* Ibid.

3. nach folgenden *komparativen und modalen Konjunktionen*, wenn sie sich auf die Zukunft beziehen:

como	*wie*
segundo **conforme** **consoante**	*je nachdem, wie*
assim como	*so wie, ebenso wie*

Beispiele:

Faz **como quiseres.**	*Mach, wie du willst.*
Proceda **como entender.**	*Handeln Sie, wie Sie es für richtig halten.*
Filho és, pai serás, **conforme fizeres,** assim acharás.	*Sohn bist du, Vater wirst du sein, so wie du dich benimmst, so wirst du einmal behandelt werden.* Port. Sprichwort
«A Ana Paula depois orientará a sua vida **conforme entender.**»	*Dann werden Sie, Anna Paula, Ihr Leben so einrichten, wie es Ihnen passt.* Joaquim Paço d'Arcos, «*Ana Paula*»

8.148 4. in *Relativsätzen,* die die Möglichkeit des Eintretens einer zukünftigen Handlung oder eines Ereignisses offen lassen, die also Unbestimmtheit betonen.

Beispiele:

Digam o **que disserem,** não me convencem.	Was sie auch sagen, sie überzeugen mich nicht.
Podemos ir **para onde quisermos.**	Wir können gehen, wohin wir wollen.
Deves fazer tudo **quanto puderes.**	Du sollst (alles) tun, was du kannst.
«No dia **em que** a senhora **trouxer** um bicho desses cá para casa, saio eu.»	An dem Tag, an dem Sie so ein Tier ins Haus bringen, gehe ich. Maria Judite de Carvalho, «*As Palavras Poupadas*»
«... cria a tua vida, uma vida **em que dependas** unicamente de ti ou daquilo **que fizeres** (daquilo **que fizeres** tendo em vista os outros).»	... und bau dir dein eigenes Leben auf, ein Leben, in dem du einzig und allein von dir selbst abhängst, oder von dem, was du tust (von dem, was du tust, indem du die anderen im Auge hast). Augusto Abelaira, «*Enseada Amena*»

8.149 5. und in *Ausdrücken* wie z. B.

seja como for	wie dem auch sei
seja o que for	was es auch sein mag
seja quem for	wer es auch sein mag
seja qual for	was für eine/r/s es auch sein mag
veja o que vir	was immer er/sie sieht
venha quem vier	wer auch immer kommen mag
aconteça o que acontecer	komme, was wolle
esteja como estiver	wie er/sie/es auch immer ist
esteja onde estiver	wo er/sie/es auch immer ist

8.150 ## XXXIV. Der Konjunktiv Futur II
(Futuro perfeito ou composto do conjuntivo)

Der Konjunktiv Futur II wird aus dem Konjunktiv Futur I des Hilfsverbs **ter** und dem Partizip des Hauptverbs gebildet.

eu	tiver	
tu	tiver-**es**	
ele/ela	tiver	comprado, vendido, partido
nós	tiver-**mos**	tido, sido, estado, havido
(vós)	(tiver-**des**)	
eles/elas	tiver-**em**	

XXXV. Der Gebrauch des Konjunktivs Futur II

8.151 1. Der Konjunktiv Futur II wird unter denselben Bedingungen gebraucht wie der Konjunktiv Futur I; er bezeichnet jedoch die Handlung, die in der Zukunft abgeschlossen sein soll, ehe eine andere Handlung einsetzt.

Beispiele:

Quando tiveres jantado, mostro-te a carta.	*Wenn du zu Abend gegessen hast (haben wirst), zeige ich dir den Brief.*
Não arranjas emprego **enquanto** não **tiveres feito** exame.	*Du wirst keine Stelle bekommen, solange du die Prüfung nicht gemacht hast.*

2. *Wichtig:*

Mit dem Konjunktiv Futur II wird auch eine Handlung der Vergangenheit bezeichnet, wenn der Sprecher ihren Ausgang nicht kennt (vgl. dt. Sollte jemand etwas getan haben).

Beispiele:

O meu filho fez exame ontem, mas ainda não me comunicou o resultado. **Se tiver passado,** darei uma festa.	*Mein Sohn hat gestern Examen gemacht, aber er hat mir das Ergebnis noch nicht mitgeteilt. Wenn er bestanden hat, werde ich eine Party geben.*
Se ele **tiver procedido** como tu dizes, não volto a falar-lhe.	*Sollte er so gehandelt haben, wie du sagst, spreche ich nie mehr mit ihm.*
Se a trovoada já **tiver parado,** podemos sair.	*Wenn (falls) das Gewitter schon aufgehört haben sollte, können wir ausgehen.*

D – Der Imperativ *(Imperativo)*

XXXVI. Die Imperativformen und ihr Gebrauch

1. Die eigentlichen Imperativformen sind ursprünglich zwei: die 2. Person Singular und die 2. Person Plural. Heute wird nur noch die Singularform gebraucht.

Die 2. Person Singular des Imperativs wird von der 2. Person Singular des Indikativs Präsens durch Weglassen des Endungs-**s** abgeleitet. **Sie stimmt formal mit der 3. Person Singular des Indikativs Präsens überein**, sowohl bei den regelmäßigen wie bei den unregelmäßigen Verben. Davon gibt es eine einzige Ausnahme: das Verb **ser,** dessen 2. Person Singular Imperativ **sê** lautet.

Beispiele:

		3. Pers. Sing. Ind. Präsens	2. Pers. Sing. Imperativ
1. Konj.:	comprar	**compra**	**compra**
2. Konj.:	vender	**vende**	**vende**
3. Konj.:	partir	**parte**	**parte**
Unregelm. Verben	ter	**tem**	**tem**
	estar	**está**	**está**
	vir	**vem**	**vem**
	fazer	**faz**	**faz**

8.155 Die veraltete Form der 2. Person Plural wurde von der 2. Person Plural des Indikativs Präsens gebildet, indem das Endungs-s wegfiel.

	2. Person Pl. Ind. Pr.	2. Person Pl. Imperativ
comprar	comprais	comprai
vender	vendeis	vendei
partir	partis	parti

8.156 2. Für alle übrigen Personen des Imperativs werden heute die Formen des Konjunktivs Präsens verwendet, auch für die nicht mehr gebräuchliche 2. Pers. Plural, welche durch die 3. Pers. Plural des Konjunktivs Präsens ersetzt wird. (Siehe Konjunktiv 8.97)

8.157 *Beispiele* für die 2. Person Singular:

Anda cá!	*Komm her!*
Compra o jornal de hoje!	*Kauf die Zeitung von heute!*
Canta uma canção!	*Sing ein Lied!*
Come estas cerejas!	*Iss diese Kirschen!*
Bebe um copo de leite!	*Trink ein Glas Milch!*
Abre a janela!	*Öffne das Fenster!*
Parte o mais depressa possível!	*Fahr so bald wie möglich ab!*
Está quieto!	*Sei ruhig!*
Tem cuidado!	*Sei vorsichtig!*
Sê generoso!	*Sei großzügig!*
Telefona-me hoje à tarde!	*Ruf mich heute nachmittag an!*
«**Supera** isso, Antónia, **volta** atrás, se ainda é possível!»	*Überwinde das, Antonia, kehre um, wenn es noch möglich ist!* Urbano Tavares Rodrigues, «*Nus e Suplicantes*»
«... essa maldita cicatriz. **Esquece-a,** amor. **Põe** os olhos nos outros.»	*... diese verdammte Narbe. Vergiss sie, Liebling. Schau auf die andern.* Ibid.
«**Deixa** lá a opereta, rapaz, **voa** mais alto, **faz** uma grande sinfonia histórica!»	*Lass die Operette, Junge, streb' nach Höherem, schreib eine große historische Symphonie!* Eça de Queirós, «*Os Maias*»
«Depois, tudo se confundia, e era só o Alencar, clamando: «Abril chegou, **sê** minha!»	*Dann verwirrte sich alles, und es blieb nur noch Alencar übrig, der rief: «Der April ist gekommen, sei mein!»* Beschreibung eines Traumes aus Eça de Queirós, «*Os Maias*»
«– **Atreve,** que diabo... Porque não?	*– Zum Teufel noch mal, wage es doch... Warum nicht?*
– Então **vem**!»	*– Dann komm!* Ibid.

> «**Procura-me** no mar. Hás de encontrar--me sempre: lá é que eu estarei.»
>
> *Suche mich im Meer (= im Wasser). Du wirst mich immer finden. Da werde ich sein.* Urbano Tavares Rodrigues, «*Nus e Suplicantes*»

Beispiele für die 3. Person Singular (Konjunktiv!):

Compre o jornal de hoje!	*Kaufen Sie die Zeitung von heute!*
Cante uma canção!	*Singen Sie ein Lied!*
Coma estas cerejas!	*Essen Sie diese Kirschen!*
Beba um copo de leite!	*Trinken Sie ein Glas Milch!*
Abra a janela!	*Öffnen Sie das Fenster!*
Parta o mais depressa possível!	*Fahren Sie so bald wie möglich ab!*
Esteja quieto!	*Seien Sie ruhig!*
Seja generoso!	*Seien Sie großzügig!*
Telefone-me hoje à tarde.	*Rufen Sie mich heute nachmittag an.*
«Está bem. **Sossegue. Tenha** calma. Dê--me o braço e **venha** daí. **Não tenha** medo, está muito escuro.»	*Ist (schon) gut. Beruhigen Sie sich! Regen Sie sich nicht auf. Geben Sie mir Ihren Arm und kommen Sie mit. Haben Sie keine Angst, es ist sehr dunkel.* Sousa Marques, «*Interlúdio Sentimental*»

Zur 1. Person Plural (Konjunktiv!):

Bemerkung: Die erste Person Plural wird fast ausschließlich in der Schriftsprache gebraucht. In der Umgangssprache kommen fast nur periphrastische Formen vor.

Beispiele:

Fujamos!	*Fliehen wir!* (*Umgangssprache:* Temos que fugir!)
Retiremo-nos!	*Ziehen wir uns zurück!*
Cantemos uma canção!	*Singen wir ein Lied!*
Partamos o mais depressa possível!	*Fahren wir so bald wie möglich ab!*
Sejamos generosos!	*Seien wir großzügig!*
Vamos!	*Gehen wir!* (*auch Umgangssprache*)

Beispiele für die 3. (und als Ersatz für die 2.) Person Plural (Konjunktiv!):

Comprem o jornal de hoje.	*Kaufen Sie (kauft) die Zeitung von heute.*
Cantem uma canção!	*Singen Sie (singt) ein Lied!*
Comam estas cerejas!	*Essen Sie (esst) diese Kirschen!*
Bebam um copo de leite!	*Trinken Sie (trinkt) ein Glas Milch!*
Abram a janela!	*Öffnen Sie (öffnet) das Fenster!*
Partam o mais depressa possível!	*Fahren Sie (fahrt) so bald wie möglich!*

Estejam quietos!	Seien Sie (seid) ruhig!
Tenham cuidado!	Seien Sie (seid) vorsichtig!
Sejam generosos!	Seien Sie (seid) großzügig!
«Mas é a fita que importa. **Ouçam-na! Ouçam-na** primeiro! Depois **façam** o que quiserem!»	Aber auf das Band kommt es an. Hört es euch an! Hört es euch zuerst mal an! Dann macht, was ihr wollt! Urbano Tavares Rodrigues, «*Nus e Suplicantes*»

8.158   3. Für den negierten Imperativ wird *in allen Personen* – auch in der 2. Person Singular! – der Konjunktiv Präsens gebraucht.

Beispiele für die 2. Person Singular:

Não cantes esta canção!	Sing dieses Lied nicht!
Não comas estas cerejas!	Iss diese Kirschen nicht!
Não abras a janela!	Öffne das Fenster nicht!
Não me **telefones** hoje à tarde!	Ruf mich heute Nachmittag nicht an!
«Oh, meu amor, **não faças** caso, **não ligues** à minha grosseria.»	Ach, meine Geliebte, nimm es nicht so genau, mach dir nichts aus meinen Grobheiten! Urbano Tavares Rodrigues, «*Nus e Suplicantes*»
«– Que é que tens, Renata? – Nada, **não** te **aflijas, não** te **arrelies,** isto passa já.»	– Was hast du, Renata? – Nichts, mach dir keine Sorgen, reg dich nicht auf, das geht gleich vorbei. Ibid.

Beispiele für die 3. Person Singular:

Não cante esta canção!	Singen Sie dieses Lied nicht!
Não coma estas cerejas!	Essen Sie diese Kirschen nicht!
Não abra a janela!	Öffnen Sie das Fenster nicht!
Não me **telefone** hoje à tarde!	Rufen Sie mich heute Nachmittag nicht an!
«A senhora **não** me **faça** sair de mim. A senhora **não** me **faça** perder a cabeça!»	Machen Sie nicht, dass ich aus der Haut fahre! Machen Sie nicht, dass ich den Kopf verliere! Eça de Queirós, «*O Primo Basílio*»

Beispiele für die 1. Person Plural:

Não sejamos vingativos!	Seien wir nicht rachsüchtig!
Não exageremos!	Übertreiben wir nicht!

Beispiele für die 3. Person Plural:

Não cantem esta canção!	Singen Sie (singt) dieses Lied nicht!
Não comam estas cerejas!	Essen Sie (esst) diese Kirschen nicht!
Não abram a janela!	Öffnen Sie (öffnet) das Fenster nicht!

Não me **telefonem** hoje à tarde!	*Rufen Sie (ruft) mich heute Nachmittag nicht an!*
«**Não** me **deitem** à margem!»	*Lasst mich nicht links liegen!*
	Eça de Queirós, «*Os Maias*»

Wie man an den Beispielen sieht, wird das Subjekt beim Imperativ normalerweise nicht ausgedrückt.

Doch wenn das Subjekt hervorgehoben werden soll – zum Beispiel, um einen Gegensatz zu betonen – erscheint es und wird dann dem Verb nachgestellt:

Eu não vou. **Vai tu!**	*Ich gehe nicht. Geh du!*
Faz tu o trabalho, em vez de mandares os outros!	*Mach du die Arbeit, anstatt sie die anderen machen zu lassen.*

(Zum Konjunktiv in der Funktion des Imperativs siehe auch 8.102 und 8.103.)

E – Der Infinitiv *(Infinitivo)*
XXXVII. Grund- und Nennform

Die Grund- oder Nennform der portugiesischen Verben ist wie im Deutschen der Infinitiv:

1. Konj.	2. Konj.	3. Konj.	Unregelm. Verb
comp**rar**	vend**er**	part**ir**	pôr

XXXVIII. Der persönliche Infinitiv *(Infinitivo pessoal)*

Charakteristisch für die portugiesische Sprache ist eine zusätzliche besondere Form des Infinitivs, welche im Deutschen keine Entsprechung hat: der persönliche Infinitiv.

Er wird gebildet, indem man dem unpersönlichen Infinitiv Endungen anhängt, die die verschiedenen grammatischen Personen bezeichnen.

Die Formen des persönlichen Infinitivs:

comprar	vender	partir	pôr
comprar-**es**	vender-**es**	partir-**es**	por-**es**
comprar	vender	partir	pôr
comprar-**mos**	vender-**mos**	partir-**mos**	por-**mos**
(comprar-**des**)	(vender-**des**)	(partir-**des**)	(por-**des**)
comprar-**em**	vender-**em**	partir-**em**	por-**em**
ter	ser	estar	haver
ter-**es**	ser-**es**	estar-**es**	haver-**es**
ter	ser	estar	haver
ter-**mos**	ser-**mos**	estar-**mos**	haver-**mos**
(ter-**des**)	(ser-**des**)	(estar-**des**)	(haver-**des**)
ter-**em**	ser-**em**	estar-**em**	haver-**em**

8.162 Da die Formen des persönlichen Infinitivs einem bestimmten Subjekt zugeordnet werden, ist es möglich, mit **que** eingeleitete Nebensätze, die meistens einen Konjunktiv enthalten, durch die einfachere Infinitivkonstruktion zu ersetzen, ohne die Klarheit des Satzes zu beeinträchtigen. Die Wahlmöglichkeit zwischen vollständigem Nebensatz und Infinitivkonstruktion besteht immer.

8.163 XXXIX. Der Gebrauch des persönlichen Infinitivs

Verwendet man die Infinitivkonstruktion, so ist zu unterscheiden zwischen den Fällen, in denen der persönliche Infinitiv gebraucht werden muss, und den Fällen, in denen zwischen dem persönlichen und dem unpersönlichen Infinitiv die Wahl besteht.

8.164 1. Der persönliche Infinitiv *muss* gebraucht werden:

a) nach unpersönlichen Ausdrücken (siehe «unpersönliche Ausdrücke» 8.112):

Bemerkung: Da Infinitivsätze nie durch **que** eingeleitet werden, sind die unpersönlichen Ausdrücke hier ohne (nachgestelltes) **que** zu gebrauchen.

Beispiele:

Infinitivkonstruktion:	*Von* **que** *eingeleiteter Satz mit Konjunktiv:*
É pena **tu ganhares** tão pouco. *Es ist schade, dass du so wenig verdienst.*	É pena que tu ganhes tão pouco.
É injusto **eles serem** castigados. *Es ist ungerecht, dass sie bestraft werden.*	É injusto que eles sejam castigados.
É impossível **esperarmos** por ti. *Es ist unmöglich, dass wir auf dich warten.*	É impossível que esperemos por ti.
É conveniente **teres** cuidado. *Es empfiehlt sich, dass du dich vorsiehst.*	É conveniente que tenhas cuidado.

Andere Beispiele:

O melhor é **confessares** tudo.	*Das Beste ist, du gestehst alles.*
O mau é **vocês não estarem** cá nessa altura.	*Es ist aber schlecht, dass ihr dann nicht hier sein könnt.*
O mais difícil será **entregarmos** o trabalho dentro do prazo.	*Das Schwierigste für uns wird sein, die Arbeit innerhalb der Frist abzugeben.*
Aconteceu/sucedeu **eles perderem-se** na cidade.	*Es geschah, dass sie sich in der Stadt verirrt/verlaufen haben.*

8.165 *Bemerkung:* Das pronominale Subjekt des persönlichen Infinitivs kann, wie bei allen Tempora, weggelassen werden. Da aber die 1. und die 3. Person Singular nicht durch eine Endung voneinander zu unterscheiden sind, müssen in diesen

Fällen die Formen **eu, ele, ela** oder **você** aus Gründen der Eindeutigkeit des Satzes verwendet werden, wenn das Subjekt aus dem Kontext nicht klar hervorgeht.

Beispiele:

É lamentável **ele** proceder assim.	*Es ist bedauerlich, dass er so handelt.*
É bom **você** estar aqui.	*Es ist gut, dass Sie hier sind.*
É conveniente **eu** ir contigo.	*Es empfiehlt sich, dass ich mit dir gehe.*

aber:

«É melhor **deixarmos** falar o nosso interessante Teodorico! ...»	*Es ist besser, unseren interessanten Teodorico sprechen zu lassen ...* Eça de Queirós, *«A Relíquia»*
«E não vale a pena **ralares-te.**»	*Und es lohnt sich nicht, dass du dir Sorgen machst.* Armindo Rodrigues, *«A Jarra Azul»*
«É melhor **apareceres** depois do jantar.»	*Es ist besser, wenn du nach dem Abendessen kommst.* David Mourão-Ferreira, *«Os Amantes»*

b) wenn das Subjekt des Hauptsatzes und das des Infinitivsatzes verschieden sind; häufig hängt der Infinitiv von einer Präposition oder einem präpositionalen Ausdruck ab.

Beispiele:

Considero um erro **tu tomares** essa atitude.	*Ich halte es für falsch, dass du diese Position beziehst.*
Eu achava melhor **nós sairmos** já.	*Ich hielte es für besser, wenn wir gleich gingen.*
Ela imaginava/julgava/acreditava **sermos nós** as criaturas mais felizes do mundo.	*Sie dachte/glaubte, wir seien die glücklichsten Wesen der Welt.*

Mit Präposition:

Não te afastes daqui, **até nós chegarmos.**	*Geh hier nicht weg, bis wir da sind.*
Ele ficou triste, **por não podermos** acompanhá-lo.	*Er war traurig, weil wir ihn nicht begleiten konnten.*
«Da América, os rapazes foram enviando os dotes **para** as irmãs **casarem** bem.»	*Die Jungen schickten aus Amerika Geld für die Mitgift, damit sich ihre Schwestern gut verheiraten konnten.* Ondina Braga, *«A China Fica ao Lado»*
«Mas parece-me inútil este sacrifício **para estarmos** à mesma condenados a separarmo-nos.»	*Aber dieses Opfer scheint mir nutzlos zu sein, wenn wir uns sowieso trennen müssen.* Joaquim Paço d'Arcos, *«Ana Paula»*
Em vez de tu **fazeres** sozinho o trabalho, nós ajudamos-te.	*Anstatt dass du die Arbeit allein machst, helfen wir dir.*

No caso de vocês **terem** amanhã a tarde livre, podemos ir à praia.	Falls/Wenn ihr morgen Nachmittag frei habt, können wir an den Strand gehen.
Tenho que comprar os livros, **apesar de** eles **serem** caros.	Ich muss die Bücher kaufen, obwohl sie teuer sind.
O desastre aconteceu/deu-se, **por causa de** tu **ires** a telefonar no carro.	Zum Unfall ist es gekommen, weil du während der Fahrt telefoniert hast.

8.167 Aus einigen Präpositionen und präpositionalen Ausdrücken werden durch Hinzufügen von **que** Konjunktionen, die Nebensätze einleiten (siehe auch «Die Konjunktionen» § 11):

até	até que *(mit Konjunktiv)*
para	para que *(mit Konjunktiv)*
por	porque *(mit Indikativ)*
sem	sem que *(mit Konjunktiv)*
a fim de	a fim de que *(mit Konjunktiv)*
antes de	antes que *(mit Konjunktiv)*
depois de	depois que *(mit Indikativ oder Konjunktiv)*

Vergleichen wir beide Möglichkeiten des Satzbaus:

Präposition mit persönlichem Infinitiv:	*Nebensatz mit Verb im Konjunktiv oder Indikativ:*
Não lhes digas nada, **até** eles **perguntarem**.	Não lhes digas nada, **até que** eles **perguntem**.
Sag ihnen nichts, bis sie fragen.	
Vim cá só **para tu** me **mostrares** o teu vestido novo.	Vim cá, só **para que tu** me **mostrasses** o teu vestido novo.
Ich bin nur gekommen, damit du mir dein neues Kleid zeigst.	
Eu não vou visitar-te, **por tu teres** muito trabalho.	Eu não vou visitar-te, **porque tu tens** muito trabalho.
Ich besuche dich nicht, weil du viel Arbeit hast.	
Ela não resolve nada, **sem nós estarmos** de acordo.	Ela não resolve nada, **sem que nós estejamos** de acordo.
Sie entscheidet nichts ohne unsere Zustimmung.	
Dou-te esta boa notícia, **a fim de não te inquietares** mais.	Dou-te esta boa notícia, **a fim de que não te inquietes** mais.
Ich gebe dir diese gute Nachricht, damit du dir keine Sorgen mehr machst.	
Fui telefonar-lhes, **antes de eles saírem**.	Fui telefonar-lhes, **antes que eles saíssem**.
Ich rief sie an, bevor sie weggingen.	

8.168 c) nach der Präposition **a**

ca) mit konditionaler Bedeutung (anstelle eines Konditionalsatzes):

A **procederes** dessa maneira, perdes todos os amigos.	*Wenn/falls du (weiterhin) so handelst, verlierst du alle deine Freunde.*
A **quereres** ir a exame este ano, tens que começar já a estudar.	*Wenn du dieses Jahr dein Examen machen willst, musst du unverzüglich anfangen zu lernen.*

cb) mit dem bestimmten Artikel o, um Gleichzeitigkeit auszudrücken (**ao** + *Infinitiv*, dt. *wenn, als, während* u. ä.), wenn der Hauptsatz und der Infinitivsatz verschiedene Subjekte haben:

8.168

Ao chegarmos à praia, começou a chover.	*Als wir am Strand ankamen, fing es an zu regnen.*
Ao sentarmo-nos à mesa, tocou o telefone.	*Als wir uns an den Tisch setzten, klingelte das Telefon.*
Ao apanhares cerejas, partiu-se um ramo.	*Während du Kirschen pflücktest, brach ein Zweig ab.*

d) bei Gegenseitigkeit in Konstruktionen wie:

8.169

Acusavam-se **um ao outro** de **serem** pouco sérios.	*Sie beschuldigten sich gegenseitig, nicht seriös genug zu sein.*
Discutem **uns com os outros,** por **serem** malcriados.	*Sie zanken sich, weil sie schlecht erzogen sind.*

e) in interrogativen oder exklamativen Sätzen, in denen der Infinitiv das einzige Verb ist:

8.170

Saíres com este temporal?	*Gehst du etwa bei diesem Unwetter aus?*
Tu, **passares** no exame?	*Du, und das Examen bestehen?*
Deixa-me rir!	*Dass ich nicht lache!*
«Já se viu uma ideia destas? **Casares** com a minha costureira?»	*Hat es schon so etwas gegeben? Du, und meine Näherin heiraten?*
	Joaquim Paço d'Arcos, *«A Corça Prisioneira»*

2. Der persönliche Infinitiv *kann* gebraucht werden:

8.171

a) wenn er von einer Präposition abhängt und dasselbe Subjekt hat wie das Hauptverb. Ausschlaggebend für seinen Gebrauch sind hier Stilfragen wie besondere Hervorhebung des Subjekts, Klarheit und Euphonie des Satzes usw.

«Os jornais da tarde esperaram pela decisão do tribunal para **lançarem** as suas edições.»	*Die Abendzeitungen warteten auf die Entscheidung des Gerichts, um ihre Ausgaben herausbringen zu können.*
	Joaquim Paço d'Arcos, *«Ana Paula»*
«E ainda nesse instante hesitarás, sem ao certo **saberes** se a mereces ou não.»	*Und noch in jenem Augenblick wirst du zögern, ohne sicher zu sein, ob du sie verdienst oder nicht.*
	David Mourão-Ferreira, *«Os Amantes»*
«E terás vergonha por **estares** a dizê-lo.»	*Und du wirst dich schämen, es auszusprechen.* Ibid.

Zum Vergleich zwei Beispiele aus «O Primo Basílio» – in dem einen gebraucht Eça de Queirós den persönlichen Infinitiv, in dem anderen den unpersönlichen:

«Não lucras nada com isso ... Nem tens a consolação de **fazeres** a sizânia.»
Du gewinnst nichts dadurch. Du hast nicht einmal die Genugtuung, den Streit angezettelt zu haben.

«Foram debruçar-se na varanda para o **ver** sair.»
Sie beugten sich über die Brüstung, um ihn weggehen zu sehen.

8.172 Wenn sich in einem Satz dieses Typs mehrere Infinitive befinden, dann ist es möglich, bei einigen die unpersönliche, bei anderen die persönliche Form zu verwenden; die persönliche Form erscheint in solchen Fällen eher, wenn der Infinitiv weit vom Hauptverb entfernt steht.

«E mais uma vez sentirás o desejo de lhe **aflorar** a mão com a tua mão; de **confessares** por essa forma, o que lhe deves; de sem palavras lhe **agradeceres** assim...»
Und noch einmal wirst du den Wunsch verspüren, ihre Hand mit deiner Hand zu berühren, ihr damit zu zeigen, was du ihr schuldig bist, ihr so ohne Worte zu danken.
David Mourão-Ferreira, *«Os Amantes»*

«Mas se eu soubesse que nesta passeata tinhas tido maus pensamentos..., fica certo que, apesar de **seres** a única pessoa do meu sangue, e **teres visitado** Jerusalém, e **gozar** indulgências, havias de ir para a rua ...»
Aber wenn ich auch nur erfahren würde, dass du auf dieser Spazierfahrt dumme Gedanken gehabt hättest... sei sicher, dass du auf der Straße landen würdest, obwohl du mein einziger Blutsverwandter bist, Jerusalem besucht und die Absolution empfangen hast.
Eça de Queirós, *«A Relíquia»*

8.173 b) nach der Präposition **a** mit dem bestimmten Artikel **o**, um die Gleichzeitigkeit zu bezeichnen (**ao** + *Infinitiv*), wenn der Hauptsatz und der Infinitivsatz dasselbe Subjekt haben (deutsch: *wenn, als, beim* + *substantivierter Infinitiv* u. ä.):

Ao traduzires esse texto, está com atenção!
(= **ao traduzir** esse texto ...)
Pass beim Übersetzen dieses Textes auf!

Ficámos impressionados **ao ver** tal espetáculo.
(= **ao vermos** tal espetáculo)
Als wir dieses Schauspiel sahen, waren wir erschüttert.

Ao passarem um pelo outro, fingiram que não se conheciam.
(= **ao passar** um pelo outro ...)
Als sie aneinander vorbeigingen, taten sie so, als ob sie sich nicht kennen würden.

8.174 c) nach einem Verb der Sinneswahrnehmung, dessen Akkusativ der Infinitivsatz ist.
Hier einige Beispiele für beide Möglichkeiten:

«... e **via** ... a sua vergonha, a sua escravidão **irem**-se, **dissiparem-se** ...»
... und sie sah ... ihre Schande, ihre totale Abhängigkeit dahingehen, verschwinden ...
Eça de Queirós, *«O Primo Basílio»*

«E de pé, a tremer, **sentia** ideias insensatas **alumiarem**-lhe bruscamente o cérebro...»

Und stehend, zitternd, fühlte er, wie plötzlich unvernünftige Ideen in seinem Hirn aufflackerten.
Ibid.

«**Via** companheiras **divertir**-se, **vizinhar, janelar, bisbilhotar, sair** aos domingos, **levar** o dia cantando...»

Sie sah, wie Bekannte sich amüsierten, mit den Nachbarn schwätzten, am Fenster hingen, tratschten, am Sonntag ausgingen, den ganzen Tag sangen...
Ibid.

«E ficou a **vê-las afastarem**-se...»

Und er blieb noch und sah, wie sie sich entfernten.

Santana Quintinha, «O Comboio do Norte», «Lua Negra»

Bemerkung: Zum Verb **parecer** mit Infinitiv: 8.175

Wenn **parecer** unpersönlich gebraucht wird, ist der ihm folgende Infinitiv persönlich; wird **parecer** persönlich gebraucht, ist der folgende Infinitiv unpersönlich.

Eles **parecem ser** bondosos.

oder

Eles **parece serem** bondosos.
[eher Schriftsprache]

Sie scheinen gütig zu sein.

«As pequenas, de resto, **parecia gostarem** dele.»
(= **pareciam gostar** dele)

Die Mädchen schienen ihn übrigens ganz gern zu haben.
Manuel de Campos Pereira, «David Pascoal»

XL. Der Gebrauch des unpersönlichen Infinitivs

Der unpersönliche Infntiv wird gebraucht: 8.176

1. ohne Bezug auf ein bestimmtes Subjekt:

Viver não custa, o que custa é **saber** viver!

Leben ist nicht schwer; schwer ist, zu leben zu verstehen.

Falar é fácil!

Reden ist einfach!

2. als Substantiv (substantivierter Infinitiv): 8.177

Não me agrada o **teu proceder.**

Dein Verhalten gefällt mir nicht.

3. in der Funktion des Imperativs: 8.178

Andar, que se faz tarde!

Vorwärts, denn es wird spät!

Não **fumar!**

Rauchen verboten!

4. nach Verben, die einen Wunsch ausdrücken: 8.179

Eles **queriam comprar** uma casa perto da cidade.

Sie wollten ein Haus in Stadtnähe kaufen.

Pretendes obter uma boa nota no exame.   *Du möchtest eine gute Note im Examen bekommen.*

Desejamos fazer uma viagem longa.   *Wir möchten gerne eine lange Reise machen.*

8.180 5. nach den Verben **deixar, fazer, mandar**:

A polícia **fê-los confessar**.   *Die Polizei brachte sie zum Reden.*

O sinaleiro **mandou-nos seguir**.   *Der Verkehrspolizist befahl uns weiterzufahren.*

«Jorge **deixava-as ir** às lojas ambas.»   *Jorge ließ sie beide in die Geschäfte gehen.*

Eça de Queirós, «O Primo Basílio»

«**Deixo-os** falar do negócio.»   *Ich lasse euch über das Geschäftliche reden.*

Ibid.

8.181 6. nach den Hilfsverben der periphrastischen Konjugation:

«Mas agora, finalmente, parece que **começaram a compenetrar-se** disso.»   *Aber jetzt endlich scheinen sie angefangen zu haben, sich davon überzeugen zu lassen.*

Joaquim Paço d'Arcos, «A Corça Prisioneira»

«**Estariam** com efeito **a ralhar, a descompor-se**.»   *Sie waren wohl gerade dabei, sich zu beschimpfen und zu streiten.*

Eça de Queirós, «O Primo Basílio»

8.182 *Bemerkung*: Wenn der Infinitiv nicht unmittelbar auf das Hilfsverb folgt, kann der persönliche Infinitiv verwendet werden – wie im folgenden Beispiel aus «O Primo Basílio»:

«**Estão** a esta hora **a esgadanharem-se** uma à outra.»   *Zurzeit sind sie gerade dabei, sich an den Haaren zu ziehen.*

8.183 7. nach der Präposition **a** in der Bedeutung eines Partizips Präsens[1] (um die Art und Weise, das Mittel zu bezeichnen oder in attributiver Funktion):

«Depois do café fomos encostar-nos à varanda **a olhar** (olhando!), calados, aquela sumptuosa noite do Egito.»   *Nach dem Kaffee lehnten wir uns über den Balkon und betrachteten schweigend die herrliche ägyptische Nacht.*

Eça de Queirós, «A Relíquia»

«O velho caído no meio do terreiro, e homens **a rir-se**.»   *Der Alte, mitten auf dem Platz hingefallen, und Männer, die darüber lachten.*

Garibaldino de Andrade, «Panarício»

8.184 8. wenn der Infinitiv durch die Präposition **de**

a) mit einem Substantiv verbunden ist und einen Zweck o. ä. angibt (Komposita oder Verbindungen, die den Komposita ähnlich sind):

sala de jantar, casa de jantar   *Esszimmer*

botas de montar   *Reitstiefel*

---

[1] Vgl. hierzu 8.193.

máquinas de lavar louça	*Spülmaschinen*
homens de temer	*Männer zum Fürchten*
histórias de meter medo	*Gruselgeschichten*

b) mit einem Adjektiv wie **fácil, difícil, bom, mau, duro** usw. und dem Verb **ser** verbunden ist (im Dt. wird diese Konstruktion gern mit *etwas ist leicht/ schwer zu tun* wiedergegeben):

Elas são **boas de enganar.**	*Sie sind leicht zu betrügen.*
Os desgostos são **duros de suportar.**	*Kummer ist schwer zu ertragen.*
Estas escadas são **más de subir.**	*Diese Treppe ist schwer hinaufzusteigen.*
Esses problemas são **fáceis/difíceis de resolver.**	*Diese Probleme sind leicht/schwer zu lösen.*

XLI. Zusammengesetzter Infinitiv (Infinitiv Perfekt) *(Infinitivo composto)*

Er wird aus dem Infinitiv des Verbs **ter** mit dem Partizip des Hauptverbs gebildet.

1. Unpersönliche Form

ter ⎧ comprado *gekauft* ⎫ *zu haben*
    ⎪ vendido *verkauft* ⎭
    ⎪ partido *abgefahren* *zu sein*
    ⎨ tido *gehabt* *zu haben*
    ⎪ sido *gewesen* ⎫ *zu sein*
    ⎪ estado *gewesen* ⎭
    ⎩ havido *gehabt* *zu haben*

2. Persönliche Form

ter
teres
ter
termos
(terdes)
terem

⎧ comprado
⎪ vendido
⎪ partido
⎨ tido
⎪ sido
⎪ estado
⎩ havido

XLII. Der Gebrauch des zusammengesetzten Infinitivs

Sowohl der persönliche wie der unpersönliche zusammengesetzte Infinitiv werden unter denselben Bedingungen gebraucht wie der einfache persönliche und unpersönliche Infinitiv – sie beziehen sich indessen auf die Vergangenheit – oder genauer, sie drücken die Vorzeitigkeit aus:

Ele saiu sem **ter acabado** o trabalho.	*Er ging weg, ohne die Arbeit beendet zu haben.*
Ele zangou-se connosco, por lhe **termos dito** a verdade.	*Er hat sich mit uns überworfen, weil wir ihm die Wahrheit gesagt haben.*
Foi mau **não teres falado** com o médico.	*Es war schlecht, dass du nicht mit dem Arzt gesprochen hast.*
«Oliveira Barreto e a mulher apareceram ao bater das dez. Não teria custado nada **tê-los convidado** para jantar, pensara Fernando.»	*Oliveira Barreto und seine Frau erschienen Punkt zehn Uhr. Es hätte nichts ausgemacht, wenn man sie zum Essen eingeladen hätte, dachte Fernando.*
	Joaquim Paço d'Arcos, *«A Corça Prisioneira»*
«Pouco depois de D. Joana e o marido **terem entrado,** chegou Alberto de Lemos.»	*Kurz nachdem D. Joana und ihr Mann eingetreten waren, traf Alberto de Lemos ein.*
	Ibid.
«Ela sabia que Alberto de Lemos ia reentrar na sua vida. De nada valera **ter enterrado** a lembrança dele dentro de si própria, **tê-la espezinhado** com desprezo e até com ódio. De nada valera **ter deixado** cair sobre essa lembrança os doze anos pesados que ela vivera naquela casa ...»	*Sie wusste, dass Alberto de Lemos wieder in ihr Leben treten würde. Es hatte nichts genutzt, dass sie die Erinnerung an ihn in sich begraben, sie mit Verachtung und sogar mit Hass ausgetrieben hatte. Es hatte nichts genutzt, über diese Erinnerung die zwölf schweren Jahre verstreichen zu lassen, die sie in diesem Haus gelebt hatte.* Ibid.
«Já o David e eu nos encaminhamos para as imediações do quartel, depois de **termos deixado** os outros na carrinha.»	*David und ich begeben uns schon in Richtung auf die Kaserne, nachdem wir die anderen im Wagen zurückgelassen haben.*
	David Mourão-Ferreira, *«Os Amantes»*

XLIII. Das Gerundium *(Gerúndio)*

Wenn man die Infinitivendung **-r** durch **-ndo** ersetzt, erhält man das sog. Gerundium:

comprar	compra**ndo**
vender	vende**ndo**
partir	parti**ndo**
ter	te**ndo**
ser	se**ndo**
estar	esta**ndo**
haver	have**ndo**
fazer	faze**ndo**
trazer	traze**ndo**
ir	indo
rir	ri**ndo**
pô**r** verliert den Akzent:	po**ndo**

XLIV. Der Gebrauch des Gerundiums

In der Funktion entspricht es teilweise dem Gerundium, teilweise dem Partizip Präsens vergleichbarer Sprachen.

8.190

XLIV. Der Gebrauch des Gerundiums

1. Das Gerundium wird in der periphrastischen Konjugation mit **estar, ir, vir, andar, ficar** gebraucht. (Nähere Erklärung siehe 8.238 und folgende.)

8.191

2. Nach der Präposition **em** bezeichnet das Gerundium eine Handlung, die beendet sein muss, bevor eine andere einsetzt, bzw. eine Handlung, die Voraussetzung für eine andere ist. Es handelt sich also um zwei aufeinanderfolgende Handlungen und nicht um Gleichzeitigkeit. Sätze dieser Art werden im Deutschen mit *wenn, sobald* oder adverbial eingeleitet.

8.192

Em comendo, podes ir brincar.

Gleich nach dem Essen kannst du spielen gehen.

Em vendo que é tarde, não esperes mais por ele!

Wenn du siehst, dass es spät wird, warte nicht mehr auf ihn.

Em acabando o trabalho, vou ter contigo.

Sobald ich die Arbeit beendet habe, komme ich zu dir.

Em começando as férias, vamos logo para Portugal.

Sobald die Ferien anfangen, fahren wir nach Portugal.

«**Em** o cavalheiro **necessitando** alguma coisa, chame pelo Alpedrinha.»

Wenn Sie etwas brauchen, mein Herr, rufen Sie nur nach Alpedrinha.

Eça de Queirós, «A Relíquia»

3. Durch das Gerundium (ohne Präposition!) werden auch Kausalität, Art und Weise, Mittel, Bedingung, Zugeständnis, Zeit ausgedrückt – viel häufiger jedoch in der Schrift- als in der gesprochenen Sprache. Im Deutschen werden dafür adverbiale Bestimmungen, Nebensätze (Relativsätze und Konjunktionalsätze mit *wenn, als, indem, während, dadurch dass, weil, da, obwohl*) oder koordinierte Sätze (dt.: *und*) gebraucht – in der literarischen Sprache mitunter auch Partizipien des Präsens.

8.193

a) *Kausalität:*

8.194

Estando um dia arrasada de trabalho, lembrei-me de comprar uma máquina de lavar louça.

Da (auch «als») ich eines Tages völlig erledigt von der Arbeit war, kam ich auf die Idee, eine Spülmaschine zu kaufen.

«**Vendo** que eu não falava, Françoise falou muito.»

Weil F. bemerkte, dass ich nichts sagte, sprach sie viel.

João Gaspar Simões, «O Marido Fiel»

«Às vezes vinha-lhe uma revolta; mas, **não encontrando** nenhuma solução, recaía numa melancolia áspera.»

Manchmal revoltierte sie, aber da sie keine Lösung fand, fiel sie in eine finstere Melancholie zurück.

Eça de Queirós, «O Primo Basílio»

«Envergonhava-se mesmo, **sentindo** vagamente naquela violência amorosa pouca dignidade conjugal.»

Sie schämte sich sogar, da sie das vage Gefühl hatte, dass in dieser heftigen Leidenschaft nur wenig eheliche Würde steckte. Ibid.

8.195 b) *Art und Weise, Mittel:*

«Assim, **marchando,** chegámos ao alto do monte ...»

Indem wir so marschierten, erreichten wir den Berggipfel. Eça de Queirós, *«A Relíquia»*

«... e aí passamos as horas quentes, recostados num tapete e **bebendo** cerveja ...»

Und dort verbringen wir die brütend heißen Stunden, indem wir uns an einen Teppich lehnen und Bier trinken. (sitzend und... trinkend) Ibid.

«Se entendes que mereço alguma coisa pelo que tenho feito por ti desde que morreu a tua mãe, já **educando-te,** já **vestindo-te,** já **dando-te** égua para passeares, já **cuidando** da tua alma, então traze-me desses santos lugares uma santa relíquia ...»

Wenn du glaubst, dass ich etwas für das verdiene, was ich für dich seit dem Tod deiner Mutter getan habe, indem ich dich aufzog, dich kleidete, dir eine Stute zum Ausreiten schenkte, mich um deine Seele kümmerte, dann bring mir von diesen heiligen Orten eine heilige Reliquie mit. Ibid.

«E esse foi o começo dessa anelada liberdade que eu conquistara laboriosamente, **vergando** o espinhaço diante da titi, **macerando** o peito diante de Jesus!»

Und das war der Anfang dieser heißersehnten Freiheit, die ich mir so hart erkämpft hatte, indem ich vor der Tante katzbuckelte, indem ich mir vor den Jesusbildern auf die Brust schlug! Ibid.

«... E Basílio, **pousando-lhe** a mão sobre a testa, inclinou-lhe a cabeça para trás ...»

... Und Basílio beugte ihren Kopf zurück, indem er ihr die Hand auf die Stirn legte ...

Eça de Queirós, *«O Primo Basílio»*

«Foi buscar o seu chapéu, e **colando-lhe** as abas ao peito, **curvando-se,** jurou que – havia muito tempo, não tinha passado uma manhã tão completa.»

Er holte seinen Hut, presste die Krempe gegen die Brust, verbeugte sich und schwor dabei, dass er seit langem keinen so ausgefüllten Morgen verbracht hatte. (=... mit einer Verbeugung ...) Ibid.

8.196 c) *Bedingung:*

«Quem ia à Terra Santa, numa devota peregrinação, recebia das mãos do Patriarca de Jerusalém, e **pagando** os rituais emolumentos, as suas indulgências plenárias ...»

Wer auf einer frommen Wallfahrt ins Heilige Land fuhr, empfing – wenn er die üblichen Gebühren bezahlte – aus den Händen des Patriarchen von Jerusalem einen vollkommenen Ablass ... Eça de Queirós, *«A Relíquia»*

8.197 d) *Einräumung:*

«Era o que faltava portar-se mal, **sabendo** o que eu faço por ele ...»

Das fehlte noch, dass er sich schlecht benähme, obwohl er weiß, was ich für ihn tue... Ibid.

8.198 e) *Zeit, Gleichzeitigkeit:*

«E, **descendo** o Chiado em silêncio, ao lado do Dr. Margaride, eu pensava ...»

Und während ich schweigend neben Dr. Margaride den Chiado hinunterging, dachte ich... Ibid.

«Mais tarde no meu quarto, **despindo-me,** senti-me triste, infinitamente.»	*Als ich mich später in meinem Zimmer auszog, fühlte ich mich unendlich traurig. (= Beim Auskleiden ...)* Ibid.

f) *Das Gerundium anstelle eines Relativsatzes:* 8.199

»Um moço grave, **amando** seriamente, era para ela uma porcaria!»	*Ein ernster junger Mann, der ernsthaft liebte, war für sie eine Schweinerei!*
	Eça de Queirós, «*A Relíquia*»
«Dois nomes escritos por uma só pessoa ... **amparando-se** mutuamente, **formando** bloco.»	*Zwei Namen, von einer einzigen Person geschrieben ... die sich gegenseitig stützten, einen Block bildeten.*
	David Mourão-Ferreira, «*Os Amantes*»

g) *Das Gerundium als Ausdruck eines mit der Haupthandlung koordinierten Geschehens:* 8.200

«... e saiu desesperado, **desejando** vingar-se, **odiando** Luísa ...»	*Er ging verzweifelt weg, wollte sich rächen und hasste Luisa ...*
	Eça de Queirós, «*O Primo Basílio*»
«Constantemente a titi se encafuava no meu quarto, munida de chaves falsas, **rebuscando** pelos cantos, nas minhas cartas e nas minhas ceroulas ...»	*Dauernd schloss sich die Tante in meinem Zimmer ein, mit Schlüsselkopien ausgestattet, und schnüffelte in den Ecken, in meinen Briefen und in meinen Unterhosen herum.*
	Eça de Queirós, «*A Relíquia*»
«Mas nos dias decorridos desde então, muita vez a lembrança de Leonor lhe ocupara o pensamento, **desviando**-o do trabalho e da rotina.»	*Aber in den Tagen, die seit jener Zeit vergangen waren, hatte ihn die Erinnerung an Leonor oft beschäftigt und von der Arbeit und Routine abgelenkt.*
	Joaquim Paço d'Arcos, «*A Corça Prisioneira*»

Wie aus der Übersetzung verschiedener Beispiele bereits hervorgeht, überlagern sich in den Konstruktionen mit einem Gerundium häufig mehrere Funktionen, so dass die Wahl zwischen einer Übersetzung durch einen temporalen, kausalen, konditionalen usw. Satz nicht immer eindeutig zu treffen ist. 8.201

Bemerkung: 8.202

Im Unterschied zum Deutschen existiert das Partizip Präsens als Attribut (vgl. «ein *weinendes* Kind») im modernen Portugiesischen nicht mehr. Ausdrücke dieses Typs lassen sich folgendermaßen wiedergeben:

ein weinendes Kind	uma criança **a chorar**
kochendes Wasser	água **a ferver**
ein singender Vogel	um pássaro **a cantar**
	(Siehe dazu auch 8.183)

8.203 **XLV. Zusammengesetztes Gerundium (Gerundium der Vorzeitigkeit)** *(Gerúndio composto)*

Das zusammengesetzte Gerundium besteht aus dem Gerundium des Verbs **ter** und dem Partizip des Hauptverbs:

tendo
- comprado — *gekauft* ⎫ *habend*
- vendido — *verkauft* ⎭
- partido — *abgefahren* — *seiend*
- tido — *gehabt* — *habend*
- sido — *gewesen* ⎫ *seiend*
- estado — *gewesen* ⎭
- havido — *gehabt* — *habend*

8.204 **XLVI. Der Gebrauch des zusammengesetzten Gerundiums**

Das zusammengesetzte Gerundium drückt im Gegensatz zum einfachen Gerundium hauptsächlich die Vorzeitigkeit aus:

«**Tendo contado** à titi que andava a escrever dois artigos ... encerrava-me no quarto toda a manhã.»

Da ich der Tante erzählt hatte, dass ich gerade zwei Artikel schrieb ... schloss ich mich den ganzen Morgen in mein Zimmer ein.

Eça de Queirós, *«A Relíquia»*

«**Tendo-lhe atirado,** como uma pedrada, este urro severo, desci a rua muito teso, muito digno.»

Nachdem ich ihr diesen harten Ausdruck an den Kopf geworfen hatte, ging ich die Straße hinunter, sehr aufrecht, sehr würdevoll. Ibid.

8.205 **XLVII. Das Partizip Perfekt** *(Particípio passado ou perfeito)*

Es wird gebildet, indem man dem Stamm des Verbs **-ado** bei der ersten Konjugation und **-ido** bei der zweiten und dritten Konjugation anhängt:

comp**rar**	:	comp**rado**	*(gekauft)*
and**ar**	:	and**ado**	*(gegangen)*
vend**er**	:	vend**ido**	*(verkauft)*
part**ir**	:	part**ido**	*(abgefahren)*
ter	:	**tido**	*(gehabt)*
ser	:	**sido**	*(gewesen)*
est**ar**	:	est**ado**	*(gewesen)*
hav**er**	:	hav**ido**	*(gehabt)*
ir	:	**ido**	*(gegangen)*

(Unregelmäßige Partizipien siehe 8.212)

8.206 1. In den zusammengesetzten Zeiten mit **ter** (bzw. in der Schriftsprache auch mit **haver**) bleibt das Partizip unverändert:

tenho comprado
tens andado
temos falado
têm ido
tínhamos vendido
haviam comido
terão sido
teria estado
usw.

2. *Veränderlich in Genus und Numerus* ist das Partizip dagegen in folgenden Fällen:

a) Bei der Bildung des Passivs mit dem Hilfsverb **ser**:

Os livros foram **comprados** por mim.	*Die Bücher sind von mir gekauft worden.*
As ruas de Lisboa são **vigiadas** de noite pelo guarda-noturno.	*Die Straßen Lissabons werden nachts vom Nachtwächter überwacht.*
	(Zur Bildung des Passivs siehe 8.232)

Bemerkung:

Ähnlich wie im Deutschen gibt es Partizipien, die formal passiv sind, deren Bedeutung jedoch aktiv ist, wie beispielsweise:

Ela é muito **viajada!**	*Sie ist weitgereist!*
Quem é **apressado,** não faz nada com perfeição.	*Wer alles hastig macht, macht nichts richtig.*

b) In prädikativer Funktion in Verbindung mit Verben wie **estar** (Zustandspassiv!), **andar, ficar, parecer, continuar**:

Ela está muito **aborrecida.**	*Sie ist sehr verdrossen.*
Os autores da burla já estão **detidos.**	*Die Betrüger sind schon verhaftet.*
Tu andas **acabrunhado!**	*Du läufst bedrückt herum!*
Os alunos continuam **insubordinados.**	*Die Schüler sind immer noch ungezogen.*
Eu fiquei muito **assustada.**	*Ich war sehr erschrocken.*
«A titi estava **sentada** no meio do canapé, **vestida** de seda preta, **toucada** de rendas pretas …»	*Die Tante saß mitten auf dem Sofa, in schwarze Seide gehüllt, mit schwarzen Spitzen geschmückt …* Eça de Queirós, «A Relíquia»

c) Als Attribut, auch in Partizipialgruppen mit u. a. temporaler, kausaler Funktion:

Beispiele:

artistas conhecidos	*bekannte Künstler*
fatos usados	*gebrauchte/alte Kleidung*
comida estragada	*verdorbene Speisen*
obras apreciadas	*geschätzte Werke*

«Eu, **regalado,** pagava o champanhe.» *Hocherfreut bezahlte ich den Sekt.*

Eça de Queirós, *«A Relíquia»*

«Um eremitério, **fundado** por Egas Moniz, era o único eco do passado que aí restava.»

Eine Einsiedelei, die von Egas Moniz gegründet worden war, war der einzige Nachklang der Vergangenheit, der noch geblieben war.

Alexandre Herculano, *«O Castelo de Faria»*

«A sentença, **lida** após três horas de reunião dos juízes, não deu como provados os crimes de que o réu era acusado.»

Das Urteil, das nach drei Stunden Beratung der Richter verkündet wurde, hielt die dem Angeklagten zur Last gelegten Verbrechen nicht für erwiesen.

Joaquim Paço d'Arcos, *«Ana Paula»*

8.211 d) In absoluten Partizipialsätzen (die Nebensätze ersetzen):

«Gonçalo Nunes, **acabada a guerra,** era altamente louvado pelo seu brioso procedimento ...»

Gonçalo Nunes wurde nach Kriegsende wegen seines mutigen Vorgehens hoch gelobt... Alexandre Herculano, *«O Castelo de Faria»*

«**Atingida a outra margem,** sentiam-se tão fracos que julgaram não ter ânimo para mais.»

Als sie das andere Ufer erreicht hatten, fühlten sie sich so schwach, dass sie glaubten, keine Kraft zu weiteren Unternehmungen zu haben.

Ondina Braga, *«A China Fica ao Lado»*

«**Enterrado o filho** na praia, vinha ela ao anoitecer esperar o marido.»

Nachdem ihr Sohn am Strand begraben worden war, kam sie immer in der Abenddämmerung, um auf ihren Mann zu warten.

Ibid.

«**Passado o minuto decisivo,** sobreveio demorado ataque de soluços.»

Als die entscheidende Minute verstrichen war, überkam sie ein lang anhaltender Weinkrampf.

Ibid.

«**Gasto o que** sobejara da herança paterna, obteve Jorge procuração da mulher para lhe administrar os bens.»

Als das, was von der elterlichen Erbschaft übrig geblieben war, aufgebraucht war, bekam Jorge eine Vollmacht von seiner Frau, ihre Güter zu verwalten.

Joaquim Paço d'Arcos, *«Ana Paula»*

«**Anunciado o julgamento** ... tornou-se pequena a sala para o público que acorreu.»

Nach der Bekanntgabe der Verhandlung ... wurde der Saal für das hereinströmende Publikum zu klein.

Ibid.

«Não tenho posição para casar contigo. **Exames feitos, explicações acabadas,** cada qual à sua vida.»

Ich habe nicht die Stellung, um dich zu heiraten. Sobald die Examina gemacht sind, ist auch der Nachhilfeunterricht zu Ende und jeder geht seiner Wege.

Joaquim Paço d'Arcos, *«A Corça Prisioneira»*

XLVIII. Unregelmäßige Partizipien *(Particípios irregulares)*

1. Einige Verben haben ein unregelmäßiges Partizip:

abrir	*(öffnen)*	**aberto**
cobrir	*(bedecken)*	**coberto**
dizer	*(sagen)*	**dito**
escrever	*(schreiben)*	**escrito**
fazer	*(machen)*	**feito**
pôr	*(stellen, legen)*	**posto**
ver	*(sehen)*	**visto**
vir	*(kommen)*	**vindo**

sowie die davon abgeleiteten Verben.

2. Zahlreiche Verben haben ein doppeltes Partizip: eine regelmäßige und eine unregelmäßige Form:

aceitar	*(annehmen)*	aceitado	– aceite
empregar	*(benutzen)*	empregado	– empregue
entregar	*(abgeben)*	entregado	– entregue
enxugar	*(trocknen)*	enxugado	– enxuto
expressar	*(ausdrücken)*	expressado	– expresso
expulsar	*(vertreiben)*	expulsado	– expulso
limpar	*(putzen)*	limpado	– limpo
matar	*(töten)*	matado	– morto
salvar	*(retten)*	salvado	– salvo
secar	*(trocknen)*	secado	– seco
soltar	*(befreien)*	soltado	– solto
acender	*(anzünden, anknipsen)*	acendido	– aceso
absorver	*(aufsaugen)*	absorvido	– absorto
benzer	*(segnen)*	benzido	– bento
convencer	*(überzeugen)*	convencido	– convicto
eleger	*(wählen)*	elegido	– eleito
encher	*(füllen)*	enchido	– cheio
envolver	*(einhüllen; hineinziehen)*	envolvido	– envolto
morrer	*(sterben)*	morrido	– morto
prender	*(befestigen; verhaften)*	prendido	– preso
romper	*(durchbrechen; zerreißen)*	rompido	– roto
suspender	*(aufhängen, vorläufig einstellen)*	suspendido	– suspenso
afligir	*(bekümmern, aufregen)*	afligido	– aflito
confundir	*(verwechseln, verwirren)*	confundido	– confuso
corrigir	*(korrigieren)*	corrigido	– correto
emergir	*(auftauchen)*	emergido	– emerso
expelir	*(austreiben, ausstoßen)*	expelido	– expulso
exprimir	*(ausdrücken)*	exprimido	– expresso
extinguir	*(auslöschen, abschaffen)*	extinguido	– extinto
frigir/fritar	*(in Fett braten)*	frigido/fritado	– frito
imergir	*(eintauchen)*	imergido	– imerso
imprimir	*(drucken; einprägen)*	imprimido	– impresso
inserir	*(einfügen)*	inserido	– inserto
submergir	*(untertauchen; überschwemmen)*	submergido	– submerso
tingir	*(färben)*	tingido	– tinto

XLIX. Der Gebrauch der regelmäßigen und unregelmäßigen Partizipien

8.214 1. Die regelmäßige Form wird gewöhnlich bei den zusammengesetzten Zeiten mit dem Verb **ter** gebraucht. Sie bleibt also unverändert (verbale Funktion).

8.215 2. Die unregelmäßige Form wird mit den Verben **ser, estar, ficar, parecer, continuar, permanecer** gebraucht. Sie ist also veränderlich und richtet sich in Genus und Numerus nach dem Wort, auf das sie sich bezieht (prädikative/adjektivische Funktion).

Beispiele:

A polícia **tem prendido** muitas pessoas.	*Die Polizei hat viele Leute festgenommen.*
Ele **foi preso** há três dias.	*Er wurde vor drei Tagen verhaftet.*
«Deves saber que o Alberto também **esteve preso** e que **foi expulso** do país.»	*Du weißt wohl, dass Alberto auch im Gefängnis saß und dass er des Landes verwiesen wurde.* Joaquim Paço d'Arcos, «A Corça Prisioneira»
A luz **esteve acesa** toda a noite. **Ficou acesa** ontem, quando as visitas se foram embora.	*Das Licht war die ganze Nacht an. Es blieb gestern an, als der Besuch weggegangen war.*
Se estivesse escuro, eu **já tinha acendido** a luz.	*Wenn es dunkel wäre, hätte ich das Licht schon angemacht.*
O amor dela **tinha morrido** aos poucos.	*Ihre Liebe war nach und nach erloschen.*
«Esta mulher **está morta!**»	*Diese Frau ist tot!* Titel einer Erzählung von Natércia Freire
Os desastres de viação **têm matado** muitas pessoas neste século.	*Die Verkehrsunfälle haben in diesem Jahrhundert viele Menschen getötet.*
A roupa ainda não **está enxuta.**	*Die Wäsche ist noch nicht trocken.*
O vento **tem enxugado** muito bem a roupa.	*Der Wind hat die Wäsche sehr gut getrocknet.*
Estas meias **estão rotas.**	*Diese Strümpfe sind verschlissen.*
Tens rompido agora muitas meias.	*Du hast in letzter Zeit viele Strümpfe verschlissen.*

8.216 3. Bei den Verben **ganhar, gastar** und **pagar** wird *fast nur noch* die kontrahierte, unregelmäßige Form des Partizips benutzt: **ganho, gasto, pago**:

Ele **tem ganho** muito dinheiro, mas ainda **tem gasto** mais.	*Er hat viel Geld verdient, aber noch mehr ausgegeben.*
Eu já **tinha pago** esta conta.	*Ich hatte diese Rechnung schon bezahlt.*

4. Bemerkungen:
   a) Bei einer anderen Gruppe von Verben setzt sich die unregelmäßige Form des Partizips bei den zusammengesetzten Zeiten immer mehr durch, ohne dass die regelmäßige schon ungebräuchlich wäre (z. B. bei **salvar, limpar**):

A penicilina **tem salvo** muitas pessoas.	*Das Penizillin hat schon viele Menschen gerettet.*

   b) Bei einer dritten Gruppe dagegen wird das regelmäßige Partizip nicht nur bei **ter,** sondern auch in Verbindung mit **ser** und mit **estar, ficar, andar, aparecer, parecer, continuar, permanecer** gebraucht, so dass in diesem letzten Fall die Wahl zwischen beiden Formen freisteht:

Eu fiquei convencida (oder convicta) de que ele tinha falado verdade.	*Ich war überzeugt, dass er die Wahrheit gesagt hatte.*
O castelo, no alto da serra, **estava envolvido** (envolto) em nevoeiro.	*Das Schloss auf dem Berggipfel war in Nebel gehüllt.*

L. Übersicht über die Konjugationen

1. Konjugationsmuster für die regelmäßigen Verben

		compr-**ar**	vend-**er**	part-**ir**
Indicativo	Presente	compr-o compr-as compr-a compr-amos (compr-ais) compr-am	vend-o vend-es vend-e vend-emos (vend-eis) vend-em	part-o part-es part-e part-imos (part-is) part-em
	Pretérito imperfeito	compr-ava compr-avas compr-ava compr-ávamos (compr-áveis) compr-avam	vend-ia vend-ias vend-ia vend-íamos (vend-íeis) vend-iam	part-ia part-ias part-ia part-íamos (part-íeis) part-iam
	Pretérito perfeito simples	compr-ei compr-aste compr-ou compr-ámos* (compr-astes) compr-aram	vend-i vend-este vend-eu vend-emos (vend-estes) vend-eram	part-i part-iste part-iu part-imos (part-istes) part-iram
	Pretérito maisque-perfeito simples	compr-ara compr-aras compr-ara (compr-áreis) compr-aram	vend-era vend-eras vend-era (vend-êreis) vend-eram	part-ira part-iras part-ira (part-íreis) part-iram
	Futuro imperfeito (ou simples)	comprar-ei comprar-ás comprar-á comprar-emos (comprar-eis) comprar-ão	vender-ei vender-ás vender-á vender-emos (vender-eis) vender-ão	partir-ei partir-ás partir-á partir-emos (partir-eis) partir-ão
Condicional simples		comprar-ia comprar-ias comprar-ia comprar-íamos (comprar-íeis) comprar-iam	vender-ia vender-ias vender-ia vender-íamos (vender-íeis) vender-iam	partir-ia partir-ias partir-ia partir-íamos (partir-íeis) partir-iam

* Der Akzent der ersten Person Plural des «*Pretérito perfeito simples*» der Verben der ersten Konjugation ist nach den neuen orthographischen Regeln fakultativ.

Conjuntivo	Presente	compr-e compr-es compr-e compr-emos (compr-eis) compr-em	vend-a vend-as vend-a vend-amos (vend-ais) vend-am	part-a part-as part-a part-amos (part-ais) part-am
	Pretérito imperfeito	compr-asse compr-asses compr-asse compr-ássemos (compr-ásseis) compr-assem	vend-esse vend-esses vend-esse vend-êssemos (vend-êsseis) vend-essem	part-isse part-isses part-isse part-íssemos (part-ísseis) part-issem
	Futuro imperfeito (ou simples)	comprar comprar-es comprar comprar-mos (comprar-des) comprar-em	vender vender-es vender vender-mos (vender-des) vender-em	partir partir-es partir partir-mos (partir-des) partir-em
Imperativo	afirmativo	compr-a compr-e compr-emos (compr-ai) compr-em	vend-e vend-a vend-amos (vend-ei) vend-am	part-e part a part-amos (part-i) part-am
	negativo	não compres não compre não compremos (não compreis) não comprem	não vendas não venda não vendamos (não vendais) não vendam	não partas não parta não partamos (não partais) não partam
Infinitivo	impes-soal	comprar	vender	partir
	pessoal	comprar comprar-es comprar comprar-mos (comprar-des) comprar-em	vender vender-es vender vender-mos (vender-des) vender-em	partir partir-es partir partir-mos (partir-des) partir-em
	Gerúndio simples	compr-ando	vend-endo	part-indo
	Particípio passado	compr-ado	vend-ido	part-ido

§ 8.219

2. Die Hilfsverben

		ter	estar	ser	haver
Indicativo	Presente	tenho tens tem temos (tendes) têm	estou estás está estamos (estais) estão	sou és é somos (sois) são	hei hás há havemos (haveis) hão
	Pretérito imperfeito	tinha tinhas tinha tínhamos (tínheis) tinham	estava estavas estava estávamos (estáveis) estavam	era eras era éramos (éreis) eram	havia havias havia havíamos (havíeis) haviam
	Pretérito perfeito simples	tive tiveste teve tivemos (tivestes) tiveram	estive estiveste esteve estivemos (estivestes) estiveram	fui foste foi fomos (fostes) foram	houve houveste houve houvemos (houvestes) houveram
	Pretérito mais-que-perfeito simples	tivera tiveras tivera tivéramos (tivéreis) tiveram	estivera estiveras estivera estivéramos (estivéreis) estiveram	fora foras fora fôramos (fôreis) foram	houvera houveras houvera houvéramos (houvéreis) houveram
	Futuro imperfeito (ou simples)	terei terás terá teremos (tereis) terão	estarei estarás estará estaremos (estareis) estarão	serei serás será seremos (sereis) serão	haverei haverás haverá haveremos (havereis) haverão
Condicional simples		teria terias teria teríamos (teríeis) teriam	estaria estarias estaria estaríamos (estaríeis) estariam	seria serias seria seríamos (seríeis) seriam	haveria haverias haveria haveríamos (haveríeis) haveriam

		ter	estar	ser	haver
Conjuntivo	Presente	tenha tenhas tenha tenhamos (tenhais) tenham	esteja estejas esteja estejamos (estejais) estejam	seja sejas seja sejamos (sejais) sejam	haja hajas haja hajamos (hajais) hajam
	Pretérito imperfeito	tivesse tivesses tivesse tivéssemos (tivésseis) tivessem	estivesse estivesses estivesse estivéssemos (estivésseis) estivessem	fosse fosses fosse fôssemos (fôsseis) fossem	houvesse houvesses houvesse houvéssemos (houvésseis) houvessem
	Futuro imperfeito (ou simples)	tiver tiveres tiver tivermos (tiverdes) tiverem	estiver estiveres estiver estivermos (estiverdes) estiverem	for fores for formos (fordes) forem	houver houveres houver houvermos (houverdes) houverem
Imperativo	afirmativo	tem tenha tenhamos (tende) tenham	está esteja estejamos (estai) estejam	sê seja sejamos (sede) sejam	há [ungebräuchlich] haja hajamos (havei) hajam
	negativo	não tenhas não tenha não tenhamos (não tenhais) não tenham	não estejas não esteja não estejamos (não estejais) não estejam	não sejas não seja não sejamos (não sejais) não sejam	não hajas não haja não hajamos (não hajais) não hajam
Infinitivo	impessoal	ter	estar	ser	haver
	pessoal	ter teres ter termos (terdes) terem	estar estares estar estarmos (estardes) estarem	ser seres ser sermos (serdes) serem	haver haveres haver havermos (haverdes) haverem
Gerúndio simples		tendo	estando	sendo	havendo
Particípio passado		tido	estado	sido	havido

3. Konjugationsmuster für die zusammengesetzten Zeiten

Indicativo	Pretérito perfeito composto	tenho tens tem temos (tendes) têm	comprado / vendido / partido tido / estado / sido / havido
	Pretérito mais-que-perfeito composto	tinha tinhas tinha tínhamos (tínheis) tinham	comprado / vendido / partido tido / estado / sido / havido
	Futuro perfeito (ou composto)	terei terás terá teremos (tereis) terão	comprado / vendido / partido tido / estado / sido / havido
	Condicional composto	teria terias teria teríamos (teríeis) teriam	comprado / vendido / partido tido / estado / sido / havido
Conjuntivo	Pretérito perfeito composto	tenha tenhas tenha tenhamos (tenhais) tenham	comprado / vendido / partido tido / estado / sido / havido
	Pretérito mais-que-perfeito composto	tivesse tivesses tivesse tivéssemos (tivésseis) tivessem	comprado / vendido / partido tido / estado / sido / havido
	Futuro perfeito (ou composto)	tiver tiveres tiver tivermos (tiverdes) tiverem	comprado / vendido / partido tido / estado / sido / havido

Infinitivo	impessoal composto	ter	comprado / vendido / partido tido / estado / sido / havido
	pessoal composto	ter teres ter termos (terdes) terem	comprado / vendido / partido tido / estado / sido / havido
Gerúndio composto		tendo	comprado / vendido / partido tido / estado / sido / havido

8.221 **4. Konjugationsmuster für reflexive Verben und Verben mit Akkusativpronomen**

			reflexives Verb **esquecer-se** *vergessen*	Verb mit Akk. pronomen **comprá-lo** *ihn/es kaufen*
Indicativo		Presente	esqueço-me esqueces-te esquece-se esquecemo-nos (esqueceis-vos) esquecem-se	compro-o compra-lo compra-o compramo-lo (comprai-lo) compram-no
		Imperfeito	esquecia-me esquecias-te esquecia-se esquecíamo-nos (esquecíeis-vos) esqueciam-se	comprava-o comprava-lo comprava-o comprávamo-lo (comprávei-lo) compravam-no
	Pretérito perfeito simples		esqueci-me esqueceste-te esqueceu-se esquecemo-nos (esquecestes-vos) esqueceram-se	comprei-o compraste-o comprou-o comprámo-lo (compraste-lo) compraram-no
	Pretérito perfeito composto		tenho-me tens-te tem-se ⎱ esquecido temo-nos (tendes-vos) têm-se	tenho-o tem-lo tem-no ⎱ comprado temo-lo (tende-lo) têm-no
	Mais-que--perfeito simples		esquecera-me esqueceras-te esquecera-se esquecêramo-nos (esquecêreis-vos) esqueceram-se	comprara-o comprara-lo comprara-o compráramo-lo (comprárei-lo) compraram-no
	Mais-que--perfeito composto		tinha-me tinhas-te tinha-se ⎱ esquecido tínhamo-nos (tínheis-vos) tinham-se	tinha-o tinha-lo tinha-o ⎱ comprado tínhamo-lo (tínhei-lo) tinham-no

Indicativo	Futuro imperfeito (ou simples)	esquecer-me-ei esquecer-te-ás esquecer-se-á esquecer-nos-emos (esquecer-vos-eis) esquecer-se-ão		comprá-lo-ei comprá-lo-ás comprá-lo-á comprá-lo-emos (comprá-lo-eis) comprá-lo-ão	
	Futuro perfeito (ou composto)	ter-me-ei ter-te-ás ter-se-á ter-nos-emos (ter-vos-eis) ter-se-ão	esquecido	tê-lo-ei tê-lo-ás tê-lo-á tê-lo-emos (tê-lo-eis) tê-lo-ão	comprado
Condicional	simples	esquecer-me-ia esquecer-te-ias esquecer-se-ia esquecer-nos-íamos (esquecer-vos-íeis) esquecer-se-iam		comprá-lo-ia comprá-lo-ias comprá-lo-ia comprá-lo-íamos (comprá-lo-íeis) comprá-lo-iam	
	composto	ter-me-ia ter-te-ias ter-se-ia ter-nos-íamos (ter-vos-íeis) ter-se-iam	esquecido	tê-lo-ia tê-lo-ias tê-lo-ia tê-lo-íamos (tê-lo-íeis) tê-lo-iam	comprado

Conjuntivo	Presente	esqueça-me esqueças-te esqueça-se esqueçamo-nos (esqueçais-vos) esqueçam-se		compre-o compre-lo compre-o compremo-lo (comprei-lo) comprem-no	
	Imperfeito	esquecesse-me esquecesses-te esquecesse-se esquecêssemo-nos (esquecêsseis-vos) esquecessem-se		comprasse-o comprasse-lo comprasse-o comprássemo-lo (comprássei-lo) comprassem-no	
	Pretérito perfeito composto	tenha-me tenhas-te tenha-se tenhamo-nos (tenhais-vos) tenham-se	esquecido	tenha-o tenha-lo tenha-o tenhamo-lo (tenhai-lo) tenham-no	comprado
	Mais-que-perfeito composto	tivesse-me tivesses-te tivesse-se tivéssemo-nos (tivésseis-vos) tivessem-se	esquecido	tivesse-o tivesse-lo tivesse-o tivéssemo-lo (tivéssei-lo) tivessem-no	comprado
	Futuro imperfeito (ou simples)	me esquecer te esqueceres se esquecer nos esquecermos (vos esquecerdes) se esquecerem		o comprar o comprares o comprar o comprarmos (o comprardes) o comprarem	
	Futuro perfeito (ou composto)	me tiver te tiveres se tiver nos tivermos (vos tiverdes) se tiverem	esquecido	o tiver o tiveres o tiver o tivermos (o tiverdes) o tiverem	comprado

Imperativo	afirmativo		esquece-te esqueça-se esqueçamo-nos (esquecei-vos) esqueçam-se		compra-o compre-o compremo-lo (comprai-o) comprem-no
	negativo		não te esqueças não se esqueça não nos esqueçamos (não vos esqueçais) não se esqueçam		não o compres não o compre não o compremos (não o compreis) não o comprem
Infinitivo	impessoal	simples	esquecer-se		comprá-lo
		composto	ter-se esquecido		tê-lo comprado
	pessoal	simples	esquecer-me esqueceres-te esquecer-se esquecermo-nos (esquecerdes-vos) esquecerem-se		comprá-lo comprare-lo comprá-lo comprarmo-lo (comprarde-lo) comprarem-no
		composto	ter-me teres-te ter-se termo-nos (terdes-vos) terem-se	esquecido	tê-lo tere-lo tê-lo termo-lo (terde-lo) terem-no	comprado
Gerúndio		simples	esquecendo-se		comprando-o
		composto	tendo-se esquecido		tendo-o comprado

5. Bemerkungen zu den drei Konjugationen

8.222 *Zur ersten Konjugation:*

Der Stammvokal **-e** oder **-o** ist immer offen, wenn er betont ist:

aperto (é)
note (ó)
apertam (é)
notam (ó)

Ausnahme: Beim Verb **chegar** ist das betonte **-e** geschlossen: **chego** (ê).

8.223 *Zur zweiten Konjugation:*

a) Der Stammvokal **-e** ist in der 2. und 3. Person Singular und in der 3. Person Plural Indikativ Präsens und in der 2. Person Singular Imperativ offen.

receber *(bekommen, empfangen)*

Indikativ Präsens	*Imperativ*
recebo	
recebes (é)	
recebe (é)	recebe (é)
recebemos	
(recebeis)	
recebem (é)	

Ebenso: **beber** *(trinken)*, **dever** *(sollen, müssen)*, **escrever** *(schreiben)*, **meter** *(stecken)*, **crescer** *(wachsen)*, **descer** *(hinuntergehen, aussteigen)*, **agradecer** *(sich bedanken)*, **merecer** *(verdienen)*, **oferecer** *(anbieten, schenken)*, **parecer** *(scheinen)*, **aparecer** *(erscheinen)*, **envelhecer** *(alt werden)* usw.

Für die Verben, die auf **-ecer** und **-escer** enden, siehe auch «orthographische Verschiebungen» 8.225.

b) Der Stammvokal **-o** ist vor den Endungen **-a** und **-o** geschlossen und vor unbetontem **-e** offen.

comer *(essen)*

Indikativ Präsens	*Imperativ*
como	
comes (ó)	
come (ó)	come (ó)
comemos	
(comeis)	
comem (ó)	

Ebenso: **mover** *(bewegen)*, **colher** *(pflücken)*, **coser** *(nähen)*, **cozer** *(kochen)*, **morrer** *(sterben)*, **chover** *(regnen)* usw.

8.224 *Zur dritten Konjugation:*

a) Der Stammvokal **-e** wird zu **-i** in der ersten Person Singular des Indikativs Präsens und im ganzen Konjunktiv Präsens.

mentir *(lügen)*

Indikativ Präsens	Konjunktiv Präsens
minto	minta
mentes	mintas
mente	minta
mentimos	mintamos
(mentis)	(mintais)
mentem	mintam

Ebenso: **ferir** *(verletzen)*, **preferir** *(vorziehen)*, **sentir** *(fühlen)*, **consentir** *(gestatten)*, **pressentir** *(ahnen)*, **seguir** *(folgen)*, **perseguir** *(verfolgen)*, **conseguir** *(erreichen)*, **vestir** *(anziehen)*, **despir** *(ausziehen)*, **divertir** *(amüsieren)*, **digerir** *(verdauen)*, **refletir** *(sich überlegen)*, **repetir** *(wiederholen)*, **servir** *(dienen)* usw.

b) Das **-e** wird auch in der 2. und 3. Person Sing. und in der 3. Person Plural Indikativ Präsens sowie in der 2. Person Sing. Imperativ und im ganzen Konjunktiv Präsens zu **-i** bei den Verben **agredir** *(angreifen)*, **denegrir** *(schwärzen, verleumden)*, **prevenir** *(warnen)*, **progredir** *(fortschreiten)* und **transgredir** *(überschreiten)*.

prevenir *(warnen)*

Indikativ Präsens	Imperativ	Konjunktiv Präsens
previno		previna
prevines		previnas
previne	previne	previna
prevenimos		previnamos
(prevenis)		(previnais)
previnem		previnam

c) Stammvokal **-o** wird in der 1. Person Singular des Indikativs Präsens und im ganzen Konjunktiv Präsens zu **-u**.

cobrir *(bedecken)*

Indikativ Präsens	Konjunktiv Präsens
cubro	cubra
cobres	cubras
cobre	cubra
cobrimos	cubramos
(cobris)	(cubrais)
cobrem	cubram

Ebenso: **descobrir** *(entdecken)*, **dormir** *(schlafen)*, **encobrir** *(verbergen)*, **engolir** *(schlucken)*, **tossir** *(husten)*.

Ausnahme: **polir** *(polieren)* wird so konjugiert:

Indikativ Präsens	Imperativ	Konjunktiv Präsens
pulo		pula
pules		pulas
pule	pule	pula
polimos		pulamos
(polis)		(pulais)
pulem		pulam

d) Stammvokal **-u** wird zu **-o** vor unbetonter Endung **-e**.

acudir *(zu Hilfe eilen, helfen)*

Indikativ Präsens	Imperativ
acudo	
acodes	
acode	acode
acudimos	
(acudis)	
acodem	

Ebenso: **fugir** *(fliehen)*, **cuspir** *(spucken)*, **consumir** *(verbrauchen)*, **sacudir** *(schütteln)*, **subir** *(aufsteigen)*, **sumir** *(verschwinden)*, **bulir** *(sich rühren, berühren)*.

e) Bei den Verben **cair** *(fallen)*, **sair** *(ausgehen)* wird ein **-i** vor **-a** und **-o** eingeschoben.

Indikativ Präsens	Imperativ	Konjunktiv Präsens
saio		saia
sais		saias
sai	sai	saia
saímos		saiamos
(saís)		(saiais)
saem		saiam

Bei den Verben **cair** und **sair** ist in der 3. Person Plural des Indikativs Präsens auf die korrekte Orthographie zu achten: **caem, saem**.

Ebenso: **decair** *(verfallen, nachlassen)*, **descair** *(verfallen, absinken)*, **recair** *(zurückfallen)*, **trair** *(verraten)*, **atrair** *(anziehen)*, **distrair** *(zerstreuen)*, **contrair** *(zusammenziehen)*, **retrair** *(zurückziehen; zurückhalten)*.

6. Orthographische Verschiebungen

Da im Portugiesischen **c** und **g** vor **e** und **i** wie [s] bzw. [ʒ], vor **a, o** und **u** wie [k] bzw. [g] ausgesprochen werden, und da die Aussprache des Infinitivs in allen Formen erhalten werden muss, ergeben sich folgende orthographische Verschiebungen:

c wird vor e zu **qu**:

Bsp. **atacar** *(angreifen)*: Konj. Präsens: ataque, ataques, ataquemos, ataquem; 1. Person Sing. Perfekt: ataquei;

ebenso bei: **ficar** *(bleiben)*, **embarcar** *(sich einschiffen, abreisen)*;

g wird vor e zu **gu**:

Bsp. **ligar** *(verbinden)*: Konj. Präsens: ligue, ligues, liguemos, liguem; 1. Person Sing. Perfekt: liguei;

ebenso bei: **pagar** *(bezahlen)*, **negar** *(leugnen)*;

ç wird vor e zu c:

Bsp. **avançar** *(vorrücken, fortschreiten)*: Konj. Präsens: avance, avances, avancemos, avancem; 1. Person Sing. Perfekt: avancei;

ebenso bei: **começar** *(beginnen)*, **destroçar** *(zertrümmern)*, **troçar** *(spotten)*;

c wird vor a und o zu ç:
Bsp. **esquecer** *(vergessen)*: 1. Person Sing. Präsens: esqueço; Konj. Präsens: esqueça, esqueças, esqueçamos, esqueçam;

ebenso bei: **aquecer** *(heizen)*, **adoecer** *(krank werden)*, **agradecer** *(sich bedanken)*, **conhecer** *(kennen)*, **desaparecer** *(verschwinden)*, **crescer** *(wachsen)*, **descer** *(hinuntersteigen, aussteigen)*, **nascer** *(geboren werden)*, **pertencer** *(gehören)*, **vencer** *(siegen, besiegen)* usw.

g wird vor a und o zu j:
Bsp. **exigir** *(verlangen)*: 1. Person Sing. Präsens: exijo; Konj. Präsens: exija, exijas, exijamos, exijam;

ebenso bei: **fingir** *(sich verstellen, so tun als ob)*, **fugir** *(fliehen)*, **agir** *(handeln)*;

gu wird vor a und o zu g:
Bsp. **extinguir** *(auslöschen)*: 1. Person Sing. Präsens: extingo; Konj. Präsens: extinga, extingas, extinga, extingamos, extingam;

ebenso bei: **seguir** *(folgen)*, **perseguir** *(verfolgen)*, **conseguir** *(erreichen)*, **distinguir** *(unterscheiden, wahrnehmen)*.

7. Andere Besonderheiten der Konjugation

a) Bei Verben auf *-ear* wird bei stammbetonten Formen ein **-i** nach dem **-e** eingeschoben; so wird die Silbe zu einem Diphthong.
Das ist der Fall bei der 1., 2. und 3. Person Singular und 3. Plural Indikativ und den daraus abgeleiteten Formen, d. h. der 2. Person Singular Imperativ und dem ganzen Konjunktiv Präsens mit Ausnahme der 1. und 2. Person Plural.

recear *(befürchten)*

Indikativ Präsens	*Imperativ*	*Konjunktiv Präsens*
receio		receie
receias		receies
receia	receia	receie
receamos		receemos
(receais)		(receeis)
receiam		receiem

Andere Verben auf *-ear*: **basear** (-se em) *(begründet sein in)*, **barbear** (-se) *(sich rasieren)*, **cear** *(zu Abend essen)*, **lisonjear** *(schmeicheln)*, **nomear** *(ernennen)*, **passear** *(spazieren)*, **pentear** (-se) *(sich kämmen)*, **saborear** *(kosten, genießen)*, **semear** *(säen)*.

b) Bei den Verben auf *-iar* ändert sich in den meisten Fällen nichts:

criar *(erschaffen)*

Indikativ Präsens	*Imperativ*	*Konjunktiv Präsens*
crio		crie
crias		cries
cria	cria	crie
criamos		criemos
(criais)		(crieis)
criam		criem

Andere Verben auf *-iar*: **abreviar** *(abkürzen)*, **adiar** *(verschieben)*, **afiar** *(schärfen)*, **aliviar** *(erleichtern)*, **alumiar** *(beleuchten)*, **anunciar** *(ankündigen)*, **apreciar** *(schätzen)*, **avariar** *(defekt werden; beschädigen)*, **avaliar** *(einschätzen)*, **desviar** *(ablenken, entfernen)*, **enviar** *(schicken)*, **iniciar** *(beginnen)*, **piar** *(piepen)*, **principiar** *(beginnen)*, **copiar** *(abschreiben, kopieren)*.

Ausnahmen: Einige Verben auf *-iar* folgen dem Modell der Verben auf *-ear*. Es sind **ansiar** *(sich sehnen)*, **comerciar**, **negociar** *(handeln)*, **incendiar** *(in Brand setzen)*, **odiar** *(hassen)*, **premiar** *(belohnen)*, **mediar** *(vermitteln)*, **remediar** *(abhelfen)*.

odiar *(hassen)*

Indikativ Präsens	*Imperativ*	*Konjunktiv Präsens*
odeio		odeie
odeias		odeies
odeia	odeia	odeie
odiamos		odiemos
(odiais)		(odieis)
odeiam		odeiem

c) Verben auf *-oiar* bekommen einen Akzent auf dem **-o** bei der 1., 2. und 3. Pers. Singular und 3. Plural Indikativ sowie bei der 2. Person Imperativ und im ganzen Konjunktiv Präsens mit Ausnahme der 1. und 2. Person Plural.

boiar *(auf dem Wasser treiben)*

Indikativ Präsens	*Imperativ*	*Konjunktiv Präsens*
bóio		bóie
bóias		bóies
bóia	bóia	bóie
boiamos		boiemos
(boiais)		(boieis)
bóiam		bóiem

Ausnahme: **apoiar** *(unterstützen)*

Indikativ Präsens	*Imperativ*	*Konjunktiv Präsens*
apoio		apoie
apoias		apoies
apoia	apoia	apoie
apoiamos		apoiemos
(apoiais)		(apoieis)
apoiam		apoiem

d) Bei den Verben auf *-oer* wird das **-o** zu **-ói** bei der 2. und 3. Person Singular des Ind. Präsens und bei der 2. Person Sing. des Imperativs.

moer *(mahlen)*

Indikativ Präsens	*Imperativ*
moo	
móis	
mói	mói
moemos	
(moeis)	
moem	

Ebenso: **doer** *(wehtun)*, **condoer-se de** *(bemitleiden)*, **roer** *(nagen)*, **corroer** *(zernagen, zersetzen)*.

e) Die Verben auf -**uir** [**afluir** *(zufließen)*, **atribuir** *(zuschreiben, verleihen)*, **concluir** *(abschließen)*, **possuir** *(besitzen)* usw.] werden folgendermaßen konjugiert:

influir *(beeinflussen)*

Indikativ Präsens	*Imperativ*
influo	
influis	
influi	influi
influímos	
(influís)	
influem	

Bemerkung: Die Verben **construir** *(bauen)*, **destruir** *(zerstören)* und **reconstruir** *(wieder aufbauen)* haben zwei Formen für die 2. und 3. Person Singular und für die 3. Plural des Ind. Präsens sowie für die 2. Person Singular des Imperativs:

Indikativ Präsens	*Imperativ*
destruo	
destruis (ou destróis)	
destrui (ou destrói)	construi (ou constrói)
destruímos	
(destruís)	
destruem (ou destroem)	

8. Die unregelmäßigen Verben

Konjugationsmuster
(Die nichtaufgeführten Formen werden regelmäßig gebildet.)

caber *passen, Platz haben*
Indicativo
Presente: caibo, cabes, cabe, cabemos, (cabeis), cabem
Pret. Perf. Simples: coube, coubeste, coube, coubemos, (coubestes), couberam
Pret. mais-que-perfeito: coubera, couberas, coubera, coubéramos, (coubéreis), couberam
Conjuntivo
Presente: caiba, caibas, caiba, caibamos, (caibais), caibam
Pret. imperfeito: coubesse, coubesses, coubesse, coubéssemos, (coubésseis), coubessem
Futuro: couber, couberes, couber, coubermos, (couberdes), couberem

crer *glauben* (siehe **ler**)

dar *geben*
Indicativo
Presente: dou, dás, dá, damos, (dais), dão
Pret. Perf. Simples: dei, deste, deu, demos, (destes), deram
Pret. mais-que-perfeito: dera, deras, dera, déramos, (déreis), deram
Conjuntivo
Presente: dê, dês, dê, dêmos, (deis), deem
Pret. imperfeito: desse, desses, desse, déssemos, (désseis), dessem

Futuro: der, deres, der, dermos, (derdes), derem
Imperativo: dá, (dai)
Merke: circundar *(umgeben, umkreisen)* wird regelmäßig konjugiert.

dizer *sagen*
Indicativo
Presente: digo, dizes, diz, dizemos, (dizeis), dizem
Pret. Perf. Simples: disse, disseste, disse, dissemos, (dissestes), disseram
Pret. mais-que-perfeito: dissera, disseras, dissera, disséramos, (disséreis), disseram
Futuro: direi, dirás, dirá, diremos, (direis), dirão
Condicional: diria, dirias, diria, diríamos, (diríeis), diriam
Conjuntivo
Presente: diga, digas, diga, digamos, (digais), digam
Pret. imperfeito: dissesse, dissesses, dissesse, disséssemos, (dissésseis), dissessem
Futuro: disser, disseres, disser, dissermos, (disserdes), disserem
Imperativo: diz, (dizei)
Particípio passado: dito
ebenso: condizer *(zusammenpassen),* contradizer *(widersprechen),* desdizer *(in Abrede stellen),* maldizer *(verfluchen),* predizer *(voraussagen)*

fazer *machen, tun*
Indicativo
Presente: faço, fazes, faz, fazemos, (fazeis), fazem
Pret. Perf. Simples: fiz, fizeste, fez, fizemos, (fizestes), fizeram
Pret. mais-que-perfeito: fizera, fizeras, fizera, fizéramos, (fizéreis), fizeram
Futuro: farei, farás, fará, faremos, (fareis), farão
Condicional: faria, farias, faria, faríamos, (faríeis), fariam
Conjuntivo
Presente: faça, faças, faça, façamos, (façais), façam
Pret. imperfeito: fizesse, fizesses, fizesse, fizéssemos, (fizésseis), fizessem
Futuro: fizer, fizeres, fizer, fizermos, (fizerdes), fizerem
Imperativo: faz, (fazei)
Particípio passado: feito
ebenso: desfazer *(zerstören, zerreiben),* perfazer *(vollenden),* refazer *(noch einmal/neu machen),* satisfazer *(befriedigen)*

ir *gehen*
Indicativo
Presente: vou, vais, vai, vamos, (ides), vão
Pret. imperfeito: ia, ias, ia, íamos, (íeis), iam
Pret. Perf. Simples: fui, foste, foi, fomos, (fostes), foram
Pret. mais-que-perfeito: fora, foras, fora, fôramos, (fôreis), foram
Conjuntivo
Presente: vá, vás, vá, vamos, (vades), vão
Pret. imperfeito: fosse, fosses, fosse, fôssemos, (fôsseis), fossem
Futuro: for, fores, for, formos, (fordes), forem
Imperativo: vai, (ide)
Particípio passado: ido

ler *lesen*
Indicativo
Presente: leio, lês, lê, lemos, (ledes), leem
Pret. perf. simples: li, leste, leu, lemos, (lestes), leram

Conjuntivo
Presente: leia, leias, leia, leiamos, (leiais), leiam
Imperativo: lê, (lede)
ebenso: reler *(wieder lesen),* crer *(glauben),* descrer *(nicht glauben)*

medir *messen*
(wie **pedir**, siehe unten)

ouvir *hören*
Indicativo
Presente: ouço (oiço), ouves, ouve, ouvimos, (ouvis), ouvem
Conjuntivo
Presente: ouça (oiça), ouças (oiças), ouça (oiça), ouçamos (oiçamos), ouçais (oiçais), ouçam (oiçam)

pedir *bitten*
Indicativo
Presente: peço, pedes, pede, pedimos, (pedis), pedem
Conjuntivo
Presente: peça, peças, peça, peçamos, (peçais), peçam
ebenso: despedir *(verabschieden, entlassen),* impedir *(verhindern),* desimpedir *(säubern, freilegen),* expedir *(absenden),* reexpedir *(weiterbefördern),* medir *(messen)*

perder *verlieren*
Indicativo
Presente: perco, perdes, perde, perdemos, (perdeis), perdem
Conjuntivo
Presente: perca, percas, perca, percamos, (percais), percam

poder *können*
Indicativo
Presente: posso, podes, pode, podemos, (podeis), podem
Pret. Perf. Simples: pude, pudeste, pôde, pudemos, (pudestes), puderam
Pret. mais-que-perfeito: pudera, puderas, pudera, pudéramos, (pudéreis), puderam
Conjuntivo
Presente: possa, possas, possa, possamos, (possais), possam
Pret. imperfeito: pudesse, pudesses, pudesse, pudéssemos, (pudésseis), pudessem
Futuro: puder, puderes, puder, pudermos, (puderdes), puderem

pôr *legen, stellen, setzen*
Indicativo
Presente: ponho, pões, põe, pomos, (pondes), põem
Pret, imperfeito: punha, punhas, punha, púnhamos, (púnheis), punham
Pret. Perf. Simples: pus, puseste, pôs, pusemos, (pusestes), puseram
Pret. mais-que-perfeito: pusera, puseras, pusera, puséramos, (puséreis), puseram
Futuro: porei, porás, porá, poremos, (poreis), porão
Condicional: poria, porias, poria, poríamos, (poríeis), poriam
Conjuntivo
Presente: ponha, ponhas, ponha, ponhamos, (ponhais), ponham
Pret. imperfeito: pusesse, pusesses, pusesse, puséssemos, (pusésseis), pusessem
Futuro: puser, puseres, puser, pusermos, (puserdes), puserem
Gerúndio: pondo;

Particípio passado: posto
ebenso: antepor *(voranstellen),* compor *(anordnen),* decompor *(zerlegen),* depor *(absetzen),* descompor *(in Unordnung bringen; beschimpfen),* dispor *(anordnen),* expor *(ausstellen, darlegen),* impor *(auferlegen),* opor *(entgegensetzen),* propor *(vorschlagen),* recompor *(wieder in Ordnung bringen; umbilden),* repor *(wieder hinlegen, zurückgeben),* supor *(vermuten),* transpor *(versetzen; überschreiten)*
prover *(vor)sorgen für*
(siehe Ausnahme zu **ver**)

querer *wollen*
Indicativo
Presente: quero, queres, quer, queremos, (quereis), querem
Pret. Perf. Simples: quis, quiseste, quis, quisemos, (quisestes), quiseram
Conjuntivo
Presente: queira, queiras, queira, queiramos, (queirais), queiram
Pret. imperfeito: quisesse, quisesses, quisesse, quiséssemos, (quisésseis), quisessem
Futuro: quiser, quiseres, quiser, quisermos, (quiserdes), quiserem

requerer *beantragen*
Indicativo
Presente: requeiro, requeres, requer, requeremos (requereis), requerem
Pret. perf. simples: requeri, requereste, requereu, requeremos, (requerestes), requereram
Conjuntivo
Presente: requeira, requeiras, requeira, requeiramos, (requeirais), requeiram

rir *lachen*
Indicativo
Presente: rio, ris, ri, rimos, (rides), riem
Conjuntivo
Presente: ria, rias, ria, riamos, (riais), riam
Imperativo: ri, (ride)
ebenfalls: sorrir *(lächeln), [Abweichung:* vós sorris *(ihr lächelt)]*

saber *wissen*
Indicativo
Presente: sei, sabes, sabe, sabemos, (sabeis), sabem
Pret. Perf. Simples: soube, soubeste, soube, soubemos, (soubestes), souberam
Pret. mais-que-perfeito: soubera, souberas, soubera, soubéramos, (soubéreis), souberam
Conjuntivo
Presente: saiba, saibas, saiba, saibamos, (saibais), saibam
Pret. imperfeito: soubesse, soubesses, soubesse, soubéssemos (soubésseis), soubessem
Futuro: souber, souberes, souber, soubermos, (souberdes), souberem

traduzir *übersetzen*
Indicativo
Presente: traduzo, traduzes, traduz, traduzimos, (traduzis), traduzem
Imperativo: traduz, (traduzi)
ebenso: aduzir *(beibringen, zuführen),* conduzir *(führen),* deduzir *(ableiten, folgern),* induzir *(folgern),* introduzir *(einführen),* produzir *(erzeugen),* reduzir *(vermindern, herabsetzen),* seduzir *(verführen),* luzir *(leuchten),* reluzir *(glänzen, blinken)*

trazer *bringen*
Indicativo
Presente: trago, trazes, traz, trazemos, (trazeis), trazem

Pret. Perf. Simples: trouxe, trouxeste, trouxe, trouxemos, (trouxestes), trouxeram
Pret. mais-que-perfeito: trouxera, trouxeras, trouxera, trouxéramos, (trouxéreis), trouxeram
Futuro: trarei, trarás, trará, traremos, (trareis), trarão
Condicional: traria, trarias, traria, traríamos, (traríeis), trariam
Conjuntivo
Presente: traga, tragas, traga, tragamos, (tragais), tragam
Pret. imperfeito: trouxesse, trouxesses, trouxesse, trouxéssemos, (trouxésseis), trouxessem
Futuro: trouxer, trouxeres, trouxer, trouxermos, (trouxerdes), trouxerem
Imperativo: traz, (trazei)

valer *wert sein*
Indicativo
Presente: valho, vales, vale, valemos, (valeis), valem
Conjuntivo
Presente: valha, valhas, valha, valhamos, (valhais), valham
ebenso: equivaler *(gleichwertig sein, entsprechen)*

ver *sehen*
Indicativo
Presente: vejo, vês, vê, vemos, (vedes), veem
Pret. imperfeito: via, vias, via, víamos, (víeis), viam
Pret. Perf. Simples: vi, viste, viu, vimos, (vistes), viram
Pret. mais-que-perfeito: vira, viras, vira, víramos, (víreis), viram
Conjuntivo
Presente: veja, vejas, veja, vejamos, (vejais), vejam
Pret. imperfeito: visse, visses, visse, víssemos, (vísseis), vissem
Futuro: vir, vires, vir, virmos, (virdes), virem
Imperativo: vê, (vede)
Particípio passado: visto
ebenso: antever *(vorhersehen),* prever *(voraussehen),* rever *(wiedersehen; nachprüfen)*

Ausnahme:

prover *(vor)sorgen für* wird nur im Indikativ Präsens, im Konjunktiv Präsens und im Imperativ wie **ver** konjugiert; die anderen Formen sind regelmäßig:
Indicativo
Pret. perf. simples: provi, proveste, proveu, provemos, (provestes), proveram
Conjuntivo
Pret. imperfeito: provesse, provesses, provesse, provêssemos, (provêsseis), provessem
Futuro: prover, proveres, prover, provermos, (proverdes), proverem
Particípio passado: provido

vir *kommen*
Indicativo
Presente: venho, vens, vem, vimos, (vindes), vêm
Pret. imperfeito: vinha, vinhas, vinha, vínhamos, (vínheis), vinham
Pret. Perf. Simples: vim, vieste, veio, viemos, (viestes), vieram
Pret. mais-que-perfeito: viera, vieras, viera, viéramos, (viéreis), vieram
Conjuntivo
Presente: venha, venhas, venha, venhamos, (venhais), venham
Pret. imperfeito: viesse, viesses, viesse, viéssemos, (viésseis), viessem

Futuro: vier, vieres, vier, viermos, (vierdes), vierem
Particípio passado: vindo
ebenso: advir *(geschehen; hinzukommen zu)*, convir *(übereinkommen; zuträglich sein)*, intervir *(eingreifen)*, sobrevir *(dazukommen)*

8.232 LI. Das Passiv *(Voz passiva)*

1. Das Passiv eines Verbs bildet man mit den Formen des Hilfsverbs **ser** und dem Partizip Perfekt des Hauptverbs. Das Partizip ist in diesem Fall veränderlich und richtet sich in Genus und Numerus nach seinem Subjekt.
(Zu den Formen des Passivs siehe 8.237)
Das Agens des Passivsatzes, d. h. der Urheber der Handlung *(agente da passiva)*, wird in der Regel von der Präposition **por** begleitet.

Estes exercícios **foram corrigidos por** ele.	*Diese Übungen wurden von ihm korrigiert.*
A casa **foi mobilada pela** minha mãe.	*Die Wohnung wurde von meiner Mutter möbliert.*
Os livros **foram escritos pelo** meu pai.	*Die Bücher wurden von meinem Vater geschrieben.*
Todos os bolos que estavam na mesa **tinham sido feitos por** ela.	*Alle Kuchen, die auf dem Tisch standen, waren von ihr gebacken worden.*
As nossas boas intenções **são** muitas vezes **mal interpretadas pelos** outros.	*Unsere guten Absichten werden oft von den anderen falsch verstanden.*
O político **tem sido** muito **criticado,** mesmo **pelos** seus partidários.	*Der Politiker ist viel kritisiert worden, selbst von seinen Anhängern.*

8.233 Bei Verben, die Gefühle ausdrücken, sowie bei **acompanhar, seguir, cercar** u. a. kann das Agens auch von **de** statt von *por* begleitet werden.

Sempre alegre e prestável, ela era **de todos estimada** (oder: **por todos estimada**).	*Immer fröhlich und hilfsbereit, war sie von allen geschätzt.*
Em todos os seus passos, o presidente **foi** sempre **acompanhado de** muitos leais amigos (*oder: por* muitos leais amigos).	*Bei allen seinen Schritten wurde der Präsident immer von vielen treuen Freunden begleitet.*

8.234 2. In der dritten Person Singular und Plural, wenn der Urheber der Handlung (Agens) unbestimmt ist oder nicht angegeben wird, gebraucht man im Portugiesischen – anders als im Deutschen – statt des Passivs meistens eine Reflexivkonstruktion mit **se**. Die aktivische Verbform richtet sich in der Zahl (3. Person Singular oder Plural) nach dem Substantiv, auf das sie sich bezieht.

Nos dias de festa **come-se** demais.	*An Feiertagen wird viel zu viel gegessen.*
Na Floresta Negra **fabricam-se** os famosos relógios de cuco.	*Im Schwarzwald werden die weltbekannten Kuckucksuhren hergestellt.*
Aqui **vendem-se** melões.	*Hier werden Melonen verkauft.*
Alugam-se quartos.	*Zimmer zu vermieten.*

Os exercícios **corrigiram-se**. (**Corrigiram--se** os exercícios.)	*Die Übungen wurden korrigiert.*
Os bolos **comeram-se**. (**Comeram-se** os bolos.)	*Die Kuchen wurden gegessen.*
	(vgl. hierzu 8.295)

3. Das Zustandspassiv (siehe 8.16) wird mit dem Verb **estar** (nicht mit *ser!*) und dem Partizip des Hauptverbs gebildet.

O trabalho **está feito**.	*Die Arbeit ist gemacht.*
Vgl. mit:	
Este trabalho **é feito** à máquina.	*Die Arbeit wird maschinell gemacht.*
Ele **esteve preso** dois anos.	*Er war zwei Jahre in Haft.*
Ele **foi preso** ontem.	*Er wurde gestern festgenommen.*
A mobília já **está escolhida**.	*Die Möbel sind schon gewählt.*
A mobília **foi escolhida** por mim.	*Die Möbel wurden von mir ausgewählt.*

4. Mit dem Verb **ficar** und dem Partizip des Hauptverbs wird eine Zustandsänderung als Folge ausgedrückt.

Após o terramoto de 1755, parte de Lisboa **ficou destruída**.	*Nach dem Erdbeben von 1755 lag ein Teil der Stadt Lissabon in Trümmern.*
Vgl. mit:	
Parte de Lisboa **foi destruída** pelo terramoto de 1755.	*Ein Teil Lissabons wurde durch das Erdbeben von 1755 zerstört.* [Handlung]
A cidade **está destruída**.	*Die Stadt ist zerstört.* [Neuer Zustand]
Com a cheia, os campos **ficaram inundados**.	*Durch das Hochwasser wurden die Felder überschwemmt.* [Zustandsveränderung als Folge]
Os campos **foram inundados** pela cheia.	*Die Felder wurden vom Hochwasser überschwemmt.* [Handlung]
Os campos **estão inundados**.	*Die Felder sind überschwemmt.* [Neuer Zustand]
Se eu lhe contar isso, ela **fica surpreendida**.	*Wenn ich ihr das erzähle, dann wird sie überrascht sein.*
Ela **está** muito **surpreendida**.	*Sie ist sehr überrascht.*
Ele **foi surpreendido** por uma tempestade.	*Er wurde von einem Gewitter überrascht.*

8.237 5. **Konjugationsmuster für ein Verb im Passiv**

			ser amado (-a) *geliebt werden*			
			Indicativo		Conjuntivo	
	Presente *(ich werde/werde geliebt)*		sou és é } amado (-a)		seja sejas seja } amado (-a)	
			somos (sois) são } amados(as)		sejamos (sejais) sejam } amados(as)	
	Pret. imperf. *(ich wurde/würde geliebt)*		era eras era } amado (-a)		fosse fosses fosse } amado (-a)	
			éramos (éreis) eram } amados(as)		fôssemos (fôsseis) fossem } amados(as)	
Pret. perfeito	simples *(ich wurde geliebt)*		fui foste foi } amado (-a)			
			fomos (fostes) foram } amados(as)			
	composto *(ich bin/sei geliebt worden)*		tenho sido tens sido tem sido } amado (-a)		tenha sido tenhas sido tenha sido } amado (-a)	
			temos sido (tendes sido) têm sido } amados(as)		tenhamos sido (tenhais sido) tenham sido } amados(as)	
Pret. mais-que-perfeito	simples *(ich war geliebt worden)*		fora foras fora } amado (-a)			
			fôramos (fôreis) foram } amados(as)			
	composto *(ich war/wäre geliebt worden)*		tinha sido tinhas sido tinha sido } amado (-a)		tivesse sido tivesses sido tivesse sido } amado (-a)	
			tínhamos sido (tínheis sido) tinham sido } amados(as)		tivéssemos sido (tivésseis sido) tivessem sido } amados(as)	

		Indicativo		Conjuntivo	
Futuro	simples *(ich werde/werde geliebt werden)*	serei serás será	} amado (-a)	for fores for	} amado (-a)
		seremos (sereis) serão	} amados(as)	formos (fordes) forem	} amados(as)
	composto *(ich werde/werde geliebt worden sein)*	terei sido terás sido terá sido	} amado (-a)	tiver sido tiveres sido tiver sido	} amado (-a)
		teremos sido (tereis sido) terão sido	} amados(as)	tivermos sido (tiverdes sido) tiverem sido	} amados(as)
Condicional	simples *(ich würde geliebt werden)*	seria serias seria	} amado (-a)		
		seríamos (seríeis) seriam	} amados(as)		
	composto *(ich würde geliebt worden sein)*	teria sido terias sido teria sido	} amado (-a)		
		teríamos sido (teríeis sido) teriam sido	} amados(as)		

Infinitivo	impessoal simples *(geliebt werden)*	ser	amado (-a)
	impessoal composto *(geliebt worden sein)*	ter sido	amado (-a)
	pessoal simples	ser seres ser	amado (-a)
		sermos (serdes) serem	amados (-as)
	pessoal composto	ter sido teres sido ter sido	amado (-a)
		termos sido (terdes sido) terem sido	amados (-as)
Gerúndio	simples	sendo	amado (-a, -os, -as)
	composto	tendo sido	amado (-a, -os, -as)
Particípio	passado	sido	amado (-a, -os, -as)

LII. Die periphrastische Konjugation
(Conjugação perifrástica)

Sie besteht insbesondere aus einer Form der Verben **estar, ter, haver, ir, vir, andar** – die dabei die Funktion eines Hilfsverbs annehmen – und dem Infinitiv, Gerundium oder auch einer anderen Form (etwa dem Partizip) eines anderen Verbs in der Funktion eines Hauptverbs.

Die periphrastische Konstruktion wird oft und gern gebraucht, nicht nur in temporaler Funktion, sondern auch um den Aspekt oder die Art der Handlung anzugeben. Das Portugiesische drückt hierbei den Aspekt, die Art und Weise der Handlung sehr oft durch Verbalperiphrasen explizit aus, wo das Deutsche sich mit den einfachen Verbformen (Präsens, Imperfekt usw.) begnügt, also der Aspekt implizit gegeben ist; in anderen Fällen steht im Deutschen neben der Verbform ein Adverb oder eine Partikel zum Ausdruck des Aspekts. Jede einzelne Verbalperiphrase erforderte im Grunde eine gesonderte lexikalische Untersuchung, wenn all ihre Bedeutungen herausgestellt werden sollten. Im Folgenden geht es uns nur um die wichtigsten Bedeutungen.

1. **estar**:

a) **estar** + *Gerundium* oder **estar a** + *Infinitiv* drückt vor allem eine Handlung aus, die zur Sprechzeit oder zur Zeit, auf die der Sprecher sich bezieht (sei es Gegenwart, Vergangenheit oder Zukunft), gerade verläuft (siehe 8.18):

«**Estivera contando** a Luísa a sua viagem.»

Er hatte gerade Luisa von seiner Reise erzählt.
Eça de Queirós, «O Primo Basílio»

«(Ela) **estava a falar** ao telefone com uma amiga.»

Sie sprach gerade am Telefon mit einer Freundin.
Luís de Sttau Monteiro, «Angústia Para o Jantar»

«(Ele) ainda **está a explicar**-te os quadros.»

Er ist noch dabei, dir die Bilder zu erklären.
Urbano Tavares Rodrigues, «Nus e Suplicantes»

«É o que **estou tentando** fazer.»

Das versuche ich gerade. Ibid.

«Que **estará ele a fazer** neste momento?»

Was wird er in diesem Augenblick wohl tun? Ibid.

«Talvez eu **esteja a exagerar**.»

Vielleicht übertreibe ich im Moment. Ibid.

«Eu **estou a evitar** fazer sentimento.»

Ich bemühe mich ja / schon,[1] nicht sentimental zu sein. Ibid.

«... ouso esperar que vocês **estejam** neste momento **a ouvir**-me».

... ich wage zu hoffen, dass ihr mir in diesem Augenblick zuhört. Ibid.

«Mas ela **está a enfraquecer**.»

Aber sie wird immer schwächer. Ibid.

---

[1] Zu der Grundbedeutung kann wie hier eine andere Nuance hinzukommen. In Sätzen wie «Não quero que saias de casa, **estás a ouvir? /estás a perceber?**» (*«Ich will nicht, dass du aus dem Hause gehst, hörst du? /verstehst du?»*) kommt das Interesse des Sprechers an der Realisierung der Handlung (hören, verstehen) zum Ausdruck.

«**Estavas a pesar**-te numa balança ali ao pé da escada.»	*Du warst gerade dabei, dich dort bei der Treppe auf einer Waage zu wiegen.*
	Augusto Abelaira, «*Enseada Amena*»
«Quem **terá estado a falar** a esta hora?»	*Wer hat wohl zu dieser Zeit gesprochen?*
	David Mourão-Ferreira, «*Os Amantes*»
«**Estás** neste momento **a descer** as escadas.»	*Du kommst gerade die Treppe herunter.*
	Ibid.
«Meu tenente! Meu tenente! Há fogo no campo! **Está** tudo **a arder!**»	*Mein Leutnant! Mein Leutnant! Es ist Feuer auf dem Feld! Alles brennt!*
	Jorge Reis, «*Matai-vos Uns aos Outros*»
«Ele não sabia o que fazia! Não sabia que … condenando-me, **estava** implicitamente **a condenar-se.**»	*Er wusste nicht, was er tat! Er wusste nicht, dass er indirekt auch sich selbst verurteilte, indem er mich verurteilte.*
	Ibid.

8.240   b) Manchmal wird die kurze Zeit übersprungen, die den Sprecher von dem zukünftigen Eintreten der Handlung trennt, es wird also die Zukunft vorweggenommen und als Gegenwart betrachtet:

«Porque o momento **estava a chegar.**»	*Weil der Augenblick nahte.*
	Joaquim Paço d'Arcos, «*A Corça Prisioneira*»
«Que eu saiba, ainda não chegou. Mas deve **estar** por aí **a aparecer.**»	*Soviel ich weiß, ist er noch nicht angekommen. Aber er müsste bald / jeden Augenblick erscheinen.* David Mourão-Ferreira, «*Os Amantes*»

8.241   c) **estar para** + *Infinitiv* bedeutet

ca) dass eine Handlung bald stattfinden wird:

Ela **está para casar.**	{ *Sie ist im Begriff zu heiraten.* *Sie wird bald heiraten.*
Ele **está para partir** para o estrangeiro.	*Er wird bald ins Ausland fahren.*
«Quando um homem e uma mulher se encontram mais do que duas vezes é porque há, é porque **está para haver** qualquer coisa.»	*Wenn sich ein Mann und eine Frau mehr als zweimal treffen, dann aus dem Grund, dass sie schon etwas miteinander haben oder bald etwas miteinander haben werden.*
	Augusto Abelaira, «*Enseada Amena*»

8.242   cb) oder – in der verneinten Form – dass jmd. nicht bereit ist, etwas zu tun:

«Olhe, sabe que mais? **Não estou para** aturar!»	*Wissen Sie was? Ich kann Sie nicht mehr ertragen. (Ich bin (einfach) nicht (mehr) bereit, Sie zu ertragen.)*
	Eça de Queirós, «*O Primo Basílio*»
«Não, Antónia não volto atrás, **não estou para apagar** a fita.»	*Nein, Antónia, ich spule nicht zurück, ich habe keine Lust, das Band zu löschen.*
	Urbano Tavares Rodrigues, «*Nus e Suplicantes*»
«Um estúpido qualquer que … **não está para sair** do carro, bater à porta, prefere a comodidade de incomodar os outros.»	*Irgendein Verrückter, der keine Lust hat, aus dem Wagen zu steigen und an der Tür zu klingeln, zieht es aus Bequemlichkeit vor, die anderen zu belästigen.*
	Augusto Abelaira, «*Enseada Amena*»

cc) **estar para** im einfachen Perfekt (alg. esteve para fazer q.c.) drückt aus, dass etwas beinahe stattgefunden hätte, oder dass jmd. beinahe etwas getan hätte: *drauf und dran sein / im Begriff sein, etwas zu tun*:

Estivemos para lhe fazer uma visita ontem.	*Gestern hätten wir Sie beinahe besucht.*
Estive para vender a minha casa.	{ *Ich hätte beinahe mein Haus verkauft.* / *Ich war drauf und dran, mein Haus zu verkaufen.*
«Ainda **estive para** te **telefonar,** mas sabes como eu sou, lembras-te, não é verdade?»	*Beinahe hätte ich dich angerufen, aber du weißt ja, wie ich bin, du erinnerst dich doch, nicht wahr?*
	M. J. de Carvalho, «*As Palavras Poupadas*»

d) **estar por** + *Infinitiv* bedeutet, dass etwas (was eigtl. schon hätte gemacht werden müssen/sollen) noch zu tun ist / gemacht werden muss:

A cama **está por fazer.**	*Das Bett* { *ist noch nicht gemacht.* / *ist noch zu machen.* / *muss noch gemacht werden.*
Essa experiência **está por tentar.**	*Dieses Experiment muss (erst) noch gemacht werden.*
Vá, despacha-te, que temos que sair e **estás por arranjar!**	*Schnell, beeil dich, denn wir müssen weg, und du bist noch nicht fertig! (eigtl.: du bist noch anzuziehen, fertig zu machen).*
«A senhora Juliana está ainda na cama, **está tudo por arrumar!**»	*Frau Juliana ist noch im Bett, alles liegt noch herum!/es ist noch alles aufzuräumen!* Eça de Queirós, «*O Primo Basílio*»
«Mas ... se esse livro **está por escrever,** porque não o escreves tu, não é esse o papel dos escritores, escreverem os livros de que sentem a falta?»	*Aber wenn dieses Buch noch nicht geschrieben ist/noch geschrieben werden muss, warum schreibst du es dann nicht, besteht denn nicht die Aufgabe der Schriftsteller darin, die Bücher zu schreiben, von denen sie glauben, dass sie noch fehlen?* Augusto Abelaira, «*Enseada Amena*»

e) **estar em** + *Infinitiv*: *fast entschlossen sein, etwas zu tun, geneigt sein, etwas zu tun;* verbreitet **estar em dizer, estar em crer**:

Estou em dizer que ele tem razão.	*Ich glaube fast, dass er recht hat.*
Estou em crer que ela não vem.	*Ich glaube fast, dass sie nicht kommt.*

Seltener und kolloquialer ist die Verbalperiphrase **estar em** mit einem anderen Verb:

Estou em ir comer hoje ao restaurante.	*Ich glaube, ich werde heute im Restaurant essen.*

8.246 2. **ter de** und **ter que** + *Infinitiv*

Diese Formen entsprechen dem deutschen *müssen* und werden verwendet, wenn – durch äußere oder innere Umstände – ein Zwang besteht, etwas zu tun.

«**Tens que** te queixar ao médico das tuas insónias.»	*Du musst dem Arzt von deiner Schlaflosigkeit erzählen.*
	Joaquim Paço d'Arcos, «*A Corça Prisioneira*»
«Era ele quem **tinha de** servir o jantar à doente …»	*Er selbst musste der Kranken das Abendessen bringen.*
	M. J. de Carvalho, «*As Palavras Poupadas*»
«**Tinha** também **de** conversar com ela, mas essa era uma ocupação doce …»	*Er musste sich auch mit ihr unterhalten, aber das war eine angenehme Beschäftigung.* Ibid.
«Como podia tratar de si se **tinha que** cuidar dela?»	*Wie konnte er sich pflegen, wenn er sich um sie kümmern musste?* Ibid.
«**Tinha de** haver uma solução, era impossível que não houvesse.»	*Es musste eine Lösung geben, es war einfach unmöglich, dass es keine gab.* Ibid.
«**Tenho de** fingir que o encontro por acaso.»	*Ich muss so tun, als ob ich ihm nur zufällig begegne.*
	Luís de Sttau Monteiro, «*Angústia Para o Jantar*»
«**Tenho de** tirar todo o efeito possível da nossa entrada.»	*Ich muss unser Hereinkommen so wirkungsvoll wie möglich gestalten.* Ibid.

8.247 3. **haver de**

a) Mit **haver de** + *Infinitiv* wird nicht nur eine temporale Angabe gemacht; vielmehr bezeichnet diese Form den Willen oder die Absicht des Sprechers, etwas zu tun oder seine Sicherheit/bzw. seine feste Annahme, dass etwas geschieht/bzw. *schon* geschehen wird (vgl. 8.70 und 8.316):

«**Há de ser** tudo para o meu Fernando.»	*Es wird alles für meinen Fernando sein.*
	Joaquim Paço d'Arcos, «*A Corça Prisioneira*»
«**Havemos de ser** muito felizes com o nosso filho.»	*Wir werden mit unserem Kind bestimmt sehr glücklich sein.* Ibid.
«Deus **há de iluminar**-te, filha.»	*Gott wird dich erleuchten, meine Tochter!* Ibid.
«… **hei de trazer** também um gato.»	*… ich werde bestimmt auch eine Katze mitbringen.* M. J. de Carvalho, «*As Palavras Poupadas*»
«Também um dia **hei de estrear** vestidos, e dos bons! dos da modista!»	*Auch ich werde eines Tages neue Kleider tragen, gute! Modellkleider!*
	Eça de Queirós, «*O Primo Basílio*»
«Diverte-te, piorrinha, diverte-te que o meu dia **há de chegar!** Oh! se **há de!**»	*Amüsiere dich, du mieses Stück, amüsiere dich ruhig, denn mein Tag wird ganz sicher kommen! Oh, ganz sicher!* Ibid.
«**Hei de sair,** se eu quiser! Se eu quiser!»	*Ich werde schon gehen, wenn ich will! Wenn ich will!* Ibid.

«**Havia de ser** boa ama. Mas que lhe andassem direitas. Desmazelos, más respostas, **não havia de sofrer** a criadas! Não, desmazelos **não havia de sofrer**! Mantê--las bem, decerto ... Mas **havia de** lho tirar do corpo. Ah! lá isso, **haviam de** lhe **andar** direitas ...»	*Sie würde schon eine gute Herrin sein. Aber sie müssten folgsam sein. Nachlässigkeiten und Widerreden würde sie bei den Dienstmädchen nicht dulden! Nein, Nachlässigkeiten wollte sie nicht dulden. Selbstverständlich würde sie sie gut behandeln. Aber dafür würde sie auch etwas von ihnen verlangen. Oh ja, folgsam müssten sie schon sein...* Ibid.

b) **haver de** + *Infinitiv* als Ausdruck der Vermutung des Sprechers:[1]

«**Há de ser** a Juliana, tinha ido fora.»	*Es wird wohl Juliana sein, sie war ausgegangen.* Eça de Queirós, *«O Primo Basílio»*
«**Havia de ser** divertido, teu sogro!»	*Er war wohl/bestimmt sehr lustig, dein Schwiegervater!* Ibid.
«Veio aí o senhor Sebastião, **haviam de ser** nove horas ...»	*Da kam der Herr S., es war wohl so um neun Uhr...* Ibid.

c) In der direkten oder indirekten Frage wird **haver de** *(+ Infinitiv)* im Dt. mit *sollen* wiedergegeben (vgl. 8.71 und 8.317):

Quanto **hei de dar** de gorjeta ao motorista do táxi?	*Wie viel Trinkgeld soll ich dem Taxifahrer geben?*
Não sei o que **hei de fazer**.	*Ich weiß nicht, was ich tun soll.*
«Está boa, tia Joana, está boa. Então como **há de estar**?»	*Es geht ihr gut, Tante J., es geht ihr gut. Wie sollte es ihr sonst gehen?* Eça de Queirós, *«O Primo Basílio»*
«E que **havia de fazer** àquilo?	*Und was sollte er damit anfangen?* Ibid.
«Então que **havia de** o homem **ser** senão parente?»	*Was sollte dieser Mann schon anderes sein als ein Verwandter?* Ibid.

d) In rhetorischen Fragen oder Ausrufesätzen in der Form eines Fragesatzes drückt **haver de** + *Infinitiv* aus, dass es dem Sprecher unglaublich scheint – oder dass er so tut, als schiene es ihm unglaublich – dass etwas geschehen kann oder konnte.

Então eles **hão de esquecer-se** do que tanto lhes recomendei?	*Sollten sie in der Tat imstande sein/in der Lage sein, das zu vergessen, was ich ihnen so sehr empfohlen habe?*
«O que **havia** de me **acontecer**!»	*Was mir da bloß passiert ist!* Luís de Sttau Monteiro, *«Angústia Para o Jantar»*
«Que chato! **Havias** logo **de dar** comigo! ...»	*So ein Mist, dass du mir aber auch sofort über den Weg laufen musstest!* Ibid.

---

[1] In der gleichen Bedeutung wird das Verb «dever» gebraucht. Man könnte dieselben Sätze folgendermaßen ausdrücken, ohne ihren Sinn zu ändern:

Deve ser a Juliana, tinha ido fora.

Devia ser divertido, teu sogro!

Veio o senhor Sebastião, **deviam ser** nove horas.

4. **ir**

a) Mit **ir** + *Infinitiv* wird eine Handlung bezeichnet, die in Bezug auf die vom Sprecher gemeinte Zeit (sei es Gegenwart oder Vergangenheit) in einer sehr nahen Zukunft – oder gleich/sofort – stattfindet.

Doch ist die Bedeutung dabei sehr oft nicht rein temporal; vielmehr drückt der Sprecher gleichzeitig oder sogar hauptsächlich aus, dass die Handlung mit Sicherheit/ohne Zweifel/bestimmt stattfindet.

«Momentos antes o Osório dissera-lhe: **Vou deixar** a Zé …»	Kurz zuvor hatte O. ihm gesagt: Ich werde die Zé verlassen. Augusto Abelaira, *«Enseada Amena»*
«Vá, Santiago, sirva-se … **Vai ver** que delícia!»	Na los, S., bedienen Sie sich … Sie werden sehen, wie köstlich das schmeckt. Jorge Reis, *«Matai-vos Uns aos Outros»*
«Este senhor **vai pensar** que estás a falar a sério!»	Dieser Herr wird denken, dass du im Ernst sprichst. Ibid.
«Já imaginou o que **vai ser** daquela casa?»	Haben Sie sich schon einmal Gedanken darüber gemacht, was aus diesem Haus werden wird? Ibid.
«Tu nunca foste um peso para mim, Leonor. **Não vou** recriminar-te …»	Du warst niemals eine Last für mich, Leonor. Ich werde Dir keine Vorwürfe machen. Joaquim Paço d'Arcos, *«A Corça Prisioneira»*
«Tu podes ficar nesta casa, nada te faltará. **Eu vou viver** para a quinta.»	Du kannst in diesem Haus bleiben, es wird dir an nichts fehlen. Ich werde aufs Gut gehen, um dort zu leben. Ibid.
«**Vou fazer** para o mês que vem oitenta e cinco anos …»	Ich werde im nächsten Monat fünfundachtzig Jahre alt. M. J. de Carvalho, *«As Palavras Poupadas»*
«Outras vezes Leda **ia encontrar-se** com as amigas numa pastelaria da Baixa, ou iam juntas a alguma matinée.»	Manchmal traf sich Leda mit ihren Freundinnen in einer Konditorei in der Innenstadt, oder sie gingen zusammen in eine Nachmittagsvorstellung. Ibid.
«Precisava de me convencer de que as coisas **iam correr** melhor.»	Ich musste mich davon überzeugen, dass die Dinge besser werden würden. M. J. de Carvalho, *«Tanta Gente, Mariana»*
«Julgavas que **ias ser** feliz.»	Du dachtest wohl, dass du glücklich werden würdest. Augusto Abelaira, *«Enseada Amena»*
«Como **irão viver** os dois com o dinheiro que ele arranja?»	Wie werden die beiden wohl mit dem Geld, das er verdient, auskommen? Ibid.

b) Mit dem *einfachen Perfekt von* **ir** *und einem Infinitiv* wird oft Befremden darüber ausgedrückt, dass etwas stattfand.

Ai, o que ela **foi fazer**! Que sarilho **foi arranjar**!	Ach was hat sie da bloß gemacht! In was für eine dumme Lage hat sie sich da bloß gebracht!

| «Coitado, o Malafaya **foi casar** com a costureira da mãe ...» | *Der arme Malafaya. Wie konnte er bloß die Näherin seiner Mutter heiraten ...* |

Joaquim Paço d'Arcos, «*A Corça Prisioneira*»

c) **ia** + *Präposition* **a** + *Infinitiv* (alg. ia a fazer q.c. ... quando/mas) bedeutet:

jemand
{
wollte gerade etwas tun, als/aber ...
war gerade dabei etwas zu tun, als ...
war gerade im Begriff etwas zu tun, als ...
}

Beispiele:

| Ela **ia a sair,** quando o telefone tocou. | *Sie wollte gerade weggehen, als das Telefon klingelte.* |
| Eu **ia a falar,** mas ele interrompeu-me. | *Ich begann zu sprechen, aber er unterbrach mich sofort.* |

d) **ir** + *Gerundium* drückt den allmählichen Verlauf, die allmähliche Zunahme, Steigerung einer Handlung aus, den allmählichen Anfang einer Handlung, bis eine andere einsetzt.

| «Ela **foi ganhando** terreno, já não era a costureira, era a dama de companhia ...» | *Sie gewann immer mehr an Boden, sie war nicht mehr die Näherin, sondern Gesellschaftsdame ...* |

Joaquim Paço d'Arcos, «*A Corça Prisioneira*»

«Amanhã, voltamos a conversar. Hoje **vai pensando** no que te disse.»	*Morgen werden wir wieder darüber sprechen. Heute denke darüber nach, was ich dir gesagt habe.* Ibid.
«E a pouco e pouco a noite e o silêncio **foram envolvendo** o andar inteiro da pensão.»	*Und ganz allmählich/nach und nach senkten sich Nacht und Stille auf die ganze Pension.* Ibid.
«É uma hora, Graça, **vamos indo.**»	*Es ist ein Uhr Graça, wir sollten so langsam gehen.*

M. J. de Carvalho, «*As Palavras Poupadas*»

| «Às escondidas, Graça **ia começando** a penetrar nas vidas de Clotilde e de Emília.» | *So ganz allmählich, ohne dass es auffiel, begann Graça damit, sich mit dem Leben von C. und E. vertraut zu machen.* Ibid. |
| «Podes **ir andando,** Grila. Espera por mim no Chico da Loja.» | *Du kannst schon mal vorgehen, Grila. Warte auf mich beim Chico da Loja.* |

Jorge Reis, «*Matai-vos Uns aos Outros*»

| «Se não se importa, **vamos andando** ...» | *Wenn Sie einverstanden sind, dann gehen wir jetzt so langsam ...* Ibid. |
| «No decorrer da vida, um homem **vai passando** de «malta» em «malta».» | *Im Verlaufe seines Lebens geht ein Mensch von einer Clique zur anderen.* |

Luís de Sttau Monteiro, «*Angústia Para o Jantar*»

«Os noivos ainda estavam na igreja, mas os convidados já **iam saindo** ...»	*Das Brautpaar war noch in der Kirche, aber die Gäste kamen schon (so nach und nach/so langsam) heraus.* Ibid.
«Agora vou à vida, que vão **sendo** horas.»	*Jetzt muss ich aber mal wieder was tun, es ist allmählich Zeit. (wie im Dt.: «allmählich» = Euphemismus für «höchste Zeit»).* Ibid.
«Tinham-se abrigado numa porta enquanto esperavam que a chuva passasse e entretanto **iam dizendo** coisas impessoais.»	*Sie hatten sich untergestellt, während sie darauf warteten, dass der Regen aufhörte, und erzählten sich unterdessen Belangloses.* Augusto Abelaira, «*Enseada Amena*»

8.255 e) **ia** + *Gerundium* (alg. ia fazendo q.c.) bedeutet: *jemand hätte fast/beinahe etwas getan.*

Ele **ia perdendo** o comboio.	*Er hätte beinahe den Zug verpasst.*
«A velha não rebentou com a congestão, mas **ia rebentando**.»	*Die Alte wurde zwar nicht vom Schlag getroffen, aber fast (wäre sie getroffen worden!).* Joaquim Paço d'Arcos, «*A Corça Prisioneira*»
«No meio do quarto (ela) **ia caindo** porque havia dois meses que não dava um passo.»	*In der Mitte des Zimmers wäre sie beinahe gefallen, weil sie seit 2 Monaten keinen Schritt getan hatte.* M. J. de Carvalho, «*As Palavras Poupadas*»

8.256 **5. vir**

Der Gebrauch von **ir** und **vir** ist klar unterschieden. **Ir** drückt aus: eine Bewegung (bzw. innere Abwendung) vom Sprecher weg, **vir** eine Bewegung (bzw. innere Hinwendung) auf den Sprecher zu.

8.257 a) **vir** + *Gerundium* gibt den allmählichen Verlauf einer Handlung von der Vergangenheit bis zur Gegenwart wieder:

Há muito tempo para cá que **venho tentando** remediar esta situação.	*Schon lange habe ich versucht, für diese Situation einen Ausweg zu finden.*
«Mas ... esperava manter-se dono do que era seu e que ele, com tanta persistência, **vinha**, há anos já, **valorizando**.»	*Aber ... er hoffte, das behalten zu können, was er besaß und dessen Wert er mit soviel Ausdauer seit Jahren gesteigert hatte/steigerte.* Joaquim Paço d'Arcos, «*A Corça Prisioneira*»

8.258 b) **vir** + *Präposition* **a** + *Infinitiv* drückt eine Handlung aus, die vom vorangehenden Kontext aus gesehen überraschenderweise doch/in der Tat stattfindet:

Ele era mau estudante e **veio a ser** um grande médico.	*Er war ein schlechter Schüler und wurde doch ein so bedeutender Arzt.*
«Se não tomo cautela, ainda **vem a ser** esse o meu fim.»	*Wenn ich nicht aufpasse, werde ich auch so enden.* Joaquim Paço d'Arcos, «*A Corça Prisioneira*»

«Aqui estou a escrever, Amândio, sem a certeza de **vir a mostrar-te** este caderno.»

Hier sitze ich nun und schreibe, A., ohne mir klar zu sein, ob ich dir dieses Heft (in der Tat) jemals zeigen werde.

Augusto Abelaira, «*Enseada Amena*»

«Talvez um dia, não sei quando, **venha a confessar-te** que gosto de ti.»

Vielleicht werde ich dir eines Tages, wann weiß ich noch nicht, doch/doch noch gestehen, dass ich dich liebe. Ibid.

«Limitava-se a inventar o que depois lhe **veio a suceder**.»

Er erfand nur Dinge, die ihm später dann auch wirklich passierten.

David Mourão-Ferreira, «*Os Amantes*»

Redewendungen:

O que **vem a ser** isso?!

{ *Was ist denn das?*
  Was soll denn das? }

Vir a saber

erfahren

Beispiel:

«Calculem que só agora no barco é que **vim a saber** (isso).»

Stellt euch vor, erst jetzt auf dem Schiff habe ich es erfahren.

Jorge Reis, «*Matai-vos Uns aos Outros*»

6. **andar** + *Gerundium* oder **andar a** + *Infinitiv*

Diese Konstruktionen geben den kontinuierlichen Verlauf einer Handlung in der Regel über längere Zeit wieder.

Ele **anda a aprender** português.

Er lernt Portugiesisch (er ist dabei, Port. zu lernen).

Os jogadores **andam a treinar** para o campeonato do mundo.

Die Spieler trainieren jetzt/zurzeit für die Weltmeisterschaft.

A minha tia **anda a fazer** esta renda há oito dias.

Seit acht Tagen ist meine Tante damit beschäftigt, diese Spitzen anzufertigen.

«Vivia então muito ocupado: **andava escrevendo** o seu relatório.»

Er war damals sehr in Beschlag genommen: er schrieb die ganze Zeit an seinem Bericht. Eça de Queirós, «*O Primo Basílio*»

«No outro dia **andavas a ler** um livro do Aquilino ...»

Neulich warst du gerade damit beschäftigt, ein Buch von A. zu lesen.

Augusto Abelaira, «*Enseada Amena*»

«Todos **andamos a fingir** qualquer coisa.»

Alle machen wir den anderen ständig etwas vor.

Luís de Sttau Monteiro, «*Angústia Para o Jantar*»

«Montemor não **andou a alardear** aos quatro ventos a descoberta ...»

Montemor hat seine Entdeckung nicht ausposaunt.

Joaquim Paço d'Arcos, «*A Corça Prisioneira*»

Einige Bemerkungen zu einer Gruppe anderer Verben, die häufig in der Funktion einer Verbalperiphrase gebraucht werden:

7. acabar

8.260 a) **acabar de** + *Infinitiv*

aa) *etwas beenden, zu Ende führen, fertig machen*

Acaba de comer, para eu levantar a mesa.	*Iss auf/zu Ende, damit ich den Tisch abräumen kann.*
Quando **acabar de traduzir** este texto, vou-me deitar.	*Wenn ich die Übersetzung dieses Textes beendet/fertig habe, werde ich ins Bett gehen.*
«Malafaya meteu a carta da mulher no bolso; **acabaria de a ler** quando voltasse a estar só.»	*M. steckte den Brief seiner Frau in die Tasche. Er würde ihn zu Ende lesen, wenn er wieder allein sein würde.*

Joaquim Paço d'Arcos, «A Corça Prisioneira»

8.261 ab) *Gerade/eben/soeben etwas getan haben* (entspricht dem franz.: «venir de faire quelque chose»)

«Joana estava só. As amigas **acabavam de sair** e os pais e o irmão ainda não tinham chegado a casa.»	*Johanna war allein. Ihre Freundinnen waren eben weggegangen, und ihre Eltern und ihr Bruder waren noch nicht nach Hause gekommen.*

M. J. de Carvalho, «As Palavras Poupadas»

«A montra da vitrina **acaba** de **ser destruída** ...»	*Die Glasvitrine wurde soeben zerstört.*

David Mourão-Ferreira, «Os Amantes»

«Alguém, no andar de cima, **acabou de pousar** o auscultador de um telefone.»	*Im oberen Stockwerk hat soeben jemand einen Telefonhörer aufgelegt.* Ibid.

8.262 *Bemerkung:*

vir de + *Infinitiv* drückt aus: gerade irgendwo etwas getan haben, woher man kommt, gerade an einem anderen Ort etwas getan haben; d. h. die Handlung, die im Hauptverb ausgedrückt wird, fand an einem Ort A statt, der Sprecher befindet sich an einem Ort B und kam gerade von A.

De onde vens a esta hora? **Venho de ver** muitas casas, sem encontrar nenhuma ao meu agrado.	*Woher kommst du zu dieser Stunde? Ich habe mir soeben viele Häuser angesehen, ohne eines nach meinem Geschmack gefunden zu haben.*
Vinha muito cansada. **Vinha de falar** com o médico.	*Sie kam sehr müde an. Sie hatte soeben mit dem Arzt gesprochen.*

8.263 b) **acabar por** + *Infinitiv* bedeutet: schließlich doch/noch, am Ende doch/noch etwas tun; es gibt oft das Ergebnis eines Entwicklungsprozesses wieder, das für den Sprecher überraschend kommt.

«D. Purificação, aconselhe o seu filho a casar, um homem sério como ele, é uma pena se **acaba** depois **por cair** aí nas mãos duma aventureira.»

D. Purificação, sagen Sie Ihrem Sohn, er sollte heiraten, denn für einen seriösen Mann wie ihn ist es schade, wenn er am Ende noch in die Hände einer Abenteurerin fällt. Joaquim Paço d'Arcos, «*A Corça Prisioneira*»

«... estas coisas **acabam** sempre **por saber-se**...»

... so etwas kommt schließlich heraus...
Ibid.

«É possível que o capitalismo **acabe por dar** aos homens um nível de vida admirável.»

Es ist möglich, dass der Kapitalismus den Menschen schließlich noch zu einem bewundernswerten Lebensstandard verhilft.
Augusto Abelaira, «*Enseada Amena*»

«Por outro lado, o homem apresentou tamanhas facilidades que **acabei por fazer** a escritura.»

Auf der anderen Seite hat der Mann alles derart einfach dargestellt, dass ich den Vertrag zu guter Letzt doch unterschrieben habe. Jorge Reis, «*Matai-vos Uns aos Outros*»

«A princípio recuou... mas depois estendeu a mão e ficou imóvel. **Acabou por sorrir** à nova perspetiva que se lhe oferecia.»

Am Anfang schreckte er davor zurück... aber dann streckte er die Hand aus und stand ganz unbeweglich da. Schließlich lächelte er bei der neuen Perspektive, die sich ihm bot. M.J. de Carvalho, «*Tanta Gente, Mariana*»

«... lia muito, mas a leitura **acabava por a fatigar**.»

... sie las viel, aber schließlich ermüdete sie die Lektüre.
M. J. de Carvalho, «*As Palavras Poupadas*»

8. **começar**

a) **começar a** + *Infinitiv* } *anfangen, etwas zu tun*
seltener: **principiar a** + *Infinitiv*

Desculpa! Vieste tão tarde, que eu já **comecei a comer**.

Entschuldige, aber du kommst so spät, dass ich schon mit dem Essen begonnen habe.

Agora, que eu queria sair, é que **começou a chover**!

Jetzt, da ich weggehen wollte, fing es an zu regnen!

«O ódio e a ambição **começaram a ser** os seus companheiros e ela alimentava-os com secreta volúpia.»

Hass und krankhafter Ehrgeiz begannen ihre Gefährten zu werden, und sie nährte sie noch mit heimlicher Wollust.
Joaquim Paço d'Arcos, «*A Corça Prisioneira*»

«Creio que **principias a compreender** por que motivo me encontro aqui.»

Ich glaube, du fängst an zu verstehen, warum ich hier bin.
David Mourão-Ferreira, «*Os Amantes*»

b) **começar por** + *Infinitiv*: *zunächst/zuerst/im Anfang etwas tun*. Diese Periphrase drückt also den Beginn oder das erste Stadium innerhalb eines Entwicklungsprozesses oder einer Reihenfolge aus, wobei zwischen diesem Stadium und dem weiteren Verlauf häufig ein Kontrast besteht:

Ele **começou por ralhar** com ela e **acabou por dar**-lhe razão.

Zunächst/Am Anfang schimpfte er mit ihr und schließlich/am Ende gab er ihr Recht.

Muitos sábios **começaram por ser** maus alunos.	Viele Gelehrte waren zunächst schlechte Schüler.
«Luta contigo. Tens de **começar por lutar** contigo.»	Besiege dich. Zunächst musst du Herr über dich selbst werden.
	Fernando Namora, *«O Trigo e o Joio»*

8.266   9. **chegar a** + *Infinitiv*

1) dahin kommen, etwas zu tun; 2) so weit gehen, etwas zu tun; sogar etwas tun; 3) es kommt dahin, dass etwas geschieht; 4) dazu kommen, etwas zu tun

1) «**Cheguei a saber** a vida dela desde que nascera ...»	Zu Guter Letzt kannte ich ihr ganzes Leben von der Geburt an ... (eigtl.: ich kam dahin, ihr ganzes Leben ... zu erfahren)
	Ilse Losa, *«Miss Suzette e Eu»*
2) «**Chegava** até **a pagar** a algumas mulheres para fingirem que o sustentavam.»	Er ging sogar so weit, einige Frauen zu bezahlen, damit sie so taten, als ob sie ihn aushielten. David Mourão-Ferreira, *«Os Amantes»*
3) «Tens de me dizer porque não **chegaste a** conhecê-la.»	Du musst mir verraten, warum es nicht dazu gekommen ist, dass du ihre Bekanntschaft gemacht hast. Ibid.
4) «Nem **cheguei a tratar** de coisa nenhuma.»	Ich bin nicht dazu gekommen, auch nur irgendetwas zu erledigen. Ibid.

8.267   10. **continuar a** + *Infinitiv*

fortfahren, etwas zu tun; weiter etwas tun; weiterhin etwas tun; nach wie vor etwas tun; immer noch etwas tun

Não posso **continuar a trabalhar**. O meu computador está avariado.	Ich kann nicht weiterarbeiten. Mein Computer ist defekt.
«**Continuas a ter** o segredo de convencer toda a gente.»	Immer noch/nach wie vor kennst du das Geheimnis, wie man alle Leute überzeugt.
	David Mourão-Ferreira, *«Os Amantes»*
«E acho também que não vale a pena **continuar a iludir**-te.»	Und ich finde auch, dass es sich nicht lohnt, dich weiter/weiterhin zu täuschen. Ibid.
«Os pensamentos **continuavam a atormentá**-la ...»	Gedanken quälten sie weiterhin.
	Joaquim Paço d'Arcos, *«A Corça Prisioneira»*

11. **deixar**

8.268   a) **deixar de** + *Infinitiv*: *(damit) aufhören, etwas zu tun; davon ablassen, etwas zu tun; davon Abstand nehmen, etwas zu tun; etwas aufgeben*

Depois da grande gripe que teve, ele **deixou de fumar**.	Nach seiner schweren Grippe hörte er auf zu rauchen/gab er das Rauchen auf.
Está calado! **Deixa de gritar** assim!	Sei ruhig! Hör auf, so zu schreien!
«**Não deixava** ela, todavia, **não deixaria** por isso nunca **de o amar**.»	Dennoch hörte sie nicht auf, und sie würde auch deshalb nie aufhören, ihn zu lieben.
	Urbano Tavares Rodrigues, *«Bastardos do Sol»*

Nem por isso ela **deixou de o apoiar** …	*Trotzdem ließ sie nicht davon ab, ihn zu unterstützen.*
Quando vi que ele se ofendia, **deixei de o criticar** em público.	*Als ich sah, dass er sich beleidigt fühlte, nahm ich davon Abstand, ihn in der Öffentlichkeit zu kritisieren.*

b) **não deixar de** + *Infinitiv*: *nicht unterlassen, etwas zu tun; schon etwas tun; einer Sache nicht entbehren*

«**Não deixe de engomar** a saia bordada para amanhã, Juliana!»	*Vergessen Sie nicht, den bestickten Rock für morgen zu bügeln, Juliana!*
	Eça de Queirós, *«O Primo Basílio»*
«O silêncio embaraçado em que os dois homens se refugiaram **não deixou de a irritar.**»	*Das verlegene Schweigen, in das sich die zwei Männer geflüchtet hatten, hat sie schon geärgert.*
	Joaquim Paço d'Arcos, *«A Corça Prisioneira»*
«**Não deixa de ser** razoável a lembrança dele.»	*Sein Einfall entbehrt nicht einer gewissen Vernunft.* Ibid.
«Tenho que ir indo. **Não quis deixar de te dar** um abraço, mas agora tenho que ir indo.»	*Ich muss so langsam aufbrechen. Ich wollte es nicht unterlassen, dich zu besuchen (wörtl.: dich in die Arme zu nehmen), aber jetzt muss ich wirklich gehen.*
	M. J. de Carvalho, *«As Palavras Poupadas»*

12. **ficar**

a) **ficar a** + *Infinitiv* oder **ficar** + *Gerundium* (seltener, eher Schriftsprache): *dasitzen/-stehen/-bleiben und noch etwas tun; noch weiterhin etwas tun*

Quando o Raul saiu, ele **ficou a meditar** (= meditando).	*Als R. aufbrach, dachte er noch darüber nach.*
«**Ficou** com os olhos enxutos **a medir,** no pensamento, as distâncias do mundo e a duração das vidas.»	*Mit trockenen Augen maß sie noch in Gedanken die Entfernungen der Welt und die Dauer eines Menschenlebens.*
	Joaquim Paço d'Arcos, *«A Corça Prisioneira»*
«A cabeça pendeu-lhe para o peito e **ficou a dormitar.**»	*Der Kopf sank ihr auf die Brust und sie döste vor sich hin.*
	M. J. de Carvalho, *«As Palavras Poupadas»*
«E **ficarás** de longe **a observá-las.**»	*Und du wirst dableiben und sie aus der Ferne beobachten.*
	David Mourão-Ferreira, *«Ao Lado da Clara», «Os Amantes»*
«A campainha retiniu. Era ele! **Ficou esperando,** palpitante.»	*Es klingelte. Er war es! Sie wartete aufgeregt.*
	Eça de Queirós, *«O Primo Basílio»*

Ausdrücke:

ficar a ganhar (com q.c.)	*gewinnen/verdienen (bei etwas)*
ficar a perder (com q.c.)	*verlieren (bei etwas); das Nachsehen haben*

Beispiel:

«Ela é a única que **fica a perder** com o negócio...»	*Sie ist die Einzige, die bei diesem Handel das Nachsehen hat...*
	Jorge Reis, «*Matai-vos Uns aos Outros*»

ficar sabendo, ficar a saber – *etwas erfahren, lernen*: häufig im Imperativ als Drohung; im Dt. entsprechen in dieser Situation vielleicht am besten die Ausdrücke: *hiermit sage ich dir; ich sag' dir nur eins, merke dir* u. a.

Beispiel:

«**Fique sabendo** que me vou embora. Estou farto de enxada e de mentiras.»	*Sie sollen es jetzt erfahren, dass ich fortgehe. Ich habe die Hacke und die Lügen satt.*
	Fernando Namora, «O Trigo e o Joio»

8.271   b) **ficar por** + *Infinitiv*: *noch zu tun bleiben, unerledigt bleiben, liegen bleiben*

Foste-te embora e o trabalho **ficou por fazer**!	*Du bist weggegangen und die Arbeit blieb noch zu tun/blieb liegen.*
Eles mudaram-se para outro **bairro e a** conta **ficou por pagar**.	*Sie sind in ein anderes Viertel umgezogen und die Rechnung blieb zu zahlen/blieb unbezahlt.*

8.272   c) **ficar de** + *Infinitiv*: *versprechen; sich verpflichten zu*

Ele **ficou de** se encontrar comigo hoje às onze horas na universidade.	*Er versprach, sich heute mit mir um 11 Uhr in der Universität zu treffen.*
Eu **fiquei de** lhe **restituir** hoje o dinheiro.	*Ich verpflichtete mich, ihm/ihr heute das Geld zurückzugeben.*

8.273   13. **tornar a** + *Infinitiv*   { *etwas wieder/aufs Neue/*
           voltar a + *Infinitiv*   *wiederum/noch einmal tun*

Não **tornes a fazer** isso!	*Mach das nicht noch einmal!*
«Também ela nunca mais o **tornara a ver**.»	*Auch sie hatte ihn niemals wiedergesehen.*
	Joaquim Paço d'Arcos, «*A Corça Prisioneira*»
«Amanhã cedo **torno a telefonar-te**.»	*Morgen früh werde ich dich wieder/noch mal anrufen.* Ibid.
«**Voltaram a ficar** silenciosos, ambos meditativos.»	*Sie schwiegen erneut und wurden beide wieder nachdenklich.* Ibid.
«Leu, releu e **voltou a ler** as linhas muito iguais da carta de Alberto.»	*Sie las und las, las immer wieder aufs Neue die ganz gleichmäßigen Zeilen von Albertos Brief.* Ibid.
«Mais estranhas foram as circunstâncias em que depois **voltei a vê-la**.»	*Noch seltsamer waren die Umstände, unter denen ich sie später wiedersah.*
	David Mourão-Ferreira, «*Os Amantes*»

14. **pôr-se a** + *Infinitiv*
 desatar a + *Infinitiv*
 deitar a + *Infinitiv*
 (correr/fugir)
 largar a + *Infinitiv*
 (correr/fugir/chorar/rir;
 largar-se a chorar/a rir)
 romper a + *Infinitiv*
 (correr/andar/chorar/rir/
 cantar/gritar/berrar)
 disparar a + *Infinitiv*
 (correr) [selten]

anfangen zu

anfangen zu (heftig/stürmisch;
dt. oft: *los-*)

De repente, **desatou a chover.**

Plötzlich fing es heftig an zu regnen. (kolloq.) *Plötzlich goss es los.*

Ele viu a minha figura e **desatou a rir.**

Er sah meine Figur und fing heftig an zu lachen.

O cão, mal avistou o dono, **desatou a correr (largou/deitou a correr**; [selten] disparou a correr).

Kaum erblickte der Hund seinen Herrn, rannte er los.

«Um dia **pus-me a ler** os anúncios do jornal e encontrei um que me interessou.»

Eines Tages fing ich an, die Zeitungsinserate zu lesen, und fand eines, das mich interessierte. M. J. de Carvalho, «*Tanta Gente, Mariana*»

«Simone **pôs-se** então **a cantar.**»

Und dann fing Simone an zu singen. Ibid.

«(Adérito) **punha-se** então **a caminhar** ao longo dos cais.»

(Adérito) fing dann an, an den Kais entlangzulaufen. Ibid.

«Duarte **pôs-se** então **a pensar** seriamente na possibilidade de casar com ela.»

Duarte fing dann an, ernsthaft an die Möglichkeit einer Heirat mit ihr zu denken. Ibid.

«Só o que sabia é que **se pusera** de súbito **a precisar** daquela mulher.»

Er wusste bloß, dass er plötzlich angefangen hatte, diese Frau zu brauchen. Ibid.

«(Jorge) de repente arremessou o cachimbo, bateu com as mãos desvairado, e atirando-se de bruços para cima da mesa, **rompeu a chorar** ...»

Plötzlich warf Jorge die Pfeife weg und, außer sich, schlug er die Hände zusammen, warf sich auf den Tisch und fing an zu heulen. Eça de Queirós, «*O Primo Basílio*»

15. **tratar de** + *Infinitiv*

es sich angelegen sein lassen, etwas zu tun; suchen, sich bemühen zu; sich an etwas machen; machen, dass man ... tut

«**Trata tu de gozar** e não te importes com a vida dos outros.»

Amüsiere dich nur und kümmere dich nicht um das Leben der anderen.

Eça de Queirós, «*O Primo Basílio*»

«O homenzinho, estremunhado, **tratava de correr** os fechos da porta.»

Der Mann, noch schlaftrunken, machte sich daran, das Türschloss aufzumachen.

David Mourão-Ferreira, «*Os Amantes*»

Trata de fazer as malas, que já não temos muito tempo! / Mach, dass du die Koffer packst, denn wir haben nicht mehr viel Zeit! (Sieh zu, dass du ...)

8.276 **16. passar a** + *Infinitiv*

von nun an etwas tun; von einer bestimmten Zeit an etwas tun

«Leonor **passou a viver** espiada, nos gestos, nas palavras ...» / *Von nun an lebte Leonor beobachtet, in ihren Gesten, ihren Worten ...*
Joaquim Paço d'Arcos, «A Corça Prisioneira»

«Ela ... desejaria confiar-se totalmente ao homem que tudo **passara a** representar para si.» / *Sie hätte sich gerne gänzlich dem Mann anvertraut, der von einem bestimmten Zeitpunkt an alles für sie bedeutete.* Ibid.

LIII. Exkurs I: Funktionen der Verben «dever» und «ficar»

8.277 **1. Funktionen des Verbs dever**

a) Im Gegensatz zu *ter de* und *haver de* drückt **dever** eine moralische, sittliche Pflicht aus (dt. *sollen*):

Devemos respeitar os nossos pais. / *Wir sollen unsere Eltern respektieren.*

«Fui sempre de opinião de que se **deve** casar cedo.» / *Ich war immer der Ansicht, dass man früh heiraten soll.*
Luís de Sttau Monteiro, «Angústia Para o Jantar»

8.278 b) **Dever** zum Ausdruck der Vermutung, Annahme:

Já **devem** ser nove horas! / *Es ist sicherlich/bestimmt/wohl schon neun Uhr.*

Ela **devia** estar muito nervosa! / { *Sie musste wohl sehr nervös sein! Sie war wohl sehr nervös!* }

Este computador **deve** ter sido muito caro. / *Dieser Computer muss/dürfte sehr teuer gewesen sein/war bestimmt sehr teuer.*

Este lago **deve** ter uns cem metros de profundidade. / *Dieser See dürfte/wird wohl ungefähr hundert Meter tief sein.*

8.279 c) **Devia** – *müsste/sollte (eigentlich)*:

Agora é que **devias** ver o meu jardim! / *Jetzt müsstest du meinen Garten sehen!*

Eu **devia** ir estudar vocabulário, mas não me apetece. / *Ich müsste/sollte eigentlich Vokabeln lernen, aber ich habe keine Lust.*

Devias ir ao médico. / *Du solltest zum Arzt gehen.*

Você **não devia** tomar tantos banhos de sol. / *Sie sollten nicht so viele Sonnenbäder nehmen.*

Beachte: Um ein Verbot auszudrücken, wird in der deutschen Sprache die Verneinung des Verbs *dürfen* gebraucht. Der Portugiese gebraucht hier nicht *poder*, sondern **dever** in der verneinten Form:

Du darfst das nicht tun.	**Não deves** fazer isso.
Wir dürfen unsere Nachbarn nicht stören.	**Não devemos** incomodar os vizinhos.

(vgl. 8.305)

2. Funktionen des Verbs **ficar**

a) Das Verb **ficar** (im Sinne von *sein, sich befinden, liegen*) dient *zur Lokalisierung einer Sache,* die ihren Ort nicht ändert – wie Immobilien, Ortschaften, Seen usw.

In dieser Bedeutung ist es mit **ser** austauschbar (*estar* bezeichnet das Räumliche als vorübergehendes *sich befinden*. Siehe 8.15):

O correio **fica** (é) ao fundo desta rua.	*Die Post liegt am Ende dieser Straße.*
A Serra da Estrela **fica** (é) na Beira Alta.	*Das Estrelagebirge liegt in Beira Alta.*
O Lago de Garda **fica** na Itália.	*Der Gardasee liegt in Italien.*

b) **Ficar** als *bleiben* ist räumlich gemeint:

Estava a chover tanto que **ficámos em casa.**	*Es regnete so stark, dass wir zu Hause blieben.*
Este ano, durante as férias, não fomos ao estrangeiro, preferimos **ficar em Portugal.**	*Dieses Jahr fuhren wir während der Ferien nicht ins Ausland, sondern zogen es vor, in Portugal zu bleiben.*
Fica aqui ao pé de mim!	*Bleib hier bei mir!*

c) Wenn **ficar** nicht räumlich, sondern *abstrakt* gemeint ist (vor Adjektiven und Partizipien), bedeutet es nicht *bleiben,* sondern **werden**: es bezeichnet dann eine Zustandsänderung, bzw. den Eintritt eines neuen (psychologischen) Zustandes oft als *emotionale Reaktion auf irgendein Ereignis.*

Im Deutschen gebraucht man dafür meistens das Verb *werden,* manchmal auch *sein*:

Ela presenciou o desastre e **ficou muito nervosa.**	*Sie beobachtete den Unfall und wurde sehr nervös.*
Eu recebi uma carta da minha mãe e **fiquei contente.**	*Ich erhielt einen Brief meiner Mutter und freute mich («wurde froh»).*
«Nessa tarde, às quatro horas, Sebastião voltou a casa de Luísa. Estava com o «sujeito»! **Ficou então preocupado.**»	*Sebastião kam an diesem Nachmittag um 4 Uhr wieder zu Luísa. Sie befand sich in Begleitung dieses «Mannes»! Daraufhin machte er sich Sorgen.*
	Eça de Queirós, *«O Primo Basílio»*
«Sebastião, que tinha estado na quinta d'Almada quase duas semanas, **ficou aterrado** quando, ao voltar, a Joana lhe deu as grandes novidades.»	*Sebastião, der fast 2 Wochen auf dem Gut Almada verbracht hatte, war entsetzt, als ihm Joana bei seiner Rückkehr die großen Neuigkeiten erzählte.* Ibid.

«... ao erguer os olhos, **ficou pasmada** de se ver tão pálida.»   Als sie die Augen aufschlug, war sie verblüfft, sich so blass zu sehen. Ibid.

8.284 Will man in diesem Sinn *keine Änderung, sondern die Stabilität, die Fortsetzung eines Zustandes* ausdrücken, so wählt man besser die Verben **continuar, permanecer** oder **continuar a** + Infinitiv – *weiter/weiterhin bleiben*:

Os exames eram difíceis e depois da reforma **continuaram a sê-lo**.   Die Prüfungen waren schwierig und blieben es auch nach der Reform.

Vgl. mit:

Os exames, depois da reforma, **ficaram** difíceis.   Nach der Reform wurden die Prüfungen schwieriger.

Hier kommt durch **ficar** eine Änderung zum Ausdruck.

Quando ele entrou, a rapariga **permaneceu calada / continuou calada / manteve-se calada**.   Als er eintrat, blieb das Mädchen auch weiterhin still (sie schwieg schon vor seiner Ankunft).

Vgl. mit:

Quando ele entrou, a rapariga **ficou calada**.   Als er eintrat, verstummte das Mädchen (vor seinem Eintritt sprach sie also!).

LIV. Exkurs II: Übersetzungsäquivalente einiger deutscher Verben

8.285 1. **dauern**

a) **durar** – *andauern, währen; (sich) halten*

A festa durou três horas.   Das Fest dauerte drei Stunden.

Estes sapatos duraram quatro anos.   Diese Schuhe hielten vier Jahre.

b) **demorar** – *lange dauern*

Während *durar* eine neutrale Bedeutung hat, drückt **demorar** aus, dass etwas nach Meinung des Sprechers lange, sehr lange, zu lange dauert:

Isso ainda demora muito?   Dauert das noch lange?

Ela demorou hora e meia a arranjar-se.
{ *Es dauerte anderthalb Stunden, bis sie fertig war.*
Sie brauchte anderthalb Stunden, bis sie fertig wurde.

O comboio demora tanto a chegar!   Es dauert derart lange, bis der Zug kommt!

Espera um momento, já não demora muito.   Warte einen Augenblick, es dauert nicht mehr lange.

Bemerkung:

Eine Zeitbestimmung mit **há** oder **havia** lässt nur die Anwendung von **durar** zu:

Esta desagradável situação já dura há seis anos!	*Diese unangenehme Situation dauert jetzt schon sechs Jahre an!*

2. *fahren*

a) **ir** gebraucht man, wenn das Ziel der Reise genannt wird *(fahren nach)*:

– Para onde vai você?	*– Wohin fahren Sie?*
– **Vou** para a Itália.	*– Ich fahre nach Italien.*
– **Vou** a Lisboa nas férias da Páscoa.	*– Ich fahre in den Osterferien nach Lissabon.*
– **Vais** de comboio ou de avião?	*– Fährst du mit dem Zug oder fliegst du?*
– **Vou** de avião.	*– Ich fliege.*

b) **viajar** verwendet man, wenn die Betonung auf dem Fahren als solchem liegt, ohne dass das Reiseziel genannt wird:

Eu gosto muito de **viajar**.	*Ich reise sehr gerne.*
Ela está muito habituada a **viajar**. **Tem viajado** toda a sua vida.	*Sie ist sehr ans Reisen gewohnt. Sie ist ihr ganzes Leben gereist.*
Gosto mais de **viajar** de barco do que de avião.	*Ich reise lieber mit dem Schiff als mit dem Flugzeug.*
«Mas de que servia **viajar,** enjoar nos paquetes...»	*Aber was hatte es für einen Zweck zu reisen, auf den Schiffen seekrank zu werden...* Eça de Queirós, *«O Primo Basílio»*

Im folgenden Satz tritt der Unterschied beider Verben klar hervor:

«Fora sempre o seu desejo **viajar** – dizia – **ir ao Oriente.**»	*Es war immer ihr Wunsch gewesen zu reisen, in den Orient zu fahren, sagte sie.* Eça de Queirós, *«O Primo Basílio»*

3. *genießen*

a) **gozar**

b) **gozar de**

gozar ohne Präposition drückt das eigentliche Genießen, das Genussempfinden aus; dagegen bedeutet **gozar de** *genießen* im Sinne von *sich einer Sache erfreuen:*

a) gozar a vida, a mocidade	*das Leben, die Jugend genießen*
«Ele **gozou nesse amor**... um encanto sobre-humano.»	*Er genoss in dieser Liebe einen übermenschlichen Zauber.* Eça de Queirós, *«José Matias»*

b) Ele **goza de uma boa** reputação. — *Er erfreut sich eines guten Rufes.*

Ela gozou de saúde até uma idade avançada. — *Sie erfreute sich bis ins hohe Alter bester Gesundheit.*

Os diplomatas, no país estrangeiro, **gozam de** imunidade. — *Diplomaten genießen im Ausland Immunität.*

c) Weitere Bedeutungen von **gozar**

gozar alguém – *jemanden aufziehen, auf den Arm nehmen*:

Olha que estás a ser gozado! — *Pass auf, man zieht dich auf/man nimmt dich auf den Arm!*

gozar-se de q.c. – *genießen (Gebrauch machen von; etwas haben von; nutzen)*:

De que lhe vale a riqueza? — *Wozu dient ihm sein Reichtum?*
Não se goza dela! — *Er kann ihn nicht nutzen.*

Ela poupou tanto para a velhice, e morreu sem se gozar de nada! — *Sie sparte so viel fürs Alter und starb, ohne davon Gebrauch machen zu können/ davon etwas gehabt zu haben.*

4. *gern haben, mögen*: **gostar de**

gostar de hat als Subjekt die Person, die etwas gern hat:

eu **gosto de**
tu **gostas de**
ele, ela, você **gosta de**
nós **gostamos de**
(vós **gostais de**)
eles, elas, vocês **gostam de**

Gosto de ti. — *Ich hab' dich gern.*
Ele **gosta** muito **da** minha amiga. — *Er mag meine Freundin sehr gern.*
Gosto tanto **de** gatos! — *Ich mag Katzen so gern!*
Gostas deste livro? — *Gefällt dir dieses Buch?*

In Verbindung mit einem anderen Verb (Hauptverb) bedeutet **gostar de (fazer q. c.)** *etwas gern tun*:

Eles gostam de ver televisão. — *Sie sehen gern fern.*
Ela gosta muito de dançar. — *Sie tanzt sehr gern.*
Não gosto nada de lavar louça. — *Ich spüle gar nicht gern Geschirr.*
Você gosta de navegar na Internet? — *Surfen Sie gern im Internet?*

Bei Nahrungsmitteln fallen die Verben **comer, beber** weg:

– Gostas de peixe? (*und nicht*: gostas de comer peixe?) — *– Isst du gern Fisch?/Magst du Fisch?*
– Gosto. Até gosto mais de peixe que de carne. — *– Ja. Ich esse sogar lieber Fisch als Fleisch.*

Ela gosta imenso de bolos, por isso é tão gorda! — *Sie isst unheimlich gern Kuchen, deshalb ist sie so dick!*

5. *kochen:*

a) **cozinhar** – *das Essen zubereiten*

Ela cozinha muito bem. Aprendeu a cozinhar com a mãe.	*Sie kocht sehr gut. Sie hat das Kochen bei ihrer Mutter gelernt.*

b) **cozer** – *(in Wasser) kochen; garen*

A hortaliça já está cozida?	*Ist das Gemüse schon gar (gekocht)?*
Peixe cozido, batatas cozidas	*gekochter Fisch, Salzkartoffeln*

c) **ferver** – kochen in der Bedeutung von *sieden, wallen* (Flüssigkeiten)

A água está a ferver.	*Das Wasser kocht (schon).*
O leite já está fervido?	*Ist die Milch schon (ab-)gekocht?*

Bemerkung:

Wenn etwas im Wasser kocht, das nicht gar werden kann (z. B. zur Desinfektion = *auskochen*), so braucht man **ferver** und nicht **cozer**:

As seringas têm de ser fervidas.	*Die Spritzen müssen ausgekocht werden.*

6. *kommen*

Kommen wird durch **vir** übersetzt, wenn die Bewegung zum Sprecher hin-, und durch **ir**, wenn sie vom Sprecher wegführt.

Beispiele:

Deutsch	*Portugiesisch*
– Michael, komm bitte her! (Verb «kommen») – Ich komme gleich! (Verb «kommen»)	– Miguel, **vem** cá, faz favor! (Verb **vir** – *kommen*) – **Vou** já! (Verb **ir** – *gehen*)

Im Unterschied zum Deutschen steht in der Antwort also nicht *vir (kommen)*, denn es handelt sich um eine Bewegung, die den Antwortenden – den Sprecher – von dem Ort, an dem er sich befindet, wegführt (eigtl. *gehen*).

Ebenso bei:

Ich *komme* morgen zu Dir!	Amanhã **vou a tua** casa! (Verb **ir**)

da der Sprecher sich fortbewegen muss.

Wenn der Sprecher sich von dem Ort, an dem er sich befindet, kurz entfernen muss und erklären will, dass er die Absicht hat, bald zurückzukehren, wird er sagen:

Venho já! (Verb **vir**)	{ *Ich komme gleich (zurück)!* { *Ich bin gleich wieder da!/hier!*

8.291 7. **können**

a) **saber** bezeichnet

aa) das geistige oder körperliche Können, das einen Lernprozess voraussetzt; das Wissen:

saber ler	*lesen können*
saber nadar	*schwimmen können*
saber dançar	*tanzen können*
saber inglês	*Englisch können*
saber muito/tudo; não **saber** nada	*viel/alles/nichts wissen/können*

Dos trabalhos da casa, ela **sabe** fazer tudo.   *Was Hausarbeit betrifft, kann sie alles.*

ab) Man gebraucht es auch im Sinne von *es verstehen, etwas zu tun, etwas vermögen*:

Ela **sabe** muito bem prendê-lo!   *Sie versteht es sehr gut, ihn an sich zu binden.*

«Ele afadigava-se, muito zeloso ... sem compreender ainda que o seu desembaraço e o seu zelo começavam a enleá-lo naquela engrenagem de que nunca mais **saberia** libertar-se.»   *Er bemühte sich sehr eifrig ... noch ohne zu verstehen, dass ihn seine Geschicklichkeit und sein Eifer ganz allmählich in diese Maschinerie einspannten, aus der er sich nie mehr zu befreien vermochte.*

M. J. de Carvalho, «Tanta Gente, Mariana»

b) **poder** bedeutet: *die Möglichkeit haben, etwas zu tun, von Natur aus die Fähigkeit haben, etwas zu tun*. Es steht auch in Ausdrücken der Höflichkeit.

Podes fazer-me um favor?   *Kannst du mir einen Gefallen tun?*

Eu **posso** limpar a casa, enquanto tu cozinhas.   *Ich kann die Wohnung sauber machen, während du kochst.*

Ele é velho e doente, já **não pode** trabalhar.   *Er ist krank und alt, er kann nicht mehr arbeiten.*

Ela **pode** trabalhar todo o dia sem se cansar!   *Sie kann den ganzen Tag arbeiten, ohne zu ermüden!*

Bemerkung:

a) **(não) poder com um peso/** ... – *eine Last/ ... (nicht) tragen können*

Esta mala é muito pesada, você não pode com ela!   *Dieser Koffer ist sehr schwer, Sie können ihn nicht tragen!*

b) **(não) poder com alg./q.c.** — *etwas (nicht) aushalten, (nicht) ertragen können, jmdn. (nicht) ausstehen können*

Eu **não posso com** este barulho!   *Ich kann diesen Lärm nicht ertragen!*

Eu **não posso com** ele!   *Ich kann ihn nicht ausstehen!*

8.292 8. *lassen + Infinitiv*

a) **mandar** + *Infinitiv: lassen = veranlassen, anordnen, dass jmd. etwas tut/ dass etwas getan wird; befehlen*

A minha mãe **mandou chamar** o médico.	*Meine Mutter ließ den Arzt kommen.*
Mandei consertar a minha pulseira, que tinha o fecho estragado.	*Ich habe mein Armband reparieren lassen, dessen Schloss kaputt war.*
Ele **manda dizer** que não pode vir hoje.	*Er lässt sagen, dass er heute nicht kommen kann.*
O meu marido **mandou fazer** este fato por medida.	*Mein Mann hat diesen Anzug nach Maß anfertigen lassen.*

b) **deixar** + *Infinitiv: lassen = erlauben; zulassen, dass etw. geschieht*

Ela **não deixa** o filho **brincar** na rua, só o **deixa brincar** no jardim.	*Sie lässt ihren Sohn nicht auf der Straße spielen, sondern nur im Garten.*
Deixe-me passar, por favor!	*Lassen Sie mich bitte vorbei!*
Então você **deixou-se roubar**?	*Haben Sie sich also bestehlen lassen?*
Ela **deixa-se enganar** com facilidade.	*Sie lässt sich leicht betrügen.*
«Malafaya levou as mãos à face e **deixou pender** a cabeça.»	*M. schlug die Hände vors Gesicht und ließ den Kopf sinken.*
	Joaquim Paço d'Arcos, *«A Corça Prisioneira»*

c) **fazer** + *Infinitiv: lassen = jemanden dazu bringen, etwas zu tun* (sei es durch eigenes Verhalten, Überzeugungskraft oder durch Zwang bis hin zur Anwendung von Gewalt)

Fazes-me sempre **esperar**!	*Du lässt mich immer warten!*
Os homens **fazem-se sofrer** uns aos outros.	*Die Menschen fügen sich gegenseitig Leid zu.*
Ele **fez-me chorar e rir** ao mesmo tempo.	*Er brachte mich gleichzeitig zum Lachen und Weinen.*
Não me **faças zangar**! Não me **faças arrepender** daquilo que te prometi!	*Mach mich nicht böse! Bring mich nicht dazu, mein Versprechen zurückzunehmen.*
Os polícias **fizeram** o preso **confessar**.	*Die Polizisten brachten den Gefangenen dazu, ein Geständnis abzulegen.*
«O marido era insuportável: ciumento, despótico. **Fazia-a estar** em casa a coser roupa.»	*Ihr Mann war unerträglich: eifersüchtig, despotisch. Er zwang sie, zu Hause zu bleiben und zu nähen.*
	João Gaspar Simões. *«O Marido Fiel»*
«A senhora não me **faça sair** de mim! A senhora não me **faça perder** a cabeça!»	*Bringen Sie mich nicht in Rage! Bringen Sie mich nicht dazu, den Kopf zu verlieren!*
	Eça de Queirós, *«O Primo Basilio»*
«Vamos lá, minha rica, que as tristezas **não te têm feito emagrecer**...»	*Nun, nun, meine Teure! Der Kummer hat dich nicht abmagern lassen ...* Ibid.
«Malafaya não apreciava que o sogro o tratasse pelo nome próprio, embora delicadamente não lho **fizesse sentir**.»	*M. schätzte es nicht, dass ihn sein Schwiegervater mit seinem Vornamen anredete, obwohl er es ihn aus Höflichkeit heraus nicht fühlen ließ.*
	Joaquim Paço d'Arcos, *«A Corça Prisioneira»*

«(Ele) queria **fazê-la esquecer** tudo, transformá-la numa mulher como as outras.» *Er wollte sie alles vergessen lassen, sie in eine Frau verwandeln, die so war, wie die anderen.* M. J. de Carvalho, «*Tanta Gente, Mariana*»

8.295 d) Eine Reflexivkonstruktion steht im Portugiesischen für deutsche Sätze des Typs *sich gut/leicht/schnell machen lassen:*

Isto **faz-se** depressa.	*Das lässt sich schnell machen.*
Os exercícios **corrigiram-se** facilmente.	*Die Übungen ließen sich leicht korrigieren.*

8.296 9. *lernen*

a) Mit **estudar** drückt man die aktive Seite des Lernens, die Arbeit, das Einstudieren von etwas aus:

Sentar-se a estudar.	*Sich hinsetzen und lernen.*
Estudar um papel.	*Eine Rolle einstudieren.*
Hoje não tenho vontade de estudar mais.	*Heute habe ich keine Lust mehr zu lernen.*
Se não estudas, não passas!	*Wenn du nicht lernst, bestehst du (das Examen) nicht!*
Queres estudar comigo amanhã?	*Willst du morgen mit mir lernen?*

b) **aprender** drückt das Lernen einschließlich des Resultats aus, bedeutet also *lernen, sich aneignen, verstehen, behalten*:

Ele **estuda** muito, mas **não aprende** nada.	*Er lernt viel, aber behält nichts.*
Com esta professora **aprende-se** muito.	*Bei dieser Lehrerin lernt man viel.*

c) **aprender a** + *Infinitiv* – *etwas (zu) tun lernen*

aprender a conduzir / a guiar	*fahren lernen*
aprender a ler	*lesen lernen*
aprender a nadar	*schwimmen lernen*
Aprende a respeitar os outros!	*Lerne es, die anderen zu respektieren.*

8.297 10. *spielen*

a) **brincar** – *Spielen ganz allgemein (von Kindern, Tieren)*

Os meus filhos estão a brincar no quintal.	*Meine Kinder spielen gerade im Garten.*
Em Lisboa as crianças não brincam na rua.	*In Lissabon spielen die Kinder nicht auf der Straße.*

estar a brincar bedeutet soviel wie *etwas nicht im Ernst (nur aus Spaß) tun; etwas nicht ernst meinen, etwas nur zum Spaß sagen.* (Das Gegenteil ist: **falar a sério**: *etwas ernst meinen*)

Não estás a falar a sério, estás a brincar!	*Du meinst das doch nicht ernst, du machst doch Spaß!*

b) **jogar** – *ein bestimmtes Spiel spielen*

Eu, quando era pequena, gostava muito de jogar a cabra-cega.	*Als ich ein kleines Mädchen war, spielte ich sehr gerne Blindekuh.*
Os portugueses jogam bem hóquei em patins.	*Die Portugiesen spielen gut Rollhockey.*

c) **tocar** – *ein Instrument spielen*

Ele toca piano (violino, violoncelo, guitarra) que é uma maravilha!	*Er spielt ausgezeichnet Klavier (Geige, Violoncello, Gitarre)!*

d) **representar** – *ein Theaterstück, eine Rolle spielen*

Este ator representa muito mal.	*Dieser Schauspieler spielt sehr schlecht.*

Ausdrücke:

eine Rolle spielen	desempenhar/representar um papel
jmdm. einen Streich spielen	pregar/fazer uma partida a alguém
den Beleidigten spielen	fingir-se (fazer-se, fazer de) ofendido

LV. Exkurs III: Übersetzung der deutschen Modalverben ins Portugiesische

können

1. poder

a) Möglichkeit

Morgen kann ich dich begleiten.	Amanhã **posso** acompanhar-te.
Kannst du mir einen Gefallen tun?	**Podes** fazer-me um favor?
Depressionen können viele Ursachen haben.	As depressões **podem** ter muitas causas.

b) Fähigkeit

1) *von Natur aus:*

Er kann zehn Kilometer laufen, ohne müde zu werden.	Ele **pode** andar dez quilómetros sem se cansar.

2) *unter bestimmten Voraussetzungen:*[1]

Er ist so schwach, dass er nicht laufen kann.	Ele está tão fraco que **não pode** andar.

---

[1] «Können» unter bestimmten Voraussetzungen, «in der Lage sein/imstande sein, etwas zu tun» wird sehr häufig mit «ser capaz de» wiedergegeben:
Wenn du das ganze Geld ausgibst, ist dein Vater imstande/in der Lage, dich zu verhauen.
oder
... kann es dir passieren, dass dein Vater dich verhaut.
Se gastas o dinheiro todo, o teu pai **é capaz de** te bater.

	Mit einem vollen Magen kann ich mich nicht konzentrieren.	Com o estômago cheio, **não posso** concentrar-me.
8.300	c) Erlaubnis	
	Du kannst gehen.	**Podes** ir-te embora.
	Kann ich dich heute Abend anrufen?	**Posso** telefonar-te hoje à noite?
8.301	d) Aufmunternde Einräumung	
	Du kannst (darfst) auf diese Tat stolz sein.	**Podes** orgulhar-te deste ato.
8.302	e) Vermutung	
	Er kann in der Lotterie gewonnen haben.	**Ele pode** ter ganho na lotaria!
	Sie kann sich in der Stadt verirrt haben.	**Ela pode** ter-se perdido na cidade.
8.303	2. **saber** – *gelernt haben (erlernte Fähigkeit)*	
	Sie kann Portugiesisch.	**Ela sabe** português.
	Er kann schwimmen.	**Ele sabe** nadar.
	Ich kann nicht tanzen.	**Não sei** dançar.
		(siehe hierzu auch 8.291)

dürfen

8.304   1. **poder** – Erlaubnis bzw. Verbot

	Wir dürfen diesen Saal nicht betreten.	**Não podemos** entrar nesta sala.
	Wir dürfen erst hineingehen, wenn man uns ruft.	Só **podemos** entrar, quando nos chamarem.
	Hier dürfen wir rauchen.	Aqui **podemos** fumar.
	Im Garten darfst du nach Belieben Lärm machen.	No jardim, **podes** fazer barulho à vontade.
8.305	2. **não dever** – *nicht dürfen*	
	Du darfst nicht so streng sein!	**Não deves** ser tão severo!
	Wir dürfen Tiere nicht misshandeln.	**Não devemos** maltratar os animais.
8.306	3. **deve** – *dürfte* …	

Alg./q.c. deve fazer q.c.: *jmd./etwas dürfte etwas tun*; auch: *jmd./etwas wird wohl/ bestimmt etwas tun:*

Jetzt dürftest du Hunger haben!	Agora **deves ter** fome!
Morgen dürfte er kommen.	Ele **deve** vir amanhã.
Du dürftest recht haben!	**Deves** ter razão!

müssen

1. **ter que, ter de** – Notwendigkeit, Zwang

Sie muss viel arbeiten.	**Ela tem de** trabalhar muito.
Ich muss noch viel lernen für das Examen.	Ainda **tenho que** estudar muito para o exame.
Ich muss mit ihm sprechen.	**Tenho de** falar com ele.
Der Arzt sagte, sie müsste operiert werden.	O médico disse que **ela tinha que** ser operada.

Um die Zwangssituation zu betonen, kann man **ser obrigado (a)** verwenden:

Sie mag diese Arbeit nicht, aber sie muss sie machen.	Ela não gosta deste trabalho, mas **é obrigada a** fazê-lo.

2. **dever**

a) Vermutung, Annahme

Mein Brief muss verloren gegangen sein.	A minha carta **deve** ter-se extraviado.
Er muss verrückt sein!	**Ele deve** estar maluco!

b) **devia** – *müsste (eigentlich)*

Er müsste schon da sein!	Ele já cá **devia** estar!

sollen

1. **dever**

Du sollst ihm keine Aufmerksamkeit schenken!	**Não deves** dar-lhe atenção!

devia – *sollte (eigentlich)*

Du solltest heute zu Hause bleiben.	**Devias** ficar em casa hoje.

2. **Futur des Verbs**:

Du sollst nicht töten!	**Não matarás!**

3. **Indirekter Befehlssatz**: { **que** + Konjunktiv / oder / **para** + pers. Infinitiv

Du sollst sofort ins Bett gehen, hat Mutter gesagt!	A mãe disse { **que fosses** imediatamente para a cama! / **para ires** imediatamente para a cama!
Vater sagte, du sollst hier auf ihn warten.	O pai disse { **que esperasses** aqui por ele/**para esperares** aqui por ele.

8.313 **4. Quer que, querem que** + *Konjunktiv (jmd. will, dass ...)*

Was?! Ich soll so früh ins Bett gehen?!
(Vater, Mutter will, dass ich ...)

O quê?! **Quer que** eu vá para a cama tão cedo?!

8.314 **5. Konjunktiv Präsens** (indirekte Aufforderung, real oder fiktiv)

Er soll hereinkommen!
Que entre!

Soll er doch die Arbeit selbst machen!
Que faça ele o trabalho!

8.315 **6. Konditionalsatz, Hypothese** (eingeleitet mit **se, se por acaso** + Konjunktiv Futur)

Sollte ich heute nicht zum Abendessen kommen, rufe ich an.
Se eu por acaso não vier jantar hoje, telefono.

Sollten die Arbeiter streiken, wird die Industrie große Verluste erleiden.
Se os operários (por acaso) fizerem greve, a indústria terá grandes prejuízos.

8.316 **7. haver de**

a) Wille, feste Annahme des Sprechers, dass etwas geschehen wird:

Ich arbeite hart: meine Tochter soll es einmal besser haben als ich!
Eu trabalho muito: **a minha filha há de ser** mais feliz do que eu!

8.317 b) Zweifel; Frage, was jemand tun soll: 1. **haver de**, wenn der Satz mit einem Fragewort anfängt; 2. fängt der Satz mit dem Verb an, dann meistens nur das Präsens des Verbs:

Was soll ich tun? Soll ich zum Ball gehen oder zu Hause bleiben?
Que **hei de** fazer? **Vou** ao baile ou **fico** em casa?

Was soll sie von mir denken?
O que é que **ela há de** pensar de mim?

Redensart: Was soll das heißen?
Que quer isto dizer? Que significa isto?

8.318 **8. Verb im Futur oder Konditional** zum Ausdruck der Vermutung, des Zweifels:

Sollte er (etwa) recht haben?
Ele terá razão?
auch: **Será que ele** tem razão? **Dar-se-á o caso que ele** tem razão?

Sollte sie (etwa) gelogen haben?
Ela terá (= **teria**) mentido?

Sollte er sich in der Stadt verirrt haben?
Ele ter-se-á (= **ter-se-ia**) perdido na cidade?

8.319 **9. Konditional I** für eine Vorwegnahme zukünftiger Ereignisse im Erzählten:

Diese praktischen Kenntnisse sollten sich später für sie als nützlich erweisen.
Aqueles conhecimentos práticos **ser-lhe-iam** úteis mais tarde.
Auch: Aqueles conhecimentos práticos **viriam a ser-lhe** úteis mais tarde./Aqueles conhecimentos práticos **haviam de vir** a ser-lhe úteis mais tarde.

10. **Dizem que, diz-se que** **parece que** **consta que**	man sagt, dass… es scheint, dass… es heißt, dass… jemand soll etwas getan/… haben
Er soll in Brasilien ein Vermögen haben!	**Dizem que** (= **consta que** usw.) ele tem uma fortuna no Brasil!
Sie soll in ihrer Jugend sehr schön gewesen sein!	**Parece que** (= **dizem que** usw.) ela era muito bonita quando era nova!

wollen

1. **querer**

Sie will ihr Haus verkaufen.	**Ela quer** vender a casa.
Mein Mann will einen neuen Wintermantel kaufen.	**O meu marido quer** comprar um sobretudo novo.
Willst du dieses Buch heute noch lesen?	Ainda **queres** ler este livro hoje?

2. **ter a bondade de** – höfliche Formulierung einer Aufforderung

Wollen Sie mich bitte begleiten!	**Tenha a bondade de** me acompanhar! *oder:* **Queira ter a bondade de** me acompanhar!

3. **vamos** + *Infinitiv* für *wir wollen* + *Inf.* (Aufforderung an sich selbst bzw. an eine Gruppe, der man sich anschliesst)

Komm! Wir wollen etwas trinken!	Anda! **Vamos beber** qualquer coisa!
Wir wollen jetzt essen.	Agora **vamos comer**.

4. **preferir**
antes querer } *etwas lieber wollen*

Ich will lieber schlafen.	**Antes quero** (= **prefiro**) dormir.

5. alg. **afirma/**
/pretende } **que fez**
ter feito

jmd. will etwas getan haben
jmd. behauptet, etwas getan zu haben

Er will zur Zeit des Verbrechens geschlafen haben.	**Ele afirma que** estava a dormir quando se passou o crime.
Dieser Reporter will schon in China gewesen sein.	**Este repórter afirma que** já esteve na China. *oder:* **Este repórter afirma/pretende** já ter estado na China.

6. **Irrealer Bedingungssatz** (mit **se**)

Wollte man dieses Gesetz streng durchführen, wären wir alle Rechtsbrecher!	**Se se aplicasse** essa lei rigorosamente, éramos todos transgressores!
Vgl.: **Se se fosse a aplicar** essa lei rigorosamente, éramos todos transgressores.	*Wenn man dahin ginge/ so weit ginge/ sich daran machte, dieses Gesetz streng durchzuführen, wären wir alle Rechtsbrecher!*

7. ter que, ter de – Notwendigkeit

Solche Reisen wollen gut geplant sein. Viagens dessas **têm que/têm de** ser bem planeadas.

Liebe will gepflegt werden! O amor **tem que/tem de** se cultivar!

mögen

1. querer

Ich mag nichts mehr essen. **Não quero comer** mais nada.

Er mochte nicht mehr diese Rolle spielen. Ele já **não queria** representar aquele papel.

Ich möchte mit ihm sprechen. **Queria (desejava)** falar com ele.

Möchten Sie sich hinsetzen? **Quer (deseja)** sentar-se?

Möchten Sie etwas trinken? **Quer (deseja)** beber qualquer coisa?

2. dever – Annahme, Vermutung

Er mag an die fünftausend Euro im Monat verdienen. **Ele deve ganhar** cerca de cinco mil euros por mês.

3. poder: pode ser – es kann sein, es ist möglich

Es mag sein, dass du recht hast. **Pode ser** que tenhas razão.

Das mag schon stimmen, aber ich glaube es nicht. **Pode ser**, mas eu não acredito.

4. que + Konjunktiv – Indirekte höfliche Aufforderung

Herr Doktor lässt sagen, Sie möchten im Wartezimmer einen Moment auf ihn warten. O senhor doutor manda dizer **que espere** um pouco por ele na sala.

5. que + Konjunktiv Präsens für einen Wunsch in mehr oder weniger stereotypen Formeln wie

Möge er noch lange leben! **Que ele tenha** uma vida longa!

Möge sie Glück haben! **Que ela tenha** sorte!

6. Ausdrücke des Typs

So intelligent sie auch sein mag... Por mais inteligente que ela seja...

Was er auch tun mag... Faça ele o que fizer...

Wer es auch sein mag... Seja quem for...

Was es auch sein mag... Seja o que for...

7. Idiomatisierte Konstruktionen wie

Man möchte meinen, dass.../
Man könnte glauben, dass... Dir-se-ia que...

Ich möchte wetten, dass... Aposto que.../Apostava que...

§ 9 Das Adverb

(Im *«Dicionário Terminológico»* werden die Adverbien des Ortes, der Zeit, der Reihenfolge, der Art und Weise, des Zweifels und des Hinweises unter einem syntaktischen Kriterium zusammengefasst, wobei die traditionelle semantische Klassifikation nicht mehr berücksichtigt wird. Da diese Unterteilung und Spezifizierung aber didaktisch sinnvoll und für ausländische Studierende der portugiesischen Sprache zweifellos hilfreich und nützlich ist, wird sie hier beibehalten.)

I. Adverbien der Art und Weise *(Advérbios de modo)* 9.1

Das Portugiesische kennt eine eigenständige Adverbform und eine abgeleitete, die durch Anhängen des Suffixes **-mente** an die feminine Adjektivform gebildet wird; es gibt ferner die Möglichkeit der adverbialen Verwendung von Adjektiven.

1. Die meisten Adverbien der Art und Weise sind abgeleitet. 9.2

    a) Sie werden durch Anhängen des Suffixes **-mente** an die feminine Singularform der Adjektive (oder der adjektivisch gebrauchten Partizipien) gebildet:

claro	>	clar**amente**	*hell*
aberto	>	abert**amente**	*offen*
animado	>	animad**amente**	*belebt, lebhaft*

Beispiel:

Eles conversaram **animadamente**.	*Sie unterhielten sich lebhaft.*

    b) Haben Adjektive nur eine Form für beide Genera, so wird die Endung **-mente** an diese Form angehängt:

feliz	>	feliz**mente**	*glücklich*
triste	>	triste**mente**	*traurig*
particular	>	particular**mente**	*besonders; privat*

    c) Bei Adjektiven mit Akzent fällt der Akzent bei der Adverbialform auf **-mente** weg:

amável	>	**amavelmente**	*liebenswürdig*
fácil	>	**facilmente**	*leicht*
anónimo	>	**anonimamente**	*anonym*
idêntico	>	**identicamente**	*identisch*

d) Bei Adjektiven auf **-ês** (die früher nur eine Form für beide Genera hatten) wird das Suffix *-mente* der maskulinen Form angehängt:

português	> **portuguesmente**	*portugiesisch*
francês	> **francesmente**	*französisch*
cortês[1]	> **cortesmente**	*höflich*

e) Bei zwei oder mehreren aufeinanderfolgenden Adverbien bekommt *nur das letzte* die Endung **-mente**. Alle anderen haben die Form des Adjektivs im Femininum Singular. (Der im Deutschen in ähnlichen Fällen übliche Bindestrich wird im Portugiesischen nicht benutzt.)

Beispiele:

Ela respondeu **correta e rapidamente**.	*Sie antwortete richtig und schnell.*
«Eu quero, **leal e sinceramente**, libertar o seu marido.»	*Ich bin ehrlich und aufrichtig gewillt, ihren Mann zu befreien.*
	Joaquim Paço d'Arcos, *«Ana Paula»*

2. Sonderformen

Adjektiv	Adverb	
bom, boa	**bem**	*gut*
mau, má	**mal**	*schlecht*
cheio, cheia	**plenamente**	*voll; völlig, vollkommen*

Beispiele:

Estou plenamente satisfeita.	*Ich bin vollkommen zufrieden.*
Ela ultimamente tem passado mal.	*In letzter Zeit ist es ihr schlecht gegangen.*
Está bem. Acho que fazes bem.	*Es ist gut. Ich denke, du tust gut daran.*

9.4 Das deutsche Adverb *gut* kann, wenn es am Satzanfang steht und nicht zum Verb gehört, sowohl mit **bem** als auch mit **bom** wiedergegeben werden:

Bem, vou-me embora!
Bom, vou-me embora! } *Gut, ich gehe (fort)!*

9.5 Das portugiesische Adverb **mal** wird dem Verb nachgestellt, wenn es die Bedeutung *schlecht* hat:

Ele vê mal.   *Er sieht schlecht.*

Steht **mal** vor dem Verb, so bedeutet es nicht *schlecht*, sondern *kaum*:

Ele **mal** a viu.	*Er hat sie kaum gesehen.*
«A respiração já **mal se** lhe **sentia**, de tão branda que era.»	*Seine Atmung spürte man kaum noch, so schwach war sie.* Manuel Mendes, *«Girassol»*

---

[1] **cortês** hat auch heute noch keine feminine Form.

3. In einigen Fällen hat die maskuline Singularform des Adjektivs die Funktion eines Adverbs:

falar/ler/chorar **alto**	*laut sprechen/lesen/weinen*
falar/ler/chorar **baixo**	*leise sprechen/lesen/weinen*
comprar/vender **caro**	*teuer kaufen/verkaufen*
comprar/vender **barato**	*billig kaufen/verkaufen*
custar **caro/barato**	*teuer/billig sein*
respirar **fundo**	*tief atmen*
gostar **imenso**	*sehr gern haben*

4.
a) Zur besonderen Hervorhebung wird manchmal anstelle des Adverbs das Adjektiv benutzt; es richtet sich dann in Genus und Numerus nach dem Subjekt.

Beispiel:

«E o vento soprava **brando e meigo**, (= branda e meigamente,) sem contribuir de modo algum para esta desolação.»	*Und der Wind wehte sanft und mild, ohne im Geringsten zu dieser Trostlosigkeit beizutragen.*

Pinheiro Chagas, «*História de Portugal*», 6. Bd.

b) Der adverbiale Gebrauch von Adjektiven nimmt sowohl in der Umgangssprache als auch in den Medien zu, was auf eine Tendenz zur Beschleunigung und Vereinfachung der Sprache hinweisen kann.
Im folgenden Text («*Doença de Alzheimer*» *Diário de Notícias*, 21. 9. 2013) ist die Anwendung des Adjektivs «rápido» anstelle des Adverbs «rapidamente» besonders auffällig:

… (é necessário) que se diagnostique **rápido** e se evite a progressão de uma doença sem cura.	*… (es ist notwendig) die Diagnose schnell zu stellen, um das Fortschreiten der unheilbaren Krankheit zu verhindern.*
Em todo o caso, o recurso aos lares só deve ser em fase avançada, porque aí a doença avança mais **rápido**.	*Auf jeden Fall sollte erst bei fortgeschrittener Erkrankung auf ein Heim zurückgegriffen werden, weil sich die Krankheit dort schneller verschlimmert.*

5. Sonstige Adverbien der Art und Weise:

aliás	*im Übrigen*	**devagar**	*langsam*
assim	*so*	**deveras**	*tatsächlich*
como	*wie*	**sobremodo**	⎱ *überaus* [selten]
debalde	*vergebens*	**sobremaneira**	⎰
depressa	*schnell*	**sobretudo**	*vor allem*

Beispiel:

A continuares a trabalhar **assim**, **depressa** acabas a tradução.	*Wenn du so weiterarbeitest, bist du schnell mit der Übersetzung fertig.*

9.9 II. Einige adverbiale Ausdrücke der Art und Weise

Zahlreiche deutsche Adverbien der Art und Weise können im Portugiesischen durch adverbiale Ausdrücke (Präposition + Adjektiv oder Substantiv) wiedergegeben werden:

às claras	unverhohlen
ao mesmo tempo	gleichzeitig
a sós	allein
ao acaso	aufs Geratewohl
tratar q.c. de viva voz	etwas mündlich erledigen
a meia voz	halblaut
de bom grado	gern
em vão	vergeblich
por acaso	zufällig

9.10 Sehr häufig werden adverbiale Ausdrücke, die aus der Präposition **com** und einem Substantiv bestehen, als Adverbien der Art und Weise benutzt.

Beispiele:

Fala-me **com franqueza** (= francamente)!	*Sprich offen zu mir!*
Ele fez o trabalho **com rapidez** (= rapidamente).	*Er machte die Arbeit schnell.*

9.11 III. Adverbien der Zeit *(Advérbios de tempo)*

hoje	heute	então	dann, darauf; damals
amanhã	morgen	depois	nachher, danach; dann; außerdem
depois de amanhã	übermorgen	antes	vorher
ontem	gestern	entretanto	} unterdessen
anteontem	vorgestern	entrementes [selten]	
agora	jetzt	logo	sogleich, sofort, sofort danach; nachher
ora [veraltet]	jetzt		
já	schon	ainda	noch
nunca,	nie,	quando	wann
jamais [lit-emph.]	niemals	dantes	früher
sempre	immer; doch; immerhin	outrora	einstmals, früher
		enfim	endlich, schließlich
cedo	früh	doravante	von nun an
tarde	spät		
amiúde [selten]	häufig		

IV. Einige Besonderheiten der Adverbien der Zeit

9.12 1. Zu **sempre** *(immer; tatsächlich, doch; immerhin)*

a) **Sempre** nach dem Verb = *immer;* **sempre** vor dem Verb = *tatsächlich, doch; immerhin;* in diesem Fall ist **sempre** kein Adverb der Zeit, sondern hat eine modale Funktion.

Beispiele:

Ele **tinha sempre** razão! Ele **sempre tinha** razão! «Não foi grande coisa que te ofereci, mas **sempre foi** um amparo.»	*Er hatte immer recht!* *Er hat doch recht gehabt!* *Ich habe dir nichts Großartiges angeboten, aber immerhin war es eine Hilfe.* Manuel Mendes, «*Girassol*»

(Siehe auch 13.16)

b) Das mit **nem** verneinte **sempre** steht vor dem Verb und hat die Bedeutung *(allerdings) nicht immer*.

Vgl.:

Ele não é sempre pontual.   *Er ist nicht immer pünktlich.*
Ele **nem sempre** é pontual.   *Nicht immer ist er pünktlich. (Vom Sprecher vorausgesetzt: normalerweise ist er pünktlich – allerdings nicht immer.)*

2. Zu **depois** *(nachher, danach; dann; außerdem)*

a) **depois** *(nachher, danach)*

Beispiel:

Primeiro acabe o seu trabalho, e **depois** ainda tem tempo de me ajudar.	*Machen sie erst mal Ihre Arbeit fertig, nachher/danach haben Sie noch Zeit, mir zu helfen.*

b) **depois** *(dann)* stellt die Frage nach dem weiteren Verlauf von Geschehnissen und Erzählungen:

E **depois**? perguntou a criança.   *Und dann? fragte das Kind.*

c) Manchmal wird **depois** für *außerdem* verwendet:

«Mas tinha pena dela, coitada! E **depois**,   *Aber sie tat ihm leid, die Arme! Außerdem*
sem a amar, apetecia-a.»   *begehrte er sie, obgleich er sie nicht liebte.*
   Eça de Queirós, «*O Primo Basílio*»

3. Zu **logo** *(sogleich; nachher)*

a) Unmittelbar nach dem Verb hat es gewöhnlich die Bedeutung von *sofort danach, sogleich*:

Ele **foi logo** a casa dela.   *Er ist sofort zu ihr gegangen.*

b) Steht **logo** vor dem Verb oder stehen noch andere Satzteile zwischen dem Verb und **logo**, dann bedeutet es meistens *nachher*. Sicher kann man das jedoch nur aus dem Kontext ersehen.

Ele vai a casa dela **logo**.
Ele, **logo**, vai a casa dela.   } *Er geht nachher zu ihr.*

c) Ausdrücke mit **logo**:

In der Bedeutung von *nachher* bezieht sich **logo** auf Zeiträume innerhalb desselben Tages.

Até logo![1] *(bis später!)* sagt man beispielsweise am Morgen, wenn man sich nachmittags sieht oder spricht; am Nachmittag, wenn man sich bis abends verabschiedet.

Weitere Ausdrücke mit **logo**:

logo à noite	*heute Abend*
até logo à noite	*bis heute Abend*
mais logo	*später/nachher*
q. c. fica para logo	*etwas wird auf später verschoben (aber nur innerhalb desselben Tages)*

9.15 4. Zu **ainda** *(noch)*

Beispiel:

Ele **ainda** cá está.	Er ist noch hier./Er ist noch da.

Ainda não *(noch nicht)* steht immer unmittelbar vor dem Verb:

Ele **ainda não** apareceu.	*Er ist noch nicht erschienen.*
(Auch möglich: Ele não apareceu ainda.	*Er ist immer noch nicht erschienen.)*

Das deutsche Adverb *noch* wird im Portugiesischen in einigen Fällen durch andere adverbiale Wendungen wiedergegeben:

noch einer, noch eine	**mais um, mais uma**
noch einer ... und noch einer	**mais um ... e mais outro**
noch einmal	**mais uma vez, outra vez**
nur noch	**já só, só mais**

Beispiele:

Já só falta um mês para as férias! Já falta só um mês para as férias!	} *Nur noch ein Monat bis zu den Ferien!*
Cante mais uma canção!	*Singen Sie noch ein Lied!*
Só mais uma canção!	*Nur noch ein Lied!*

9.16 5. Zu **então** *(dann, danach, darauf; damals)*

Beispiele:

Então ele levantou-se e saiu.	*Dann ist er aufgestanden und weggegangen.* Schriftdeutsch: *Dann stand er auf und ging weg.*
Lembro-me daquele tempo. Era eu **então** uma criança.	*Ich erinnere mich an jene Zeit. Damals war ich noch ein Kind.*

---

[1] In Brasilien wird «até logo» im Sinne von «Auf Wiedersehen» gebraucht.

Außer in den angegebenen Bedeutungen kann **então** auch emphatisch verwendet werden, z. B. in der Bedeutung von *nun, na, denn*:

Então? Estás contente?	*Nun, bis du zufrieden?*
Então? Como te correu o exame?	*Na, wie ist dein Examen verlaufen?*
Então ele não te contou nada?	*Hat er dir denn nichts erzählt?*

Ou então hat die Bedeutung *oder aber*:

Ele ainda não me respondeu: ou não recebeu a minha carta, **ou então** está doente.   *Er hat mir noch nicht geantwortet: entweder hat er meinen Brief nicht bekommen, oder aber er ist krank.*

V. Einige adverbiale Ausdrücke der Zeit

a desoras [selten]	*zur Unzeit*
às vezes	*zuweilen, manchmal*
muitas vezes	*oft*
de vez em quando	*ab und zu*
de quando em quando [lit.]	
de tempos a tempos	*von Zeit zu Zeit*
de longe em longe	*dann und wann*
por enquanto	*vorläufig*
por agora	*fürs Erste, vorläufig*
hoje em dia	*heutzutage*
quanto antes	*so bald wie möglich*

Einige portugiesische Zeitangaben bestehen aus dem Ortsadverb **daqui**, das im temporalen Sinne verwendet wird, und einer adverbialen Zeitbestimmung:

daqui a pouco (tempo)	*bald, in Kürze*
daqui a muito tempo	*später, viel später*
daqui a dois dias	*in zwei Tagen*
daqui a um ano	*in einem Jahr*
daqui em diante	*von nun an*
daqui por diante	
daqui para o futuro	*in Zukunft*
daqui até lá	*bis dahin*

Beispiele:

Eu almoço **daqui a dez minutos**.	*In zehn Minuten esse ich zu Mittag. (Ich fange in zehn Minuten an.)*
aber:	
Eu almoço em dez minutos.	*Ich esse in zehn Minuten zu Mittag. (Binnen zehn Minuten, da ich wenig Zeit habe.)*
Ele faz o trabalho **daqui a meia hora**.	*Er macht die Arbeit in einer halben Stunde. (Er fängt in einer halben Stunde an.)*

aber:	
Ele faz o trabalho em meia hora.	Er macht die Arbeit in einer halben Stunde. (Er braucht nur eine halbe Stunde dazu.)

9.19 VI. Adverbien der Reihenfolge *(Advérbios de ordem)*

Die Adverbien der Reihenfolge *erstens, zweitens*... gehören eigentlich zu den Temporaladverbien. Sie können im Portugiesischen auf unterschiedliche Weise wiedergegeben werden:

primeiro em primeiro lugar primeiramente[1]	} erstens
segundo em segundo lugar	} zweitens
terceiro em terceiro lugar	} drittens
etc.	(siehe 6.13)
sucessivamente	aufeinander folgend

Beispiele:

Tenho muito que fazer hoje: **primeiro**, as compras, **segundo**, a preparação das aulas, **terceiro**, a correção dos exercícios, e assim **sucessivamente**...	Ich habe heute viel zu tun: zuerst die Einkäufe, zweitens die Unterrichtsvorbereitung, drittens die Korrektur der Übungen usw.

9.20 VII. Adverbien des Ortes *(Advérbios de lugar)*

aqui	hier*	adiante	vorn
aí	da*	diante	vorn (nach Präposition)
ali	dort*, da	atrás	hinten, nach
acolá	dort drüben	trás	hinten, nach (nach Präposition)
cá	hier*	acima	nach oben; her-, hinauf
lá	da, dort*	abaixo	nach unten; her-, hinunter
aquém	diesseits	defronte	gegenüber (normalerweise bei Gebäuden o. ä.)
além	dort, da drüben; jenseits	avante	vorwärts (fig.)
		embora	fort, weg

---

[1] Das Suffix **-mente** wird nur bei der Entsprechung für dt. *erstens* (**primeiramente**) gebraucht. Bei den darauf folgenden Zahlen entfällt diese Form.

perto	*nahe*	**algures**	*irgendwo*
longe	*weit*	**nenhures****	*nirgends*
fora	*draußen*	**onde*****	*wo; wohin*
dentro	*drinnen*	**aonde*****	*wohin*
		donde***	*woher*

* Auch *hierher, dahin, dorthin,* siehe 3. b).
** Selten; gebräuchlich: **em parte nenhuma**.
*** Diese sind Relativadverbien.

Die Ortsadverbien können Ruhe und Bewegung ausdrücken.

VIII. Einige Besonderheiten der Adverbien des Ortes

1. Zu **aqui – aí – ali – acolá**

aqui – *hier*	**aí** – *da*	**ali** – *dort, da*	**acolá** – *dort drüben*
beim Sprecher	beim Angesprochenen	bei einem Dritten oder entfernt von den Sprechenden, aber noch in ihrer Reich- oder Sehweite	oft gebraucht, wenn von verschiedenen entfernten Gegenständen die Rede ist. Der Gegenstand, dessen Position mit **acolá** bezeichnet wird, befindet sich im Gegensatz zu **ali** weiter vom Sprechenden entfernt.

Beispiele:

– Vês aqueles dois homens que estão a conversar? – Aqueles **ali** ao pé do automóvel verde? – Não. Os outros **acolá** ao fundo da rua.	– Siehst du diese zwei Männer, die sich unterhalten? – Die da beim grünen Auto? – Nein. Die anderen dort drüben am Ende der Straße.

2. Zu **além** (*dort, da drüben; jenseits*)

Além wird sehr häufig im Sinne von *acolá* gebraucht; da es durch **mais** und **muito** gesteigert werden kann, sind seine Verwendungsmöglichkeiten ziemlich groß.

Beispiele:

Olha **além** aquele barco à vela!	*Schau mal dieses Segelboot da drüben!*

Vgl. übertragenen Gebrauch:

Essa despesa vai **muito além** das nossas possibilidades!	*Diese Ausgabe geht weit über unsere Möglichkeiten hinaus.*

9.23   3. Zu **cá** *(hier)* und **lá** *(da, dort)*

a) **Cá** bezieht sich auf Gegenstände, die sich in der Nähe des Sprechers befinden, jedoch wird diese Nähe in einem weiteren Sinn, oft «atmosphärisch» aufgefasst und häufig vom Sprecher nicht genau lokalisiert. **Aqui** *(hier)* bezeichnet hingegen die Nähe zum Sprecher im engeren Sinn.

Beispiele:

O teu colega Rebelo **está cá** e já telefonou a perguntar por ti. *aber*: O teu colega **está aqui**.	*Dein Kollege Rebelo ist hier (am Ort) und hat schon angerufen und nach Dir gefragt.* *Dein Kollege ist (schon) hier. (Er befindet sich im Haus.)*

Atmosphärisch:

Cá em Portugal ...	*Hier in Portugal ... (hier in diesem Land ...)*

Lá wird ebenfalls dann gebraucht, wenn der Sprecher den räumlichen Ort nicht genau bestimmt. Während **acolá** nur den Ort von Personen und Gegenständen bezeichnet, die für den Sprecher sichtbar sind, ist es möglich, mit **lá** den Ort von Personen oder Gegenständen anzugeben, die für den Sprecher sichtbar oder unsichtbar sind.

Beispiele:

Ele passa as férias **lá** na província.	*Er verbringt seine Ferien in der Provinz.*
Bati à porta, mas não estava **lá** ninguém.	*Ich habe an die Tür geklopft, aber es war niemand da.*

9.24   b) Mit **ir, vir** bedeutet

aqui	hierher	= *Bewegung zu einem bestimmten Ort*
cá	hierher	= *Bewegung allgemein zum Sprecher hin*
lá	dorthin	= *Bewegung allgemein vom Sprecher weg*

Beispiele:

Vem aqui! Anda cá! Vem cá! A mãe chamou. Vai lá.	*Komm (genau) hierher!* *Komm her!* *Die Mutter hat gerufen. Geh hin! (zu ihr)*

9.25   c) **Cá dentro**   *drin(nen); für kurze Zeit nach drinnen*
  – *der Sprecher ist selbst drinnen*

  lá dentro   *drin(nen); für einen Augenblick nach drinnen*
  – *der Sprecher ist draußen*

cá fora	*draußen; für kurze Zeit nach draußen* – der Sprecher ist draußen
lá fora	*draußen; für kurze Zeit nach draußen* – der Sprecher ist drinnen

Beispiele:

Cá dentro está calor, mas **lá fora** está fresco.	*Hier drinnen ist es warm, aber draußen ist es kühl.*
Que maçada! Fechei a porta e deixei a chave **lá dentro!**	*Schöne Bescherung! Ich habe die Tür zugemacht und den Schlüssel drinnen stecken lassen.*
Vou para casa. **Cá fora** está vento.	*Ich gehe ins Haus. Hier draußen ist es windig.*
Vai **lá fora** ver se o carro está fechado.	*Geh einen Moment raus und schau, ob der Wagen abgeschlossen ist.*

d) **Cá em cima** *(hier oben)*   – der Sprecher ist selbst oben
   lá em cima *(da oben)*   – der Sprecher ist unten

   cá em baixo *(hier unten)*   – der Sprecher ist unten
   lá em baixo *(da unten)*   – der Sprecher ist oben

4. **acima**   – *Bewegung (nach oben)*

   em cima   – *Ruhepunkt (oben);*

   abaixo   – *Bewegung (nach unten)*

   em baixo   – *Ruhepunkt (unten)*

5. Zusammensetzung einiger **Adverbien des Ortes mit Präpositionen** zur Angabe der Richtung:

mit **de**: **daqui**, von hier; **daí**, von da; **dali**, von dort; **de baixo**, von unten; **de cima**, von oben; **de dentro**, von innen; **de fora**, von außen usw.
mit **por**: **por aqui**, hier entlang, hierher; **por aí**, da entlang, daher; **por ali**, dort entlang usw.
mit **para**: **para aqui**, hierher; **para baixo**, nach unten; **para cima**, nach oben; **para trás**, rückwärts, nach hinten; **para diante**, nach vorn; **para trás e para diante**, hin und her; usw.

Merke den Unterschied:

Vem aqui!	*Komm mal eben her!*
Vem para aqui!	*Komm hierher! (eher längerer Verbleib)*

IX. Einige adverbiale Ausdrücke des Ortes

em frente	gegenüber, davor
ao pé	dabei, daneben, ganz in der Nähe
ao lado	daneben, nebenan
em parte alguma	} nirgendwo
em parte nenhuma	
aqui e além	hier und da

Beispiele:

O supermercado é mesmo aqui **ao pé**.	Der Supermarkt ist ganz in der Nähe.
Quando eu disse aquilo, você estava **ao pé**.	Als ich das sagte, waren Sie dabei.
Ele mora aqui/ali **ao lado**.	Er wohnt (hier) nebenan.

X. Adverbien der Menge (Quantität, Intensität) *(Advérbios de quantidade e de grau)*

muito	sehr; viel	tanto	so viel
mui*	sehr	quão [lit.]	wie
pouco	wenig	quanto	wie viel
mais	mehr	que	wie
menos	weniger	demais	{ zu viel, zu sehr, zu
bastante	{ genug, ziemlich,	demasiado	zu, allzu
assaz [veraltet]	reichlich,	algo	ein wenig
	hinreichend	bem	sehr, recht
quase	fast	todo	ganz
tão	so, so sehr	nada	gar (nicht)

* Die abgekürzte Form **mui** ist veraltet, kommt nur noch in poetischen Texten vor.

XI. Einige Besonderheiten der Adverbien der Menge

1. Zu **muito** *(sehr, viel)*

Als Adverb ist **muito** *unveränderlich.*

Beispiele:

As impressoras são **muito** baratas, mas a tinta é **muito** cara.	Die Drucker sind sehr preiswert, aber die Druckertinte ist sehr teuer.
Ela trabalha **muito**.	Sie arbeitet viel.

Im Portugiesischen wird das Adverb **muito** oft in der Bedeutung von **demais** *(zu sehr)* angewandt:

O texto é **muito** difícil para ela.	*Der Text ist zu schwer für sie.*

2. Zu **bem** *(sehr, recht)*   9.32

Bem wird meist vor Adjektiven im Sinne von **muito** gebraucht (emphatisch):

Ela é **bem** linda!	*Sie ist wirklich sehr hübsch!*

3. Zu **todo** *(ganz, sehr)*   9.33

Todo ist auch als Adverb veränderlich und richtet sich in Genus und Numerus nach seinem Beziehungswort.

Eles andam todos entusiasmados com a casa nova.	*Sie sind ganz begeistert vom neuen Haus.*
Ela está toda triste/ toda contente.	*Sie ist ganz traurig/sehr zufrieden.*

4. Zu **demais** *(zu, zu viel, zu sehr)* und **demasiado** *(zu, allzu)*   9.34

Demais wird immer dem Adjektiv oder Adverb nachgestellt, **demasiado** wird immer vorangestellt, es ist als Adverb unveränderlich.

Ela era **boa demais** para progredir no mundo.	*Sie war zu gut, um in dieser Welt voranzukommen.*
Ela era **demasiado boa** para progredir no mundo.	
Ele bebeu/comeu/falou/trabalhou **demais**.	*Er hat zu viel getrunken/gegessen/geredet/gearbeitet.*
Arre! que isto é **demais**!	*Zum Donnerwetter! das ist zu viel!*
	(zu **de mais** siehe 9.38)

Demais kann auch in der Bedeutung von **além disso** *(außerdem, im Übrigen)* gebraucht werden.

Não vou à festa: não me interessa; **demais** não tenho dinheiro.	*Ich gehe nicht auf das Fest: es interessiert mich nicht; (und) außerdem habe ich kein Geld.*

5. Zu **tão** *(so, so sehr)* und **tanto** *(so viel)*   9.35

Tão steht vor Adjektiven und Adverbien; **tanto** steht vor Substantiven (als Indefinitbegleiter) und nach Verben sowie immer vor den Komparativformen.

Beispiele:

O filme era **tão bom** que não me importava de o ver outra vez.	*Der Film war so gut, dass es mir nichts ausmachen würde, ihn noch einmal zu sehen.*
Ele falou **tão claramente** que todos o compreenderam.	*Er sprach so deutlich, dass alle ihn verstanden.*

Eu hoje **falei tanto** que fiquei rouca.	Ich habe heute so viel gesprochen, dass ich heiser wurde.
Tanto trabalho para nada!	So viel Arbeit für nichts!
Tanto melhor!	Umso besser!

9.36 6. Zu **quão, que** *(wie)*

Beide Adverbien stehen vor Adjektiven oder Adverbien.
In der Umgangssprache wird nur **que** angewandt; **quão** ist die literarische Form.

Quão repousante é este silêncio!	Wie erholsam ist diese Stille!
Que simpático é este rapaz!	Wie nett ist dieser junge Mann!

9.37 7. Zu **nada** als Negationsverstärkung

Beispiel:

Esta situação **não é nada** agradável!	Diese Situation ist gar nicht angenehm!

9.38 XII. Einige adverbiale Ausdrücke der Menge

a meias	zu gleichen Teilen
ao todo	insgesamt
de todo	völlig
de todo em todo	ganz und gar, total
ao menos	} wenigstens, mindestens
pelo menos	
quando menos	(wenn schon nicht mehr, dann) wenigstens
quando muito	höchstens, wenn es hoch kommt
de mais, a mais	zu viel
de menos, a menos	zu wenig
demais a mais	im Übrigen
quanto mais ... tanto mais (menos)	je mehr ... desto mehr (weniger)
quanto menos ... tanto menos (mais)	je weniger ... desto weniger (mehr)
Eu não comprei nada **de mais** nem **de menos**. (= ... a mais ... a menos.)	Ich habe nichts gekauft, was zu viel oder zu wenig wäre.

9.39 XIII. Adverbien der Bejahung oder Affirmation *(Advérbios de afirmação)*

sim	*ja*
certamente	*gewiss, sicher, sicherlich*
realmente	*wirklich*
decerto	*gewiss, zweifellos*

pois deveras efetivamente também	ja, klar, eben, natürlich wirklich, wahrhaftig in der Tat, tatsächlich wirklich, in der Tat

Beispiele:

A paisagem é **realmente** bonita.	*Die Landschaft ist wirklich schön.*
Efetivamente, é como tu dizes.	*Tatsächlich ist es so, wie du sagst.*

XIV. Einige Besonderheiten der Adverbien der Affirmation

1. Zu **sim** siehe § 16 und speziell 16.12 bis 16.15; zu **pois** siehe 16.7, 16.13 und 16.16 bis 16.21.

2. **Também** als Bejahungsadverb, fam. = *wirklich, in der Tat;* wegen seines emphatischen Charakters kann **também** in dieser Bedeutung auch zu den «*partículas de realce ou expletivas»* (§ 13) gezählt werden.

Beispiele:

Também já me aborreces com as tuas constantes lamentações!	*Du gehst mir mit deinen ewigen Klagen wirklich schon auf die Nerven!*
«– Pois se ela está doente, que vá para o hospital! – Não, **também** não tens razão.»	*– Nun, wenn sie krank ist, dann soll sie ins Krankenhaus gehen!* *– Nein, du hast wirklich nicht recht.* Eça de Queirós, «*O Primo Basílio»*

XV. Adverbiale Ausdrücke der Affirmation

sem dúvida, de certeza	*zweifellos*
com certeza, por certo (auch Ausdrücke der Unsicherheit)	*gewiss; sicher, sicherlich; wahrscheinlich*
pois não!	*aber gern!* (siehe 16.19)

Merke:

Als Ausdruck der Sicherheit:
O pai vem **com certeza (= sem dúvida/de certeza).**

Vater kommt gewiss/zweifellos.

Als Ausdruck der Unsicherheit:
Com certeza/por certo ele vem já amanhã (= provavelmente).

Sicherlich/wahrscheinlich kommt er schon morgen.

XVI. Adverbien der Verneinung *(Advérbios de negação)*

não	*nein, nicht*
nem	*nicht, nicht einmal*
nunca	*nie, niemals*
jamais [literarisch]	*nie, niemals, jemals*

XVII. Adverbiale Ausdrücke der Verneinung

nem sequer; nem mesmo	*nicht einmal*
também não	*auch nicht*
de modo algum/nenhum	
de maneira alguma/nenhuma	} *keineswegs*
de forma alguma/nenhuma	
nunca mais	*nie mehr, nie wieder*
já não (temporal)	*nicht mehr*
não mais (quantitativ)	*nicht mehr*
antes pelo contrário	
muito pelo contrário [stärker]	} *ganz im Gegenteil*

XVIII. Einige Besonderheiten der Adverbien und adverbialen Ausdrücke der Verneinung

1. Die Verneinung erfolgt, indem das Adverb **não** dem Verb unmittelbar vorangestellt wird:

(eu) não compro/não vendo
(ele) não está
(nós) não abrimos,   etc.

2. **Nem** muss statt **não** gebraucht werden:

a) In den Kombinationen: **nem um/uma** *(kein Einziger, keine Einzige)*, **nem todos/todas** *(nicht alle)*, **nem tudo** *(nicht alles)*.

Beispiele:

Nem todos gostam do mesmo.	*Nicht alle mögen dasselbe.*
Algum disse a verdade? **Nem um!**	*Hat einer/auch nur einer die Wahrheit gesagt? Kein Einziger!*

b) In den Ausdrücken

nem sempre	*nicht immer*
nem ainda [lit.]	
nem sequer	} *nicht einmal*
nem mesmo	
nem por isso	*nicht viel, nicht (so) sehr, nicht besonders*

Beispiele:

«Talvez Jesus morresse ... **Nem mesmo** os ricos e fortes o encontram.»	*Vielleicht ist Jesus gestorben ... Nicht einmal die Reichen und die Starken finden ihn.* Eça de Queirós, *«O Suave Milagre»*
«Mas **nem sequer** me falaste nele!»	*Aber du hast mir nicht einmal von ihm erzählt!* M. J. de Carvalho, *«Tanta Gente, Mariana»*
– O seu doente está melhor? – **Nem por isso.**	*– Geht es Ihrem Patienten besser? – Nein, nicht so sehr/nicht besonders.*

c) Oft wird einfach **nem** im Sinne von *nicht einmal* gebraucht:

Ele nem respondeu!	*Er hat nicht einmal geantwortet!*
«Corremos a praia. Da doida, nem rastos.»	*Wir haben den Strand abgelaufen. Von der Verrückten keine Spur.* Maria Ondina, *«A China Fica ao Lado»*

3. Zu **já não** und **não ... mais**

Beide Ausdrücke werden im Deutschen mit *nicht mehr* wiedergegeben.
Já não ist temporal, **não mais** ist quantitativ zu verstehen; vgl. folgende Beispiele:

Já não quero andar!	*Ich will nicht mehr laufen (wie ich es bis jetzt getan habe).*
Não quero andar mais hoje!	*Ich will heute nicht mehr laufen/nicht noch mehr laufen (als ich schon gelaufen bin)!*
Sou velho, já não tenho paciência.	*Ich bin alt, ich habe keine Geduld mehr (so wie früher).*
Hoje não tenho mais paciência.	*Heute habe ich keine Geduld mehr (als ich schon gehabt habe).*
– Você ainda trabalha? – Já não.	*– Arbeiten Sie noch? – Nicht mehr.*

XIX. Adverbien des Zweifels *(Advérbios de dúvida)*

talvez*	*vielleicht*
acaso	
porventura	*etwa, vielleicht*
quiçá [selten]	
possivelmente	*möglicherweise*
provavelmente	*wahrscheinlich*
naturalmente	*(im Sinne von:) wahrscheinlich*

* **Talvez** vor dem Verb erfordert den Konjunktiv (siehe 8.109).

Beispiele:

Ele ter-me-á **porventura** enganado?	*Hat er mich etwa betrogen?*

Merke:

Ele vai à praia, mas nunca toma banho. **Naturalmente** (= **provavelmente/ se calhar**) não sabe nadar.	*Er geht an den Strand, aber er badet nie. Wahrscheinlich kann er nicht schwimmen.*

Adverbiale Ausdrücke des Zweifels siehe 9.41.

XX. Adverbien der Ausschließung *(Advérbios de exclusão)*

só	*nur, bloß; erst (vor Zeitausdrücken)*
somente	*nur, lediglich*
apenas	*nur, bloß*
unicamente	*einzig und allein; bloß; nur*
simplesmente	*nur, einfach, ganz einfach*
exclusivamente	*ausschließlich*
senão	*außer* ⎫ *nur* ⎬ *(nach einem verneinten Verb)*

Beispiele:

Ela não faz senão chorar. Ela não faz nada senão chorar. Não faz outra coisa senão chorar.	*Sie tut nichts außer (als) weinen / sie weint nur.*
Não compro senão um quadro. (= Só compro um quadro.)	*Ich kaufe nur ein Bild/nichts außer einem Bild.*
«O Teodorico não tem ninguém senão a titi…»	*Teodorico hat niemanden außer der Tante…* Eça de Queirós, *«A Relíquia»*
Tenho só dez euros na carteira. Só tenho dez euros na carteira.	*Ich habe nur zehn Euro in der Tasche.*
A tua carta chegou só hoje.	*Dein Brief kam erst heute an.*
Parto só daqui a quinze dias.	*Ich fahre erst in 14 Tagen ab.*
O que eu disse foi somente uma brincadeira.	*Was ich sagte, war nur ein Scherz.*
Quero apenas cumprir o meu dever.	*Ich will nur meine Pflicht erfüllen.*
«Ela é apenas mulher»	*Sie ist nur eine Frau.* (Titel eines Romans von M. Archer)
«O amante (Clotilde não dizia a palavra, chamava-lhe simplesmente «ele»)…	*Ihr Geliebter (Clotilde sprach das Wort nicht aus, sie nannte ihn nur «er»)…* Maria Judite de Carvalho, *«As Palavras Poupadas»*

Estes lugares são exclusivamente para pessoas idosas.	Diese Plätze sind ausschließlich für ältere Leute.
O doente bebeu unicamente um copo de leite.	Der Kranke hat nur ein Glas Milch getrunken.

XXI. Adverbien der Einschließung *(Advérbios de inclusão)*

até	*sogar*
mesmo	*selbst, sogar*
também	*auch*
inclusivamente, inclusive	*einschließlich*

Beispiele:

Também tu me criticas?	Auch du kritisierst mich?
«Até o Huguinho já dá conselhos.»	Sogar unser lieber Hugo gibt schon Ratschläge.
	Joaquim Paço d'Arcos, «*A Corça Prisioneira*»
«As pessoas como a Estrela, mesmo como a Lúcia, sabem escolher os momentos ...»	Menschen wie Estrela, selbst wie Lúcia, wissen die (richtigen) Augenblicke zu wählen ...
	Maria Judite de Carvalho, «*Tanta Gente, Mariana*»

XXII. Adverb des Hinweises *(Advérbio de designação)*

eis	*hier ist, hier sind, da ist, da sind*

XXIII. Einige Besonderheiten des Adverbs des Hinweises

Es entspricht dem franz. *voici, voilà*, wird aber selten gebraucht: in der Umgangssprache wird es so gut wie nicht benutzt, nur in der gehobenen und in der Schriftsprache kommt es vor.

Beispiele:

Eis os teus verdadeiros amigos!	Hier sind deine wahren Freunde!

Möglich ist auch die Form **eis aqui**:

Eis aqui o resultado dos teus erros!	Hier ist / da hast du / da siehst du das Ergebnis deiner Fehler!

Wenn dem Adverb **eis** ein Personalpronomen folgt, dann steht es im Akkusativ; da **eis** auf -s endet, fällt nach den uns schon bekannten Regeln bei der 3. Person dieses «-s» weg und das Pronomen, **o, a, os, as** wird zu **lo, la, los, las**:

eis + o	ei-lo
eis + a	ei-la
eis + os	ei-los
eis + as	ei-las

Beispiele:

«**Eis-me** agora num corredor de teto baixo ...«	*Da bin ich nun in einem Korridor mit niedriger Decke ...*
	David Mourão-Ferreira, *«Os Amantes»*
«No mesmo sítio encontra-se outro álbum ... **Ei-lo** aberto diante dos meus olhos.»	*An derselben Stelle befindet sich noch ein Album ... Sieh da, es liegt aufgeschlagen vor meinen Augen.* Ibid.
(outro álbum). «**Ei-lo** que já do alto se precipita, para tombar a meus pés.»	*(noch ein Album). Da fällt es auch schon von oben herunter vor meine Füße.* Ibid.

Ausdrücke: **eis como** *(und so),* **eis porque** *(und deshalb),* **eis onde** *(da, und da),* **eis quando, eis senão quando** *(und plötzlich, unversehens)*

9.51 XXIV. Interrogativadverbien *(Advérbios interrogativos)*

Interrogativadverbien leiten direkte oder indirekte Fragesätze ein. Mit ihnen wird die Frage nach Ort, Zeit, Ursache und Art und Weise gestellt.

Ort	Zeit	Ursache		Art und Weise
onde? *(wo?; wohin?)* **aonde?** *(wohin?)* **donde?** *(woher?)* **para onde?** *(wohin?)* **por onde?** *(wo entlang?)* *(wo durch?)*	**quando?** *(wann?)*	**porque?** **porquê?***	*(warum?)*	**como?** *(wie?)*

* «porque» bekommt den Zirkumflex, wenn es am Ende des Satzes oder allein steht. (Vgl. 7.43)

Beispiele:

Donde vens e **para onde** vais?	*Woher kommst du und wohin gehst du?*
Quando chegará esse dia?	*Wann wird dieser Tag kommen?*
Porque não vens? **Porquê?**	*Warum kommst du nicht? Warum?*
Ele perguntou-me **como** me tinha corrido o exame.	*Er fragte mich, wie meine Prüfung verlaufen sei.*

XXV. Relativadverb *(Advérbio relativo)*

onde

Beispiel:

Ele trabalha na sala **onde** tem o computador.	*Er arbeitet in dem Zimmer, wo er den Computer hat.*

XXVI. Die Steigerung der Adverbien *(Graus dos advérbios)*

Viele Adverbien der Art und Weise und einige Adverbien der Zeit, des Ortes und der Menge können gesteigert werden.

1. Adverbien der Art und Weise

Normalform (Positiv)	Komparativ		Superlativ (Relativ + Absolut)
bem *(gut)*	**melhor, mais bem*** tão bem	Rel. Abs.	o melhor, o mais bem otimamente, muito bem
mal *(schlecht)*	pior, mais mal* tão mal	Rel. Abs.	o pior, o mais mal pessimamente, muito mal
depressa *(schnell)*	mais depressa tão depressa	Rel. Abs.	o mais depressa muito depressa
devagar *(langsam)*	mais devagar tão devagar	Rel. Abs.	o mais devagar muito devagar
honestamente *(ehrlich)*	mais honestamente tão honestamente menos honestamente	Rel. Abs.	o mais honestamente o menos honestamente honestissimamente, muito honestamente
alto *(hoch)*	mais alto tão alto	Rel. Abs.	o mais alto altíssimo, muito alto
baixo *(tief; leise)*	mais baixo tão baixo	Rel. Abs.	o mais baixo baixíssimo, muito baixo

* Die analytischen Komparativformen **mais bem** und **mais mal** werden vor Partizipien verwendet.

Beispiele:

Eu falo **o mais alto possível,** para todos os alunos me ouvirem.	*Ich spreche so laut wie möglich, damit ich von allen Schülern gehört werde.*
Ele procedeu **corretissimamente.**	*Er handelte sehr/höchst korrekt.*

Vai **mais devagar**, que o trânsito é muito.	*Fahre langsamer, denn es ist starker Verkehr.*
Hoje ela sente-se **muito melhor**.	*Heute fühlt sie sich bedeutend besser.*
A minha casa está **mais bem situada** do que a tua.	*Meine Wohnung ist besser gelegen als deine.*
Eu não ando **tão depressa** como ele.	*Ich gehe nicht so schnell wie er.*

2. Adverbien der Zeit

Normalform (Positiv)	Komparativ		Superlativ	
antes *(vorher)*		abs.	**muito antes** *(viel früher)*	
depois *(nachher)*		abs.	**muito depois** *(viel später)*	
cedo *(früh)*	**mais cedo** *(früher)*	rel.	**o mais cedo**	*(das früheste)*
	tão cedo *(so früh)*	abs.	**cedíssimo,** **muito cedo**	*(sehr früh)*
tarde *(spät)*	**mais tarde** *(später)*	rel.	**o mais tarde**	*(das späteste)*
	tão tarde *(so spät)*	abs.	**tardíssimo,** **muito tarde**	*(sehr spät)*
logo *(gleich)*	**mais logo** *(später)*			

Beispiele:

Ainda é **muito cedo**.	*Es ist noch sehr/zu früh.*
Vamos **mais logo**.	*Gehen wir später.*
Ela saiu **muito antes** de mim.	*Sie ist viel früher weggegangen als ich.*

3. Adverbien des Ortes

Normalform	Komparativ	Superlativ
aquém *(diesseits)*	**mais aquém** *(weiter hierher)*	**muito aquém** * *(viel weiter hierher)*
além *(dort, da drüben; jenseits)*	**mais além** *(weiter weg, weiter jenseits)*	**muito além** * *(viel weiter weg)*
acima *(oben)*	**mais acima** *(weiter oben)*	**muito acima** *(weit/ganz darüber)*
abaixo *(unten)*	**mais abaixo** *(weiter unten)*	**muito abaixo** *(weit/ganz darunter)*
adiante *(vorn)*	**mais adiante** *(weiter vorn)*	**muito adiante** *(weit/ganz vorn)*
atrás *(hinten)*	**mais atrás** *(weiter hinten)*	**muito atrás** *(weit/ganz hinten)*
dentro *(drin(nen))*	**mais dentro** *(weiter drin(nen))*	**muito dentro** *(weit/ganz drinnen)*
fora *(draußen)*	**mais fora** *(weiter draußen)*	**muito fora** *(weit/ganz draußen)*

perto	mais perto	rel.	o mais perto	(das nächste) (örtl.)
(nahe)	(näher)	abs.	{ pertíssimo,	(ganz nahe)
			muito perto }	(sehr nahe)
longe	mais longe	rel.	o mais longe	(das weiteste)
(weit)	(weiter, weiter weg)	abs.	{ longíssimo,	(ganz weit)
			muito longe }	(sehr weit weg)

* Diese absoluten Superlative werden im Deutschen am besten durch einen Komparativ wiedergegeben, weil in der Bedeutung von «aquém», «além» ein Bezug auf andere Personen/Gegenstände enthalten ist. Vgl. den impliziten Bezug in der Übersetzung von «acima», «abaixo».

Beispiele:

| Essa rua fica lá **mais acima/abaixo**. | *Diese Straße verläuft weiter oben/unten.* |
| Agora moro **muito perto** da universidade. Antigamente, morava **mais longe**. | *Jetzt wohne ich sehr/ganz nahe an der Universität. Früher wohnte ich weiter weg.* |

4. Adverbien der Menge

Normalform	Komparativ	Superlativ
muito *(viel; sehr)*		**muitíssimo** *(sehr viel; sehr, sehr)*
pouco *(wenig)*	**tão pouco** *(so wenig)*	**pouquíssimo,** **muito pouco** } *(sehr wenig)*
	mais *(mehr)*	**muito mais** *(viel mehr)*
	menos *(weniger)*	**muito menos** *(viel weniger)*

Beispiele:

| Tu comeste **pouquíssimo/muito pouco**. | *Du hast sehr wenig gegessen.* |
| O filme agradou-me **muitíssimo**. | *Der Film hat mir sehr, sehr gut gefallen.* |

5. Die Bedeutung der Adverbien **baixo, cedo, perto, depressa, devagar, bem, mal, pouco** kann durch das Verkleinerungssuffix **-inho** intensiviert werden:

baixinho	*sehr leise*
cedinho	*sehr, recht früh*
pertinho	*sehr, recht nahe*
depressinha	*recht schnell*
devagarinho	*recht langsam*
benzinho	*recht gut*
malzinho	*ziemlich schlecht*
pouquinho, poucochinho	*recht wenig, sehr wenig*

Beispiele:

| Eles partiram **cedinho**, pela fresca. | *Sehr früh in der Morgenkühle sind sie abgefahren.* |
| A casa dele é **pertinho**. | *Sein Haus ist sehr nahe.* |

Você comeu tão **poucochinho**!	*Sie haben so wenig gegessen!*
Você falou muito **baixinho**.	*Sie haben ganz leise gesprochen.*

XXVII. Zu «afinal»

9.58 Es gibt einige Wörter, die traditionell zu den Adverbien gezählt werden, deren Funktionen jedoch von den adverbialen Funktionen abweichen. Außer den schon erwähnten **sempre** und **então** in ihren modalen Bedeutungen (siehe 9.12 und 9.16) soll hier noch ein Wort berücksichtigt werden:

afinal *(schließlich; also, nun; letztendlich, letzten Endes, zu guter Letzt; doch (nicht); doch (noch); eigentlich; kurz und gut)*

Afinal drückt häufig aus, dass zwischen dem, was man auf Grund von vorausgehenden Informationen erwartete, und dem, was tatsächlich eingetreten ist, eine Diskrepanz besteht.

Beispiele:

Afinal não fizeste as compras?! Tinhas prometido fazê-las!	*Jetzt hast du doch nicht eingekauft, obwohl du es versprochen hattest!*

In diesem Satz in der direkten Rede schwingt noch die Erwartung mit, dass der Angesprochene seine Handlungsweise erklärt oder rechtfertigt. In dem nächsten Beispiel kommt nur die Enttäuschung zum Ausdruck:

Eu julgava que ele era muito corajoso, mas **afinal** não passa de um cobarde!	*Ich dachte, er wäre sehr mutig, aber letztendlich/eigentlich ist er nichts als ein Feigling!*

Afinal kann aber auch – im positiven Fall – angenehme Überraschung ausdrücken:

Afinal conseguiste acabar o trabalho!	*Schließlich/letztendlich hast du dann die Arbeit doch noch beendet!*

Ausdruck:

afinal de contas	*letztendlich, letzten Endes; zu guter Letzt; im Endeffekt, im Endergebnis*

Beispiele für andere Bedeutungen von **afinal**:

Afinal, ele não tem culpa de ser rico!	*Schließlich/letzten Endes/eigentlich kann er nichts dazu, dass er reich ist!*
Afinal, quem é que tem razão? Você ou ele?	*Wer hat schließlich/eigentlich/letzten Endes recht? Sie oder er?*
Que queres tu **afinal**?	*Was willst du eigentlich?*

§ 10 Die Präpositionen

I. Präpositionen und präpositionale Ausdrücke   10.1
(Preposições e locuções prepositivas)

a	*nach, zu*
ante [selten]	*vor, angesichts*
após [Schriftsprache]	*nach*
até	*bis*
com	*mit*
contra	*gegen*
de	*von, aus*
desde	*seit*
em	*in*
entre	*zwischen*
para	*für, nach*
per (alte Form von «por»)	*durch (existiert nur noch in der Kontraktion mit dem bestimmten Artikel per + o (früher: per + lo) > «pelo», per + a (früher: per + la) > «pela» und im Ausdruck «cada um de per si»* (jeder für sich allein)
perante	*vor, angesichts*
por (heutige Form von «per»)	*durch; von; pro*
sem	*ohne*
sob	*unter*
sobre	*auf, über*
trás	*hinter, nach (veraltet; nur noch in zusammengesetzten Ausdrücken wie: «Trás-os-Montes»; ansonsten ersetzt durch: «atrás de» und «depois de»)*

Einige Wörter verbalen und nominalen Ursprungs werden als Präpositionen   10.2
gebraucht:

segundo	
conforme	*gemäß*
consoante	
durante	*während*
exceto	*ausgenommen*
mediante	*vermittels*
salvo	*außer*

Präpositionale Ausdrücke   10.3

abaixo de	*unterhalb von, unter* [oft im übertragenen Sinn; vgl. 9.55 Fußnote]
por baixo de	*unterhalb von, unter*
debaixo de	*unter*

acima de	oberhalb von, über [oft im übertragenen Sinn; vgl. 9.55 Fußnote]
por cima de	oberhalb von, über
em cima de	auf
antes de	vor (zeitlich)
depois de	nach
diante de	vor (räumlich)
atrás de	hinter
em frente de	gegenüber
defronte de	
ao lado de	neben
ao pé de	(dicht) bei, an, neben
junto a, junto de	
perto de	nahe bei, in der Nähe von
próximo de	
longe de	weit von, fern von
aquém de	diesseits von
além de	außer; jenseits von
ao longo de	längs, entlang
à (em) volta de	
ao redor de	um ... herum; ringsum
em torno de [kleinräumig]	
dentro de	innerhalb von; im Innern
fora de	außerhalb; außer
em casa de	bei
através de	durch; hindurch
acerca de	über (inhaltlich, thematisch); betreffend, hinsichtlich
em vez de	statt
em lugar de	
por causa de	wegen
apesar de	trotz
a fim de	um ... zu
para com	zu
por entre	inmitten, mittendurch
em virtude de	kraft, auf Grund
mercê de; graças a	dank
quando de, aquando de	bei (temporal)
quanto a	was betrifft, was angeht

II. Zum Gebrauch der Präpositionen

1. Die Präposition **a**

   a) Sie begleitet das Dativobjekt:

Entreguei os cadernos **aos alunos**.	Ich gab den Schülern die Hefte.
Contei **ao meu pai** o que se tinha passado.	Ich erzählte meinem Vater, was passiert war.
O escritor ditou **à secretária** um capítulo do seu romance.	Der Schriftsteller diktierte seiner Sekretärin ein Kapitel aus seinem Roman.

Das Dativobjekt steht:
aa) nach vielen Verben wie:

acontecer		*passieren, geschehen*
acudir		*helfen, beistehen*
agradar		*gefallen*
anunciar		*ankündigen*
dar		*geben*
dizer		*sagen*
emprestar		*leihen*
entregar		*abgeben*
mostrar		*zeigen*
obedecer	**a**	*gehorchen*
oferecer		*anbieten, schenken*
perdoar		*verzeihen*
pedir*		*bitten*
perguntar*		*fragen*
pertencer		*gehören*
rogar*		*bitten*
roubar		*stehlen*
suplicar*		*anflehen*
telefonar		*anrufen*

Merke: Die Verben **perguntar** und **pedir** (sowie **rogar** und **suplicar**) werden im Gegensatz zum Deutschen von einem Akkusativobjekt (für die Sache, nach der man fragt oder um die man bittet) *und einem Dativobjekt* (für die Person, die man fragt bzw. bittet) begleitet:

perguntar alguma coisa **a alguém**   *jemanden etwas fragen*
pedir alguma coisa **a alguém**   *jemanden um etwas bitten*

Beim Verb «chamar» wird normalerweise auch diese Konstruktion vorgezogen:
chamar um nome a alg.

Beispiele:

Eu queria perguntar-**lhe** uma coisa.	*Ich möchte Sie etwas fragen.*
Ele pediu dinheiro **aos pais**.	*Er hat seine Eltern um Geld gebeten.*
Ela saiu da aula sem pedir licença **à professora**.	*Sie ging aus dem Klassenzimmer, ohne die Lehrerin um Erlaubnis zu bitten.*
Porque chamaste estúpido **ao teu colega**?	*Warum hast du deinen Kollegen dumm genannt?*

ab) nach einigen Substantiven, wie z. B.:

obediência	*Gehorsam*
desobediência	*Ungehorsam*
doação	*Schenkung*
empréstimo	*Leihgabe, Darlehen*
entrega	*Übergabe, Aushändigung*
compra	*Kauf*
venda	*Verkauf*
resposta	*Antwort*

A sua **entrega às** autoridades evitou-lhe um castigo maior.

Dadurch, dass er sich der Polizei stellte, vermied er eine höhere Strafe.

A **desobediência aos** pais pode ter sérias consequências.

Der Ungehorsam gegenüber den Eltern kann ernste Folgen haben.

10.8 ac) nach einigen Adjektiven:

Português	a	Deutsch
atento – desatento		*aufmerksam – unaufmerksam*
acessível – inacessível		*zugänglich – unzugänglich*
agradável – desagradável		*angenehm – unangenehm*
útil		*nützlich*
prejudicial		*schädlich*
favorável – desfavorável		*günstig – ungünstig*
fiel – infiel		*treu – untreu*
leal – desleal		*loyal – illoyal*
dócil		*gelehrig, fügsam*
indócil		*ungelehrig, unfügsam*
rebelde		*widerspenstig, rebellisch*
adverso, avesso	a	*eingestellt gegen, widrig*
traidor		*treulos, schurkisch*
obediente – desobediente		*gehorsam – ungehorsam*
sensível		*empfindlich; empfänglich*
insensível		*unempfindlich; unempfänglich*
alheio		*fremd*
indiferente		*gleichgültig*
contrário		*entgegengesetzt, feindlich*
paralelo		*parallel*
equivalente		*gleichwertig, gleichbedeutend*
semelhante		*ähnlich*
igual		*gleich*
idêntico		*identisch*

Estas condições atmosféricas são **favoráveis à** formação de neblinas.

Diese Wetterverhältnisse begünstigen die Nebelbildung.

Ele sempre foi **avesso a** qualquer coação.

Zwang lehnte er immer innerlich ab.

Ela mostra-se **sensível a** qualquer prova de carinho.

Sie ist für jeden Liebesbeweis empfänglich.

Não sejas **indiferente à** dor alheia.

Sei nicht dem Schmerz eines anderen gegenüber gleichgültig.

10.9 ad) nach entsprechenden Adverbien:

paralelamente
contrariamente
identicamente
semelhantemente
usw.

Paralelamente aos cursos teóricos, frequento também aulas práticas.	*Parallel zu den theoretischen Kursen (Vorlesungen) besuche ich auch Übungen.*
Contrariamente ao que ontem foi anunciado, hoje não houve manifestação nenhuma.	*Im Gegensatz zu dem, was gestern angekündigt wurde, gab es heute überhaupt keine Demonstration.*

ae) nach Ausdrücken wie:

pôr cobro		Einhalt gebieten
" fim		*ein Ende setzen*
" termo		
pôr nome		*einen Namen geben*
fazer guerra		*bekriegen*
fazer surriada		*verhöhnen*
fazer uma partida		*einen Streich spielen*
fazer uma visita	**a**	*einen Besuch machen*
tomar atenção		*aufpassen auf*
ter acesso		*Zugang haben zu*
ter amizade		*freundschaftliche Gefühle hegen für*
ter amor		*lieben*
ter ódio		*hassen*
ter respeito		*respektieren*
ter horror		*verabscheuen*
ter zanga		*nicht ausstehen können*

Neste barco, não temos **acesso à** Internet.	*Auf diesem Schiff haben wir keinen Zugang zum Internet.*
Ele tem muito **respeito ao** seu velho professor.	*Er hat große Achtung vor seinem alten Lehrer.*
Tenho **horror à** falsa intelectualidade.	*Ich verabscheue falsches Intellektuellentum.*
A nova lei vai **pôr fim a** estes desmandos.	*Das neue Gesetz wird diesen Auswüchsen ein Ende setzen.*

b) **a** steht vor dem Akkusativobjekt (das normalerweise von keiner Präposition begleitet wird!) in folgenden besonderen Fällen:

ba) wenn als Akkusativobjekt das Wort **Deus** steht (**amar, temer, ofender a Deus**); in der Literatur- und besonders in der Bibelsprache, manchmal auch bei Personennamen oder personifizierten Sachen:

«Amarás pois **ao Senhor** teu Deus ...»	*So sollst du nun den Herrn, deinen Gott, lieben ...* Die Heilige Schrift, 5. Mose 11. 1

bb) wenn das Pronomen **quem** Akkusativobjekt ist:

Aquele **a quem** amas é muito pobre.	*Der, den du liebst, ist sehr arm.*

bc) wenn eines der Personalpronomen **mim, ti, si, você, ele, ela, nós, vocês, eles, elas** zur Hervorhebung die Funktion des Akkusativobjekts hat:

O homem burlou-te **a ti** e **a mim**.	*Der Mann hat dich und mich betrogen.*
«Se tu és o Cristo, salva-te **a ti** mesmo e **a nós**.»	*Bist du nicht der Christus? Rette dich selbst und uns!* Die Heilige Schrift. Lukas 23. 39

10.14 bd) ebenso bei **ambos, todos, os dois, os três** usw., wenn diese Ausdrücke als Akkusativobjekt ein voranstehendes Akkusativpronomen hervorheben, ergänzen oder zusammenfassen:

A polícia prendeu-**os a todos**.	*Die Polizei hat sie alle festgenommen.*
Ele reconheceu-**nos a ambas**.	*Er hat uns beide erkannt.*

10.15 be) bei den reziproken Pronomen **um ao outro, uns aos outros**:

Respeitem-se um ao outro! *Respektiert einander!*

(vgl. hierzu 7.112)

10.16 bf) wenn der Sinn des Satzes ohne Präposition nicht eindeutig wäre:

Comeu o gato **ao rato**.	*Die Katze hat die Maus gefressen.*
Feriu Ernesto **a Manuel**.	*Ernst verletzte Manuel.*

Außerdem wird die Präposition **a** gebraucht:

10.17 c) Zur Angabe der Zeit (vgl. 10.49 Präp. «de»):

ao meio-dia	*um zwölf Uhr mittags*
às dez horas	*um 10 Uhr*
ao amanhecer	*bei Tagesanbruch*
ao romper ⎱ do dia / da madrugada / da aurora	*bei Tagesanbruch*
ao nascer do sol	*bei Sonnenaufgang*
à tarde	*nachmittags*
à noite	*abends (und nicht: nachts = de noite)*
ao anoitecer	*bei Einbruch der Dunkelheit*
ao pôr do sol	*bei Sonnenuntergang*
a certa altura	*zu einer bestimmten Zeit*
a 12 de fevereiro	*am 12. Februar*

«**Ao cair de uma tarde** de dezembro ... subiam dois viajantes a encosta de um monte ...»	*An einem späten Nachmittag im Dezember ... stiegen zwei Reisende einen Berghang hinauf ...*

Júlio Dinis, «A Morgadinha dos Canaviais»

Merke: Die Form **à segunda-feira (às segundas-feiras), ao domingo (aos domingos)** drückt Regelmäßigkeit (*montags, sonntags*), die Form **na segunda-feira, no domingo** dagegen Einmaligkeit (*am kommenden Montag, am kommenden Sonntag* oder je nach Kontext *am letzten Montag/Sonntag*) aus.

Ao sábado as lojas fecham à uma hora.	*Samstags machen die Geschäfte um 1 Uhr zu.*
As minhas férias começam **no sábado**.	*Meine Ferien fangen am Samstag an.*
«Davam grandes passeios aos domingos.»	*Sonntags machten sie lange Spaziergänge.*

(Titel einer Erzählung von José Régio)

ca) Für den Endpunkt eines Zeitraums:

Esta loja fecha das 13 **às 15** horas.
Dieses Geschäft schließt von 13 bis 15 Uhr.

Vi o filme do princípio **ao fim**.
Ich habe den Film von Anfang bis (zu) Ende gesehen.

De 2010 **a 2014**, ela frequentou esta universidade.
Von 2010 bis 2014 hat sie diese Universität besucht.

cb) Im übertragenen Sinn für den Endpunkt einer Entwicklung, eines Lebensabschnitts u. a.:

De pedinte **a milionário**!
Vom Bettler zum Millionär!
(siehe auch 10.48)

d) Zur Bezeichnung des Ortes:

da) Ort *wo:*

estar à porta — *an der Tür sein*

estar à janela — *am Fenster sein*

estar à mesa — *am Tisch sein*

estar ao telefone — *am Telefon sein*

passear à beira-mar — *am Meer entlanggehen*

db) Ort *wohin* (wenn der Aufenthalt am Ziel kurz ist und die Rückkehr voraussichtlich bald erfolgen wird):

(Erläuterungen hierzu siehe 10.123, 10.124)

ir à praia, ao campo, à rua
an den Strand, aufs Land fahren; auf die Straße gehen

ir a Portugal, à Inglaterra, ao Brasil
nach Portugal, nach England, nach Brasilien fahren

ir ao telefone — *ans Telefon gehen*

aber auch:

sentar-se à mesa — *sich an den Tisch setzen*

lançar-se aos pés de alg. — *sich jmdm. zu Füßen werfen*

lançar-se (deitar-se, atirar-se) à água, ao rio, ao mar
sich ins Wasser, in den Fluss, ins Meer stürzen

dc) Örtlich für den Endpunkt einer Strecke:

De Lisboa **a Coimbra/ /ao Porto**, eu vou de comboio!
Von Lissabon nach/ /bis Coimbra/Porto fahre ich mit dem Zug!
(siehe auch 10.47)

e) Um die Wetterverhältnisse auszudrücken, denen jemand ausgesetzt ist:

estar ao sol, à sombra — *in der Sonne, im Schatten sein*

andar à chuva, ao sol, ao vento, ao temporal, ao vendaval	im Regen, in der Sonne, bei Wind, bei Unwetter, bei Sturm herumlaufen
trabalhar à luz do candeeiro, à luz da vela	bei Lampenlicht, bei Kerzenschein arbeiten
dar um passeio ao luar	im Mondschein spazieren gehen

10.21   f) Zur Bezeichnung der Art und Weise (adverbiale Ausdrücke siehe auch 9.9 und 1.22):

a trote, a galope	im Trab, im Galopp
a passo	im Schritt
a nado	schwimmend
às escuras	im Dunkeln
à força	unbedingt; mit Gewalt
à revelia (condenado)	in Abwesenheit (verurteilt)
a olhos vistos	zusehends
a sério	im Ernst, ehrlich
ao domicílio	frei Haus
Não desças a escada **às escuras**, que podes cair.	Gehe die Treppe nicht im Dunkeln hinunter, sonst kannst du fallen.
Vou tentar atravessar este rio **a nado**.	Ich werde versuchen, diesen Fluss zu durchschwimmen. Ehrlich!
Estou a falar **a sério!**	

10.22   g) Zur Angabe des Mittels in Konstruktionen wie:

matar alg. { à fome / à sede / à míngua	jmdn. { verhungern lassen / verdursten lassen / verelenden lassen
fechar à chave	abschließen
" a sete chaves	fest verschließen
passar a ferro	bügeln
pescar à linha	angeln

fazer um trabalho
  à mão
  à máquina
	eine Arbeit
	  mit der Hand
	  mit der Maschine verrichten

levar uma coisa
  à cabeça
  às costas
	etwas tragen
	  auf dem Kopf
	  auf dem Rücken

calcar aos pés	mit den Füßen treten
Na aldeia, vi algumas mulheres transportando cântaros de água **à cabeça**.	Im Dorf sah ich einige Frauen, die Wasserkrüge auf dem Kopf trugen.
Ele, quando não quer ser incomodado, fecha-se **a sete chaves**.	Wenn er nicht belästigt werden will, schliesst er sich ein.

h) Zur Angabe des Zweckes, des Beweggrundes bei Ausdrücken wie:

ir (andar) à procura de	suchen
ir (andar) à caça	jagen
ir (andar) à pesca	fischen
ir ao cheiro de [pop.]	⎫ irgendwohin gehen (etwas tun),
ir ao engodo de	⎭ weil man hinter etwas her ist
andar ao sabor de	sich je nach der herrschenden Lage bzw. Stimmung ... verhalten
dançar ao som de	zu den Klängen von ... tanzen

i) Nach einigen Verben des Bezweckens und der Richtung, auch im übertragenen Sinn; bei wenigen Verben auch im Sinne von *weg* (als Dativobjekt oder als Verbindungselement mit dem Infinitiv, vgl. dt. *zu*):

aconselhar a	raten zu
acostumar-se a	⎫ sich gewöhnen an
habituar-se a	⎭
afazer-se a	sich gewöhnen an (im Sinne von «sich abfinden mit»)
agarrar-se a	sich festhalten an
ajudar a	helfen zu
animar a	ermutigen zu
apertar a	drücken
aprender a	lernen
apressar-se a	sich beeilen zu
aspirar a	streben nach
assistir a	beiwohnen
atrever-se a	wagen
cheirar a	riechen nach
coagir a	nötigen
começar a	beginnen
condenar a	⎫ verurteilen zu
sentenciar a [seltener]	⎭
continuar a	fortfahren
converter-se a	konvertieren zu
convencer a	überzeugen zu
convidar a (oder «para»)	einladen zu
decidir-se a	⎫ sich entschließen zu
resolver-se a	⎭
dispor-se a	sich anschicken zu, sich entschließen zu
escapar-se (fugir) a	sich entziehen, entfliehen
estimular a	anregen zu, ermuntern zu
eximir-se a	sich entziehen
incitar a	anstiften zu
inclinar-se a	neigen zu
levar alguém a	jemanden dazu bringen, zu
obrigar a	zwingen zu
opor-se a	sich widersetzen
pôr-se a	beginnen zu

prender-se a	sich klammern an
promover a	befördern zu
reduzir a	in einen Zustand versetzen
renunciar a	verzichten auf
saber a	schmecken nach
soar a	klingen nach
sujeitar-se a	sich unterwerfen

O réu **foi condenado a** dois anos de prisão.	Der Angeklagte wurde zu zwei Jahren Gefängnis verurteilt.
Não podes **eximir-te às** tuas responsabilidades.	Du kannst dich deiner Verantwortung nicht entziehen.
A comida **cheira a** alho.	Das Essen riecht nach Knoblauch.
Muitas pessoas **aspiram a** uma vida melhor.	Viele Leute streben nach einem besseren Leben.
Cheio de comoção, ele **apertou**-a **ao** peito.	Voller Rührung drückte er sie an die Brust.
Os ricos e os poderosos não querem **renunciar a** nenhum dos seus privilégios.	Die Reichen und Mächtigen wollen auf kein einziges Privileg verzichten.

10.25   j) Nach einigen entsprechenden Partizipien:

acostumado a } q.c./fazer q.c. habituado a	gewöhnt an etwas/daran, etwas zu tun
afeito a	gewöhnt an
inclinado a	geneigt zu
disposto a	bereit zu
oposto a	entgegengesetzt
sujeito a	unterworfen
propenso a	geneigt zu
pronto a	bereit zu
prestes a	im Begriff zu

A minha amiga não está **acostumada a** uma vida modesta.	Meine Freundin ist an ein bescheidenes Leben nicht gewöhnt.
Ele não deve estar **disposto a** aturar-te.	Er ist bestimmt nicht bereit, dich zu ertragen.

10.26   k) Bei der periphrastischen Konjugation zwischen dem Verb **estar** und einem Infinitiv, um die unmittelbare Gegenwart auszudrücken (siehe 8.239):

Eu **estou a fazer** o almoço.	Ich bereite gerade das Mittagessen zu.

10.27   l) Mit Infinitiv, im Sinne eines Partizips Präsens (siehe 8.183):

Sentei-me **a contemplar** (= contemplando) a paisagem.	Ich setzte mich und betrachtete die Landschaft.
Sempre **a andar, a andar** (= andando), ele afastou-se muito do povoado.	Er lief und lief immer weiter und entfernte sich dabei sehr von der Ortschaft.

m) Mit Infinitiv nach den Ausdrücken **o (a) único (a), o (a) último (a)** und **o (a) primeiro (a), o (a) segundo (a), o (a) terceiro (a)** usw. anstelle eines Relativsatzes:

Ele foi **o primeiro a levantar-se** (= que se levantou).	*Er stand als Erster auf.*
Esta aluna foi **a única a responder** bem (= que respondeu bem).	*Diese Schülerin war die Einzige, die korrekt antwortete.*

n) Mit dem persönlichen Infinitiv, statt eines «se-Satzes», um eine Bedingung auszudrücken (siehe 8.168):

A ganhares o prémio, ficas com muito dinheiro (= Se ganhares o prémio ...)	*Wenn du den Preis gewinnst, dann hast du viel Geld.*
A continuarmos a trabalhar assim, acabaríamos por adoecer (= se continuássemos a trabalhar assim ...)	*Wenn wir so weiter arbeiten würden, würden wir am Ende krank werden.*

o) Mit einem substantivierten Infinitiv, um Gleichzeitigkeit auszudrücken (siehe 8.168 cb) und 8.173):

Ao reconhecê-lo, ela ficou doida de alegria.	*Als sie ihn erkannte, geriet sie außer sich vor Freude.*
Ao ligar o telefone, ele deixou cair o auscultador.	*Beim Wählen ließ er den Hörer fallen.*
Ao ouvir a notícia, eu ia desmaiando.	*Als ich die Nachricht hörte, fiel ich fast in Ohnmacht.*

2. Die Präposition **até** wird meistens zusammen mit der Präposition **a** gebraucht:

Esperámos **até à** abertura da exposição.	*Wir warteten bis zur Eröffnung der Ausstellung.*
Trabalhou **até ao** esgotamento.	*Er arbeitete bis zur Erschöpfung.*
Vamos **até às** rochas e depois voltamos para trás.	*Wir gehen vor bis an die Felsen und dann kehren wir um.*
Fiquei **até ao** fim do espetáculo.	*Ich blieb bis zum Ende der Vorstellung.*

3. Die Präposition **com** bezeichnet:

a) Begleitung, Gesellschaft, Gemeinschaft, Gleichzeitigkeit:

ir com	*gehen mit*
vir com	*kommen mit*
andar com alg.	
acompanhar com alg.	*mit jemandem verkehren,*
associar com alg.	*mit jemandem Umgang haben*
brincar com	*spielen mit*
casar (-se) com	*jemanden heiraten*
coincidir com	*zusammenfallen, -treffen mit*

comparar com	*vergleichen mit*
encontrar-se com	*sich treffen mit*
passear com	*spazieren gehen mit*
dividir com	*teilen mit*
partilhar com	*teilen mit (fig.)*
repartir com	*teilen mit jmdm., etwas ab-/mitgeben*
sonhar com	*träumen von*

Beispiele:

Vem comigo ao cinema!	*Komm mit mir ins Kino!*
Diz-me **com quem andas**...	*Sag mir, mit wem du gehst...*
Não gosto que **associes com** ele.	*Es gefällt mir nicht, dass du mit ihm verkehrst.*
Combinei **encontrar-me com** o meu colega no Rossio.	*Ich habe abgemacht, mich mit meinem Kollegen am Rossio zu treffen.*
Estive com ele no café.	*Ich war mit ihm im Café.*
Esta noite **sonhei contigo.**	*Diese Nacht habe ich von dir geträumt.*
No campo, as pessoas **levantam-se com os primeiros alvores** da manhã.	*Auf dem Land stehen die Leute beim ersten Morgengrauen auf.*
Ausdruck: Isto (não) é comigo!	*Das geht mich (nichts) an. Das ist (nicht) meine Sache!*
Isto (não) é com ele!	*Das geht ihn (nichts) an! Das ist (nicht) seine Sache!*

10.33 b) Positives oder negatives Verhältnis zu einer Person oder einer Sache:

ba) concordar com
    estar de acordo com   } *einverstanden sein mit*
    dar-se (bem, mal) com   *(gut, schlecht) stehen/auskommen mit*

    estar (andar) de bem/mal com   { *zu einem bestimmten Zeitpunkt gut/ schlecht mit jmdm. auskommen*
    ter convivência com   *verkehren mit, Umgang pflegen mit*
    ter intimidade com   *eng befreundet sein mit*
    parecer-se com
    ser parecido com   } *jdm. ähneln*
    ter parecenças com
    lidar com   *umgehen mit*

    acautelar-se com   { *sich vorsehen vor, sich in Acht nehmen*
    ter { cautela / cuidado } com   *vorsichtig sein mit; Acht geben auf*
    acabar com   { *abschaffen; Schluss machen mit; aufhören mit*

romper com	brechen mit
lutar com	kämpfen mit
pelejar com [veraltet]	
correr com alg.	jmdn. hinauswerfen
atirar com q.c.	etwas irgendwohin werfen
ficar com q.c.	etwas behalten/bekommen
poder com	(eine Last) tragen können; fertig werden mit
não poder com	(eine Last) nicht tragen können; nicht ausstehen können, nicht fertig werden mit
und auch:	
fora com alg.!	raus mit jmdm!
Acaba com isso!	Hör auf damit!

Nunca **tivemos intimidade com** aquela família.	Wir waren mit dieser Familie nie eng befreundet.
Eles, até aqui, parece que **se têm dado bem** um com o outro.	Es scheint, dass sie bis jetzt gut miteinander auskommen (-gekommen sind).
Fora contigo! Não posso com pessoas hipócritas!	Raus mit dir! Ich kann heuchlerische Leute nicht ausstehen!
Procedendo assim, ele **estava de bem com** a sua consciência.	Indem er sich so verhielt, war er mit seinem Gewissen im Reinen.
«Tu ainda não aprendeste a **lidar com** os afetos e **com** o coração dos outros sem perigo para eles.»	Du hast noch nicht gelernt, mit den Gefühlen und mit dem Herzen der anderen umzugehen, ohne sie in Gefahr zu bringen.
	Júlio Dinis, «Una Família Inglesa»
«Carlos **rompera** completamente **com** os antigos hábitos de vida.»	Carlos hatte vollständig mit den alten Lebensgewohnheiten gebrochen. Ibid.
O que vem este homem fazer aqui todos os dias? Qualquer dia **corro com** ele!	Was tut dieser Mann jeden Tag hier? Eines Tages schmeiße ich ihn raus!
Cuidado com o cão!	Vorsicht! Hund!
Nesse ponto, **concordo consigo.**	In diesem Punkt stimme ich mit Ihnen überein.
Se gostas deste disco antigo, podes **ficar com** ele.	Wenn du diese alte Schallplatte magst, kannst du sie behalten.

bb) Wenn das oben erwähnte Verhältnis durch ein Substantiv oder ein Adjektiv ausgedrückt ist, wird meistens **para com** angewandt (Deutsch oft «gegenüber»):

«Carlos foi **severo para com** os desordeiros.»	Carlos war streng mit den Unruhestiftern.
	Júlio Dinis, «Uma Família Inglesa»
«Cecília redobrou de **cuidados para com** o pai.»	Cecilia verdoppelte die Bemühungen um ihren Vater. Ibid.
«(Cecília) chegou a ser **cruel para com** José Fortunato.»	Cecilia ließ sich sogar zu Grausamkeiten gegenüber José Fortunato hinreißen. Ibid.

10.35 **bc) Bei Verben, die eine Emotion ausdrücken, wird der Grund oder Anlass dazu mit com angegeben:**

admirar-se com	sich wundern über
(= admirar-se de)	
alegrar-se com	sich freuen über
arreliar-se com	sich ärgern über
assustar-se com	erschrecken über
divertir-se com	sich amüsieren über
envaidecer-se com	sich etwas einbilden auf
incomodar-se com	sich Mühe gegen mit
maravilhar-se com	sich wundern über
preocupar-se com	sich Sorgen machen über
sofrer com	leiden unter

und auch:

estar/ficar
- aborrecido com — ärgerlich / verdrossen } sein über
- alegre com — froh sein über
- assustado com — erschreckt sein über
- embaraçado com — verlegen/durcheinander sein wegen
- triste com — traurig sein über

Não se **preocupe com** isso! — *Machen Sie sich darüber keine Sorgen!*

Ela toda a vida **sofreu** muito **com** o mau caráter do marido. — *Sie hat das ganze Leben viel unter dem schlechten Charakter ihres Mannes gelitten.*

O que ela se **assustou com** aquele estrondo! — *Wie hat sie dieser Lärm erschreckt!*

Não estejas **aborrecido comigo!** — *Sei nicht böse auf mich!*

10.36 **c) Mittel, Werkzeug:**

Ela cose **com uma agulha** muito fina. — *Sie näht mit einer sehr feinen Nadel.*

As crianças aprendem a comer **com garfo e faca.** — *Die Kinder lernen, mit Messer und Gabel zu essen.*

«Quem **com ferros** mata, **com ferros** morre.» — *«Wer zum Schwert greift, wird durch das Schwert umkommen.»* (Sprichwort)

«E **com estas palavras** de animação, ia aplaudindo o bom serviço da pena...» — *Und mit solchen Worten des Ansporns spendete er den guten Diensten seiner Feder Beifall...* Júlio Dinis, «Uma Família Inglesa»

10.37 **d) Art und Weise:**

«... e quase lhe parecia vê-la trabalhar **com mais ardor**...» — *... und es schien ihm fast, sie mit mehr Eifer arbeiten zu sehen...* Ibid.

«Foi **com as faces** pálidas e **com os olhos** vermelhos que Cecília apareceu diante do pai ao jantar.» — *Mit blassen Wangen und geröteten Augen erschien Cecília zum Abendessen vor ihrem Vater.* Ibid.

«Juliana servia-a **com ternura**... Andava em redor dela **com um sorriso servil,** sem ruído; ou defronte da mesa, **com** — *Juliana diente ihr mit Zärtlichkeit. Sie ging mit einem unterwürfigen Lächeln geräuschlos um sie herum; oder sie stand*

os **braços** cruzados, parecia admirá-la **com orgulho**.»

mit verschränkten Armen vor dem Tisch und schien sie mit Stolz zu bewundern.
Eça de Queirós, «*O Primo Basílio*»

e) Grund, Ursache:

Não ousei nadar, **com medo** das ondas.

Ich wagte nicht zu schwimmen aus Angst vor den Wellen.

Ela nem pode ler, **com dores** de olhos.

Sie kann vor Augenschmerzen nicht einmal lesen.

«Não pude dormir toda a noite **com a lembrança** desta visita.»

Ich konnte die ganze Nacht nicht schlafen, so sehr dachte ich an diesen Besuch.
Júlio Dinis, «*Uma Família Inglesa*»

weiter:

chorar ⎫
gemer ⎬ com dores
gritar ⎭

vor Schmerzen ⎧ *weinen*
⎨ *stöhnen*
⎩ *schreien*

cair com sono

vor Müdigkeit umfallen

f) Umstand:

Com bom tempo, todas as paisagens são bonitas.

Bei gutem Wetter sind alle Landschaften schön.

Com esta situação política, não podemos ficar aqui.

Bei dieser politischen Lage können wir nicht hier bleiben.

«Ó Sr. Carlos! Isso sempre é um gosto esquisito! Aí posto à janela **com este vento** dos diabos!»

Herr Carlos, das ist tatsächlich ein sonderbares Vergnügen! Am Fenster da zu stehen bei diesem schrecklichen Wind!

«**Com o bom génio** de D. Luísa, **com o seu**, Jorge, numa casa sem escândalos, é natural que a criadagem menos favorecida aspire a uma posição tão agradável.»

Bei der gutherzigen Art von D. Luísa, von Ihnen, Jorge, in einem Haus ohne Skandale, wundert's nicht, dass das Personal, das es weniger gut getroffen hat, auf so eine angenehme Stelle aus ist/eine so angenehme Stelle anstrebt.
Eça de Queirós, «*O Primo Basílio*»

g) Einräumung (konzessiv):

Com tanto dinheiro, ainda é avarento!

Trotz so viel Geld ist er noch geizig!

Com tantos vestidos, anda sempre mal arranjada.

Trotz so vieler Kleider läuft sie immer schlecht angezogen herum.

«José Fortunato, **com ser boa criatura**, tinha, em circunstâncias assim, certas observações secas, de fazerem perder a cabeça a um santo.»

José F., von Natur aus eigentlich gut, hatte für solche Umstände gewisse trockene Bemerkungen parat, über die selbst ein Heiliger außer sich geraten konnte.
Júlio Dinis, «*Uma Família Inglesa*»

«**Com toda** a sua natural **bondade** e superior penetração de espírito, cometera Jenny uma imprudência.»

Trotz aller ihrer natürlichen Güte und ihres vortrefflichen Scharfsinns hatte Jenny eine Unvorsichtigkeit begangen. Ibid.

	Com tudo isto, com todos os meus **esfor-ços**, não consegui nada dela.	*Trotz alledem, trotz aller meiner Anstrengungen habe ich bei ihr nichts erreicht.*

10.41 h) Was man hat, anhat oder trägt:

estar com q. c.	*gerade etwas haben/anhaben*
andar com q. c.	*die ganze Zeit schon etwas haben, schon länger etwas haben, mit etwas herumlaufen*
estar com calor/frio	*jemandem warm/kalt sein*
estar com febre/gripe/sarampo	*Fieber/Grippe/Masern haben*
estar com inveja	*neidisch sein*
estar com medo/receio	*Angst haben/befürchten*
estar com acanhamento/vergonha	*verlegen sein, sich genieren/sich schämen*
andar com medo	*schon länger Angst haben*
andar com febre	*schon seit längerem Fieber haben*
andar com dores de cabeça	*die ganze Zeit schon Kopfschmerzen haben*
andar com dores de estômago	*die ganze Zeit schon Magenschmerzen haben*
andar com reumatismo	*schon länger Rheuma haben*
andar com uma grande neura [fam.]	*mit seinen Nerven am Ende sein*
andar com um vestido velho	*in einem alten Kleid herumlaufen*
andar com um cordão de ouro ao pescoço	*eine goldene Kette um den Hals tragen*
andar com um livro debaixo do braço	*ein Buch unter dem Arm tragen*

10.42 i) den Inhalt:

um copo **com** água	*ein Glas mit (etwas) Wasser*
um prato **com** sopa	*ein Teller mit (etwas) Suppe*
uma carteira **com** notas	*eine Brieftasche mit Geldscheinen*

Zum Vergleich:

um copo **de** água	*ein Glas (voll) Wasser (oder ein Wasserglas)*
um prato **de** sopa	*ein Teller (voll) Suppe (oder ein Suppenteller)*
uma carteira **de** notas	*eine Brieftasche voller Geldscheine*
	(siehe 10.53)

10.43 **4. Die Präposition de:**

a) Mit dieser Präposition wird der Genitiv konstruiert: sie drückt also den Besitz aus oder aber sie hat eine determinative Funktion:

os livros da biblioteca	*die Bücher der Bibliothek*
as palavras do meu pai	*die Worte meines Vaters*
as dificuldades da vida	*die Schwierigkeiten des Lebens*
as montras dos estabelecimentos	*die Schaufenster der Geschäfte*
o céu azul de Portugal	*der blaue Himmel Portugals*
uma sensação de fadiga	*ein Gefühl der Müdigkeit*
a virtude da paciência	*die Tugend der Geduld*
o defeito da preguiça	*das Laster der Faulheit*

a cidade de Lisboa	*die Stadt Lissabon*
a Igreja (igreja) de S. Nicolau	*die St.-Nikolaus-Kirche*
a Rua (rua) das Flores	*die Blumenstraße*
a Serra (serra) da Estrela[1]	*das Estrela-Gebirge (höchstes Gebirge in Portugal)*

auch bei Zeit- und Datumsangaben:

o mês de agosto/de maio	*der Monat August/Mai*
o ano de 2014	*das Jahr 2014*
o dia 5 de novembro de 2013	*der 5. November 2013*

Merke die Ausdrücke und Konstruktionen:

1) **ser de** = **pertencer a** *(gehören)*

Este guarda-chuva **é da** Mariana, mas esta mala **é da** minha irmã.	*Dieser Regenschirm gehört Mariana, aber diese Tasche gehört meiner Schwester.*
Não mexas nas coisas que **são dos** outros.	*Gehe nicht an die Sachen, die den anderen gehören.*

2) **isto/isso/aquilo de** (alg. fazer) q. c.

Isto de vocês atirarem os papéis para o chão há de acabar!	*Das mit eurer Gewohnheit, Papiere auf den Boden zu werfen, das muss aufhören!*
Isto de consciência está fora de moda!	*Das mit dem Gewissen ist nicht mehr modern/gefragt.*

b) **de** kann auch qualitativ gebraucht werden. Es bezeichnet dann eine Eigenschaft, die einen Menschen oder eine Sache auf irgendeine Weise charakterisiert oder identifiziert: Intelligenz, Form, Größe, Alter usw.

uma mulher de coragem	*eine mutige Frau*
uma pessoa de palavra	*ein Mensch, der sein Wort hält*
«Um Homem de Brios»	*Ein Mann, der auf seine Ehre bedacht ist*
	(Titel eines Romans von Camilo Castelo Branco)
uma empresa de envergadura	*ein großes Unternehmen*
um retrato de grande formato	*ein Bild in Großformat*
uma criança de cinco anos	*ein 5-jähriges Kind*
a rapariga da voz bonita	*das Mädchen mit der schönen Stimme*
uma senhora de cabelos brancos	*eine weißhaarige Dame*
«O Gato de Botas»	*der Gestiefelte Kater*
«O Príncipe das Mãos Brancas»	*der Prinz mit den weißen Händen*

Redewendungen:

Este homem é já **de idade** (de bastante idade, de idade avançada)!	*Dieser Mann ist schon betagt.*
Ela está de luto, mas hoje traz um vestido **de cor.**	*Sie trägt Trauer, aber heute hat sie ein farbiges Kleid an.*

---

[1] Aber ohne Präposition: o rio Tejo, o rio Mondego, o rio Douro usw.

Isto é **de perder a cabeça!**	*Das ist zum Auswachsen (wörtl.: Kopf verlieren)!*
Este bolo é **de comer e chorar por mais!**	*Dieser Kuchen schmeckt nach mehr!*
Esta moça é **de fazer parar o trânsito!**	*Dieses Mädchen raubt einem den Verstand (vor Schönheit)! (wörtl.: bringt den Verkehr zum Erliegen!)*
«Você não roubou só as cartas; roubou roupas, camisas, lençóis, vestidos... É roubo. É **d'Africa!**»	*Sie haben nicht nur die Briefe gestohlen, sie stahlen Wäsche, Hemden, Bettlaken, Kleider... Das ist Diebstahl. Das wird mit der Verbannung nach Afrika bestraft!*
	Eça de Queirós, «O Primo Basílio»
«Mr. Richard era **de uma rigorosa pontualidade** nos seus hábitos de vida doméstica.»	*Mr. Richard war in seinen häuslichen Gewohnheiten von einer peinlichen Genauigkeit.*
	Júlio Dinis, «Uma Família Inglesa»

Die Präposition **de** bezeichnet außerdem

10.47 c) einen räumlichen Ausgangspunkt, die Herkunft, den Ort oder die Richtung, aus der eine Bewegung kommt (auch im übertragenen Sinn):

Ele chegou agora **do Brasil.**	*Er ist jetzt aus Brasilien gekommen.*
O carro vem **da direita.**	*Der Wagen kommt von rechts.*

Vgl. die Sätze:

– Donde vem?	– *Woher kommen Sie?*
– Venho **de** Lisboa.	– *Ich komme aus Lissabon.*
– Donde é? – Sou **de** Lisboa.	– *Woher sind Sie?* – *Ich bin aus Lissabon.*
– Donde vens tu? – Venho da universidade.	– *Woher kommst du?* – *Ich komme von der Universität.*
– Donde és tu? – Sou de Hamburgo.	– *Woher bist du?* – *Ich bin aus Hamburg.*
De Heidelberg a Mannheim não é longe.	*Von Heidelberg bis Mannheim ist es nicht weit.*
Saí **de casa** para não voltar.	*Ich ging für immer fort.*
Desta casa abrange-se uma vista soberba.	*Von diesem Haus hat man einen ausgezeichneten Blick.*

Ferner:

andar de lado para lado	*hin und her gehen; von einem Ort zum anderen laufen/rennen [fig.]*
andar (ir) de casa em casa	*von Haus zu Haus gehen*

10.48 ca) einen zeitlichen Ausgangspunkt, den Beginn eines Zeitraums:

daqui em diante	*von jetzt an*
de 2 a 8 de setembro	*vom 2. bis 8. September*
de semana a semana	*von Woche zu Woche*

de hoje a oito dias	heute in 8 Tagen
de manhã à noite	von morgens bis abends
de sol a sol	von Sonnenaufgang bis Sonnenuntergang
O médico dá consulta das 8 às 11 horas.	Der Arzt hat von 8 bis 11 Uhr Sprechstunde.
O camponês trabalha de sol a sol.	Der Bauer arbeitet von Sonnenaufgang bis Sonnenuntergang.

cb) im übertragenen Sinn den Beginn einer Entwicklung, eines Lebensabschnitts, einer Serie o. Ä.:

De ator a Presidente da República!	Vom Schauspieler zum Präsidenten der Republik!

(siehe auch 10.18)

d) die Tages- und Jahreszeit:

de madrugada	im Morgengrauen
de manhã	vormittags
de dia	tagsüber, am Tage
de tarde	nachmittags, am Nachmittag
de noite	nachts, in der Nacht
de inverno	im Winter
de verão[1]	im Sommer

e) die Art und Weise:

estar de pé (em pé)	stehen
estar de joelhos	knien
estar de mãos postas	die Hände gefaltet haben
estar de braços cruzados	die Arme gekreuzt haben
dormir de costas	auf dem Rücken schlafen
dormir de lado	auf der Seite schlafen
nadar de costas	auf dem Rücken schwimmen
nadar de bruços	Brustschwimmen
ficar de boca aberta	mit offenem Mund dastehen
conhecer de vista	vom Sehen kennen
estar de cama	das Bett hüten, bettlägerig sein
estar de licença	Urlaub haben
estar de boa saúde	gesund sein
estar de chapéu	einen Hut aufhaben
estar (vestida) de azul	in Blau gekleidet sein
andar de luto	Trauer tragen
andar de preto	Schwarz tragen
andar de capa e batina	Umhang und Soutane (traditionelle Tracht der Studenten von Coimbra) tragen
andar de bata branca	einen weißen Kittel tragen
andar de uniforme	Uniform tragen

sowie viele andere adverbiale Ausdrücke (siehe auch 9.9).

---

[1] Auch: no inverno, no verão; aber nur: na primavera, no outono.

10.51 **f) Transportmittel:**

ir, vir, andar:	*fahren:*
de automóvel / de carro	*mit dem Auto / mit dem Wagen*
de autocarro	*mit dem Bus*
de elétrico	*mit der Straßenbahn*
de barco	*mit dem Schiff*
de comboio	*mit dem Zug*
de avião	*mit dem Flugzeug fliegen*
auch: andar de burro	*auf dem Esel reiten*

Einzige Ausnahmen:

ir (andar) a pé	*zu Fuß gehen*
ir (andar) a cavalo	*auf dem Pferd reiten*

10.52 **g) Material, aus dem etwas gefertigt ist:**

Este anel é **de ouro/de prata**.	*Dieser Ring ist aus Gold/aus Silber.*
Tenho uma mesa **de mármore**.	*Ich habe einen Tisch aus Marmor.*
Agora já há vestidos **de papel**.	*Jetzt gibt es schon Kleider aus Papier.*
Quem tem telhados **de vidro** ...	*Wer im Glashaus sitzt ...*
Comprei um casaco **de peles**.	*Ich kaufte einen Pelzmantel.*

10.53 **h) Inhalt:**

um copo **de água**	*ein Glas Wasser*
um saco **de batatas**	*ein Sack Kartoffeln*
uma carteira **de notas**	*eine Brieftasche voller Geldscheine*

(Vgl. 10.42)

10.54 **i) Stoff eines Gespräches, eines Buches usw.:**

«E começaram a **falar de** «toilettes», fazendas, lojas e preços ... Depois, **de conhecidas, doutras senhoras, de boatos** ...»

Und sie fingen an über Kleider, Stoffe, Geschäfte und Preise zu sprechen ... Dann über Bekannte, andere Frauen, Gerüchte ...

Eça de Queirós, «O Primo Basílio»

Merke: auch **falar em** (siehe 10.82):

Ele nunca **falou nisso**.	*Er hat nie davon gesprochen.*
«Mas nem sequer me **falaste nele**!»	*Aber du hast nicht einmal von ihm gesprochen!*

M. J. de Carvalho, «Tanta Gente, Mariana»

10.55 **j) Nähere Bestimmung eines Gegenstandes, einer Maschine, eines Gebäudes, eines Berufs usw. (im Deutschen Komposita** bzw. Verbindungen, die Kompositaähnlich sind):

livro de estudo	*Lehrbuch*
máquina de escrever	*Schreibmaschine*
sala de baile	*Tanzsaal*
sala de jantar	*Esszimmer*
casa de banho	*Badezimmer*
copo de água/de vinho	*Wasser-/Weinglas*
operador de câmara	*Kameramann*

técnico de informática	*Computertechniker*
campeonato mundial de futebol	*Fußballweltmeisterschaft*

k) Ziel:

desejo de viver	*Lebenswille*
(ter) vontade de rir	*lachen wollen/müssen*
(ter) vontade de chorar	*weinen wollen/müssen*
ânsia de liberdade	*Freiheitsdrang*

l) Ursache:

morrer { de fome / de sede	*verhungern / verdursten*
chorar { de alegria / de desespero / de raiva	*vor Freude / vor Verzweiflung / vor Wut* } *weinen*
gritar de dor	*vor Schmerz schreien*
corar de vergonha	*vor Scham erröten*
saltar de contente	*vor Freude in die Luft springen*

«Cecília, **de assustada** que estava, já não sabia o que fizesse.»

Erschreckt wie sie war/vor lauter Schreck wusste Cecília nicht mehr, was sie tun sollte. Júlio Dinis, «*Uma Família Inglesa*»

«Eu, **de enervamento,** deixava cair os talheres das mãos... E o marido da Graça, **de vexado**, não tirava os olhos do prato.»

Ich ließ vor lauter Nervosität das Besteck aus der Hand fallen... Und Graças Mann, peinlich berührt, blickte nicht vom Teller auf. Maria Archer, «*Nada lhe Será Perdoado*»

m) **de** steht auch nach einigen Verben:

aborrecer-se de	*überdrüssig werden*
abster-se de	*sich enthalten*
acabar de	*zu Ende machen, fertig machen*
acusar alg de	*anklagen*
culpar alg de	*beschuldigen*
admirar-se de	*sich wundern über*
agradar-se de	*Gefallen finden an*
apoderar-se de	*sich bemächtigen*
aproveitar-se de	*sich zunutze machen*
arrepender-se de	*bereuen*
afastar-se de	*sich entfernen von*
avizinhar-se de / aproximar-se	*sich nähern*
apiedar-se de / amercear-se de [selten] / condoer-se de / compadecer-se de	*Mitleid haben mit*
avisar alg de / prevenir alg de	*warnen vor, benachrichtigen*
alimentar-se de / sustentar-se de	*sich ernähren von / leben von*
constar de	*bestehen aus*

convencer alg de	überzeugen von
persuadir alg de	überreden
convencer-se de	sich überzeugen von
persuadir-se de	
coroar (de êxito)	(mit Erfolg) krönen
cuidar de	sorgen für
curar-se de	genesen von
cansar-se de	einer Sache müde/überdrüssig werden
cessar de	aufhören zu
deixar de	
carecer de	fehlen an, mangeln an; brauchen
necessitar de	brauchen, benötigen
precisar de	
desconfiar de	misstrauen
duvidar de	zweifeln an
desesperar de	verzweifeln an
desistir de	aufgeben
despedir-se de	sich verabschieden von
discordar de	anderer Meinung sein als
enamorar-se de	sich verlieben in
encarregar alg. de	beauftragen
incumbir alg. de	
encher alguma coisa de	füllen mit
envergonhar-se de	sich schämen
esquecer-se de	vergessen
exigir q.c. de alg.	etwas von jmdm. verlangen
fartar-se de	etwas weidlich tun; einer Sache überdrüssig werden
fugir de	fliehen vor
gabar-se de	prahlen, sich rühmen
jactar-se de [selten]	
vangloriar-se de	
gostar de	gern haben
gozar de	genießen
impedir alg. de	jemanden hindern an
indemnizar alg. de	jemanden entschädigen für
informar-se de	sich erkundigen nach
lembrar-se de	sich erinnern an
livrar-se de	sich bewahren vor, Abstand nehmen davon, etwas zu tun
lograr-se de	Nutzen ziehen aus
mudar de conversa	das Gesprächsthema wechseln
mudar de assunto	das Thema wechseln
mudar de ideias	sich eines anderen besinnen
mudar de casa	umziehen
mudar de roupa	sich umziehen
passar de	hinausgehen über
não passar de	nicht mehr sein als
padecer de [veraltet]	leiden an
sofrer de	

perceber de	etwas verstehen von
privar alg. de	jmdm. etw. entziehen
prescindir de	absehen von; entbehren
prover de	versehen mit
queixar-se de	sich beklagen
rir-se de	auslachen
saber de	etwas verstehen von; erfahren
separar-se de	sich trennen von
servir de	dienen als
socorrer-se de	jmdn. um Hilfe/Unterstützung angehen
tratar de	behandeln
triunfar de	triumphieren über
troçar (fazer troça) de	
escarnecer de	spotten über
zombar de	
valer-se de	sich etwas zunutze machen
variar de	variieren, wechseln
vingar-se de	sich rächen an
viver de	leben von

Você não **precisa/necessita dos meus conselhos.** — Sie brauchen meine Ratschläge nicht.

Não gosto que vocês **se riam de mim**! — Es gefällt mir nicht, dass ihr mich auslacht/Sie (Pl.) mich auslachen.

Uma pele de carneiro **servia de tapete.** — Ein Schaffell diente als Teppich.

Ela **varia** muito **de penteado.** — Sie verändert oft ihre Frisur.

n) nach einigen Verbalfügungen:

dar(-se) conta de	bemerken
dar fé de [kolloq.]	
ter pena de	
ter piedade de	Mitleid haben mit
ter dó de	
ter medo de	befürchten
ter receio de	
ter saudades de	Sehnsucht haben nach
ter acanhamento de	verlegen sein
ter vergonha de	sich schämen
ter nojo de	sich ekeln
tirar proveito de	Nutzen ziehen aus

Tenho pena dele. — Er tut mir leid.

No estrangeiro, ela **teve saudades dos pais.** — Im Ausland hatte sie Sehnsucht nach den Eltern.

o) nach einigen Adjektiven:

capaz de	fähig zu
incapaz de	unfähig zu
coevo de [selten]	
contemporâneo de	zeitgenössisch; aus der Zeit von
conterrâneo de	Landsmann von

culpado de	schuldig an
digno de	würdig
indigno de	unwürdig
fácil (bom) de	leicht zu
difícil (mau) de	schwierig zu
próprio de	geeignet zu; typisch für; so richtig von
impróprio de	ungeeignet zu
cheio de	voll von
repleto de [höhere Stilebene]	überfüllt von
(alg./q.c. é) suscetível de	es ist durchaus möglich/drin, dass jemand/ etwas ... etwas macht

Você não é **capaz disso**! — Sie sind nicht dazu fähig!

Este trabalho é **fácil/difícil de fazer**. — Diese Arbeit ist leicht/schwer zu machen.

10.61 p) nach Mengenangaben:

um bocado de pão	ein Stück Brot
uma porção de coisas	eine Menge Sachen
um quilo de açúcar	ein Kilo Zucker
uma dúzia de ovos	ein Dutzend Eier
três litros de leite	drei Liter Milch
duas dezenas de anos	zwei Jahrzehnte
uma peça de fazenda	ein Ballen Stoff
um milhão de pessoas	eine Million Leute (s. auch 6.27)

10.62 q) nach einigen Pronomen und Adverbien, die die Funktion eines Substantivs übernehmen:

Nada disso! — Nichts dergleichen!
Nada de lágrimas! — Keine Tränen!

«A Oeste Nada de Novo» — Im Westen nichts Neues.
(Titel eines Romans von E. M. Remarque)

«No retrato ia **um pouco de** mim mesma ao encontro do Chico ...» — In dem Bild ging ein Stück von mir selbst Chico entgegen.
Maria Archer, «*Nada lhe Será Perdoado*»

«O Leonardo estava junto de mim... Era **um pouco do** Maurício, era **não sei quê** do Chico ...» — Leonardo befand sich neben mir ... Er hatte ein wenig von M., er hatte – ich weiß nicht was – von C. Ibid.

«Só **um pouco mais de** paciência, Claude.» — Nur noch ein bisschen Geduld, Claude.
M. J. de Carvalho, «*As Palavras Poupadas*»

Ele tem **tanto de** inteligente como **de** cruel. — Er hat so viel Intelligenz wie Grausamkeit.

Vgl. die Ausdrücke:

Ela **tem muito de seu**. — Sie ist vermögend.

O meu amigo **tem alguma coisa de seu**. — Mein Freund ist etwas vermögend/hat schon einiges.

r) in folgender Konstruktion:

Uma coisa destas!	*So etwas!*
Lugares destes não há muitos!	*Stellen wie diese/solche Stellen gibt es nicht viele!*
«Se o leitor já alguma vez pôs ombros a **empresas destas**, deve saber que desesperadoras dificuldades elas trazem quase sempre consigo.»	*Wenn der Leser jemals solche Unternehmungen in Angriff genommen hat, wird er wissen, welche entmutigenden Schwierigkeiten sie fast immer mit sich bringen.*
	Júlio Dinis, *«Uma Família Inglesa»*
«Carlos era **destes homens** que encerram e alimentam no próprio seio o seu principal inimigo.»	*Carlos war einer von den Männern, die ihren Hauptgegner in der eigenen Brust bergen und nähren.* Ibid.

s) **de** hat manchmal die Funktion der Teilung, Aufteilung o. ä. (z. B. nach Zahlwörtern, nach einem Superlativ, nach einigen Verben usw.):

Ele era **o mais** endiabrado **de todos**.	*Er war der größte Schelm von allen.*
Aquela rapariga tem três irmãos, **dois dos quais** são mais novos do que ela.	*Dieses Mädchen hat drei Brüder, von denen zwei jünger sind als sie.*
A maior parte dos rapazes foram à excursão, mas **alguns deles** preferiram ficar a estudar.	*Der größte Teil der Jungen nahm am Ausflug teil, aber einige von ihnen zogen es vor, beim Lernen zu bleiben.*
Compre (leve, prove) **destas uvas**, minha senhora, olhe que são uma delícia!	*Kaufen (nehmen, probieren) Sie von diesen Trauben, meine Dame, sie sind köstlich, sehen Sie!*
Ninguém diga: **desta água** não beberei!	*Es sage niemand: von diesem Wasser werde ich nicht trinken!*

t) Auch in folgenden Konstruktionen wird **de** gebraucht:

ta) Ai de mim!	*Wehe mir!*
Ai dos que habitam sobre a terra!	*Wehe denen, die auf der Erde wohnen!*
tb) coitado(a) de mim, ti ...	*ich, du ... Arme(r)*
desgraçado(a) de mim, ti	*ich, du Unglückliche(r)*
feliz de mim, ti	*ich, du Glückliche(r)*
infeliz de mim, ti	*ich, du Unglückliche(r)*
pobre de mim, ti	*ich, du Arme(r)*
«**Coitada de mim**, não tenho mais ninguém neste mundo!»	*Ich Ärmste, ich habe sonst niemanden auf der Welt!* Eça de Queirós, *«O Primo Basílio»*
tc) O diabo do homem!	*(Je nach Kontext:) So ein Grobian/Lümmel!*
«**Pateta de rapaz** que não me entendeu!»	*Dieser Schafskopf, dieser Junge, der mich nicht verstanden hat.*
	Júlio Dinis, *«Os Fidalgos da Casa Mourisca»*
«Que **esperteza de rapaz**!»	*Was für ein kluger Kerl!*
	Júlio Dinis, *«Uma Família Inglesa»*
«E o que eu passei com **a bruxa da tia**!»	*Und was ich mit dieser Hexe von Tante durchmachte!* Eça de Queirós, *«O Primo Basílio»*

10.66	u) Für **de** im Passiv siehe 8.233.
10.67	v) Für **de** in der periphrastischen Konjugation (**ter de, haver de** usw.) siehe 8.246 und folgende.
10.68	w) Für **de** in **do que** *(als)* beim Komparativ siehe 3.18.
10.69	x) Für **de** als Satzverbindung siehe 18.29.

10.70   5. Die Präposition **desde**

bezeichnet den Ausgangs- oder Anfangspunkt einer Bewegung oder einer Entwicklung

a) in einer Serie:

Desde o mais humilde pastor até ao mais rico fidalgo, todos se alegraram com a visita da rainha.	*Angefangen vom einfachsten Hirten bis zum reichsten Edelmann freuten sich alle über den Besuch der Königin.*
Ela leu todos os livros da biblioteca do pai, **desde as histórias** para crianças até aos tratados filosóficos mais complicados.	*Sie las alle Bücher ihres Vaters, (angefangen) von den Kindergeschichten bis zu den kompliziertesten philosophischen Abhandlungen.*

10.71   b) in einem Raum:

Vim a pé **desde o Rossio**.	*Ich bin vom Rossio ab zu Fuß gegangen.*
Portugal deixou traços da sua cultura **desde o Brasil** até Timor.	*Portugal hinterließ Spuren seiner Kultur von Brasilien bis Timor.*

10.72   c) in der Zeit:

Estou na Alemanha **desde o dia oito**.	*Ich bin seit dem 8. in Deutschland.*
Desde o mês passado que não recebo notícias dele.[1]	*Seit dem letzten Monat bekomme ich keine Nachricht von ihm.*

10.73   **Wichtig:** Der zeitliche Anwendungsbereich von **desde** deckt sich nicht mit dem von *seit*. Wird der Anfangspunkt der Handlung oder des Zustandes nicht erwähnt, dann ist im Portugiesischen statt «desde» die 3. Pers. Sing. des Verbes **haver** zu gebrauchen (**há, havia, haverá** oder **haveria**).

Vgl. die folgenden Sätze mit denen unter c):

Estou na Alemanha **há quinze dias**.	*Ich bin seit vierzehn Tagen in Deutschland.*
Há um mês que não recebo notícias dele.	*Seit einem Monat bekomme ich keine Nachrichten von ihm.*

Weitere Beispiele:

«... **desde o princípio da tarde** que meu pai saiu e ainda não voltou a casa ...»	*... seit dem frühen Nachmittag ist mein Vater außer Haus und bisher ist er noch nicht zurückgekommen ...*
	Júlio Dinis, «Uma Família Inglesa»

---

[1]   Zur Konstruktion mit **que** siehe 13.6.

«**Há uma hora** que me veem nesta aflição e só sabem dar-me consolações que fariam rir ...»	*Seit einer Stunde sehen Sie mich so besorgt und können mir nur tröstende Worte sagen, die einen zum Lachen bringen könnten...* Ibid.
«... **há dois longos meses** que a não vejo. Fico esperando-a desde o romper do dia de amanhã».	*... seit zwei langen Monaten habe ich Sie nicht gesehen. Ich erwarte Sie morgen ganz früh, vom ersten Morgengrauen an.* Ibid.
«Que me fizeste tu? **Desde ontem** que estou doido!»	*Was hast du mit mir gemacht? Seit gestern bin ich verrückt (nach dir)!* Eça de Queirós, «*O Primo Basílio*»
«–E **há que tempos** que não jantavam juntas! **Desde quando?** – **Desde o** meu **primeiro ano** de casada – lembrou Luísa.»	*– Und so lange schon aßen sie nicht mehr miteinander zu Abend! Seit wann? – Seit dem ersten Jahr meiner Ehe – sagte Luísa.* Ibid.

Bemerkung: Zur Verstärkung wird auch **desde há** anstelle von «há» gebraucht:

Desde há três semanas que me encontro nesta terrível situação!	*Seit drei Wochen befinde ich mich in dieser schrecklichen Lage!*

Weitere Ausdrücke:

desde agora/desde já	*gleich, von jetzt an*
desde então	*von da an, seitdem*
desde logo	*von demselben Augenblick an*

6. Die Präposition **em** bezeichnet:

a) den Raum oder den Ort, wo jemand oder etwas ist; im übertragenen Sinne die Situation, in der man sich befindet (im Deutschen *in, an, auf,* sofern diese Präpositionen von einem Dativ begleitet werden, d. h. keine Bewegung, sondern eine Lage, ein Sich-Befinden ausdrücken; für die Präpositionen, die eine Bewegung bezeichnen – *a* und *para* – siehe 10.123):

Estar **no quarto / no jardim / na fábrica / na escola**	*im Zimmer / im Garten / in der Fabrik / in der Schule sein*
estar **na Praça** da Universidade	*am / auf dem Universitätsplatz sein*
estar **na rua / no mercado**	*auf der Straße / auf dem Markt sein*
um acidente **na** autoestrada	*ein Unfall auf der Autobahn*

auch für Inseln:

passar as férias em Chipre/ /na Madeira	*die Ferien auf Zypern/ auf Madeira verbringen*

Merke:

estar **em casa**	*zu Hause sein*
estar em casa de alg.	*bei jmdm. sein*

estar, encontrar-se	em erro numa situação difícil num sarilho num beco sem saída	sich im Irrtum befinden sich in einer schwierigen Situation befinden in der Patsche sitzen sich in einer Sackgasse befinden

Weitere Beispiele:

O ministro C. não está **em** Portugal. Encontra-se **no** estrangeiro. A notícia veio **no** jornal.	Der Minister C. ist nicht in Portugal. Er befindet sich im Ausland. Die Nachricht stand in der Zeitung.
«**Em Lisboa**, (eu) vivia em perene ansiedade de rebusca. **Nas** ruas, **nos** cinemas, **nas** pastelarias, **nos** teatros, sofria a obsessão de procurar a Graça, a minha prima...»	In Lissabon lebte ich mit dem ständigen Wunsch, (sie) zu suchen. Auf den Straßen, in den Kinos, in den Konditoreien, in den Theatern litt ich unter der Zwangsvorstellung, Graça, meine Cousine, suchen zu müssen... Maria Archer, «Nada lhe Será Perdoado»

10.76　b) einen Zeitpunkt oder einen Zeitraum:

ba) den Zeitpunkt, zu dem etwas geschieht (Angabe des Tages, des Monats, des Jahres u. a.):

na 4.ª-feira	am Mittwoch
no sábado	am Samstag
no dia 3 de novembro	am 3. November
em outubro	im Oktober
em 1998 **no ano de** 1998	(im Jahre) 1998

O terramoto de Lisboa foi **em** 1755.	Das Erdbeben von Lissabon war im Jahre 1755.

10.77　bb) den Zeitraum, innerhalb dessen eine Handlung durchgeführt wird:

Eu fiz o meu trabalho **em** duas horas.	Ich machte meine Arbeit in (binnen) zwei Stunden.
Fui de Lisboa a Faro **em** três horas e meia.	Ich fuhr in dreieinhalb Stunden von Lissabon nach Faro.

Anmerkung: In dem Sinne von *nach Ablauf von* wird im Portugiesischen **daqui a** gebraucht.

Mein Zug fährt in zwei Stunden.	O meu comboio parte **daqui a** duas horas.
In einem Jahr mache ich Examen.	Faço exame **daqui a** um ano.
	(Siehe auch 9.18)

10.78　bc) die Regelmäßigkeit, die Häufigkeit einer Handlung:

de três **em** três dias/semanas/...	alle drei Tage/Wochen/...
de quatro **em** quatro horas	alle vier Stunden

c) den Zustand, die Art oder das Material einiger Industrie- oder Naturprodukte:

leite em pó	*Pulvermilch*
algodão em rama	*Watte (in Ballen)*
planta em embrião	*Keimling*
rosa em botão	*eine Rose, die noch nicht aufgeblüht ist*
artigos em ouro/prata	*Gold-/Silberwaren*

d) die Art, wie eine Handlung geschieht oder das Mittel, das man gebraucht, um sie durchzuführen:

viajar em grupo	*mit/in einer Gruppe reisen*
voar em bandos	*in Schwärmen fliegen*
estar em pé (de pé)	*stehen*
em dia	*auf dem Laufenden*
em ordem	*in Ordnung*
em pessoa	*in Person*
O festival acabou em beleza.	*Das Fest hatte einen schönen Ausgang/ging schön aus.*
Todos escutaram a música em silêncio.	*Alle lauschten still der Musik.*
escrever em { verso / prosa / inglês / português }	*{ in Vers(en) / in Prosa / auf Englisch / auf Portugiesisch } schreiben*
pagar em euros/em dólares	*in Euro/in Dollar bezahlen*
embrulhar em papel de seda	*in Seidenpapier einwickeln*

(und viele andere adverbiale Ausdrücke, siehe auch § 9).

e) **em** kann auch beschränkend gebraucht werden; es zeigt, in welcher Hinsicht eine Eigenschaft zu einem Subjekt passt:

Ele é perito **na** confeção de bolos.	*Er ist Meister im Kuchenbacken.*
A minha irmã é licenciada **em** História.	*Meine Schwester hat Geschichte studiert.*
Este jovem médico quer especializar-se **em** doenças dos rins e vias urinárias.	*Dieser junge Arzt will sich auf Leiden der Nieren- und Harnwege spezialisieren.*
Em manha ninguém o bate.	*An Listigkeit übertrifft ihn niemand.*
Ele é muito versado **nesta** matéria.	*Er ist auf diesem Gebiet sehr bewandert.*

f) Wie wir unter a) gesehen haben, drückt **em** keine Bewegung, sondern eine Position oder Situation aus. Jedoch steht diese Präposition nach einigen Verben der Bewegung, wie *eintreten* oder *werfen*. Hier bezeichnet **em** nicht die Bewegung selbst, sondern eher den statischen Endzustand nach dieser Bewegung.

Es folgen diese und andere Verben, nach denen die Präposition **em** gebraucht wird:

abundar em	reich sein an
acreditar em crer em	} glauben an
avaliar em calcular em estimar em [selten]	} schätzen auf
bater em	schlagen
confiar em	vertrauen auf
consentir em	zustimmen
converter q. c. em	etwas verwandeln in
dar em	werden zu
deitar em	in etwas hineinwerfen
desfazer q. c. em	etwas zerlegen/zerteilen in
desfazer-se em	sich ergehen in
dividir em	ab-, ein-, zerteilen in
enganar-se em errar em	} sich irren in
entrar em	eintreten in
falar em	sprechen über/von
fiar-se em	vertrauen, bauen auf
incorrer em	begehen (eine verbotene Handlung, einen Fehler)
insistir em	bestehen auf
irromper em	einbrechen, eindringen in
lançar em	hineinwerfen in etw.
meditar em refletir em	} über etwas nachdenken
meter em	stecken in
mexer em	anfassen; gehen an [fig.]
pegar em	nehmen, ergreifen; in Angriff nehmen
pensar em	denken an
pôr em	setzen, legen, bringen, stellen
reparar em	bemerken
tocar em	berühren
transformar-se em	sich verwandeln in

Não **mexas nos** papéis que estão em cima da secretária.
Gehe nicht an die Papiere, die auf dem Schreibtisch liegen.

Entrou em casa como um furacão.
Er stürmte ins Haus.

Passou com muito cuidado, para não **tocar nos** objetos expostos.
Er ging sehr vorsichtig vorbei, um die ausgestellten Gegenstände nicht zu berühren.

Perdi a paciência e **bati no** meu filho.
Ich verlor die Geduld und schlug meinen Sohn.

Ponha o jantar **na** mesa.
Stellen Sie das Abendessen auf den Tisch.

Nem me **fales nisso**!
Sprich mir nicht darüber/davon!
Não gosto de ouvir **falar em** coisas tristes!
Ich höre nicht gern von traurigen Sachen reden!

Meti a carta **na** mala e não **pensei** mais **nela**.	*Ich steckte den Brief in die Tasche und dachte nicht mehr daran.*

g) **em** wird ebenfalls in folgenden Ausdrücken verwendet:

arder em cólera	*vor Zorn glühen*
arder em febre	*vor Fieber glühen*
fixar a atenção em	*die Aufmerksamkeit richten auf*
fixar a vista em	*den Blick richten auf*
nadar em dinheiro	*in Geld schwimmen*
dar/pedir alg. em casamento	*in die Heirat einwilligen (seitens der Eltern usw.) / um jmds. Hand anhalten*
ir/vir em { auxílio de / ajuda de / socorro de }	*jemandem zu Hilfe kommen*
pôr (a) mão em	*Hand legen an*

h) Für die Präposition **em** mit Gerundium siehe 8.192.

7. Die Präposition **para** drückt aus:

a) Ziel, Zweckbestimmung:

aa) den Zweck bzw. die Person oder die Sache, für die etwas bestimmt ist:

Este disco é **para a minha filha**.	*Diese CD ist für meine Tochter.*
Comprei o jornal de hoje **para você**.	*Ich habe die Tageszeitung für Sie gekauft.*
Este corte de seda é **para um vestido**.	*Dieses Stück Seide ist für ein Kleid.*
O carteiro trouxe uma carta **para ti**.	*Der Briefträger brachte einen Brief für dich.*
Estes trabalhos pesados não são **para ela**! *oder:* Ela não é para estes trabalhos pesados!	*Diese schweren Arbeiten sind nichts für sie! oder: Sie ist für diese schweren Arbeiten nicht geeignet!*

Ausdruck:

Ele (ela) não é pessoa para isso!	*Er (sie) macht so etwas nicht!*

ab) die Absicht, das Ziel einer Handlung:

Como não sou rica, tenho que trabalhar **para comer**.	*Da ich nicht reich bin, muss ich arbeiten, um zu leben.*
Ele sofre de depressões nervosas e todos os dias vai ao cinema **para se distrair**.	*Er leidet an nervösen Depressionen und geht jeden Tag ins Kino, um sich zu zerstreuen.*
Vim cá **para te ver**.	*Ich kam hierher, um dich zu sehen.*
Passo os dias a escrever, **para acabar** o meu livro.	*Ich verbringe die Tage mit Schreiben, um mein Buch zu beenden.*
Ele estuda **para engenheiro/médico**, etc.	*Er studiert Ingenieurwesen/Medizin, usw. Er will Ingenieur/Arzt usw. werden.*

– Para que fizeste isto? **Para quê?** – Wozu hast du das getan? Wozu?
– **Para** te mostrar que também tenho per- – Um dir zu zeigen, dass ich auch jemand
sonalidade. bin.

10.87 ac) bestimmte Personen oder Gruppen, auf die sich eine Aussage bezieht bzw. für die sie gültig ist:

A Cristina é tão nervosa que os exames constituem **para ela** um grande problema.

Christina ist so nervös, dass die Prüfungen für sie ein großes Problem darstellen.

Eu não estou zangada com ele. **Para mim**, ele continua a ser o amigo que sempre foi.

Ich bin ihm nicht böse. Für mich bleibt er weiterhin der Freund, der er immer war.

Para os comunistas, o homem tem na mão a sua felicidade.

Für die Kommunisten hat der Mensch das Glück in seiner Hand.

10.88 b) örtliches Ziel:

ba) Ort wohin (wenn man längere Zeit am Ziel bleibt):
(Siehe hierzu 10.123 und 10.124)

Vou **para Lisboa**. Ich fahre nach Lissabon.

Vou **para a praia/para o campo** passar um mês.

Ich gehe für einen Monat ans Meer/aufs Land.

Ele veio **para a cidade**. Er kam in die Stadt.

Ela vinha **para a nossa casa**, quando deu aquela queda.

Sie war auf dem Weg zu uns, als sie stürzte.

Nach **caminhar** *(wandern)*, **fugir** *(fliehen)*, **embarcar** *(sich einschiffen)*, **partir** *(abreisen)*, **seguir** und **continuar** *(weiter-, fortfahren)* wird zur Ortsangabe immer **para** und nie «a» gebraucht, auch wenn der Aufenthalt am Zielort kurz ist.

Embarcar para Londres. Sich nach London einschiffen.

Seguir para o Porto. Nach Porto (weiter) fahren.

Continuar para Frankfurt. Nach Frankfurt weiterfahren.

10.89 bb) das Endziel einer Bewegung, Ort wo (das Adverb **lá** kann als Verstärkung hinzugefügt werden):

Ele está { (lá) para Lisboa. Er ist { irgendwo (da) in Lissabon.
Eles estão { (lá) para a província. Sie sind { irgendwo in der Provinz.
{ (lá) para a quinta. { auf seinem/ihrem Landgut.

10.90 c) zeitliches Ziel:

ca) die Zeit, für die eine Handlung bestimmt ist oder zu der sie stattfindet:

Estou a estudar a lição **para amanhã**. Ich lerne gerade die Lektion für morgen.

– **Para quando** fica a sua conferência? – Wann findet nun Ihr Vortrag statt?
– Fica **para quinta-feira**. – Am Donnerstag.

Ele parte **para a semana**.[1]	*Er fährt nächste Woche ab.*	
Para o ano volto cá.	*Nächstes Jahr komme ich noch mal hierher.*	
cb) die Zeit, die man für etwas braucht:		10.91
Tenho trabalho **para uns meses**.	*Ich habe Arbeit für einige Monate.*	
d) die Relation, im Verhältnis zu:		10.92
da) Este trabalho não está muito mau **para o que** se vê agora.	*Nach dem, was man bis jetzt sieht, ist diese Arbeit nicht sehr schlecht.*	
O teu vestido está muito curto **para o que** se usa.	*Dein Kleid ist sehr kurz im Verhältnis zu dem, was man jetzt trägt.*	
db) 10 **está** para 100 assim como 100 **para** 1000	*10 verhält sich zu 100 wie 100 zu 1000*	
e) **para** wird auch gebraucht:		10.93
ea) nach Adjektiven:		
decoroso	*anständig*	
indecoroso	*unanständig*	
honroso	*ehrenwert*	
desonroso	*unehrenwert*	
eb) nach Verben:		10.94
contribuir para	*beitragen zu*	
traduzir para	*ins ... übersetzen*	
dar para	*reichen für; geeignet sein zu*	
não estar para	*nicht aufgelegt sein zu, keine Lust haben zu*	
ser bom (mau) para	*gut (schlecht) sein für / zu*	

Merke: nach Adjektiven und Substantiven, die die Haltung eines Menschen einem anderen gegenüber ausdrücken, gebraucht man meistens **para com** (siehe auch 10.34):   10.95

Ela foi muito **compreensiva para contigo**.	*Sie war dir gegenüber sehr verständnisvoll.*
Quem não é **indulgente para com os outros**, não pode esperar deles indulgência.	*Wer den anderen gegenüber nicht nachsichtig ist, kann von ihnen keine Nachsicht erwarten.*

8. *Die Präposition* **por** *bezeichnet*   10.96

   a) Ortsangabe:

   aa) den Weg über (in lokaler und übertragener Bedeutung):

ir por ali	*da entlanggehen*
vir por aqui	*hier entlangkommen*
passar por ali	*dort vorbeigehen*

---

[1] «para a semana» (nächste Woche), «para o ano» (nächstes Jahr) aber: **para o mês que vem** (nächsten Monat; wörtl.: *im kommenden Monat*).

	sair pela porta	durch die Tür hinausgehen
	olhar pela janela	durch das Fenster schauen
	viajar por mar	zu Wasser reisen
	viajar por terra	zu Lande reisen

Vem **por aqui**! **Por aqui** é mais perto, e além disso podes **passar pela** minha casa.

Komm hier entlang! Hier entlang ist es näher, und außerdem kannst du an meinem Haus/bei mir vorbeigehen.

Ele **passou por** muitas vicissitudes, mas acabou por triunfar.

Er machte viel Schweres durch, aber schließlich schaffte er es doch.

10.97 ab) den unbestimmten Ort innerhalb eines begrenzten Raumes (vgl. dt. *herum-; hier/da ... herum*):

– Onde está ele?
– Deve andar **por aqui**.

– Wo ist er?
– Er muss irgendwo hier (in der Gegend) sein.

És um desarrumado. Deixaste os livros todos **pelo chão**!

Du bist unordentlich. Du hast alle Bücher auf dem Boden herumliegen lassen.

10.98 b) Zeitangabe:

ba) einen unbestimmten Zeitpunkt innerhalb eines begrenzten Zeitraumes oder eine annähernde Zeitangabe:

Ele faz exame **por estes dias**.

Er macht in diesen Tagen Examen.

Ela levantou-se **pelo meio-dia**.

Sie stand gegen 12 Uhr auf.

«(Carlos) recolhe-se a casa **lá por altas horas** da noite ... Aqui há tempos ... ia eu já a abrir a porta da rua, **pela madrugada**, e entrava aquela criaturinha para casa.»

(Carlos) kommt sehr spät in der Nacht nach Hause ... Vor einiger Zeit ... ich wollte gerade die Haustür wieder aufschließen, in der Frühe, da trat dieser verkommene Kerl in sein Haus.

Júlio Dinis, «Uma Família Inglesa»

ebenfalls:
pela manhã
pela tarde

gegen Morgen
gegen Nachmittag

10.99 bb) Dauer:

por muito tempo	*auf/für lange Zeit; lange Zeit hindurch*
por pouco tempo	*auf/für kurze Zeit; während kurzer Zeit*
por um mês	*auf/für einen Monat; einen Monat lang*
por alguns dias	*auf/für einige Tage; einige Tage lang*

Por alguns instantes, julguei que ia desmaiar.

Einige Augenblicke lang dachte ich, ich würde in Ohnmacht fallen.

– Você vai à América **por muito tempo**?
– Não; apenas **por um mês**.

– Gehen Sie längere Zeit nach Amerika?
– Nein; nur für einen Monat.

10.100 c) Mittel:

falar pelo telefone
beber por uma chávena grande

telefonieren
aus einer großen Tasse trinken

compreender-se por sinais	sich durch Zeichen verständigen
contar pelos dedos	mit den Fingern zählen
aprender por um livro antigo	aus einem alten Buch lernen
levar alg. pela mão	jmdn. an der Hand führen
levar alg. pelo braço	jmdn. am Arm führen
puxar pelos cabelos	an den Haaren ziehen
julgar pelas aparências	nach dem Äußeren beurteilen
casar por procuração	sich durch Fernheirat verehelichen
participar por carta	brieflich mitteilen
comprometer-se por escrito	sich schriftlich verpflichten zu
jurar pela saúde de alg.	bei jmds. Gesundheit schwören
jurar por Deus	bei Gott schwören
Pelo andar da carruagem é que se vê quem lá vai dentro.	Je nachdem, wie der Wagen fährt, sieht man, wer drin ist. Port. Sprichwort

d) den Urheber beim Passiv:

Este livro foi escrito **por mim**.[1]	Dieses Buch wurde von mir geschrieben.
Este prémio foi-lhe atribuído **por um júri** bastante rigoroso.	Dieser Preis wurde ihm von einer ziemlich strengen Jury verliehen. (zum Passiv siehe 8.232)

e) den Grund:
ea) vor einem Substantiv:

Procedi assim **por prudência**.	Ich bin aus Vorsicht so vorgegangen.
Já não posso ler **por falta de luz**.	Ich kann nicht mehr lesen, weil das Licht fehlt.
Ela falou daquela maneira **por despeito**.	Sie sprach aus Ärger so.

ebenso:

(não) praticar uma ação ...	
... por amizade	aus Freundschaft
amor	Liebe
ódio	Hass
medo	Angst
receio	Furcht
cobardia	Feigheit
acanhamento	Verlegenheit
...	... etwas (nicht) tun
por isso	deswegen, deshalb, daher
(cá) por mim	meinetwegen
Cá por mim, não te constranjas! Podes fazer o que quiseres. **Cá por mim,** não seja a dúvida!	Tu dir meinetwegen keinen Zwang an! Du kannst machen, was du willst. Meinetwegen brauchst du nicht zu zögern.
– Posso abrir a janela?	– Darf ich das Fenster öffnen?
– **Por mim**, pode.	– Meinetwegen ja.

---

[1] Vgl. mit dem Französischen: «ce livre a été écrit *par moi*».

10.103 eb) vor einem Infinitiv (= weil):

Ninguém gosta de ti, **por seres tão egoísta.**	Niemand mag dich, weil du so egoistisch bist.
Castigo-te, **por teres saído** sem minha autorização.	Ich bestrafe dich, weil du ohne meine Erlaubnis ausgegangen bist.
«Eu pecara contra o clã **por me ter individualizado.**»	Ich hatte gegen den Clan gesündigt, weil ich mich abgesondert hatte.

Maria Archer, «Nada lhe Será Perdoado»

Merke die Konstruktion:

Eu já não tenho ilusões. **Vivo por viver.**	Ich habe keine Illusionen mehr. Ich lebe nur so dahin/Ich lebe, weil ich nun einmal lebe.
Não tenho apetite nenhum. **Como por comer.**	Ich habe keinen Appetit. Ich esse, weil man eben isst.
Ela não tem entusiasmo por aquele trabalho. **Fá-lo por fazer.**	Sie ist nicht begeistert von dieser Arbeit. Sie macht sie halt nur so.

10.104 f) Reihenfolge; Aufteilung:

por ordem	der Reihe nach
por miúdo(s)	im Einzelnen
um por um	einzeln
A chamada foi **por ordem** alfabética.	Der Aufruf erfolgte in alphabetischer Reihenfolge.
Conta-me isso **por miúdos.**	Erzähl mir das im Einzelnen.
A criança copiou a palavra com cuidado, **letra por letra.**	Das Kind hat das Wort sorgfältig abgeschrieben, Buchstabe für Buchstabe.

10.105 g) Preis, Belohnung:

ga) Preis:

Comprei esta lagosta **por oitenta euros.**	Ich habe diese Languste für achtzig Euro gekauft.
Dei muito dinheiro **por este vestido.**	Ich habe viel Geld für dieses Kleid ausgegeben.
O homem queria três euros **pelos figos,** mas vendeu-mos **por dois.**	Der Mann wollte drei Euro für die Feigen, aber er verkaufte sie mir für zwei.

10.106 gb) **por** bedeutet auch als *Belohnung, Bezahlung für:*

Pelo serviço que me prestaste te quero recompensar.	Für den Dienst, den du mir erwiesen hast, will ich dich belohnen.
Mereces um beijo **por essas palavras** bondosas.	Du verdienst einen Kuss für diese gütigen Worte.

ferner:

(muito) obrigado/a por
(muito) agradecido/a por } vielen Dank für (Mann/Frau bedankt sich)

Muito obrigada pelo favor que me fizeste.   *Vielen Dank für den Gefallen, den du mir erwiesen hast. (eine Frau bedankt sich)*

h) Mit **por** drückt man ein Verhältnis aus (vgl. dt. *pro*):

uma vez por semana	*einmal in der Woche*
quatro vezes por mês	*viermal im Monat*
Ela escreve **cinco folhas por hora**.	*Sie schreibt 5 Seiten pro Stunde.*
Ele trabalha **oito horas por dia**.	*Er arbeitet 8 Stunden am Tag.*
O consumo mínimo é de **20 euros por pessoa**.	*Der Mindestverzehr beträgt 20 Euro pro Person.*
Eu contei-os **um por um**.	*Ich habe sie Stück für Stück gezählt.*

Vgl. den Ausdruck:

Quase sempre o céu está encoberto, mas **uns dias por outros** descobre o Sol.   *Fast immer ist der Himmel bedeckt, aber ab und zu kommt die Sonne durch.*

i) Für Stellvertretung, Tausch steht auch **por**:

Podes sair, que eu faço o trabalho **por ti**.   *Du kannst weggehen, ich mache schon die Arbeit für dich.*

ebenfalls:

trocar por	*tauschen gegen*
substituir por	*ersetzen durch*
passar por	*gehalten werden für*
tomar por	*halten für*
deixar uma coisa por outra	*auf eine Sache zugunsten einer anderen verzichten*

Não troco a minha casa **pelo mais rico palácio**.   *Ich tausche mein Haus nicht gegen den schönsten Palast.*

A princípio, **tomei aquilo por uma brincadeira**.   *Anfangs hielt ich das für einen Scherz.*

Vgl. den Ausdruck:

Nunca deixes o certo **pelo duvidoso**.   *Verzichte nie auf das Sichere zugunsten des Zweifelhaften.*

j) **por** übersetzt das deutsche *für*, wenn es sich um etwas handelt, das man aus Liebe, Freundschaft zu einem Menschen oder aus Überzeugung für eine Idee tut:

A pobre senhora **tem-se sacrificado** muito **pelos filhos**.   *Die arme Frau nimmt für ihre Kinder viele Opfer auf sich.*

Por aquela mulher, ele **faria** tudo.   *Für diese Frau würde er alles tun.*

O soldado **lutou e morreu pela pátria**.   *Der Soldat kämpfte und fiel für sein Vaterland.*

ebenso:

combater por	kämpfen für
pugnar por	streiten für
pedir por	bitten für
interceder por	sich einsetzen für
orar por	
rezar por	beten für
rogar por [gehoben]	
olhar por	wachen über
velar por [gehoben]	

10.110 Vergleiche nun den Gebrauch von **por** und **para** in folgenden Beispielen:

Hoje não trouxe nada **para ti**.	Heute habe ich nichts für dich mitgebracht.
Lamento, mas não posso fazer nada **por ti**!	Ich bedaure, aber ich kann nichts für dich tun!
Aluguei uma casa na praia **para a minha família**.	Ich habe ein Haus am Strand für meine Familie gemietet.
Fiz este sacrifício **pela minha família**.[1]	Ich habe dieses Opfer für meine Familie gebracht.

Zusammenfassend lässt sich sagen:
Bei der Anwendung von **por** setzt man *Gefühle als Beweggrund* voraus (jemandem zuliebe, um jemandes oder etwas willen);
para bezeichnet lediglich *den Zweck ohne gefühlsmäßige Einstellung*.

10.111 k) Weitere Verben und Ausdrücke mit **por**:

almejar por	
anelar por [selten]	sich sehnen nach
ansiar por	
morrer por	sterben für (sich in Sehnsucht verzehren nach etwas)
suspirar por	sich sehnen nach
apaixonar-se por	sich verlieben in
esperar por	warten auf
bradar por	
clamar por	schreien nach
gritar por	
chamar por	rufen nach
perguntar por	fragen nach
avaliar uma coisa por	einschätzen nach
condenar por	verurteilen wegen
prender por	fesseln, faszinieren durch
dividir por	teilen durch

---

[1] Vgl. auch mit:
Eu falei pela minha família.   Ich habe für meine Familie gesprochen (= stellvertretend für, siehe 10.108).

multiplicar por	*multiplizieren mit*
começar por	*anfangen mit*
acabar por	*schließlich etwas tun*
dar por	*bemerken*
fazer por	*sich bemühen um*
fazer tudo por	*sein Möglichstes tun, um*
tratar alg. por tu	*jmdn. duzen*
tratar alg. por você	*jmdn. siezen*
ter preferência por	*etwas vorziehen*
ter respeito por	*Respekt haben vor*
ser responsável por	*verantwortlich sein für*
pelo sim, pelo não	*im Zweifelsfall*

Merke die Konstruktion:

– Qual destes vestidos preferes? — – *Welches von diesen Kleidern ziehst du vor?*

– **Branco por branco,** prefiro o de seda. — – *Wenn es schon weiß sein muss, ziehe ich das seidene vor.*

– **Veludo por veludo,** antes quero o azul. — – *Wenn es schon Samt sein muss, ziehe ich das blaue vor.*

l) Für **por** + Infinitiv siehe 8.167.

m) Für **por** in konzessiven Ausdrücken wie z. B. **por mais que, por menos que,** siehe 8.120.

9. Präposition **sobre**:

a) *auf, über*

Sobre a mesa (na mesa, em cima da mesa) encontravam-se livros e cadernos. — *Auf dem Tisch befanden sich Bücher und Hefte.*

Sobre o aparador havia muitas salvas de prata. — *Auf der Anrichte standen viele Silberteller. / Über der Anrichte hingen viele Silberteller.*

O avião passou **sobre Heidelberg** (por cima de Heidelberg). — *Das Flugzeug flog über Heidelberg.*

b) *über* (Stoff eines Gespräches, eines Buches usw. = **acerca de**):

O médico fez uma palestra **sobre** a qualidade de vida (acerca da qualidade de vida). — *Der Arzt hielt eine Ansprache über die Lebensqualität.*

Comprei um livro **sobre** a educação (acerca da educação). — *Ich kaufte ein Buch über die Erziehung.*

c) *nach* (zeitlich = **depois de**) [nicht mehr sehr gebräuchlich]

Não se deve tomar banho **sobre** a refeição (depois da refeição). — *Man soll nach dem Essen nicht baden.*

d) *abgesehen von, über ... hinaus* (= **além de**) [veraltet]

«Augusto aceitou com prazer a incumbência, que **sobre** adequada aos seus gostos, lhe abria uma carreira.»	*Augusto nahm mit Freude jenen Auftrag an, der ihm abgesehen davon, dass er seinem Geschmack entsprach, eine Karriere eröffnete.*

Júlio Dinis, «A Morgadinha dos Canaviais»

e) **Sobre** kann auch eine Eigenschaft oder einen Zeitpunkt annähernd ausdrücken:

Na velha casa havia uma sala **sobre o comprido**.	*Im alten Haus gab es einen Raum, der ziemlich lang war.*
Sobre a tarde, o sol encobriu.	*Gegen Nachmittag verbarg sich die Sonne.*

f) Ausdrücke mit **sobre**:

estar sobre si	*auf sich selbst angewiesen sein*
ficar sobre si	*auf sich selbst gestellt sein*
viver sobre si	*sich selbst unterhalten/versorgen*
Quando lhe morreram os pais, ele **ficou sobre si** e passou muitas dificuldades.	*Als seine Eltern gestorben waren, war er auf sich selbst gestellt und machte viele Schwierigkeiten durch.*
É tão leviano que não pode **viver sobre si**.	*Er ist so leichtsinnig, dass er sich nicht selbst versorgen kann.*

10. **quando de, aquando de** – *bei* (temporal)

Diese präpositionalen Ausdrücke haben sich im modernen Portugiesisch eingebürgert.

Esse livro perdeu-se **quando da** mudança.	*Dieses Buch ging beim Umzug verloren.*
«O que ninguém sabia, no entanto, era do sentimento que possuíra Tai-Ku **aquando da** ocupação japonesa.»	*Was unterdessen niemand kannte, war das Gefühl, das Tai-Ku bei der japanischen Besetzung durchdrungen hatte.*

Maria Ondina, «A China Fica ao Lado»

«Isto lembrou-lhe Elsa **aquando da** partida de Guilherme para a sua viagem.»	*Das hat ihn an Elsas Verhalten bei Wilhelms Abfahrt erinnert.*

Manuel de Campos Pereira, «David Pascoal»

11. **quanto a** *(was betrifft, was angeht)*

Quanto a mim, não acredito nesse boato.	*Was mich betrifft, glaube ich nicht an dieses Gerücht.*
Quanto ao que me perguntaste ontem, a minha resposta é positiva.	*Was deine Frage von gestern betrifft, ist meine Antwort ja.*
Quanto à minha empregada, é da máxima confiança.	*Was meine Putzfrau betrifft, so ist sie absolut zuverlässig.*

12. Beispiele zu den anderen Präpositionen:

«**Após** o almoço, raro nos demorávamos na sala.»	*Nach dem Mittagessen blieben wir selten im Esszimmer.* Maria Archer, «Nada lhe Será Perdoado»

«Um ano passara, mais de um ano, sobre o rompimento com o Chico, e eu continuava **sem** marido, **sem** família, **sem** segurança, **sem** respeitabilidade ...»	*Ein Jahr war vergangen seit dem Bruch mit Chico, mehr als ein Jahr, und ich stand immer noch ohne Mann da, ohne Familie, ohne Sicherheit, ohne gesellschaftliche Anerkennung.* Ibid.
«Não se imagina como se faziam extraordinariamente belas as feições de Jenny **sob** a influência deste ar de reflexão.»	*Man macht sich keine Vorstellung davon, wie außerordentlich schön Jennys Gesichtsausdruck unter dem Einfluss dieser Nachdenklichkeit wurde.* Júlio Dinis, «Uma Família Inglesa»
«... pela primeira vez desde que ali entrara, pensou que Leonor tinha direito a desprezá-lo, embora ele teimasse em defender **perante** si próprio o procedimento que adotara.»	*... zum ersten Mal, seitdem er dort eingetreten war, dachte er, dass Leonor das Recht hatte, ihn zu verachten, obwohl er vor sich selbst hartnäckig rechtfertigte, wie er vorgegangen war.* Joaquim Paço d'Arcos, «A Corça Prisioneira»
«E hoje (como tantas vezes) vos confesso a minha perplexidade **perante** o mundo.»	*Und heute (wie schon so oft) gestehe ich euch meine Ratlosigkeit angesichts der Welt.* M. I. Barreno, M. T. Horta, M. V. da Costa, «Novas Cartas Portuguesas»
«Jorge foi heróico **durante** toda essa tarde.»	*Jorge war den ganzen Nachmittag hindurch heldenhaft.* Eça de Queirós, »O Primo Basílio«
«(Alberto) foi o meu companheiro mais chegado **durante** os anos que passei em Paris.»	*Alberto war mein engster Begleiter während der Jahre, die ich in Paris verbrachte.* Joaquim Paço d'Arcos, «A Corça Prisioneira»

13. Die Präpositionen, die Bewegung auf ein Ziel hin ausdrücken, sind – wie bereits erwähnt – zwei: **a** und **para** *(dt.: in + Akkusativ, nach)*

a) **a** wird in der Regel benutzt, wenn der Aufenthalt am Ziel kurz ist; **para** dagegen, wenn man die Absicht hat, sich relativ länger am Ziel aufzuhalten:

Vou **ao** meu quarto (buscar um lenço, fazer a cama, fechar a janela, etc.).	*Ich gehe (schnell mal) in mein Zimmer (um ein Taschentuch zu holen, das Bett zu machen, das Fenster zu schließen usw.).*
Vou **para** o meu quarto (trabalhar, coser, descansar).	*Ich gehe auf mein Zimmer (und bleibe da eine Weile, um in Ruhe zu arbeiten, zu nähen oder einfach um mich auszuruhen).*
Vou **à** escola falar com a professora da minha filha.	*Ich gehe zur Schule, um mit der Lehrerin meiner Tochter zu sprechen.*
A minha filha vai **para** a escola.	*Meine Tochter geht in die Schule.*
Vou **ao** jardim colher flores.	*Ich gehe in den Garten, um Blumen zu pflücken.*
Vou **para** o jardim.	*Ich gehe in den Garten (und bleibe da eine Weile, ich arbeite, lese ein Buch usw.)*

Das Gleiche bei:

Ele vai **a** casa.　　　　　　　　　} *Er geht nach Hause.*
Ele vai **para** casa.

Ela vai lá **acima/abaixo**.　　　　　} *Sie geht nach oben/nach unten.*
Ela vai lá **para cima/para baixo**.

Merke:

«Vou **para** a cama» *(ich gehe ins Bett)* ist die einzig mögliche Form, weil angenommen wird, dass man erst wieder aufsteht, wenn man geschlafen und sich ausgeruht hat; will man sich dagegen nur kurz ausruhen, dann drückt man sich anders aus, beispielsweise: «Vou-me deitar um quarto de hora» *(ich lege mich eine Viertelstunde hin)*.

Vgl. in diesem Zusammenhang **ir à cama**, ein Ausdruck der Umgangssprache mit besonderer Bedeutung:

Ele teve uma gripe tão forte que **foi à cama**.　　　　*Er hatte eine so starke Grippe, dass er sich ins Bett legen musste.*

Weitere Beispiele, bei denen auch das unter b) Gesagte zu beachten ist:

Vamos **a** Coimbra.　　　　　　　} *Wir fahren nach Coimbra.*
Vamos **para** Coimbra.

Eles foram **ao** Algarve.　　　　　} *Sie sind in die Algarve gefahren.*
Eles foram **para** o Algarve.

10.124　　b) Der Begriff «kurzer/langer Aufenthalt» ist natürlich relativ und in hohem Maße von der Perspektive des Sprechers abhängig. Arbeitet jemand beispielsweise in Karlsruhe, sagt er am Morgen, bevor er zur Arbeit geht: **Vou para Karlsruhe**, weil er erst nach seiner Tagesarbeit zurückkehrt. Erzählt er aber, dass er jeden Tag nach Karlsruhe zur Arbeit fährt, so sagt er: **Vou todos os dias a Karlsruhe**, wobei die Betonung auf dem täglich wiederholten Hin- und Zurückfahren liegt.

Ein Satz wie «Ele foi a Londres duas vezes na vida.» *(Er ist zweimal in seinem Leben nach London gefahren)* ist korrekt, auch wenn die Besuche in London jeweils ein paar Wochen gedauert haben, da diese Aufenthalte im Verhältnis zur Lebensdauer als kurz betrachtet werden.

Liegt das Gewicht der Aussage auf dem örtlichen Ziel und ist die Dauer des Aufenthaltes im Kontext irrelevant, dann ist oft die Präposition **para** angebracht, unabhängig davon, ob der Aufenthalt kurz oder lang ist.

Passageiros **para** Francoforte (= com destino a F.), porta 10!　　*Passagiere nach Frankfurt, Ausgang 10! (Durchsage am Flughafen, wobei nur das örtliche Ziel – nach Frankfurt und nicht nach London! – wichtig ist; die Tatsache, dass einige Passagiere nur kurz, andere dagegen wahrscheinlich länger in Frankfurt bleiben werden, wird in diesem Kontext außer Betracht gelassen.)*

– **Para** onde vai este autocarro?
– **Para** Belém.

– *Wohin fährt dieser Bus?*
– *Nach Belém (und nicht nach Algés oder nach Amadora; dass der Linienbus gleich zurückfährt, um weitere Fahrten zu machen, ist hier irrelevant.)*

14. Im Gegensatz zum Deutschen – oder zum Französischen etwa – wird im Portugiesischen keine Präposition gebraucht

a) zwischen einem unpersönlichen Ausdruck und einem Infinitivsatz:

É impossível chegarmos a tempo!	*Es ist unmöglich, dass wir rechtzeitig ankommen!*
É fácil censurar os outros!	*Es ist leicht, die anderen zu kritisieren!*
Convém refletires melhor.	*Es ist angebracht, dass du es dir besser überlegst./Du solltest es dir besser überlegen.*
É aconselhável agasalhares-te bem.	*Es ist ratsam, dass du dich warm anziehst./Du solltest dich warm anziehen.*
É proibido fumar.	*Rauchen verboten.*
É perigoso debruçar-se.	*Es ist gefährlich sich hinauszulehnen.*

Vgl. aber mit der Konstruktion, in der das Subjekt des unpersönlichen Ausdrucks zugleich Objekt des von diesem abhängigen Verbs ist:

Ele é impossível **de** aturar (= é impossível aturá-lo).	*Er ist unerträglich.*
Ela é fácil **de** contentar.	*Sie ist leicht zufriedenzustellen.*

b) zwischen u. a. folgenden Verben und einem Infinitiv:

costumar	*gewöhnlich (etwas) tun*
esperar	*hoffen*
evitar	*vermeiden*
decidir, resolver	*beschließen*
(*aber:* decidir-se a, resolver-se a)	
preferir	*vorziehen, bevorzugen; lieber tun*
procurar	*suchen; versuchen*
tencionar	*beabsichtigen*
tentar	*versuchen*

Eu **costumo levantar-me** cedo.	*Ich stehe gewöhnlich früh auf.*
Eu hoje **prefiro ficar** em casa.	*Ich bleibe heute lieber zu Hause.*
Espero encontrá-lo amanhã.	*Ich hoffe, ihn morgen zu treffen.*
Ele **procura proceder** sempre corretamente.	*Er versucht, immer korrekt zu handeln.*
Ela **evitou provocar** um escândalo.	*Sie vermied es, einen Skandal zu provozieren.*
Tenta compreender-me!	*Versuche mich zu verstehen!*

III. Exkurs: Spezielle Bedeutung einiger Verben, wenn sie von bestimmten Präpositionen begleitet sind

passar

1. **passar por** – *vorbeigehen, durchgehen, durchfließen usw.; durchmachen; gelten als, gehalten werden für*

Amanhã **passo pela** tua casa.	Morgen komme ich bei dir vorbei.
O rio Mondego **passa por** Coimbra e o Tejo **por** Lisboa.	Der Mondego fliesst durch Coimbra und der Tejo durch Lissabon.
Coitada, ela já **passou por** tantos desgostos!	Die Arme, sie hat schon so viel durchgemacht!
A tua amiga **passa por** uma mentirosa.	Deine Freundin gilt als Lügnerin.
«– Mas a Videira **passa por** uma mulher tão séria... – Ai, elas passam, passam. Lá passar, passam.»	– Aber Videira wird für eine so seriöse Frau gehalten... – Ach, dafür gehalten werden die Frauen schon! Das schon!

Eça de Queirós, «O Primo Basílio»

2. **passar com** – *auskommen mit*

Ela não pode **passar com** uma pensão tão pequena.	Sie kann mit einer so kleinen Rente nicht auskommen.
O doente não pode **passar** só **com** este comer até amanhã!	Nur mit diesem Essen kann der Kranke nicht bis morgen auskommen.

3. **(não) passar sem** – *(nicht) entbehren können, (nicht) auskommen ohne*

Ele **não passa sem** mim.	Er kann mich nicht entbehren/Ohne mich kommt er nicht aus.
Ora! **Passo** bem **sem** os teus conselhos!	Also, ich komme gut ohne deine Ratschläge aus!
Ela **não pode passar sem** a sua chávena de café depois das refeições.	Sie kann ohne ihre Tasse Kaffee nach den Mahlzeiten nicht auskommen.

4. **passar de** – *schon mehr als.../noch mehr als... sein, überschreiten, übersteigen*
   não passar de – *nichts anderes sein als, nicht mehr sein als, bloß/nur... sein*

Esta mulher já **passa dos** 30 anos.	Diese Frau ist schon über dreißig.
«**Passa da** uma hora, filha!»	Es ist schon nach eins, Mädchen!

Eça de Queirós, «O Primo Basílio»

Ele **não passa de** um parvo!	Er ist nichts anderes als ein Dummkopf.
«**Não passamos de** criaturas de Deus.»	Wir sind bloß Gottes Geschöpfe.

M. J. de Carvalho, «Tanta Gente, Mariana»

«Bem vê, aquilo **não passava de** conversa fiada.»	Aber Sie sehen doch, es war nichts als dummes Gerede.

Ilse Losa, «Miss Suzette e Eu»

Ausdrücke:

Queria dizer-te uma coisa, mas **passou-me** (passou-me de ideia!).	*Ich wollte dir etwas sagen, aber es ist mir entfallen.*
Estas ideias já **passaram de moda.**	*Die Ideen sind aus der Mode gekommen.*
Passar de mão **em** mão.	*Von Hand zu Hand gehen.*

5. **passar a** – *werden* (Beruf usw. in der speziellen Bedeutung «mehr als man vorher war»), *aufsteigen zu; befördert werden zu*

   passar a fazer q.c. – *dazu übergehen, etwas zu tun*

   passar para – *versetzt werden* (Beruf); *überwechseln nach*

   passar de ... a – *befördert werden zu; überwechseln nach*

   passar de ... para – *versetzt werden; überwechseln nach; verlegt werden auf*

Desde que **passou a** diretor de banco, ele já não fala a ninguém.	*Seitdem er Bankdirektor ist, spricht er mit niemandem mehr.*
Ela era criada e **passou a** dona da casa.	*Sie war Hausmädchen und wurde Hausherrin.*
Vou **passar a jantar** mais cedo.	*Ich werde dazu übergehen, früher zu Abend zu essen.*
Ela trabalhava nesta secção, mas agora **passou para** outra.	*Sie hat in dieser Abteilung gearbeitet, aber jetzt ist sie versetzt worden/in eine andere übergewechselt.*
A hora da consulta era às dez, mas **passou para** as onze.	*Die Sprechstunde war um 10 Uhr, aber sie wurde auf 11 Uhr verlegt.*

Redewendung:

Passar de cavalo para burro.	*Sich verschlechtern (beruflich, gesellschaftlich o. ä.)*

6. **passar-se para** – *überlaufen, überwechseln*

Ele combatia do lado dos franceses, mas **passou-se para** os ingleses.	*Er kämpfte auf der Seite der Franzosen, lief aber zu den Engländern über.*

ficar

1. **ficar com** – *behalten; bekommen*

Dou-te este livro. Podes **ficar com** ele.	*Ich gebe dir dieses Buch.* *Du kannst es behalten.*
Fique com estes vinte euros!	*Behalten Sie diese zwanzig Euro!*
Ela, depois da gripe, **ficou** sempre **com** dores de cabeça.	*Nach der Grippe hatte sie immer Kopfschmerzen.*

Depois da herança, ele **ficou com** muito dinheiro.

Nach der Erbschaft bekam er viel Geld.

2. ficar sem – *verlieren (einbüßen); nicht zurückbekommen*

Ele, durante a guerra, **ficou sem** nada.

Während des Krieges hat er alles verloren.

Emprestei o livro e **fiquei sem** ele.

Ich habe das Buch verliehen und es nicht mehr zurückbekommen.

Coitada, os pais morreram, **ficou sem** ninguém.

Die Arme, ihre Eltern starben und sie blieb allein.

3. ficar para

a) *verschoben werden auf*

Este trabalho **fica para** amanhã.

Diese Arbeit wird auf morgen verschoben.

A sessão que devia ter lugar hoje **ficou para** amanhã.

Die Sitzung, die heute stattfinden sollte, wurde auf morgen verschoben.

b) *für jemanden sein* (Einteilung)

Este vestido **fica para** ti.

Dieses Kleid ist für dich.

Fizemos as partilhas, e a casa de Lisboa **ficou para** mim.

Wir haben das Erbe aufgeteilt, und das Haus in Lissabon wurde mir zugesprochen.

Ausdruck:

ficar para ali	entmutigt, verlassen zurückbleiben

4. a) ficar por (alguém) – *für jemanden einstehen/bürgen*

Eu **fico por** ele.

Ich bürge für ihn.

b) **ficar por** – *kommen auf* (Preis), *kosten*

Esta casa **ficou-me por** uma fortuna!

Dieses Haus hat mich ein Vermögen gekostet!

c) **ficar por aqui (aí, ali)** – *dabei bleiben*

Isto não **fica por** aqui!

Das ist nicht alles, dabei bleibt es nicht/das hat noch ein Nachspiel!

5. a) ficar em – *betragen, sich belaufen auf* (= importar em)

Este arranjo do automóvel **fica em** mil euros.

Die Autoreparatur beläuft sich auf 1 000 Euro.

Isso **vai ficar num** dinheirão!

Das wird ja ein Vermögen kosten!

Ausdruck:

ficar em nada	zu nichts zusammenschrumpfen; sich zerschlagen

b) Konstruktionen:

ba) **ficar nisto** (nisso, naquilo) – *dabei bleiben, dabei/so verbleiben*

Então, **ficamos nisto**: o senhor traz a mercadoria e eu verei se ela me interessa.	*Dann verbleiben wir so: Sie bringen die Ware und ich werde sehen, ob sie mich interessiert.*

bb) **ficar na sua** – *dabei bleiben, bei seiner Meinung bleiben*

Fico na minha que ele não disse a verdade!	*Ich bleib' bei meiner Meinung, dass er nicht die Wahrheit sagte!*

6. **ficar-se** – *innehalten, stehenbleiben; nichts gegen etwas unternehmen*

Ela ia a responder-lhe e, de repente, **ficou-se**.	*Sie wollte ihm antworten, aber plötzlich hielt sie inne.*
Ele fez-lhe uma ofensa dessas e você **fica-se?!**	*Er hat Sie dermaßen beleidigt und Sie unternehmen nichts?!*

dar

1. **dar com** – *finden, treffen, vorfinden, antreffen*

Ora esta! **Não dou com** os meus óculos!	*Na, so was! Ich finde meine Brille nicht!*
«Jorge não encontrou Luísa na sala de jantar; **foi dar com** ela no quarto dos engomados ... passando roupa.»	*Jorge traf L. nicht im Esszimmer an. Er fand sie im Bügelzimmer beim Bügeln.* Eça de Queirós, *«O Primo Basílio»*
«Um casal inglês com dois filhos pedia uma dama de companhia portuguesa. Marcaram-me encontro num hotel da Baixa. **Dei com** uma mulher alta e magra, já não muito nova.»	*Ein englisches Ehepaar mit zwei Kindern suchte eine portugiesische Gesellschafterin. Sie schlugen mir ein Treffen in einem Hotel in der Innenstadt vor. Ich fand eine große, magere, nicht mehr junge Frau vor.* M. J. de Carvalho, *«Tanta Gente, Mariana»*
«Fiquei sozinha à espera da Lúcia. Não tinha nada que lhe dizer, **dei comigo** a pensar.»	*Ich blieb allein und wartete auf Lúcia. Ich überraschte mich bei dem Gedanken, dass ich ihr nichts zu sagen hatte.* Ibid.

2. **dar em**

a) **dar em** + *Substantiv/substantiviertes Adjektiv* – *werden zu*;
dar em + *Infinitiv* – *dahin kommen, etwas zu tun; anfangen, etwas (Negatives) zu tun*

Eu **dou em** doido!	*Ich werde verrückt!*
Ele **deu em** chegar todos os dias atrasado.	*Er fing an, jeden Tag zu spät zu kommen.*
Era tão bom rapaz e **deu em** ladrão.	*Er war ein so guter Junge und wurde zum Dieb!*

«A Matilde, a pobre, com o desgosto e mais as culpas, **deu em** empreender, empreender ...»

M., die Arme, fing wegen ihres Kummers und ihrer Schuldgefühle an zu grübeln und zu grübeln ...

Patrícia Joyce, «Ordem de Marcha»

Ausdruck:

| «Não vem tudo a **dar no mesmo**?» | Läuft nicht alles auf dasselbe hinaus? |

David Mourão-Ferreira, «Os Amantes»

10.145 b) *gegen etwas stoßen*

Dei com a cabeça **na** porta e fiz uma nódoa negra.

Ich bin mit dem Kopf gegen die Tür gestoßen und habe einen blauen Fleck bekommen.

Ausdrücke:

| dar na vista
dar nas vistas } | *auffallen* |

10.146 **3. dar para**

a) *geeignet sein für/zu*

Este rapaz não **dá para** médico.

Dieser Junge ist zum Mediziner nicht geeignet.

10.147 b) *reichen für* (= chegar para)

Esta fazenda não **dá para** um casaco. (= não chega para um casaco.)

Dieser Stoff reicht nicht für einen Mantel.

10.148 c) *(zur Straße/zum Garten/...)*
hin/hinaus gehen/liegen

dar para
(a rua/o jardim/...)

Esta sala **dá para** o jardim.

Dieses Zimmer liegt zum Garten hin.

Estas janelas **dão para** a rua.

Diese Fenster liegen zur Straße hin.

10.149 d) **dar-me/te/lhe/nos/lhes para** + *Infinitiv*

(jmdm. plötzlich) in den Kopf kommen, etwas zu tun; auf etwas verfallen; darauf verfallen, etwas zu tun

Não tinha que fazer, **deu-me para** arrumar gavetas.

Ich hatte nichts zu tun und verfiel darauf, Schubladen aufzuräumen.

Coitado! **Para** o que **lhe** havia de **dar**!

Der Arme! Worauf er nur verfiel!/Was ihm nur plötzlich in den Kopf kam!

10.150 **4. dar por**

a) *merken; achten auf*

«Depois os anos tinham passado quase sem ele **dar por** que passavam ...»

Dann waren die Jahre dahin, fast ohne dass er es bemerkt hatte.

M. J. de Carvalho, «Tanta Gente, Mariana»

10.155   III. Bedeutung einiger Verben, wenn von bestimmten Präpositionen begleitet   319

«Às vezes saíam juntos, só se despediam ao fim da rua, beijavam-se sem **dar por isso.**»

Manchmal gingen sie zusammen aus, verabschiedeten sich am Ende der Straße und küssten sich, ohne es zu merken.   Ibid.

«... pus-me a descer a avenida sem **dar por isso.**»

Ich fing an, die Allee hinunterzugehen, ohne es zu merken/ohne darauf zu achten.   Ibid.

«... quando **deu por** si, ia fazer quarenta anos.»

... als sie anfing, sich Gedanken über sich zu machen, war sie fast 40 Jahre alt.   Ibid.

b) *hören auf (einen Namen)*   10.151

Ele **dá pela** alcunha de Finório.

Er hört auf den Spitznamen Finório.

c) *etw./jmdn. für ... halten*   **dar (a.c. /alguém) por ...**   10.152
(= considerar)

Ele **deu** o trabalho **por** terminado.

Er sah die Arbeit als erledigt an.

Podes **dar-te por** muito feliz por não teres morrido no desastre!

Du kannst dich sehr glücklich schätzen, dass du bei dem Unfall nicht umgekommen bist.

Ausdrücke:

dar-se por vencido	*sich geschlagen geben*
não se dar por achado	*sich nichts anmerken lassen*

5. **dar a** – *hin und her bewegen*   10.153

O cão aproximou-se a **dar ao** rabo.

Der Hund näherte sich und wedelte mit dem Schwanz.

Ausdrücke:

dar ao pé/à perna	*das Tanzbein schwingen*
dar às pernas	*schnell abhauen, fliehen*

6. **dar de si** – *sich dehnen, nachgeben*   10.154

Ele puxou, puxou, mas a corda não **deu de si.**

Er zog und zog, aber das Seil gab nicht nach.

7. **dar-se**   10.155

a) **dar-se a** – *sich hingeben, sich ergeben*

Ele **deu-se à** bebida e perdeu o emprego.

Er ergab sich der Trunksucht und verlor seine Stellung.

Ausdruck:

Dar-se ao trabalho de (fazer alg. c.)	*Sich die Mühe machen (etwas zu tun)*

10.156 **b) dar-se (bem, mal) com** – *verkehren mit; sich (gut, schlecht) verstehen mit, (gut, schlecht) auskommen mit*

Eu não **me dou com** gente dessa espécie.	*Mit solchen Leuten verkehre ich nicht.*
Os dois irmãos nunca **se deram bem** um com o outro.	*Die beiden Brüder kamen nie gut miteinander aus.*
Ouvi dizer que **ela se dá mal com** o marido.	*Ich habe gehört, dass sie sich mit ihrem Mann nicht gut versteht.*

10.157 **c) dar-se (bem, mal) em** – *gedeihen in; aufblühen/eingehen in; sich gut/schlecht fühlen/machen in; gut zurechtkommen in*

Esta planta só **se dá bem** no Sul.	*Diese Pflanze gedeiht nur im Süden.*
Ele **deu-se mal em** África.	*Er vertrug das Klima in Afrika schlecht.*

10.158 Weitere Ausdrücke mit **dar**:

dar quatro/cinco horas	vier/fünf Uhr schlagen
dar alegria dar gosto dar prazer	Freude machen
dar trabalho	Arbeit machen
(não)/dar resultado	(nichts)/etwas ergeben (als Resultat) (nichts)/etwas bringen
dar um passeio	einen Spaziergang machen

§ 11 Die Konjunktionen

I. Koordinierende (nebenordnende) Konjunktionen (*Conjunções coordenativas*)

11.1

Sie verbinden Hauptsätze oder einzelne Satzglieder, die im Satz dieselbe Funktion ausüben.

1. Kopulative (aneinander reihende):

e	*und*
nem *(nach vorausgehender Negation)*	*und (auch) nicht*
que *(in bestimmten Verbkonstruktionen)*	*im Sinne von «und»! [emph.]*
não só ... mas também	*nicht nur ... sondern auch*
não só ... como também	
tanto ... como	*sowohl ... als auch*

Ele esteve cá uma hora **e** ajudou-me a fazer a tradução.
Er war eine Stunde hier und half mir, die Übersetzung zu machen.

Hoje mandei fazer as cortinas **e** os reposteiros.
Heute habe ich die Gardinen und die Übergardinen bestellt.

Ela **não** veio **nem** vem!
Sie ist nicht gekommen und kommt auch nicht!

Tu **não** trabalhas **nem** deixas trabalhar ninguém.
Du arbeitest nicht und lässt auch niemanden arbeiten.

O rapaz corre **que** corre ...
Der Junge läuft und läuft ... (Er läuft so schnell er nur kann/er läuft wie verrückt ...)

Ela grita **que** grita!
Sie schreit und schreit!/Sie schreit wie eine Wahnsinnige!

Esta aluna **não só** é inteligente **como também** muito trabalhadora.
Diese Schülerin ist nicht nur intelligent, sondern auch sehr fleißig.

Tanto ele **como** o irmão são bons rapazes.
Sowohl er als auch sein Bruder sind gute Kerle.

«Não, não me compreendeste **nem** talvez mesmo agora me compreendas.»
Nein, du hast mich nicht verstanden und verstehst mich vielleicht nicht einmal jetzt.

Manuel de Campos Pereira, *«David Pascoal»*

2. adversative (entgegensetzende, einschränkende):

11.2

mas	*aber, (je)doch; sondern*
mas sim	*sondern*
mas antes	*sondern eher*

porém todavia contudo	jedoch, dennoch
senão	sonst
no entanto	dennoch
ainda assim	dennoch, trotzdem
não obstante [Schriftspr.]	trotzdem, gleichwohl
apesar disso	trotzdem
de contrário de outro modo de outra forma de outra sorte	andernfalls, sonst
nem por isso	nichtsdestoweniger (positive Sätze) deswegen/trotzdem ... nicht (negative Sätze)
que	im Sinne von «aber» (heute literarisch, früher häufig in Sprichwörtern, Sentenzen usw.)

11.3 *Bemerkung zu* **mas**:

Mas leitet adversative Sätze ein, muss also – anders als das deutsche *aber* – immer dem adversativen Satz vorangehen; **porém, todavia, contudo** können dagegen dem Subjekt, dem Prädikat oder anderen Satzteilen nachgestellt werden; in diesem Fall werden sie von den übrigen Satzteilen durch ein Komma getrennt.

Dies sind adverbiale Eigenschaften; dementsprechend werden diese drei traditionell genannten adversativen Konjunktionen im neuen «*Dicionário Terminológico*» der Wortklasse der Adverbien als «*advérbios conectivos*» (Verknüpfungsadverbien) zugeordnet.

Ele tinha ofendido gravemente a mãe; **mas** ela perdoou-lhe (**porém/todavia/contudo**, ela perdoou-lhe; ela, **porém/todavia/contudo**, perdoou-lhe).	*Er hatte seine Mutter schwer beleidigt; sie hat es ihm aber/jedoch verziehen.*

Beispiele für andere adversative Konjunktionen:

«Fora preciso vir a Paris para voltar a vê-lo. E, **todavia**, não ignorava que habitavam, em Lisboa, ruas muito próximas. Na rotina da vida, nunca vencera a distância curta que os separava. **Nem por isso** era menos sincera, **porém**, a sua alegria.»	*Er hatte nach Paris kommen müssen, um ihn wiederzusehen. Und dabei wusste er doch genau, dass sie in Lissabon sehr nahe beieinander wohnten. Im täglichen Einerlei hatte er die kurze Entfernung, die sie trennte, nie überwunden. Aber deswegen war seine Freude nicht weniger aufrichtig.* Joaquim Paço d'Arcos, «*A Corça Prisioneira*»
Acompanha-me, pai, **senão** eu também não saio.	*Geh mit mir, Vater, sonst gehe ich auch nicht hinaus.*
Acaba o trabalho, **senão** o professor ralha-te/ralha contigo.	*Mach die Arbeit fertig, sonst schimpft der Lehrer mit dir.*

Se o tempo melhorar, vou à praia, **de contrário** não vale a pena.	Wenn das Wetter besser wird, gehe ich an den Strand, sonst hat es keinen Zweck.
O chefe não simpatiza contigo, **no entanto** trata-te corretamente.	Der Chef hat dich nicht gerade gern, dennoch behandelt er dich korrekt.
«Posso jurar-lhes que não me lembro das feições da mulher, **não obstante** ter podido olhá-la à minha vontade.»	Ich kann Ihnen schwören, dass ich mich nicht an die Gesichtszüge der Frau erinnern kann, obwohl ich sie betrachten konnte, wie ich wollte.
	João Gaspar Simões, «*O Marido Fiel*»
«Não era um grande amor, **mas antes** um desejo de descansar à luz daqueles olhos calmos.»	Es war keine große Liebe, sondern eher der Wunsch, zur Ruhe zu kommen im Glanz dieser sanften Augen.
	M. J. de Carvalho, «*Tanta Gente, Mariana*»
Ele tem medo, **que** não eu!	Er hat Angst, ich aber nicht!

3. disjunktive (trennende, ausschließende):

ou	oder
ou ... ou	entweder ... oder
nem ... nem	weder ... noch
ora ... ora já ... já	} bald ... bald
quer ... quer quer ... ou seja ... seja seja ... ou	sei es ... sei es sei es ... oder ob ... oder ob egal ob ... oder ob
Ou eu, **ou** ele!	Entweder ich oder er!
Ela, de contente, **ora** ria, **ora** chorava.	Bald lachte, bald weinte sie vor Freude.
Nem um **nem** outro lhe deu (*oder* deram) atenção.	Keiner von beiden hat ihm Beachtung geschenkt.
Parto amanhã, **quer** ele queira **quer** não.	Ich fahre morgen ab, ob er will oder nicht.
Seja bonita **ou** feia, eu gosto dela!	Egal ob sie/ob sie nun schön oder hässlich ist, ich mag sie!
«A senhora **ou** me dá seiscentos mil réis, **ou** o seu marido há de ler as cartas.»	Entweder geben Sie mir sechshunderttausend Reis oder Ihr Mann bekommt die Briefe zu lesen.
	Eça de Queirós, »*O Primo Basílio*«
«– A mãe? – Lá está ..., **nem** pior **nem** melhor.»	– (Wie geht's) der Mutter? – Na ja ..., nicht besser und nicht schlechter.
	Manuel de Campos Pereira, «*David Pascoal*»
«A tristeza em que vivo transforma-se em dor física, que **ora** me ataca o coração, **ora** a vista, **ora** as próprias pernas que se me tornam trôpegas.»	Die Traurigkeit, in der ich lebe, verwandelt sich in körperlichen Schmerz, der bald das Herz angreift, bald die Augen, und mir bald sogar die Beine schwer macht. Ibid.

De Espanha, **nem** bom vento **nem** bom casamento.	*Aus Spanien kommt nichts Gutes (wörtl.: weder guter Wind noch gute Ehe).*
	Portugiesisches Sprichwort

4. konklusive (folgernde):

logo **pois** *(nach dem Verb)* **portanto**	*also*
por consequência **consequentemente** **por conseguinte**	*infolgedessen, folglich*
por isso	*deshalb, deswegen*

Penso, **logo** existo.	*Ich denke, also bin ich.*
«Eu fui, há meses, amnistiado. Posso, **portanto**, regressar a Portugal e gostaria de ir completar o meu curso.»	*Ich wurde vor einigen Monaten begnadigt. Ich darf also nach Portugal zurückkehren und würde gerne mein Studium beenden.*
	Ferreira de Castro, *«A Selva»*
«Olhe o meu gato. O seu prato favorito são caracóis do mar. **Por isso** é bonito! **Por isso** tem olhos azuis.»	*Schauen Sie sich meine Katze an. Ihr Lieblingsgericht sind Meeresschnecken. Deshalb ist sie schön! Deshalb hat sie blaue Augen.*
	Maria Ondina, *«A China Fica ao Lado»*
«E só então dei conta de que a seguia havia muito tempo ... Estávamos, **pois**, frente a frente.»	*Und erst dann bemerkte ich, dass ich ihr seit langer Zeit folgte. Wir standen uns also gegenüber.* João Gaspar Simões, *«O Marido Fiel».*
Não o respeito, **por conseguinte** não lhe obedeço.	*Ich respektiere ihn nicht, infolgedessen gehorche ich ihm nicht.*

5. explikative (begründende im weiteren Sinne):

que **porque** **pois** *(vor dem Verb)* **porquanto**	*denn*

Vamos almoçar, **que** tenho fome!	*Lasst/lass uns (mittag)essen, (denn) ich habe Hunger! / Gehen wir essen, (denn) ich habe Hunger!*
Ela já chegou, **pois** vi-a hoje de manhã.	*Sie ist schon angekommen, denn ich habe sie heute Morgen gesehen.*

II. Subordinierende (unterordnende) Konjunktionen *(Conjunções subordinativas)*

Sie verbinden Hauptsätze mit Nebensätzen.

(Alle Konjunktionen, die ein Verb im Konjunktiv erfordern, werden hier nur noch ohne Beispiele aufgeführt; Beispiele dazu § 8/XXXI: Der Gebrauch des Konjunktivs.)

1. finale (mit Konj.):

para que	*damit*
a fim de que	(Beispiele siehe 8.119)

2. konditionale (mit Konj.):

se	*wenn*
salvo se	*ausgenommen, wenn/dass*
caso	*falls*
no caso que [selten]	
contanto que	*vorausgesetzt, dass*
suposto que	
uma vez que[1]	
desde que[1]	
a não ser que	*es sei denn, dass*
a menos que	

Bemerkung zu **se**:

Als konditionale Konjunktion führt **se** Bedingungssätze ein, die Folgendes ausdrücken können:

1) *etwas Potentielles, in der Zukunft Realisierbares* (mit einem Verb im Konjunktiv Futur[2])

Se a sorte não me **desamparar**, eu hei de vencer!	*Wenn das Glück mich nicht verlässt/verlassen sollte, werde ich siegen!*
«**Se precisar** de mim, chame-me ... Venho logo ... **Se precisar** de mim, escreva ou telegrafe ...»	*Wenn Sie mich brauchen sollten, rufen Sie mich ... Ich komme sofort ... Wenn Sie mich brauchen, schreiben Sie oder telegrafieren Sie ...* Maria Archer, «*Nada lhe Será Perdoado*»
Se eu o **vir**, conto-lhe tudo!	*Wenn ich ihn sehe, erzähle ich ihm alles!*

2) *etwas Irreales oder Unrealisierbares*[3]

Se eu fosse mais nova e **soubesse** o que sei hoje!	*Wenn ich jünger wäre und wüsste, was ich heute weiß!*
Se os ordenados **aumentassem** e os preços **não subissem**, as pessoas viviam melhor!	*Wenn die Gehälter stiegen und die Preise nicht, würden die Leute besser leben!*

3) *etwas Reales:* gleich a) ob der Sprecher eine Hypothese in Bezug auf ein Faktum der Gegenwart oder der Vergangenheit formuliert, b) oder ob nur die Folgerungsbeziehung zwischen dem bedingten Satz und dem Bedingungssatz ausgedrückt wird (mit einem Verb im Indikativ, meist im Präsens oder im einfachen Perfekt)

---

[1] Siehe auch kausale Konjunktionen 11.15.
[2] Zum Konjunktiv Futur siehe 8.142 und folgende.
[3] Zu den irrealen Bedingungssätzen siehe 8.136 und folgende.

a)

«**Se** este casamento, ou outro qualquer, **te repugna**, deixa-te ficar solteira...»

Wenn dir diese Heirat oder irgendeine andere widerstrebt, bleib ledig...

Maria Archer, «Nada lhe Será Perdoado»

«Não sei exatamente a situação económica de V. Ex.ª e por isso hesito em dar-lhe conselhos... Mas **se tem** bens, bens inteiramente seus, sugiro-lhe que mude de ambiente...»

Ich kenne Ihre wirtschaftliche Lage nicht genau, und deshalb zögere ich, Ihnen Ratschläge zu geben... Aber wenn Sie Vermögen haben, Vermögensgegenstände, die Ihnen allein gehören, lege ich Ihnen nahe, die Umgebung zu wechseln... Ibid.

«Vai... Faz o que te der na gana... o que tu quiseres... o que te der prazer... **Se estás** embeiçada por ele...»

Geh... Mach, was dir beliebt... was du willst... was dir Spaß macht... Wenn du in ihn verknallt bist...

U. Tavares Rodrigues, «A Dama de Trunfo», «Nus e Suplicantes»

Um die *Unsicherheit* zu unterstreichen, wird manchmal die Form **se é que** *(wenn... wirklich)* benutzt, wie in folgendem Satz:

Ela não pôde vir por ter estado doente. **Se é que me disse** a verdade...

Sie konnte nicht kommen, weil sie krank war. Das heißt, wenn sie mir wirklich die Wahrheit sagte...

b)

Se vós, pois, sendo maus, **sabeis** dar boas coisas aos vossos filhos, quanto mais vosso Pai, que está nos céus, dará bens aos que lhos pedirem?

Wenn nun ihr, die ihr böse seid, euren Kindern gute Gaben zu geben wisst, wie viel mehr wird euer Vater im Himmel denen Gutes geben, die ihn darum bitten?

Das Neue Testament (nach K. Rösch), Matthäus 7.11

«**Se** te **sentias** feliz, porque havia eu de sentir-me infeliz?»

Wenn du dich glücklich fühltest, warum sollte ich mich unglücklich fühlen?

Augusto Abelaira, «Enseada Amena»

«... **Se** me **desloquei** de Lamego para falar à Sra. D. Maria da Luz, hei de falar-lhe...»

Wenn ich mich schon von Lamego hierher bemüht habe, um mit Sr.ª D. Maria da Luz zu sprechen, dann will ich auch mit ihr sprechen...

Maria Archer, «Nada lhe Será Perdoado»

3. konzessive (mit Konj.):

embora		
se bem que		
conquanto	[höhere Stilebene]	obgleich, obwohl
posto que		
ainda que		wenn auch
mesmo que		selbst wenn
nem que		selbst wenn; auch nicht... wenn (nach einer Verneinung)
por muito que		so sehr... auch
por pouco que		so wenig... auch
por mais que		so sehr... auch
por menos que		so wenig... auch
por maior que		so groß... auch

por menor que por mais pequeno que	so klein ... auch
onde quer que	wo ... immer, wo ... auch
como quer que	wie ... immer, wie ... auch
quem quer que	wer ... immer, wer ... auch
o que quer que	was ... immer, was ... auch
qualquer que	welcher/e/es ... immer, welcher/e/es ... auch

Bemerkungen:

1) **Mesmo que** kann sich auf eine vergangene Handlung beziehen, deren Ausgang oder Ergebnis das Subjekt nicht kennt. Das Verb steht dann im Konjunktiv Perfekt oder Plusquamperfekt.

Mesmo que ele tenha procedido como dizes, eu estou disposta a perdoar-lhe.	*Selbst wenn er so gehandelt hat, wie du sagst, bin ich bereit, ihm zu verzeihen.*
Ela afirmou que estava disposta a perdoar-lhe, **mesmo que** ele tivesse procedido como tu dizes.	*Sie versicherte, dass sie selbst dann dazu bereit sei, ihm zu verzeihen, wenn er so gehandelt hätte, wie du sagst.*
Eu ainda não ouvi as notícias. Mas, **mesmo que** o jogador M. tenha perdido ontem à noite, não deixa de ser um grande atleta.	*Ich habe die Nachrichten noch nicht gehört. Aber selbst wenn der Spieler M. gestern Abend verloren haben sollte, bleibt er doch ein großer Athlet.*

2) **Nem que** bezieht sich normalerweise auf die *Zukunft*.

Hei de acabar a tradução, **nem que** tenha de trabalhar toda a noite.	*Ich werde die Übersetzung fertig machen, selbst wenn ich die ganze Nacht arbeiten muss.*
Não volto, **nem que** ele mo peça de joelhos.	*Ich komme nicht zurück, selbst wenn er mich auf den Knien darum bittet.*
Não vou contigo **nem que** te mates! [populär]	*Ich gehe nicht mit (dir), und wenn du dich umbringst!*

3) **Ainda que** kann sich auf die Gegenwart oder auf die Zukunft beziehen; es bezeichnet sowohl eine Realität wie auch eine Möglichkeit.

Hoje, **ainda que** não queira, só vejo tudo preto à minha frente.	*Auch wenn ich es nicht will, ich sehe heute alles schwarz.*
	Manuel de Campos Pereira, «*David Pascoal*»
«**Ainda que** cases com a mais linda mulher do mundo, hás de encontrar-lhe muitos defeitos com os quais terás de te resignar.»	*Selbst wenn du die schönste Frau der Welt heiraten würdest, würdest du bestimmt bei ihr viele Fehler entdecken, mit denen du dich abzufinden hättest.* Ibid.

4. kausale:

que [heute selten]	*in der Bedeutung von «weil»*
porque	*weil*
como	*da*
pois	*denn, da*

porquanto [gehoben]	weil, da ja
visto que	da
visto como [veraltet]	
já que	da ja, da schon, da nun einmal
pois que	
desde que (wenn sie sich auf eine	da ja, da nun einmal
uma vez que Realität beziehen)	
por isso que	deshalb weil
por isso mesmo que	gerade deshalb weil

11.16 *Bemerkung:*

Como *(da)* kann nur verwendet werden, wenn der Begründungssatz (kausaler Satz) vor dem begründeten Satz (Hauptsatz) steht. Sonst wird **porque** verwendet.

Ela está muito preocupada, **porque** ele ainda não regressou.	Sie ist sehr besorgt, weil er noch nicht zurückgekehrt ist.
Como ele ainda não regressou, ela está muito preocupada.	Weil er noch nicht zurückgekehrt ist, ist sie sehr besorgt.
Não te posso dizer se o livro é bom, **porque** ainda não o li.	Ich kann dir nicht sagen, ob das Buch gut ist, weil ich es noch nicht gelesen habe.
Como ainda não li o livro, não te posso dizer se ele é bom.	Weil ich das Buch noch nicht gelesen habe, kann ich dir nicht sagen, ob es gut ist.
«**Como** não vieste, vejo que estás zangada.»	Da du nicht gekommen bist, sehe ich, dass du mir böse bist. Eça de Queirós, «O Primo Basílio»
«**E como** perdera a esperança de se estabelecer, não se sujeitava ao rigor de economizar.»	Und da sie die Hoffnung aufgegeben hatte, ein Geschäft aufzumachen, unterzog sie sich nicht dem Zwang zu sparen. Ibid.
«– São três horas da tarde e ainda o quarto neste estado! – **Como** a senhora costuma vir sempre mais tarde ...»	– Es ist drei Uhr nachmittags und das Zimmer ist noch in diesem Zustand! – Da Sie gewöhnlich später zu kommen pflegen... Ibid.

Beispiele für andere kausale Konjunktionen:

Ela ficou surpreendida, **pois** já não via a amiga há quatro meses.	Sie war überrascht, denn sie hatte ihre Freundin seit vier Monaten nicht gesehen.
Eu retiro-me, **visto que** já não sou cá precisa.	Ich ziehe mich zurück, da ich hier ja nicht mehr gebraucht werde.
Já que fizeste uma viagem tão longa, fica cá uns dias.	Da du schon eine so lange Reise hinter dir hast, bleib ein paar Tage hier.
Uma vez que a vida correu assim, não tenho remédio senão conformar-me.	Da das Leben nun mal so verlaufen ist, bleibt mir nichts anderes übrig, als mich damit abzufinden.
«Trata-se muito simplesmente de cumprir um dever. E **já que** tu não o cumpres, tenho de cumpri-lo eu.»	Es handelt sich ganz einfach darum, eine Pflicht zu erfüllen. Und da du sie ja nicht erfüllst, muss ich sie erfüllen.

Manuel de Campos Pereira, «David Pascoal»

5. vergleichende oder komparative:[1]

como	wie
conforme consoante segundo	wie; (so) wie; je nachdem, wie
como que [selten] como se	als ob, wie wenn
assim como bem como tal como	(so) wie, sowie, ebenso wie, wie auch
assim como ... assim também conforme ... assim	wie ... so auch
mais ... (do) que	mehr ... als
menos ... (do) que	weniger ... als
tão (tanto) ... como	so (so viel) ... wie
tanto ... quanto	so viel ... wie
tanto ... como	sowohl ... als auch
tal qual	so wie
que nem [Umgangssprache]	wie, noch mehr als

«O pai abrira a carta à tarde, quando chegara para jantar, cuidadosamente **como** sempre fazia. Tinha-a lido uma vez, duas vezes, **como** lera outra carta, havia muitos anos. Tinham jantado **como** nos outros dias, e **tal como** nos outros dias o pai pedira a Leda que lhe passasse o sal, por favor.»

Der Vater hatte den Brief am Nachmittag geöffnet, als er zum Essen kam, sorgfältig, wie er es immer tat. Er hatte ihn gelesen, einmal, zweimal, wie er einen anderen Brief vor vielen Jahren gelesen hatte. Sie hatten zu Abend gegessen wie an den anderen Tagen, und genau wie an den anderen Tagen bat er Leda, ihm doch bitte das Salz zu reichen.

M. J. de Carvalho, «As Palavras Poupadas»

«**Conforme** no íntimo ele previa, as coisas complicaram-se.»

Wie er es innerlich schon geahnt hatte, komplizierten sich die Dinge.

Manuel de Campos Pereira, «David Pascoal»

Ela nada **que nem** um peixe!

Sie schwimmt wie ein Fisch! (oder: noch besser als ein Fisch!)

6. temporale:[2]

quando	als, wenn
enquanto	während, solange
enquanto que ao passo que	während (im Sinne eines Gegensatzes); wohingegen
apenas mal	kaum, sobald
antes que primeiro que } (nur mit Konj.)	bevor, ehe
logo que assim que	sobald

---

[1] Für vergleichende Konjunktionen mit dem Konjunktiv Futur siehe 8.147.
[2] Für temporale Konjunktionen mit Konjunktiv siehe 8.144.

até que	bis
desde que	seitdem
depois que	nachdem
sempre que	
todas as vezes que	immer wenn, jedes Mal wenn
cada vez que	
à medida que	während der Zeit, in der; so wie

11.19 *Bemerkung zu* **quando**:

Steht das Verb des Satzes mit **quando** im einfachen Perfekt, bedeutet **quando** *als*:

Quando entrei na água, achei-a muito fria.	*Als ich ins Wasser ging, fand ich es sehr kalt.*
Quando saí, verifiquei que me tinha esquecido do porta-moedas.	*Als ich wegging, stellte ich fest, dass ich meinen Geldbeutel vergessen hatte.*

Steht das Verb im Präsens oder im Imperfekt, bedeutet **quando** oft **sempre que, cada vez que, todas as vezes que** *(immer wenn, jedes Mal wenn)*:

Quando falas, só dizes disparates! (= sempre que falas, cada vez que falas, todas as vezes que falas)	*Wenn du redest, redest du nur Unsinn!*
«Mas **quando ele saía** de casa eu respirava fundo, sentia uma espécie de alívio.»	*Aber wenn er aus dem Haus ging, atmete ich tief durch, fühlte ich so etwas wie Erleichterung.* Maria Archer, «Nada lhe Será Perdoado»
«**Quando pensava** nos homens, (eu) não tinha ideias de amor nem antevia o prazer do seu convívio.»	*Wenn ich an Männer dachte, dachte ich nicht an Liebe und ich sah auch nicht das Vergnügen des Umgangs mit ihnen voraus.* Ibid.

Wenn **quando** sich auf die Zukunft bezieht, steht das Verb im Konjunktiv Futur:

Quando eu **for** crescida, hei de fazer muitas viagens.	*Wenn ich groß bin, werde ich viele Reisen machen.*
Quando chegares a casa, telefona-me imediatamente.	*Wenn du zu Hause ankommst, rufe mich gleich an.*

(Weitere Beispiele 8.145)

Beispiele für andere temporale Konjunktionen:

Mal a avistou, ele pôs-se de pé.	*Sobald er sie erblickte, stand er auf.*
Assim que escureceu, acendi a luz.	*Sobald es dunkel wurde, machte ich Licht an.*
Enquanto tu te arranjas, eu acabo de escrever a carta.	*Während du dich fertig machst, schreibe ich den Brief zu Ende.*
Enquanto estive doente, não recebi visitas.	*Solange ich krank war, habe ich keinen Besuch empfangen.*

Depois que casou, ela foi viver para Lisboa.	*Nachdem sie geheiratet hatte, zog sie nach Lissabon.*
Ele ralhou, ralhou, **até que** se fartou.	*Er schimpfte und schimpfte, bis er es leid wurde.*
Cada vez que vou à terra onde nasci, comovo-me profundamente.	*Jedes Mal wenn ich nach meinem Geburtsort fahre, bin ich tief bewegt.*
«Chegou a Faro um novo juiz, um senhor com mulher e filhos, e toda a élite, **mal** houve notícia disso, visitou-o e à sua mulher.»	*Ein neuer Richter kam nach Faro, ein Herr mit Frau und Kindern, und sobald das bekannt wurde, machten alle feinen Leute ihm und seiner Frau ihre Aufwartung.*
	Maria Archer, «Nada lhe Será Perdoado»
«D. Purificação, **à medida que** os anos lhe pesavam e que a invalidez se acentuava, mais despótica e exigente parecia tornar-se para os que a rodeavam.»	*Je älter D. P. wurde und ihre Gebrechlichkeit zunahm, umso despotischer und anspruchsvoller schien sie zu werden für diejenigen, die sie umgaben.*
	Joaquim Paço d'Arcos, «Ana Paula»
Eu trabalho muito, **ao passo que** tu és um ocioso!	*Ich arbeite viel, während du ein Faulpelz bist!*
Tu podes permitir-te esse luxo porque és rico, **enquanto que** eu sou pobre!	*Du kannst dir diesen Luxus erlauben, weil du reich bist, während ich arm bin!*

7. konsekutive (nach diesen Konjunktionen steht ein Konjunktiv, wenn sie keine Realität, sondern eine Potentialität ausdrücken[1]):

de maneira que, de tal maneira que de modo que, de tal modo que de forma que, de tal forma que de sorte que, de tal sorte que	*derart, dass* *so dass*
tão ... que	*so ... dass*
tanto ... que	*so viel ... dass*
tal ... que	*so (solcher Art) ... dass*
tamanho ... que	*so groß ... dass*
Ela é muito esbelta, **de maneira que** faz vista com qualquer vestido.	*Sie ist sehr schlank, so dass sie in jedem Kleid gut aussieht.*
Ele ofendeu-me **de tal modo que** me custa a perdoar-lhe.	*Er beleidigte mich derart, dass es mir schwer fällt, ihm zu verzeihen.*
«Sumiram-se **tantos** anos **que** a saudade mal me restitui as lembranças dessa época.»	*Es sind so viele Jahre vergangen, dass auch die Sehnsucht mir kaum die Erinnerungen an diese Zeit (wieder) auffrischt.*
	Maria Archer, «Nada lhe Será Perdoado»

---

[1] Für konsekutive Konjunktionen mit Konjunktiv siehe 8.122.

11.21 8. «completivas» (sie leiten Objektsätze und indirekte Fragesätze ein und kennzeichnen daher nur deren grammatikalische Abhängigkeit vom übergeordneten Satz):

que   dass
se   *ob (leitet indirekte Fragesätze ein)*

Bemerkung:

Vor diesen Konjunktionen steht im Portugiesischen *kein* Komma.

Já lhe disse **que** não consinto nisso!	*Ich habe Ihnen schon gesagt, dass ich das nicht erlaube!*
Ontem percebi **que** ele não me queria cumprimentar.	*Gestern merkte ich, dass er mich nicht grüßen wollte.*
Ele contou-me **que** tinha feito um cruzeiro no Mediterrâneo.	*Er erzählte mir, dass er eine Mittelmeerkreuzfahrt gemacht hatte.*
O presidente declarou **que** as conversações tinham decorrido satisfatoriamente.	*Der Präsident erklärte, dass die Gespräche zufriedenstellend verlaufen seien.*
Ela perguntou-me **se** eu te tinha visto.	*Sie fragte mich, ob ich dich gesehen hatte.*
Não sei **se** a conferência já começou.	*Ich weiß nicht, ob der Vortrag schon angefangen hat.*
Vai ver **se** a roupa já está seca!	*Schau nach, ob die Wäsche schon trocken ist!*

Zu mehreren konjunktionalen Nebensätzen siehe 18.24 und folgende.

§ 12 Der Ausruf

Vorbemerkung: Bei der Wiedergabe der portugiesischen Ausrufe im Deutschen handelt es sich nicht um eine Übersetzung, sondern um eine annähernde deutsche Entsprechung als Anhaltspunkt für den Lernenden.

I. Ausrufe als Ausdruck einer Empfindung
(Interjeições que exprimem uma sensação, uma impressão, um sentimento, uma emoção)

1. Schmerz:

ai!, ui!	au!
ai! *(im übertragenen Sinn für Traurigkeit)*	ach!

Beispiele:

Ai! que me magoas!	*Au! du tust mir weh!*
Ai! entalei-me!	*Au! ich habe mich geklemmt!*
«Ai! é um inferno! disse com lástima Juliana. – Eu só adormeço com dia!»	*Ach! es ist ein Kreuz! sagte Juliana mit Bedauern. – Ich schlafe erst im Morgengrauen ein!* Eça de Queirós, «O Primo Basílio»

2. Freude:

ah!, oh!	*ah!, oh!*
ótimo!	*ausgezeichnet, vortrefflich!*
magnífico!	*herrlich!*
formidável!	*toll!*
fantástico!	*phantastisch!*
estupendo! [Umgangssprache]	*fabelhaft!*
caramba!	*Donnerwetter!*

Beispiele:

«– Tu tens razão. Conheço que tens razão. – Ah! – fez ele com um tom vitorioso, muito satisfeito.»	*– Du hast recht. Ich gebe zu, dass du recht hast.* *– Na endlich! sagte er im Siegeston, sehr zufrieden.* Eça de Queirós, «O Primo Basílio»
Arranjaste emprego? Ótimo!	*Hast du eine Stelle bekommen? Ausgezeichnet!*
Já acabaste de pintar a sala? Formidável!	*Hast du das ganze Zimmer schon gestrichen? Toll!*

«Ela dizia versos olhando para a palpitação das estrelas. Eu pensava: Caramba! Tenho mulher!»	Sie deklamierte Verse und betrachtete das Funkeln der Sterne. Ich dachte: Donnerwetter!! Das ist die Frau für mich! Eça de Queirós, «A Relíquia»

12.3   3. Erstaunen:

ah!, oh!, ai   *ah, ach, oh*
eia! [Umgangssprache]   *ei!*
ena! [populär]   *ei!*

Beispiele:

«Ah! Topsius, que cidade! murmurei maravilhado.»	Ach! Topsius, was für eine Stadt! flüsterte ich entzückt. Eça de Queirós, «A Relíquia»
«Tu? Ai como estás um homem!»	Du? Ach, bist du groß geworden! Júlio Dinis, «A Morgadinha dos Canaviais»
Eia! Já sabes nadar!	Ei! Du kannst schon schwimmen!

12.4   4. Überraschung:

oh!, ah!, ih!, hem/hein viva!	} [familiär]	oh!; da schau her! sieh mal an!
olá! olé!	}	holla! siehe da!
essa é boa! essa agora! mais essa! ora essa!	[Umgangssprache, Bsp. siehe 7.7.]	das ist 'n Ding! nein, so was! auch das noch! nein, so etwas!
caramba! homessa! cáspite!	} [seltener] } [Umgangssprache, pop. Sprache]	Donnerwetter! nein, so was! ironisch: so was!

Beispiele:

«Neste momento Juliana entrou na sala com uma carta. – Oh! é do Conselheiro.»	In diesem Moment kam Juliana ins Zimmer mit einem Brief. – Oh! er ist vom (Kanzlei-) Rat! Eça de Queirós, «O Primo Basílio»
«Luísa abriu a porta da sala. Mas quase recuou, fez ah! toda escarlate. Era o primo Basílio.»	Luísa machte die Wohnzimmertür auf. Aber sie prallte fast zurück, rief ach! und wurde ganz rot. Es war Vetter Basílio. Ibid.
«Está ali a Sr.ª D. Leopoldina – veio dizer Juliana. Luísa ergueu-se surpreendida. – Hein? A Sr.ª D. Leopoldina?»	– Da ist Frau L. – meldete Juliana. Luísa erhob sich überrascht. – Was? Frau Leopoldina? Ibid.

«– Aquele sujeito de ontem! – veio dizer Juliana toda pasmada. – Mande entrar ... – Viva! pensou.»	– Der Herr von gestern! meldete Juliana ganz verwundert. – Bitten Sie ihn herein ... – Sieh mal einer an! dachte sie. Ibid.
A porta aberta?! Olá! Andarão ladrões na minha casa?	Die Tür ist offen? Na so was! Es werden doch keine Diebe im Haus sein?
Já leste estes livros todos? Caramba!	Hast du all diese Bücher schon gelesen? Donnerwetter!
«– Tratam-se por tu, senhora Joana! E muito excitada: – Cáspite! Assim é que eu gosto delas!»	– Sie duzen sich, Frau Joana! Und sehr aufgeregt: – So was! So gefallen mir die Frauen! Eça de Queirós, «O Primo Basílio»

5. Unzufriedenheit, Missbilligung: 12.5

mau! bolas!/ora bolas! } [Umgangssprache] que chatice!	o weh! Mist!; falsch! Mist! so ein Mist!; wie lästig!
que maçada!	wie langweilig!; wie lästig!; schöne Bescherung!; (Umgangssprache: so ein Mist!)

Beispiele:

Mau! Já me enganei outra vez!	O weh! Ich habe mich schon wieder geirrt!
Mau! Não gosto dessas expressões!	Na! Ich mag diese Ausdrücke nicht!
Ora bolas! Tenho que fazer o trabalho todo outra vez!	So ein Mist! Ich muss die ganze Arbeit noch mal machen!
Perdeste o comboio? Que chatice!	Hast du den Zug verpasst? So ein Mist!
Não me incomodes mais! Que maçada! Que chatice!	Stör' mich nicht mehr! Wie lästig! / Diese ewige Störerei!

6. Ungeduld, Entrüstung: (alle Formen gehören zur Umgangssprache):   12.6

apre! arre! irra!	zum Donnerwetter! verdammt nochmal! zum Kuckuck nochmal!
caramba!	zum Donnerwetter!
co' a breca!	zum Donnerwetter nochmal!
oh! diabo que diabo!	zum Teufel!, Teufel noch mal!, verflixt!
c' os diabos!	zum Teufel!, verdammt noch mal!
com seiscentos diabos! (demónios!) com mil diabos! (demónios!) com mil raios!	verflucht!, verdammt noch mal! Himmeldonnerwetter noch mal!

rai's parta'! (*eigtl.* raios partam!) [starker Ausdruck]

verflucht noch mal! Himmeldonnerwetter noch mal! Himmel, Arsch und Zwirn!

rai's te partam! (*eigtl.* raios te partam!)

der Schlag soll dich treffen/rühren!

Beispiele:

Deixa-me um momento sossegada! Apre!	*Lass mich doch einen Augenblick in Ruhe! Zum Donnerwetter!*
«Arre! Que o senhor é teimoso!»	*Zum Donnerwetter! Sind sie dickköpfig!* Mário Braga, «*Antes do Dilúvio*»
«Irra, caramba, larga-me, animal!»	*Himmeldonnerwetter noch mal, lass mich los, du Mistkerl!* Eça de Queirós, «*A Relíquia*»
«Não quero! gritei. Estou farto! ... Irra!»	*Ich will nicht! Ich habe es satt! Zum Teufel nochmal!* Ibid.
«C'os diabos! ti Manuel! em ocasião de se esperarem hóspedes não se soltam assim os cães!»	*Verdammt noch mal, Onkel Manuel! wenn man Gäste erwartet, dann lässt man doch die Hunde nicht so los!* Júlio Dinis, «*A Morgadinha dos Canaviais*»
Que diabo! Tenho que rasgar a folha outra vez!	*Verflixt! Ich muss schon wieder das Blatt zerreißen!*
«– Com um milhão de demónios! – bradou-lhe Henrique, não podendo conter-se. – Essa maldita terra foge de diante de nós, homem!«	*– Himmeldonnerwetter noch mal! – schrie Henrique ihn unbeherrscht an. – Dieses verdammte Dorf flieht vor uns, Mensch!* Júlio Dinis, «*A Morgadinha dos Canaviais*»

12.7 7. Ablehnung:

ff!, fu!

credo! [wird häufig gebraucht]

livra!
safa!

abrenúncio!
tarrenego!   } [veraltet]
cruzes!

Deus me livre!
rua!
fora!
abaixo!
morra!

na so was!; ach du meine Güte!; ach du lieber Himmel!; unglaublich, schrecklich; pfui! } Umgangssprache

um Gottes willen!, pfui!, das wäre ja noch schöner!

Gott bewahre!
Pfui Teufel!

Gott bewahre!

} *raus!*

} *nieder mit ...*

I. Ausrufe als Ausdruck einer Empfindung

Beispiele:

«Ponham-no lá fora! Rua! Rua!»	*Werft ihn raus! Raus! Raus!*
	Maria Archer, «Nada lhe Será Perdoado»
«Então a senhora não come mais nada? Credo!»	*Essen Sie denn gar nichts mehr? Na so was!*
	Eça de Queirós, «O Primo Basílio»
«... e deu de cara com Juliana, na sombra do corredor. – Credo, mulher, que susto!»	*... und plötzlich stand Juliana vor ihr im Dunkeln des Korridors.* *– Ach du lieber Himmel, Juliana, was für ein Schreck!* Ibid.
«Credo, mulher, você parece a imagem da morte!»	*Ach du liebe Güte, Juliana, Sie sehen ja aus wie der Tod!* Ibid.
«Juliana, ... apenas viu subir o polícia, fez-se muito amarela, exclamou: – Credo, que temos nós?»	*Kaum sah Juliana den Polizisten die Treppe heraufkommen, da wurde sie ganz blass und rief:* *– Ach du meine Güte, was gibt es?* Ibid.
«– Gostava muito de ver Paris. – Cruzes! gritou a Sr.ª D. Patrocínio horrorizada. Ir a Paris!..»	*– Ich würde sehr gern Paris sehen.* *– Pfui Teufel! schrie Frau Patrocínio entsetzt. Nach Paris fahren!...*
	Eça de Queirós, «A Relíquia»
Abaixo o fascismo!	*Nieder mit dem Faschismus!*

8. Erleichterung:

ah!

graças a Deus!   *Gott sei Dank!*

uf!, ufa!   *na!/ na ja!/ uff!*
livra!   [Umgangssprache]   *da sind wir noch mal*
safa!   *davongekommen! heieiei!*

Beispiele:

Do que nós escapámos! Livra!	*Da sind wir noch einmal davon gekommen! Heieiei!*
»Ufa, que tinham sido nove anos de tormento!» (pensou ela)	*Gott sei Dank, endlich waren die neun qualvollen Jahre zu Ende! (dachte sie)*
	Joaquim Paço d'Arcos, «A Corça Prisioneira»

9. Wunsch:

oxalá!   *hoffentlich!*
Deus queira!   *der liebe Gott gebe, dass ...*
quem (me) dera!
tomara eu!!   *schön wär's!*

Beispiele:

«– E tu, maroto, sempre partes amanhã? Não há umas tentaçõezinhas d'ir por aí fora com ele, minha cara amiga? Luísa sorriu. Tomara ela! Quem dera»!	*Und du, alter Junge, fährst du tatsächlich morgen ab? Würde es Sie nicht reizen, mit ihm wegzufahren, liebe Luísa? Luísa lächelte. Schön wär's! Ja, ja!*

Eça de Queirós, «*O Primo Basílio*»

12.10 10. Zweifel:

hum!	*hm!*

Beispiel:

Hum! Não acredito!	*Hm! Ich glaube es nicht!*

12.11 11. Frage:

hã?, hem?/hein?

Beispiel:

«E o senhor pensa. Pensa até em demasia, estou vendo. Hã? Não acredita?»	*Und Sie denken. Sie denken sogar zu viel, wie ich sehe. Was? Sie glauben das nicht?*

Urbano Tavares Rodrigues, «*Nus e Suplicantes*»

12.12 12. Behauptung:

pudera!	*kein Wunder!; klar!*

Beispiel:

«– Vais-te? – Pudera! Não posso estar só contigo um momento!»	*– Du gehst? – Kein Wunder! Man lässt uns ja auch keinen Augenblick allein!*

Eça de Queirós, «*O Primo Basílio*»

12.13 13. Begeisterung, Applaus:

eia!, bravo! bis! apoiado! muito bem! viva!	*bravo! noch einmal!; Zugabe! bravo, sehr richtig! hoch!, es lebe ...!*

Beispiel:

Viva a liberdade!	*Es lebe die Freiheit!*

14. Angst:

uh!	*huch!*

Beispiel:

Uh! Que escuro!	*Huch! Wie dunkel!*

15. Befürchtung, Unbehagen:

ai, Jesus! valha-me Deus!	[familiär]	*ach Gott!, Herrjeh!* *Herr des Lebens!;* *um Himmels willen!*
ai de mim! (de ti, de nós usw.) pobre de mim! (de ti usw.)		*weh mir! (dir usw.)*

Beispiel:

«Pois mandou-o entrar?! Valha-me Deus!»	*Haben Sie ihn denn hereingebeten?! Um Himmels willen!*
	Júlio Dinis, «Uma Família Inglesa»

16. Mitleid:

coitado(-a)!	*der, die Arme!*
coitadinho(-a)!	*der, die Ärmste!*
coitado(-a) de ...!	*der, die arme ...!*
que pena!	*schade!*

Beispiele:

A Regina está outra vez doente, coitada!	*Regina ist wieder krank, die Arme!*
Coitado do rapaz, não teve culpa!	*Der arme Junge, er war nicht schuld!*
Perdeste o anel? Que pena!	*Hast du den Ring verloren? Das ist aber wirklich schade!*

17. Tadel:

ai, ai, ai! mau, mau!	[zu Kindern]	*na, na, na* *schlimm, schlimm!*

Beispiele:

Ai, ai, ai! que eu zango-me!	*Na, na, na, ich werde gleich böse!*
Não fizeste o que eu disse? Mau, mau!	*Du hast nicht getan, was ich gesagt habe? Schlimm, schlimm!*

II. Ausrufe zur Erregung der Aufmerksamkeit oder zur Aufforderung
(Interjeições que exprimem chamamento, advertência, ordem)

1. Anruf:

pst!, psiu!	*hallo!, hören Sie mal!, (Herr Ober.../ Herr Schulze...)*
olá, eh! olhe!, olhe lá!	*sehen Sie mal!*
oiça lá!, escute!	*hören Sie mal!*

ó (+ Substantiv) – zusätzliche Markierung des Vokativs, die im Dt. nicht ausgedrückt wird

Beispiele:

ó Maria!, ó Sr. Doutor!	*– Maria!, Herr Doktor!*
Pst! Pst! O senhor deixou cair este embrulho!	*Hallo! Hallo! Sie haben dieses Paket fallen lassen!*
«Ó Manuel Quintino! Psiu? Olhe que é hoje o 1.º de Abril, homem! Manuel Quintino!»	*Manuel Quintino? Hören Sie mal! Heute ist doch der erste April, Mann! Manuel Quintino!* Júlio Dinis, «Uma Família Inglesa»
«Até logo, Zizi – gritou Jorge do corredor, ao sair. – Olha! Ele veio... – Não apareças muito tarde, hein? Escuta, traz-me uns bolos do Baltresqui para a D. Felicidade. Ouve. Vê se passas pela Madame François que me mande o chapéu.»	*– Bis nachher, Zizi – rief Jorge aus dem Korridor, als er ging. – Hör mal! Er kam... – Komm nicht so spät, nein? Pass auf, bring mir ein paar Stück Gebäck von Baltresqui für Frau F. Ach, noch was! Sieh zu, dass du bei Madame François vorbeigehst, sie soll mir den Hut schicken.* Eça de Queirós, «O Primo Basílio»

2. Warnung:

cuidado!, cautela!, atenção!	*Achtung! Vorsicht!*

Merke:

Möchte man sich mit einem sperrigen Gegenstand den Weg durch die Menge bahnen, so sagt man nicht «Cuidado» *(Vorsicht!)*, sondern **«Com licença!»** *(Darf ich?)*

3. Hilferuf:

socorro!	*Hilfe!*
acudam!	*zu Hilfe!*

| ó da guarda! | } [veraltet] | zu Hilfe! |
| aqui d'el-rei! | | |

4. Aufforderung zum Schweigen:

schiu!, pchiu!!	psst!
silêncio!	Ruhe!
pouco barulho! [familiär]	Ruhe!
caluda! [meistens zu Kindern]	Ruhe!

5. Aufforderung, sich zu entfernen:

| arreda! [pop.] | zurück! weg da! |

6. Ansporn, Ermutigung:

eia!, sus!	frischauf!
vamos!	los!
coragem!, ânimo!	nur Mut!
avante!	vorwärts!
força!	kräftig!

7. Aufforderung zum Hochheben:

| upa! | hoch! |

«Upa» wird auch im übertragenen Sinn gebraucht (noch höher, noch größer, noch bedeutender!), wie im folgenden Beispiel:

«– Lá para saborear coisas grandiosas da nossa santa religião, se eu tivesse vagares... Sabe V. Ex.ª onde eu ia, Sr.ª D. Maria do Patrocínio?	– Wenn ich mal die großartigen Dinge unseres Heiligen Glaubens miterleben wollte, wenn ich Zeit hätte... Wissen Sie, wohin ich fahren würde, gnädige Frau?
– O nosso doutor, lembrou o padre Pinheiro, corria direito a Roma...	– Unser Doktor, bemerkte Pfarrer Pinheiro, würde schnurstracks nach Rom laufen...
– **Upa**, padre Pinheiro! **Upa**, minha cara senhora!	– Nein, ich würde noch was Besseres machen, Pfarrer Pinheiro! Noch was viel Besseres, gnädige Frau!
– **Upa**?	– Was viel Besseres?
– Ia à Terra Santa! Ia à Palestina, minha senhora!»	– Ich würde ins Heilige Land fahren! Ich würde nach Palästina fahren, gnädige Frau! Eça de Queirós, «A Relíquia»

8. Aufforderung zum Anhalten:

| alto!, pare! | halt! |

Beispiele:

| Alto! alto! Pare! Olhe que bate no carro azul! | Halt! Halt! Schauen sie doch, Sie fahren gegen den blauen Wagen! |

12.26 III. Nachahmung von Lauten (Onomatopoetika)
(Imitação de sons – onomatopeias)

1. pá!, pás! — Anprall, Zusammenstoß
   bum!, pum! — Stoß, Explosion
   bumba!, pumba! — Schlag, Stoß (bums!, bum!)
   catrapus! — Fallen (plumps)!
   zás!, zás-trás! — Schlag, Stoß (klatsch!, patsch!)
   chape — Aufprall eines Körpers auf die Wasseroberfläche (klatsch!, patsch!)

   tic-tac, tiquetaque — Ticken einer Uhr (tick-tack)
   tiquetique, toc, toc, toque-toque — regelmäßig wiederholter Schlag, Schritte, Gehen (tapp, tapp)

   truz-truz — Klopfen an die Tür (tock, tock)
   trrim! — Geräusch der Klingel, Klingeln (klingeling)

Beispiele:

«Os garotos ... aguardavam com formigueiros nos tímpanos o zumbido dos foguetes. Zzzz ... Pum! ... Pum! ... Pum!»	*Die Buben ... erwarteten mit Ohrenkitzeln den Feuerwerkskrach. Zzzz ... Bum! ... Bum! ...* Mário Braga, «Antes do Dilúvio»
«Pela estrada plana – toc, toc, toc, guia o jumentinho uma velhinha errante.»	*Auf der ebenen Straße – tapp, tapp, tapp, Die Alte mit ihrem Eselchen immer auf Trab.* Anfang eines Gedichts aus Guerra Junqueiro, «Os Simples»

2. ão, ão! — *Stimme des Hundes (wau wau)*
   béu, béu — *Stimme eines kleinen Hundes*
   miau — *Stimme der Katze (miau)*
   cocorocó — *Stimme des Hahnes (kikeriki)*
   quiqueriqui — *Stimme des jungen Hahnes*
   gluglu — *Stimme des Truthahnes; Herauslaufen einer Flüssigkeit aus der Flasche (gluck, gluck)*
   mé — *Stimme des Schafs (mäh) und der Ziege (meck, meck)*
   cu-cu — *Stimme des Kuckucks*
   quá, quá — *Stimme der Ente*

§ 13 Wörter und Ausdrücke zur Hervorhebung

I. Die Formen

Es gibt im Portugiesischen eine Reihe von Wörtern, deren Funktion die Hervorhebung, die Betonung des Satzes oder eines Satzteiles ist *(partículas/palavras/expressões de realce ou expletivas)*:
   cá, lá, que, é que (era que, foi que), não, já, pois, sempre u. a.

II. Der Gebrauch

1. Cá und lá

a) **Cá** betont die Person des Sprechers (**eu cá, nós cá**) und Personen oder Sachen, die auf den Sprecher bezogen sind. **Lá** betont die Person des Angesprochenen oder eines Dritten (**tu lá, ele** oder **ela lá, você lá, vocês lá, eles** oder **elas lá**) sowie Personen oder Sachen, die auf ihn bezogen sind.

Beispiele:

Eu cá não acredito nisso.	*Was mich betrifft, ich glaube das nicht.*
Cá na minha opinião, ela tem razão.	*Meiner Meinung nach hat sie recht.*
Vocês lá resolverão!	*Ihr, ihr werdet es schon entscheiden!*
O patrão não está **lá** muito bem disposto.	*Der Chef ist nicht allzu guter Laune.*
«**Cá** tenho as minhas razões.»	*Ich für meine Person habe schon meine Gründe.* Manuel de Campos Pereira, *«David Pascoal»*
«**Lá** a sua gente é sossegada, Sr. João.»	*Was Ihre Leute betrifft, die sind ja ruhig, Herr João.* Eça de Queirós, *«O Primo Basílio»*
«Íamos tomar um café ... Que **lá** isso, sim! **Lá** café fazem-no os turcos que é uma perfeição!»	*Wir gingen einen Kaffee trinken ...* *Also, was das betrifft!* *Kaffee zubereiten, ja, das können die Türken!* Eça de Queirós, *«A Relíquia»*

Ausdruck:

cá por mim ...	*meinetwegen, von mir aus*

Vgl. folgende Konstruktion:

- Queres ir amanhã comigo à praia?
- **Lá querer, quero**, mas não sei se terei tempo.

– Willst du morgen mit mir an den Strand fahren?
– Ich will schon, aber ich weiß nicht, ob ich Zeit habe. (eigtl.: was das Wollen betrifft schon, aber ...)

- Ele sempre fez exame?
- **Lá fazer, fez,** mas ficou reprovado.

– Hat er tatsächlich Examen gemacht?
– Gemacht hat er es schon/das schon, aber er ist durchgefallen. (Was das Machen betrifft, schon, aber ...)

- E chamaste a polícia?
- **Lá chamar, chamei**, mas não me valeu de nada.

– Und hast du die Polizei gerufen?
– Das schon, aber es hat mir nichts genützt.

13.3 b) Wenn **lá** dem Verb vorangeht und sich darauf bezieht, betont es häufig jemandes Nachgeben nach vorausgehender dringlicher oder wiederholter Bitte. Das Verb steht dann gewöhnlich im einfachen Perfekt.

Ela tanto insistiu que a mãe **lá** a **deixou** ir ao baile.

Sie hat so lange gebettelt, bis die Mutter sie schließlich zum Tanzen gehen ließ.

Ele tanto pediu que o pai **lá** lhe **comprou** a bicicleta.

Er hat so lange gebettelt, bis der Vater ihm schließlich das Fahrrad gekauft hat.
(siehe auch 13.6)

13.4 c) Wenn **lá** unmittelbar nach dem Verb steht und sich darauf bezieht, dann weist der Sprecher den vom Verb ausgedrückten Gedanken zurück (oft abwertend) oder hält ihn für unmöglich. Das Satzsubjekt kann in diesem Fall auch **eu** oder **nós** sein, weil **lá** sich nicht darauf bezieht, sondern auf den vom Verb ausgedrückten Gedanken.

Beispiele:

«Deus me livre! **Quero lá** que tu trabalhes!»	Gott behüte! Ich will auf keinen Fall, dass du arbeitest! (auch: Als wenn ich wollte, dass du arbeitest!) Manuel de Campos Pereira, *«David Pascoal»*
«Ele **podia lá** dizer semelhante coisa!»	Als ob er so etwas hätte sagen können! Júlio Dinis, *«As Pupilas do Senhor Reitor»*
«Ela respondera: – Eu? **Sei lá** ... Assim de repente ...»	Sie hatte geantwortet: – Ich? Was weiß ich... so plötzlich... Maria Judite de Carvalho, *«As Palavras Poupadas»*

Vgl. den Unterschied:

Eles **lá sabem!**

Sie müssen es (selbst) wissen! oder: Sie wissen es schon!

und

Eles **sabem lá!**

Was wissen die schon (davon)!

d) Durch Verwendung von **lá** nach dem Imperativ kann je nach Intention beziehungsweise Tonfall des Sprechers der befehlende oder der bittende Charakter des Imperativs betont werden.

Beispiele:

Ouve lá! Sabes quem ganhou a questão?	*Hör mal, weißt du, wer den Prozess gewonnen hat?*
Vê lá não faças tolices!	*Mach ja keine Dummheiten!*
«Não pensa senão em fumar. **Espere lá, espere lá.** Eu dou-lhe lume.»	*Sie denken aber auch nur ans Rauchen. Warten Sie mal, warten Sie mal. Ich gebe Ihnen Feuer.* Júlio Dinis, «Uma Família Inglesa»
«**Vê lá**, não me deixes ficar mal ...»	*Sieh nur zu, dass du mich nicht blamierst...* Maria Judite de Carvalho, «As Palavras Poupadas»
«Mas **vamos lá** ao mais importante ...»	*Aber wollen wir (lasst uns) mal zum Wichtigsten übergehen...* David Mourão-Ferreira, «Os Amantes»
«**Cala-te lá** com isso, mulher!»	*Hör' doch damit auf, Frau!* Miguel Torga, «Bichos»
(Então,) **faça-me lá** esse favor!	*Tun Sie mir doch (endlich) diesen Gefallen!*

e) Eine zweite Verwendung vom dem Imperativ nachgestellten **lá** liegt vor, wenn das Nachgeben des Angesprochenen nach vorausgehender dringlicher oder wiederholter Bitte betont wird.

Já que tanto insistes, **vai lá** ao baile!	*Wo du jetzt so darauf bestehst, geh' halt zum Ball!* (Vgl. 13.3)

f) Nach dem Imperativ wird auch **cá** gebraucht – insbesondere bei den Kombinationen **ouve cá, ouça cá, diz-me cá, diga-me cá, conta-me cá, conte-me cá** –, wenn der Gesprächspartner aufgefordert wird, etwas Vertrauliches zu erzählen oder etwas, das er sonst nicht ohne weiteres erzählen würde. (vgl. dt. *mal*).

Beispiel:

«**Diga-me cá**, Sr.ª Joana – disse (ela) com a voz discreta – aquele sujeito demorou-se muito? Reparou?»	*Sagen Sie mal, Frau Joana – sagte sie in vertraulichem Ton – ist dieser Herr lange geblieben? Haben Sie darauf geachtet?* Eça de Queirós, «O Primo Basílio»

2. Que

a) Obligatorisch *nach* satzeinleitenden Zeitangaben, die im Deutschen mit *seit*... zu übersetzen sind.

Beispiele:

Há três semanas que ela faz dieta. (= Ela faz dieta **há três semanas.**)	*Seit drei Wochen macht sie Diät.*

«**Havia sete anos que** não via o primo Basílio!»	*Seit sieben Jahren hatte sie Vetter Basilio nicht gesehen!* Eça de Queirós, «*O Primo Basílio*»
«**Há meses que** não me sinto tão bem!»	*Seit Monaten habe ich mich nicht mehr so wohl gefühlt!* Ibid.
«Que me fizeste tu? **Desde ontem que** estou doido!»	*Was hast du mit mir gemacht? Seit gestern bin ich wie von Sinnen!* Ibid.

13.9   b) Nach einigen Adverbien und adverbialen Ausdrücken: **certamente, decerto, por certo, claro, evidentemente, talvez, porventura, quase**.

Beispiele:

Certamente que ela não ouviu a campainha.	*Sicher hat sie die Klingel nicht gehört.*
Claro que foi tudo uma brincadeira.	*Selbstverständlich war alles ein Scherz.*
Evidentemente que ela não precisa de esmolas.	*Selbstverständlich braucht sie keine Almosen.*
Talvez que hoje o programa te agrade.	*Vielleicht gefällt dir heute das Programm.*
Ela **quase que** chorou de alegria.	*Sie weinte fast vor Freude.*

13.10   c) In Ausrufen:

«– **Que calor que** está! – disse Luísa.»	*– Eine Hitze ist das! – sagte Luísa.* Eça de Queirós, «*O Primo Basílio*»
«**Que maluca que** eu sou! refletiu naquele segundo.»	*Was bin ich doch für eine Närrin! überlegte sie in dem Moment.* Manuel de Campos Pereira, «*David Pascoal*»

13.11   3. **É que (era que, foi que)**

a) Sie können zur Hervorhebung sowohl dem Subjekt wie jedem anderen Satzteil (bis auf das Verb!) nachgestellt werden. Sie stehen oft nach Zeit- oder Ortsangaben.

Beispiele:

«Ai, vocês têm segredos? O David **é que** não há de gostar ...»	*Ach, ihr habt Geheimnisse? Der David, der wird das sicher nicht mögen ...* Manuel de Campos Pereira, «*David Pascoal*»
«Tu **é que** ainda não tinhas reparado.»	*Du, du hattest es eben noch nicht bemerkt.* David Mourão-Ferreira, «*Os Amantes*»
«O Sebastião **é que** toca isto bem, não é verdade?»	*Sebastian, der spielt das gut, nicht wahr?* Eça de Queirós, «*O Primo Basílio*»
Em Lisboa **é que** eu me sinto bem!	*In Lissabon fühle ich mich so richtig wohl!*
«As rosas, sim, **é que** vinham a propósito.»	*Die Rosen, ja, die kamen gelegen.* Eça de Queirós, «*O Primo Basílio*»

«Mas assim **é que** ela estava linda! Assim **é que** a queria sempre!»	Aber so war sie doch gerade hübsch! So wollte er sie immer haben! Ibid.
«E só então **é que** reparou ...»	Und erst dann ist es ihm aufgefallen ... Miguel Torga, «Bichos»
Que **é que** tu tens?[1]	Was hast du denn?
Onde **foi que** caíste?[1]	Wo bist du gestürzt?
O que **era que** me querias há bocado?[1]	Was wolltest du denn vorhin von mir?
«**Foi** você **que** arranjou a armadilha!»	Sie waren es, der die Falle gestellt hat. Eça de Queirós, «O Primo Basílio»
«E **foi** isso **que** me assustou.»	Und gerade das hat mich erschreckt. Ibid.

b) Steht **é que** am Anfang eines Satzes, bedeutet es *nämlich, denn, weil*, d. h. es leitet einen erklärenden Satz ein. Diese Bedeutung wird im Dt. oft nicht explizit ausgedrückt.

Beispiele:

– Porque me chamaste? – **É que** a mãe já chegou.	– Warum hast du mich gerufen? – Weil Mutter schon da ist.
«... nunca ia ao Passeio. Não por economia! Mas **é que** receava os acidentes. **É que** os receava muito!»	... Er ging nie zum Passeio. Nicht aus Sparsamkeit! Aber er fürchtete die Unfälle. Die fürchtete er nämlich sehr! Eça de Queirós, «O Primo Basílio»

4. Não

Coitada! O que ela **não** sofreu! (= o que ela sofreu!)	Die Ärmste! Was sie nicht alles durchgemacht hat! (= Was sie alles durchgemacht hat!)
Para poder gastar assim, o dinheiro que ele **não** tem! (= o dinheiro que ele tem!)	Um es so hinauswerfen zu können, was muss er da (nicht) für Geld haben!

5. Já (normalerweise ein Zeitadverb!)

«– É brilhante!» – disse ela com um sorriso quente, rubra de prazer. – Foi o que se pôde arranjar, minha querida prima! **Já** vê que pensei em si!»	– Es ist herrlich! – sagte sie mit einem warmen Lächeln, rot vor Freude. – Ich habe mein Möglichstes getan, liebe Kusine! Da siehst du, dass ich an dich gedacht habe! Eça de Queirós, «O Primo Basílio»

6. Pois

Pois agora vou almoçar!	So, jetzt gehe ich essen!

7. Sempre

Sempre há coisas!	Sachen gibt's!	(siehe auch 9.12)

---

[1] Weiteres über «é que» im Interrogativsatz siehe § 15.

§ 14 Die doppelte Negation

14.1 1. Die unbestimmten Pronomen **nenhum, nenhuma, nenhuns, nenhumas, ninguém** und **nada** und die Adverbien **nunca, jamais** und **nunca mais** sind Negationswörter, die das Verb – oder den ganzen Satz – verneinen, wenn sie ihm vorangestellt sind. Stehen sie jedoch erst nach dem Verb, dann muss dieses durch «não» (oder ein anderes Negationswort) verneint werden. Diese so entstandene doppelte Negation hebt sich nicht auf, sondern wirkt als Verstärkung.

Beispiele:

Ninguém me viu. **Não** me viu **ninguém**.	*Niemand hat mich gesehen.*
Eu **não** quero **nada**. Eu **nada** quero.	*Ich will nichts.*
Nunca o incomodei. **Não** o incomodei **nunca**.	*Ich habe ihn nie gestört.*
Nunca mais te quero ver. **Não** te quero ver **nunca mais**.	*Ich will dich nie mehr sehen.*

14.2 2. Gewöhnlich wird die Form gebraucht, die der normalen Reihenfolge *Subjekt – Negation – Prädikat – Akkusativobjekt (complemento direto)* oder *Subjekt – Negation – Dativ- und / oder Akkusativpronomen – Prädikat* entspricht. Das bedeutet im Fall der unbestimmten Pronomen, dass sie in der Regel dem Verb vorangestellt werden, wenn sie die Funktion des Subjekts haben, dem Verb nachgestellt werden, wenn sie die Funktion des Akkusativobjekts ausüben.

Beispiele:

Ele **não** disse **nada**. (Subjekt) (Neg.) (Präd.) (Akk.)	*Er sagte nichts.*
Nada satisfaz esta rapariga! (Subjekt) (Prädikat) (Akkusativobjekt)	*Dieses Mädchen ist mit nichts zufrieden!* *Nichts stellt dieses Mädchen zufrieden!*
Nenhuma contrariedade o desanima. (Subjekt) (Akk.-Pr.) (Präd.)	*Keine Widerwärtigkeit entmutigt ihn.*
Ele **não** conhece **nenhuma** contrariedade! (Subj.) (Neg.) (Präd.) (Akkusativobjekt)	*Er kennt keinerlei Widerwärtigkeit!*
Ninguém te incomoda! (Subjekt) (Akk.-Pr.) (Präd.)	*Niemand stört dich!*
Não conheço **ninguém** aqui. (Neg.) (Präd.) (Akk.) (Adv. Bestimmung)	*Ich kenne niemanden hier.*
Nunca mais cometo este erro. (Negation) (Präp.) (Akk.)	*Ich begehe diesen Fehler nie mehr.*
Ela **nunca**[1] se queixa. (Subj.) (Neg.) (Präd.)	*Sie beklagt sich nie.*

---

[1] «Nunca» ist ein Negationsadverb und steht hier anstelle von «não».

3. Wann in diesen Fällen die jeweils andere mögliche Form gebraucht wird, hängt von verschiedenen Faktoren ab, wie Hervorhebung, Rhythmus des Satzes usw. Folgende Formen wirken hervorhebend, betonend:

Ele	**nada**	disse!		*Nichts hat er gesagt!*
(Subj.)	(Akk.!)	(Präd.)		
Eu	**nada**	quero! [emphatisch, poetisch]		*Nichts will ich!*
(Subj.)	(Akk.!)	(Präd.)		
Não	te	incomoda	**ninguém!**	*Dich stört ja niemand!*
(Neg.)	(Akk.-Pr.)	(Präd.)	(Subjekt!)	
Não	cometo	este erro	**nunca mais!**	*Nie mehr begehe ich diesen Fehler!*
(Neg.)	(Präd.)	(Akk.)	(Negation!)	
Ela	**não**	se queixa	**nunca!**	*Niemals beklagt sie sich!*
(Subj.)	(Neg.)	(Präd.)	(Negation!)	

«**Não** me deixes **nunca**, não?»   *Verlass mich nie, hörst du?*

                              Eça de Queirós, «*O Primo Basílio*»

§ 15 Der Interrogativsatz

15.1 I. Entscheidungsfragen *(Interrogativas totais)*

Bei Entscheidungsfragen, d.h. bei Sätzen, die nicht mit einem Fragewort anfangen, ist die Interrogativform gleich der affirmativen Form. Nur an der Intonation – Anhebung der Stimme am Ende des Satzes – kann man erkennen, ob eine Frage gemeint ist.

Behauptung:

| Ela vem hoje mais cedo. | Sie kommt heute früher. |

Frage:

| Ela vem hoje mais cedo? | Kommt sie heute früher? Sie kommt heute früher? |

Behauptung:

| Ele já anda no 2.º ano de Medicina. | Er studiert schon im 2. Jahr Medizin. |

Frage:

| Ele já anda no 2.º ano de Medicina? | Studiert er schon im 2. Jahr Medizin? |

Behauptung:

| Tu tens dinheiro. | Du hast Geld. |

Frage:

| Tu tens dinheiro? | Hast du Geld? |

«Ouve cá, **tu viste** por acaso esse animal do Dâmaso?»	Hör' mal, hast du zufällig Dâmaso, diesen Dummkopf gesehen?
	Eça de Queirós, *«Os Maias»*
«Ai, **vocês têm** segredos?»	Ach, ihr habt Geheimnisse?
	Manuel de Campos Pereira, *«David Pascoal»*
«O amigo, perguntou ele, **nunca esteve** em Babilónia?»	Mein Freund, fragte er, waren Sie nie in Babylon? Eça de Queirós, *«A Relíquia»*

15.2 II. Ergänzungsfragen *(Interrogativas parciais)*

Bei Ergänzungsfragen, d.h. bei Sätzen, die mit einem Fragewort (einem Interrogativpronomen oder -adverb) anfangen, wird die Interrogativform auf zwei Arten gebildet:

1. Das Prädikat wird dem Subjekt vorangestellt:

Como vai você de saúde?	*Wie geht es mit Ihrer Gesundheit?*
Onde está ele?	*Wo ist er?*
Para onde foi ela?	*Wohin ist sie gegangen?*
Quando chegaram vocês?	*Wann seid ihr angekommen?*
Que estão vocês a fazer?	*Was macht ihr gerade?*
Qual destes vestidos **hei de (eu)** comprar?	*Welches von diesen Kleidern soll ich kaufen?*
Quantos anos **tens (tu)?**	*Wie alt bist du?*
«E **como soube ela** onde tu moravas?»	*Wie hat sie denn erfahren, wo du wohnst?*

Eça de Queirós, «*Os Maias*»

«Que lhes **tenho eu** sempre **dito**?»	*Was habe ich Ihnen immer gesagt?* Ibid.
«**O que é isso? Tu estiveste a** chorar?	*Was ist das? Hast du geweint?*

Manuel de Campos Pereira, «*David Pascoal*»

«**Como podia ele,** Firmino, descansar?»	*Wie konnte er, Firmino, sich ausruhen?*

Maria Judite de Carvalho, «*As Palavras Poupadas*»

«**Que estou eu** a fazer neste mundo? **Porque** não **serei eu** como o Silvano?»	*Was mache ich in dieser Welt? Warum bin ich nicht wie Silvano?* Ibid.
«**Que pensa o Sr. Batista** destes homens?»	*Was denken Sie, Herr Baptista, von diesen Männern?*

Joaquim Paço d'Arcos, «*A Corça Prisioneira*»

2. Der Ausdruck **é que** wird dem Fragewort nachgestellt; das Subjekt steht dann wie üblich vor dem Prädikat. Diese Form der Hervorhebung des Fragewortes wird besonders in der Umgangssprache gern und oft verwendet.

«Porque **é que** você não mata a sua sogra?»	*Warum bringen Sie Ihre Schwiegermutter nicht um?*

Joaquim Paço d'Arcos, «*A Corça Prisioneira*»

«Quando **é que** tu aprenderás a falar português, meu amor?»	*Wann endlich wirst du Portugiesisch sprechen lernen, meine Liebe?* Ibid.
«Como **é que** hei de começar?»	*Wie soll ich beginnen?*

Urbano Tavares Rodrigues, «*Nus e Suplicantes*»

«Desdenho os ricos e imito-os. Que **é que** tu queres, amor?! É com eles que eu convivo ...»	*Ich verachte die Reichen und ahme sie nach. Was willst du, Liebling? Mit ihnen verkehre ich doch ...* Ibid.

Im folgenden Dialog aus «A Corça Prisioneira» von J. Paço d'Arcos sind Beispiele für alle Formen vorhanden:

«– Tu não exageras essas preocupações? E quem são esses teus amigos do outro lado?	*– Übertreibst du nicht deine Sorgen? Und wer sind diese deine Freunde von der anderen Seite?*

– Como sabes tu que são meus amigos?   – Woher weißt du, dass sie meine Freunde sind?
– Depreendi. Mas quem são eles?   – Ich habe es mir gedacht. Aber was sind das für Leute?
– Mais ou menos comunistas.   – Mehr oder weniger Kommunisten.
– Mas diz-me lá, tu pensas como eles?   – Aber sag mir, denkst du wie sie?
– Não. Não penso como eles. Já estive muito mais perto deles do que estou hoje.   – Nein. Ich denke nicht wie sie. Ich war ihnen schon viel näher, als ich es heute bin.
– O que é que te afastou?   – Was hat dich von ihnen entfernt?
– Muita coisa, que seria maçador para ti estar eu aqui a repetir.   – Viele Dinge, aber es wäre langweilig für dich, würde ich dir das alles erzählen.
– E que querem eles de ti?»   – Und was wollen sie von dir?

15.4 III. Andere Arten, eine Frage zu stellen

Man kann auch eine Frage stellen, indem man zunächst eine Behauptung macht, die dann durch verschiedene Ausdrücke in Zweifel gezogen wird.

1. Ist die *Behauptung positiv*, wie beispielsweise **Tu vais sair** *(du gehst jetzt aus)*, dann wird

   a) das Verb der Frage in der verneinten Form wiederholt:

Tu **vais** sair, não **vais**?   Du gehst jetzt aus, nicht wahr? (gelt?)

   b) oder der Interrogativausdruck **não é verdade?** *(nicht wahr?)* folgt der Behauptung:

Tu **vais** sair, não **é verdade?**

2. Ist die *Behauptung negativ*, so kann man den Interrogativausdruck **pois não?** *(nicht wahr?)* hinzufügen:

Tu **não vais** sair, **pois não?**[1]   Du gehst jetzt nicht aus, nicht wahr?

Andere Beispiele:

Você **conhece** o meu irmão, **não conhece?/não é verdade?**	Sie kennen doch meinen Bruder, nicht wahr?
Você **não conhece** o meu irmão, **pois não?**	Sie kennen meinen Bruder nicht, nicht wahr?

---

[1] Fügt man einem negativen, der Form nach interrogativen Satz **não é verdade?** zu, drückt man damit aus, dass man nicht will, dass die im Fragesatz ausgedrückte Handlung Realität wird; funktionell handelt es sich also um einen (negativen) Aufforderungssatz:

– Tu **não vais** sair, **não é verdade?**   – Du gehst jetzt nicht aus, nein?

In abgeschwächter Weise kann das auch für **pois não?** gelten.

Ele **comprou** a casa, **não comprou?/ não é verdade?**	*Er hat das Haus gekauft, nicht wahr?*
Ele **não comprou** a casa, **pois não?**	*Er hat das Haus nicht gekauft, nicht wahr?*

3. Wenn das Verb der Frage in einer zusammengesetzten Form vorliegt, wird nur das Hilfsverb wieder aufgenommen:

Tu **tens** trabalhado muito nestes últimos tempos, **não tens? / não é verdade?**	*Du hast in der letzten Zeit viel gearbeitet, nicht wahr?*
Tu **não tens** trabalhado muito nestes últimos tempos, **pois não?**	*Du hast in der letzten Zeit nicht viel gearbeitet, nicht wahr?*
Você já tinha corrigido os exercícios, **não tinha?/não é verdade?**	*Sie hatten die Übungen schon korrigiert, nicht wahr?*
Você ainda não tinha corrigido os exercícios, **pois não?**	*Sie hatten die Übungen noch nicht korrigiert, nicht wahr?*

§ 16 Die Antwort

Behandelt wird hier nur die Antwort auf die sogenannten Entscheidungsfragen, die mit «ja» oder «nein» beantwortet werden.

16.1 I. Die affirmative oder bejahende Antwort *(Resposta afirmativa)*

1. Will der Portugiese eine an ihn gerichtete Frage bejahen, wiederholt er nur das Verb der Frage. Dieses steht dann in der Zeitform der Frage und in der Person des Gefragten (a) bzw. in der Person dessen, nach dem gefragt wird (b).

(a) – **Estás** cansado? – Bist du müde?
– **Estou.** – Ja.

– Você **vai** vender o seu automóvel? – Verkaufen Sie Ihr Auto?
– **Vou.** – Ja.

– **Queres** ir à praia comigo amanhã? – Willst du morgen mit mir an den Strand gehen?
– **Quero.** – Ja.

(b) – Ele **cumprimentou-te**? – Hat er dich begrüßt?
– **Cumprimentou.** – Ja.

– A Maria **cortou**-se? – Hat Maria sich geschnitten?
– **Cortou.**[1] – Ja.

Steht in der Frage eine zusammengesetzte Zeit oder eine periphrastische Konstruktion, wird mit dem Hilfsverb geantwortet:

– O Miguel **tinha-te** convidado? – Hatte Michael dich eingeladen?
– **Tinha.** – Ja.

16.2 2.
Will man besonders höflich sein, kann man dem Verb der Antwort das Adverb **sim** hinzufügen. Ihm kann der Name oder der Titel des Angesprochenen folgen.

– A senhora conhece a Alemanha? – Kennen Sie Deutschland?
– Conheço, **sim.** – Ja.

– Você falou com o meu amigo? – Haben Sie mit meinem Freund gesprochen?
– Falei, **sim, senhor Oliveira.** – Ja, Herr Oliveira.

– Alberto, você tratou do assunto que eu lhe recomendei? – Alberto, haben Sie die Sache erledigt, die ich Ihnen aufgetragen habe?
– Tratei, **sim, senhor doutor/Senhor Doutor.** – Jawohl, Herr Doktor.

---

[1] Beachte: Die Personalpronomina fallen in der Antwort weg.

Bemerkung:

Aufforderungssätze, sowie einige Behauptungssätze, erfordern eine Antwort, die sich nach den gleichen Regeln richtet wie die Antwort auf eine Frage:

«– Joana, vá-se pelo amor de Deus, vá-se! Não diga nada! Despeça-se você!
– Vou, **sim, minha senhora!** … vou, **sim, minha rica senhora!** …»

– *Joana, gehen Sie um Gottes Willen, gehen Sie! Sagen Sie nichts! Kündigen Sie!*
– *Ich gehe ja, gnädige Frau!… ich gehe ja, liebe gnädige Frau!…»*

Eça de Queirós, «*O Primo Basílio*»

3. Enthält der Fragesatz eines der Adverbien **ainda, já, só, também**, wird in der Antwort nicht das Verb der Frage, sondern das Adverb wieder aufgenommen.   16.3

– **Ainda** tens sede?
– **Ainda.**

– *Hast du noch Durst?*
– *Ja.*

– **Só** fazes este bolo?
– **Só.**

– *Backst du nur diesen Kuchen?*
– *Ja.*

– **Já** começaram as férias?
– **Já.**

– *Haben die Ferien schon angefangen?*
– *Ja.*

– **Já** conhecias este rapaz?
– **Já.**

– *Kanntest du schon diesen jungen Mann?*
– *Ja.*

– **Também** gostas dele?
– **Também.**

– *Magst du ihn auch?*
– *Ja.*

Und die Höflichkeitsantwort:

– O almoço já está pronto?
– Já, **sim, minha senhora.**

– *Ist das Mittagessen schon fertig?*
– *Jawohl, gnädige Frau.*

4. Um der Antwort besonderen Nachdruck zu verleihen, wiederholt man oft das Adverb.   16.4

– O teu pai **já** chegou?
– **Já, já.**

– *Ist dein Vater schon angekommen?*
– *Ja.*

– Ela já te devolveu o livro?
– **Já, já.**

– *Hat sie dir das Buch schon zurückgegeben?*
– *Ja.*

– Vocês **também** estiveram na Itália?
– **Também, também.**

– *Seid ihr auch in Italien gewesen?*
– *Ja.*

16.5 **II. Die affirmative Antwort auf eine Frage in der Negationsform**
(Resposta afirmativa a uma pergunta na forma negativa)

Sie wird im Deutschen mit dem Wort *doch* gegeben, das im Portugiesischen keine direkte Entsprechung hat. Der Portugiese kann eine der folgenden Formen verwenden:

1. Die doppelte Wiederholung des Verbs bzw. Hilfsverbs der Frage:

- Não **queres** vir comigo?
- **Quero, quero.**

- *Willst du nicht mit mir kommen?*
- *Doch.*

- Não **conheces** Berlim, pois não?
- **Conheço, conheço.**

- *Du kennst Berlin nicht, nicht wahr?*
- *Doch.*

- Não **tens** falado com ele?
- **Tenho, tenho.**

- *Hast du nicht mit ihm gesprochen?*
- *Doch.*

16.6 2. Die Wiederaufnahme des Verbs bzw. Hilfsverbs der Frage mit **sim** (höfliche Form):

- Não queres vir comigo?
- **Quero, sim.**
  (Für die Form **sim, quero** siehe 16.13)

- *Willst du nicht mit mir kommen?*
- *Oh ja, sehr gern.*

- Não foste a Portugal no verão?
- **Fui, sim (minha senhora, senhor doutor** usw.**).**

- *Bist du im Sommer nicht nach Portugal gefahren?*
- *Doch. (Frau..., Herr Doktor usw.)*

16.7 3. Die Wiederaufnahme des Verbs bzw. Hilfsverbs der Frage mit **pois** (etwas familiäre Form):

- Não queres vir comigo?
- **Quero, pois!**

- *Willst du nicht mit mir kommen?*
- *Doch, doch! (natürlich will ich das!)*

- Não fizeste as compras, pois não?
- **Fiz, pois!**

- *Du hast die Einkäufe doch nicht gemacht, oder?*
- *Doch!*

16.8 4. Wenn man die Antwort besonders stark betonen will, ist eine der folgenden Formen möglich:

- Não gostas dele?
- **Se gosto!**
- **Isso é que gosto!**
- **Mas gosto!**
- **Claro que gosto!**

- *Magst du ihn nicht?*
- *Und ob!*

- *Ganz bestimmt!*

III. Die verneinende Antwort *(Resposta negativa)*

1. Eine verneinende Antwort gibt man entweder einfach mit dem Adverb **não** oder mit **não** und dem verneinten Verb bzw. Hilfsverb der Frage.

– Estás cansado?
– Não.
oder
– **Não, não estou.**

– Bis du müde?
– Nein.
– Nein, das bin ich nicht.

– Queres ir à praia amanhã?
– Não.
oder
– **Não, não quero.**

– Willst du morgen an den Strand gehen?
– Nein.
– Nein, das will ich nicht.

– Ele cumprimentou-te?
– Não.
oder
– **Não, não cumprimentou.**

– Hat er dich begrüßt?
– Nein.
– Nein, das hat er nicht.

2. Um höflicher zu sein, lässt man dem Adverb **não** Namen oder den Titel des Angesprochenen folgen.

– Alguém perguntou por mim?
– **Não, Sr. Neves.**

– Hat jemand nach mir gefragt?
– Nein, Herr Neves.

– Você sai mais cedo hoje?
– **Não, senhor doutor/Senhor Doutor.**

– Gehen Sie heute früher?
– Nein, Herr Doktor.

– Está a chover?
– **Não, minha senhora.**

– Regnet es?
– Nein, gnädige Frau.

3. Steht im Fragesatz das Adverb **já**, so lautet die verneinende Antwort **ainda não** oder einfach **não**.

– **Já** viste a peça que vai no Nacional?
– Não.
oder
– **Ainda não.**

– Hast du das Stück, das im National-Theater gespielt wird, schon gesehen?
– Nein.
– Nein, noch nicht.

– Você **já** acabou de ler o livro?
– Não.
oder
– **Ainda não.**

– Haben Sie das Buch schon zu Ende gelesen?
– Nein.
– Nein, noch nicht.

Und die höflichere Form:

– Você **já** fechou o portão?
– **Ainda não**, senhor engenheiro.

– Haben Sie das Tor schon geschlossen?
– Nein, noch nicht, Herr Ingenieur.

– Rosa, você **já** pôs a mesa?
– **Ainda não**, minha senhora.

– Rosa, haben Sie schon den Tisch gedeckt?
– Nein, noch nicht, gnädige Frau.

IV. Exkurs I: Die Verwendung von «sim»

Wie aus § 16 hervorgeht, hat **sim** im Portugiesischen kein so breites Anwendungsspektrum wie *ja* im Deutschen. Als positive Antwort auf eine Frage ist sein Gebrauch begrenzt.

1. **Sim** wird häufig verwendet, wenn man über eine Sache diskutiert oder die verschiedenen Aspekte eines Problems erwägt. Mit **sim** drückt man aus, dass man mit dem Standpunkt des Gesprächspartners einverstanden ist oder – meistens! – dass man bedingt oder nur teilweise damit einverstanden ist und noch Einwände hat (partielle Zustimmung). Statt **sim** wird in der Umgangssprache auch in dieser Funktion oft **pois** gebraucht (siehe 16.16):

Sim, você tem razão.	*Ja, sie haben recht.*
Pois, você tem razão.	
Sim, claro.	*Ja klar.*
Sim, mas...	*Ja, aber...*
Sim, está bem, mas...	*Ja, das stimmt, aber...*
Sim, é verdade, no entanto...	*Ja, das ist wahr, dennoch...*
– Tu gostas dele?	*– Magst du ihn?*
– Sim, mas...	*– Ja, aber...*
«Ainda hoje me admiro de logo ter tido a certeza do que ia suceder entre o António e a Estrela.	*Noch heute wundere ich mich, dass ich sofort Gewissheit darüber erlangt habe, was zwischen António und Estrela geschehen würde.*
Uma certeza, **sim, mas** cheia de dúvidas.»	*Eine Gewissheit, ja, aber voller Zweifel.*
	Maria Judite de Carvalho, «*Tanta Gente, Mariana*»

2.

a) Mit **sim** kann eine positive Antwort oder Meinung betont werden:

– Achas que Portugal vai ganhar o jogo?	*– Glaubst du, Portugal wird das Spiel gewinnen?*
– **Sim!** Havemos de vencer!	*– Aber ja! Wir werden siegen!*

b) Wenn von verschiedenen Möglichkeiten für den Sprecher nur eine in Frage kommt, wird diese eine oft durch **sim** betont:

agora sim!	*jetzt, ja!*
assim, sim!	*auf diese Weise, ja!*
isso sim!	*das ja! (ironisch: von wegen! da kannst du lange warten)*
O Rui, **esse sim**, é bom rapaz. Os irmãos, não.	*Der Rui, (ja), das ist ein guter Junge. Seine Brüder (aber) nicht.*

c) Wenn jemand etwas erzählt, das überrascht, ist die Reaktion oft: **ah! sim?!**, was so viel heißt wie: *ach, ja?, tatsächlich?!*

– Sabes? O Henrique e a Manuela vão divorciar-se.
– **Ah! Sim?!** Não sabia!

– *Weißt du schon? Henrique und Manuela lassen sich scheiden.*
– *Tatsächlich? Ich wusste es nicht!*

3. Ausdrücke:

pelo sim, pelo não
dizer que sim
responder que sim

für alle Fälle
ja sagen
mit ja antworten

Beispiel:

| Perguntei-lhe se ela tem lugar para nós no carro, e ela **disse que sim**. | *Ich habe sie gefragt, ob sie Platz für uns in ihrem Wagen hat, und sie sagte ja.* |

V. Exkurs II: Die Verwendung von «pois»

Die breite Verwendung von **pois** in der Umgangssprache fällt jedem Ausländer auf, der sich zum ersten Mal in Portugal aufhält. Wir behandeln hier nur die wichtigsten Verwendungen, von denen uns einige schon bekannt sind.

1. Statt **sim**, in dem in 16.13 erwähnten Fall (sehr häufig!):

Pois, você tem razão, mas ... (= Sim, você tem ...)

Sie haben recht, natürlich / klar, aber ...

Pois, está bem, no entanto ...

Ja, klar / Natürlich / Das stimmt schon, doch ...

Pois é, mas ...

Natürlich / Klar / Schon, aber ...

Ah! Pois!

Ach ja!

Pois, pois!

Ja / eben, eben / ja, genau das / stimmt genau!

Pois claro!

Ja natürlich! / Ja klar! / Aber klar!

2. Als etwas familiäre Antwort auf eine positive Frage:

– Tu viste-o, não viste?
– **Pois vi.**

– *Du hast ihn gesehen, nicht wahr?*
– *Ja / Natürlich / Klar.*

– Conheces aquela rapariga?
– **Pois conheço.**

– *Kennst du dieses Mädchen?*
– *Ja / Natürlich / Klar.*

– Isto é assim, não é verdade?
– **Pois é.**

– *Das ist so, nicht wahr?*
– *Ja / Natürlich / Ja klar / Aber klar.*

16.18 3. In der Antwort auf eine Frage, mit der man sich erkundigt, ob jemand bereit ist, etwas zu tun, oder auf eine Bitte bzw. Aufforderung (Aufforderungssätze sowie einige Behauptungssätze erfordern eine Antwort, die sich nach den gleichen Regeln richtet wie die Antwort auf eine Frage):

– Vai-me pôr esta carta no correio!
– **Pois vou. (Pois sim).**

– *Bring diesen Brief zur Post!*
– *Gut. / Gern. / Gib her!*

– És capaz de pôr a mesa, enquanto eu acabo o almoço?
– **Pois sim.**

– *Kannst du den Tisch decken, während ich das Mittagessen fertig mache?*
– *Aber ja. / Natürlich. / Gern.*

– Vens comigo às compras?
– **Pois vou. (Pois sim).**

– *Gehst du mit mir einkaufen?*
– *Ja. / Natürlich. / Gern.*

– És capaz de me fazer um favor?
– **Pois sim.**

– *Kannst du mir einen Gefallen tun?*
– *Gern. / Aber ja.*

– Toma o remédio, não te esqueças!
– **Pois sim.**

– *Nimm das Medikament, vergiss es nicht!*
– *Ja, ist gut.*

16.19 4.

a) In der Antwort auf eine verneinte Frage, auf die der Sprecher beim Hörer dieselbe Stellungnahme erwartet bzw. voraussetzt, wie er sie hat:

– Não vais hoje à escola?
– **Pois não**, mãezinha. Não me sinto bem.

– *Gehst du heute nicht in die Schule?*
– *Nein, Mutti. Ich fühle mich nicht gut.*

– Você não saiu de Lisboa no verão passado?
– **Pois não**: não tinha dinheiro!

– *Sie haben Lissabon im letzten Sommer nicht verlassen, nein?*
– *Nein, nein: ich hatte kein Geld!*

Pois não kann auch als Antwort auf eine Bitte Einverständnis ausdrücken:

– Dá-me licença que abra a janela?
– **Pois não!**

– *Darf ich das Fenster öffnen?*
– *Aber bitte, selbstverständlich! / natürlich!*

Der Ausdruck **pois não** wird aber in dieser Bedeutung nur noch selten gebraucht.

16.20 b) Als affirmative Antwort auf eine verneinte Frage (im Dt. *doch*, siehe 16.7) oder als etwas trotzige Antwort auf ein Verbot:

– Não faças isso!
– **Faço, pois!**

– *Tu das nicht!*
– *Ich tue es aber!*

– Não vás lá!
– **Vou, pois!**

– *Gehe nicht hin!*
– *Doch, ich gehe!*

16.21 5. In dem Ausdruck **pois bem** (*nun ja!, also, nun also!*):

– Lembras-te do sobrinho da Elsa? O Vasco?
– Lembro-me, sim. Era um bebé amoroso.
– **Pois bem**: esse bebé amoroso cresceu, formou-se em Direito...

– *Erinnerst Du dich an Elsas Neffen? Vasco?*
– *Na klar. Er war ein entzückendes Baby.*
– *Nun ja: dieses entzückende Baby ist groß geworden, hat Jura studiert...*

David Mourão-Ferreira, «Os Amantes»

§ 17 Direkte Rede – Indirekte Rede

Bei der Umsetzung eines Textes von der direkten in die indirekte Rede sind folgende Regeln zu beachten: 17.1

1.
a) Die Hauptsätze der direkten Rede werden in der indirekten Rede von einem Verb wie **dizer** *(sagen)*, **afirmar** *(behaupten)*, **declarar** *(erklären)*, **contar** *(erzählen)*, **responder** *(antworten)*, **replicar** *(erwidern)*, **ripostar** *(erwidern)*, **perguntar** *(fragen, erforschen)* und anderen abhängig (Verben des Sagens und Denkens).

b) Dabei ändern sich die Verbalformen in der indirekten Rede wie folgt (nicht aufgeführte Formen bleiben unverändert):

Direkte Rede	Hauptverb im Einf. Perfekt: **ele disse que, perguntou se** usw.	**Indirekte Rede**
Indikativ:		*Indikativ:*
Präsens		Imperfekt (in einigen Fällen Präsens, s. u.)
Einfaches Perfekt		Plusquamperfekt
Futur I oder II		Konditional I oder II
Konjunktiv:		*Konjunktiv:*
Präsens		Imperfekt
Futur I		Imperfekt
Futur II		Plusquamperfekt
Imperativ		*Konjunktiv Imperfekt*

Modellbeispiel:

Direkte Rede	Hauptverb im Einf. Perfekt:	**Indirekte Rede**
O programa **é** bom.	Ele disse que	o programa **era** bom.
O programa **foi** bom.	Ele disse que	o programa **tinha sido** bom.
O programa **será** bom?	Ele perguntou se	o programa **seria** bom.
O programa **terá sido** bom?	Ele perguntou se	o programa **teria sido** bom.
Duvido que o programa **seja** bom.	Ele disse que	duvidava que o programa **fosse** bom.
Se o programa **for** bom …	Ele disse que	se o programa **fosse** bom …
Se o programa **tiver sido** bom …	Ele disse que	se o programa **tivesse sido** bom …
Vê o programa!	Ele disse (-me) que	**visse** o programa.

Das Präsens der direkten Rede kann in der indirekten Rede unverändert bleiben, wenn der Sachverhalt des Satzes sich auf die Zukunft bezieht oder wenn es sich um eine zeitlos gültige Aussage handelt, wie beispielsweise

Direkte Rede		Indirekte Rede
A Terra é redonda.	Ele disse que	a Terra é redonda
		oder
(Die Erde ist rund.)		a Terra era redonda.

Steht das Hauptverb im Präsens, ergibt sich nur eine Änderung:

Direkte Rede	Hauptverb im Präsens:	Indirekte Rede
Imperativ	**ele diz que**	Konjunktiv Präsens

Modellbeispiel:

Vê o programa!	Ele diz(-me) que	**veja** o programa.

17.2 2. Personal-, Possessiv- und Demonstrativpronomina werden wie im Deutschen verändert. Beachte:

Direkte Rede	Indirekte Rede
este, esta, esse, essa	aquele, aquela
isto, isso	aquilo

17.3 3. Bei den Adverbien ergeben sich folgende Veränderungen:

Direkte Rede	Indirekte Rede
aqui	ali, além
cá	lá
logo (im Sinne von *nachher*)	depois, mais tarde
hoje	então, naquele dia
ontem	no dia anterior, na véspera
anteontem	na antevéspera
amanhã	no dia seguinte

17.4 4. Ist ein Vokativ vorhanden, so wird er zum Dativobjekt des Hauptverbs der indirekten Rede.

Textbeispiele zu 1. bis 4.:

Direkte Rede:

Juliana acudiu logo:
«– Oh! minha senhora! Eu não quero dar desgostos a ninguém. O que eu quero é um bocadinho de pão para a velhice. Da minha boca não há de vir mal a ninguém. O que peço à senhora é que se for da sua vontade e me quiser ir ajudando ...»

Juliana entgegnete sofort:
– Ach! Gnädige Frau! Ich will niemandem Unannehmlichkeiten bereiten. Was ich will, ist ein bisschen Brot für mein Alter. Durch meinen Mund soll niemandem ein Nachteil entstehen. Worum ich Sie bitte, ist, wenn es Ihr Wille ist und wenn sie mir helfen möchten ...

Eça de Queirós, «O Primo Basílio»

Indirekte Rede:

Juliana acudiu logo dizendo à senhora que não queria dar desgostos a ninguém; o que queria era um bocadinho de pão para a velhice. Que da sua boca não havia de vir mal a ninguém. O que pedia à senhora era que se fosse da vontade dela e ela a quisesse ir ajudando ...

Direkte Rede:

«– Tu és senhor da tua vontade, claro – disse o tio, mal disfarçando o nervosismo. – Faz o que entenderes! Cá por mim ... Mesa onde come um, comem dois. Mas tudo aqui está mau. Tu bem o sabes ... Há dois meses que andas desempregado e não há sequer esperanças de te colocares. E quem sabe lá onde isto vai parar! Quem nos diz que não se vai de mal a pior e que daqui a um ano ainda te encontras à boa-vida? Não é por mim, bem entendido, que assim falo; é por ti. Quanto às febres, não digo que aquilo lá seja uma delícia, mas todos os dias chegam aqui seringueiros do Madeira sãos como um pero. É questão de sorte.»

Du bist Herr deines Willens – sicher – sagte der Onkel und verbarg kaum seine Nervosität. Mach, was du für richtig hältst! Meinetwegen ... An einem Tisch, wo einer isst, essen auch zwei. Aber alles hier liegt im Argen. Du weißt schon Bescheid ... Seit zwei Monaten bist du arbeitslos, und es gibt nicht einmal Hoffnung, dass du eine Stelle findest. Und wer weiß, wohin das führt! Wer sagt uns, dass alles nicht noch schlimmer wird und dass du in einem Jahr immer noch ohne Stelle bist? Es ist nicht meinetwegen, wohlgemerkt, dass ich so spreche; es ist deinetwegen. Was das Tropenfieber betrifft, so will ich nicht behaupten, dass das da eine Wonne ist, aber jeden Tag kommen hier Kautschukzapfer vom (Fluss!) Madeira an, die kerngesund sind. Es ist Glückssache.

Ferreira de Castro, «A Selva»

Indirekte Rede:

O tio, mal disfarçando o nervosismo, disse que ele era senhor da sua vontade, claro; que fizesse o que entendesse! Lá por ele ... Mesa onde comia um, comiam dois. Mas que tudo ali estava mau. Ele bem o sabia ... Havia dois meses que andava desempregado e não havia sequer esperanças de se colocar. E quem sabia lá onde aquilo ia parar! Quem lhes dizia que não se ia de mal a pior e que dali a um ano ainda se encontrava à boa-vida? Não era por si, bem entendido, que assim falava; era por ele. Quanto às febres, não dizia que aquilo lá fosse uma delícia, mas todos os dias chegavam ali seringueiros do Madeira sãos como um pero. Era questão de sorte.

Die Wiedergabe eines Textes der indirekten Rede in der direkten Rede erfolgt nach denselben Regeln – jedoch in umgekehrtem Sinne wie vorstehend dargestellt. Betrachten wir beispielsweise einen Text aus «Os Amantes» von David Mourão-Ferreira. In «A Trepadeira Submersa» erzählt ein Mädchen, was ihre Lehrerin zu ihr gesagt hat.

Indirekte Rede:

«Que, pronto, a respeito dela, já eu sabia agora o mais importante. Que tinha esperado pelo fim do ano a fim de ter comigo aquela conversa. Que poderia, é claro, ter-me simplesmente convidado para um café, e quem diz um café diz outra coisa qualquer, mesmo no bar do Instituto. Que tinha, no entanto, resolvido, depois de pensar melhor, convidar-me antes ali para casa. E que os versos que eu tinha escrito, que lhe tinha entregue, não eram melhores nem piores que todos os versos que se escrevem aos dezoito anos.
Que também ela, aos dezoito anos, tinha escrito poemas, mas em prosa, inspirados por uma pessoa amiga lá de casa...
Que já se esquecia de me dizer outra coisa. Que eu abusava muito das maiúsculas e dos pontos de exclamação. Que logo nos meus exercícios tinha dado por isso, mas ainda mais ali naqueles versos. Que o facto, evidentemente, era próprio da minha idade. Que eu havia de ver, no entanto, à medida que o tempo fosse correndo, como são raras as pessoas e as coisas que merecem maiúscula, como quase nada, no mundo, merece as honras de um ponto de exclamação.

Dass ich also, was sie betraf, schon das Wichtigste wüsste. Dass sie bis zum Ende des Jahres gewartet hätte, um mit mir dieses Gespräch zu führen. Dass sie mich selbstverständlich auch einfach zu einem Kaffee – oder zu irgendetwas anderem – in die Bar des Instituts hätte einladen können. Dass sie sich nach genauerer Überlegung trotzdem entschlossen habe, mich zu sich nach Hause einzuladen. Und dass die Verse, die ich geschrieben und ihr gegeben hätte, nicht besser und nicht schlechter seien, als alle Verse, die man mit achtzehn schreibt.
Dass sie auch mit achtzehn Jahren Gedichte geschrieben habe, doch eher in Prosa, Gedichte, die durch einen Bekannten der Familie inspiriert worden seien...
Dass sie beinahe vergessen habe, mir etwas anderes zu sagen. Dass ich zu häufig Großbuchstaben und Ausrufezeichen benutze. Dass sie es in meinen schriftlichen Arbeiten gleich bemerkt habe, aber mehr noch in diesen Versen. Dass das in meinem Alter selbstverständlich üblich sei. Dass ich im Laufe der Jahre aber trotzdem noch darauf kommen würde, wie selten die Personen und Dinge sind, die es verdienen, groß geschrieben zu werden, und wie fast nichts in der Welt die Ehre eines Ausrufezeichens verdient.

Direkte Rede:

Pronto, a meu respeito já você sabe agora o mais importante. Esperei pelo fim do ano a fim de ter consigo esta conversa. Poderia, é claro, tê-la simplesmente convidado para um café, e quem diz um café diz outra coisa qualquer, mesmo no bar do Instituto. Resolvi, no entanto, depois de pensar melhor, convidá-la antes aqui para casa. Os versos que você escreveu, que me entregou, não são melhores nem piores que todos os versos que se escrevem aos dezoito anos.
Também eu, aos dezoito anos, escrevi poemas, mas em prosa, inspirados por uma pessoa amiga cá de casa...
Já me esquecia de lhe dizer outra coisa. Você abusa muito das maiúsculas e dos pontos de exclamação. Logo nos seus exercícios dei por isso, mas ainda mais aqui nestes versos. O facto, evidentemente, é próprio da sua idade. Há de ver, no entanto, à medida que o tempo for correndo, como são raras as pessoas e as coisas que merecem maiúscula, como quase nada, no mundo, merece as honras de um ponto de exclamação.

§ 18 Zur Wort- und Satzstellung

Wie schon an anderer Stelle erwähnt (vgl. 14.2), ist die normale Reihenfolge der Satzelemente im Portugiesischen 18.1

SUBJEKT (ggf. mit Attribut(en)) – PRÄDIKAT – AKKUSATIV-OBJEKT – DATIVOBJEKT – ADVERBIALE BESTIMMUNG(EN)

oder

SUBJEKT (ggf. mit Attribut(en)) – PRÄDIKAT – DATIVPRONOMEN – AKKUSATIVPRONOMEN – ADVERBIALE BESTIMMUNG(EN)

Im Folgenden behandeln wir die am häufigsten vorkommenden Abweichungen von dieser Regel:

I. Zur Stellung des Subjekts *(Colocação do sujeito)*

1. Grundsätzlich steht das Subjekt vor dem Prädikat; im Unterschied zur deutschen Sprache gilt dies *auch*, wenn eine *adverbiale Angabe am Anfang des Satzes* steht: 18.2

O jornal deu essa notícia **ontem.**	*Die Zeitung hat diese Nachricht gestern gebracht.*
Ontem o jornal deu essa notícia.	*Gestern hat die Zeitung diese Nachricht gebracht.*
Eu sinto-me melhor **no verão.**	*Ich fühle mich wohler im Sommer.*
No verão, eu sinto-me melhor.	*Im Sommer fühle ich mich wohler.*

2. Das Subjekt wird dem Verb *nachgestellt* 18.3

a) in Fragesätzen, die von einem Fragewort eingeleitet werden (vgl. 15.2):

Aonde vão vocês?	*Wohin geht ihr?*
Que horas tem o senhor?	*Wie viel Uhr haben Sie?*

b) wenn das Subjekt hervorgehoben werden soll: 18.4

Eu não o incomodei, mas incomodou-o **ela.**	*Ich habe ihn nicht gestört, aber sie hat ihn gestört!*
«Ficou **o príncipe** pesaroso e aflito ...»	*Und der Prinz war niedergeschlagen und bekümmert ...*

Urbano Tavares Rodrigues, «Oxalá» aus «Nus e Suplicantes»

Beim *Imperativ* wird das Subjekt nur im Falle einer besonderen Hervorhebung benutzt, es steht dann immer nach dem Verb (vgl. 8.159): 18.5

Eu não reclamo.	*Ich reklamiere nicht.*
Reclamem **vocês!**	*Ihr müsst reklamieren!*

	Estou muito cansada para ir passear; **vai tu** sozinho!	*Ich bin zu müde, um spazieren zu gehen; geh du alleine!*
18.6	c) in Konstruktionen mit dem Gerundium oder mit dem Partizip:	
	Acabadas as férias, ele regressou à cidade.	*Als die Ferien zu Ende waren, kehrte er in die Stadt zurück.*
	Pagando ele o que deve, ficamos outra vez amigos.	*Wenn er das, was er schuldet, bezahlt, sind wir wieder Freunde.*

Bei dem Gerundialsatz mit «em» wird das Subjekt meistens *nicht* nachgestellt:

	Em o jantar estando pronto, vamos para a mesa.	*Sobald das Abendessen fertig ist, gehen wir zu Tisch.*
18.7	d) bei den Sätzen, die der direkten Rede vor- oder nachgestellt bzw. eingeschoben werden:	
	– Vai haver greve? perguntou ela.	*– Wird es Streik geben? fragte sie.*
	– Parece que sim, respondeu a amiga.	*– Es scheint so, antwortete die Freundin.*

18.8 3. Das Subjekt wird *oft* nachgestellt, wenn das Verb intransitiv ist bzw. bei den Zustands- und Vorgangsverben:

Telefonou a Teresa.	*Teresa hat angerufen.*
Está aqui uma carta para ti.	*Es ist hier ein Brief für dich.*
Anda muita gente na rua.	*Es sind viele Leute auf der Straße.*
Esteve em Lisboa o Presidente dos Estados Unidos.	*Der Präsident der USA war in Lissabon.*
Apareceu uma baleia na praia!	*Ein Wal ist am Strand aufgetaucht!*
Aconteceu uma coisa formidável!	*Es ist etwas Tolles passiert!*

18.9 II. Zur Stellung des Akkusativobjekts
      (Colocação do complemento direto)

1. Normalerweise steht das Akkusativobjekt nach dem Prädikat:

Os operários fizeram novas reivindicações.	*Die Arbeiter stellten neue Lohnforderungen.*

18.10 2. Zur besonderen Betonung kann es jedoch am Anfang des Satzes stehen.

a) Ist das Akkusativobjekt ein Substantiv, muss es bei dem Verb als Personalpronomen wiederholt werden (pleonastische Hervorhebung):

O dinheiro gastei-**o** em coisas úteis. (= Gastei o dinheiro em coisas úteis).	*Das Geld (, das) habe ich für nützliche Dinge ausgegeben.*
A tua amiga vi-**a** ontem. (= Vi ontem a tua amiga).	*Deine Freundin (, die) habe ich gestern gesehen.*

«**Os japoneses** Tai-Ku odiava-**os**.»   *Die Japaner (, die) hasste Tai-Ku.*

Maria Ondina, «*A China Fica ao Lado*»

«**Os ideais** procuro conservá-**los**, o que   *Die Ideale versuche ich zu bewahren, was*
nem sempre é fácil.»   *nicht immer leicht ist.*

Joaquim Paço d'Arcos «*A Corça Prisioneira*»

«**A filha** não tinha ideia de jamais **a** ter   *Die Tochter jemals gesehen zu haben,*
visto.»   *daran konnte er sich nicht entsinnen.* Ibid.

b) Soll außer dem Akkusativobjekt auch das Subjekt betont werden, dann steht es meistens nach dem pleonastischen Akkusativpronomen:

As compras fi-las **eu**.   *Die Einkäufe (, die) habe ich gemacht.*

Esse bolo comemo-lo **nós**.   *Diesen Kuchen haben wir gegessen.*

«Os dias que se seguiram passou-os   *In den folgenden Tagen saß Telmo wie auf*
Telmo sobre brasas.»   *heißen Kohlen.*

Aquilino Ribeiro, «*A Casa Grande de Romarigães*»

c) Ist das Akkusativobjekt ein Demonstrativpronomen (isto, isso, aquilo), wird es nicht nach dem Verb als Personalpronomen wiederholt:

Isso sei eu!   *Das weiß ich!*

Isso contou-me ele ontem!   *Das hat er mir gestern erzählt!*

d) Ist das Personalpronomen im Akkusativ betont und deshalb mit der Präposition «a» verbunden und erscheint diese Konstruktion am Anfang des Satzes, wird das Akkusativobjekt durch das unbetonte Personalpronomen wieder aufgenommen:

A mim ninguém **me** engana!   *Mich betrügt keiner!*

A nós não **nos** podem eles criticar!   *Uns können sie nicht kritisieren!*

III. Zur Stellung des Dativobjekts
(Colocação do complemento indireto)

1. Das Dativobjekt steht normalerweise nach dem Akkusativobjekt, wenn beide Substantive sind:

Eu arranjei um emprego à minha amiga.   *Ich habe meiner Freundin eine Stelle besorgt.*

Sind beide Personalpronomina, ist die Stellung umgekehrt: das Dativpronomen steht vor dem Akkusativpronomen, z. B.

Eu arranjei-lho.   *Ich habe sie ihr besorgt.*

Merke:

Die Stellung des Dativobjekts und des Akkusativobjekts ist also immer umgekehrt als im Deutschen!

18.12 2. Ist das Dativobjekt ein Personalpronomen und das Akkusativobjekt ein Substantiv, wird das Dativpronomen dem Verb angehängt und steht somit vor dem Akkusativobjekt:

Dá-me o casaco!   *Gib mir den Mantel!*
Ele confiou-lhe o seu segredo.   *Er hat ihm sein Geheimnis anvertraut.*

18.13 3. Steht das Dativobjekt zur Hervorhebung am Anfang des Satzes, wird es beim Verb als Dativpronomen wiederholt:

A ti tudo te corre bem!   *Dir gelingt alles!*
A ela ninguém lhe reconhece o mérito.   *Ihr zollt niemand Anerkennung.*

«A velha, na verdade, era insuportável. A mim, prometeu-me várias vezes que me deixava bem servido no testamento e no fim deixou-me uma bacia quebrada de louça da China.»

Die Alte war wirklich unausstehlich. Mir hat sie mehrmals versprochen, dass sie mich in ihrem Testament gut bedenken würde, und schließlich hinterließ sie mir eine zerbrochene Porzellanschüssel aus China.

Joaquim Paço d'Arcos, «A Corça Prisioneira»

(Zur Stellung der Personalpronomina vgl. 7.76 und folgende)

IV. Zur Stellung der adverbialen Bestimmungen*

18.14 Adverbiale Bestimmungen stehen normalerweise nach der Objektbezeichnung. Sie können aber aus stilistischen Gründen (Emphase, Rhythmus) in einer anderen Position erscheinen, ohne dass der Sinn des Satzes sich ändert. Sie werden dann durch Komma von den anderen Satzelementen getrennt (vgl. 20.3).

Beispiele:

«**Por um momento,** Graça sente-se perdida.»	*Für einen Augenblick fühlt Graça sich verloren.* <div align="right">Maria Judite de Carvalho, «As Palavras Poupadas»</div>
«**Naquela noite**, D. Maria Luísa voltara muito impressionada do cinema.»	*An diesem Abend war D. Maria Luísa sehr beeindruckt vom Kino zurückgekehrt.* Joaquim Paço d'Arcos, «A Corça Prisioneira»
«**Logo pela manhã**, a pedido de Leonor, a condessa de Lantemil telefonou ao ministro Moura Teles ...»	*Gleich am Morgen rief die Gräfin von Lantemil auf Bitte von Leonor den Minister Moura Teles an...* Ibid.
«Basílio, **ao pé de Luísa**, ia calado.»	*Basílio ging schweigend neben Luísa her.* <div align="right">Eça de Queirós, «O Primo Basílio»</div>
«**Logo de manhã, às seis horas, eu, no meu quarto**, sentia os seus rijos sapatões pelo corredor.»	*Früh am Morgen, um sechs, vernahm ich in meinem Zimmer seine schweren Schuhe auf dem Korridor.* <div align="right">Eça de Queirós, «A Cidade e as Serras»</div>

---

* Die bisherige Bezeichnung «*complementos circunstanciais*» für die adverbialen Bestimmungen wurde im «*Dicionário Terminológico*» aufgegeben. Diese werden jetzt nach syntaktischen Kriterien in zahlreichen Fällen als «*modificadores*» (valenzunabhängige Adverbialbestimmungen) bezeichnet.

V. Zur Stellung der Adjektive *(Colocação dos adjetivos)*

(Zur Stellung der attributiven Adjektive siehe 3.9 und folgende)

Das *prädikative Adjektiv* steht

1. nach den Verben **ser, estar, parecer, continuar, permanecer, ficar** u. ä.   18.15

Ela não está contente.	*Sie ist nicht zufrieden.*
O exame foi muito difícil.	*Die Prüfung war sehr schwer.*
A rapariga parece doente.	*Das Mädchen scheint krank zu sein.*
Ainda continuas otimista?	*Bist du immer noch optimistisch?*

2. nach den Passivformen   18.16

ser {	achado	*befunden werden*
	alcunhado	*mit Spitznamen genannt werden*
	chamado	*gerufen werden; genannt werden*
	considerado	*angesehen werden, gehalten werden*
	declarado	*erklärt werden*
	julgado	*gehalten werden*

ser {	dado como / por	*gehalten/erklärt werden für*
	considerado como	*angesehen werden als*
	tido como / por	*gehalten werden für*
	tomado como / por	

Beispiele:

Ele é considerado honesto por toda a gente.	*Er wird von allen Leuten als ehrlich angesehen / für ehrlich gehalten.*
A minha amiga é tida como sensata.	*Meine Freundin wird für vernünftig gehalten.*
O homem foi declarado irresponsável pelo tribunal.	*Der Mann wurde vom Gericht für unzurechnungsfähig erklärt.*
Ela é chamada «a aventureira».	*Sie wird «die Abenteurerin» genannt.*

3. In emphatischen Sätzen kann das prädikative Adjektiv vor dem Verb stehen: 18.17

«**Breve, avaramente breve,** foi essa noite estrelada do Egito!»	*Kurz, geizig kurz, war diese ägyptische Sternennacht.* Eça de Queirós, *«A Relíquia»*

VI. Zur Stellung der Pronomina *(Colocação dos pronomes)*

Die Stellung der Pronomina wurde in 7.76 und folgende ausführlich behandelt. Hier werden noch einige zusätzliche Bemerkungen zu adjektivisch gebrauchten Pronomina («*determinantes*», Begleiter) hinzugefügt.

18.18 **1.** Adjektivisch gebrauchte Demonstrativpronomina (Begleiter) können in Ausrufesätzen nach dem Substantiv stehen, auf das sie sich beziehen:

Que belas palavras **são essas**! *Was für schöne Worte sind das!*

18.19 **2.** Adjektivisch gebrauchte Possessivpronomina (Begleiter) geben dem Satz einen anderen Sinn, wenn sie dem Substantiv nachgestellt werden:

Tenho **saudades tuas**. *Ich habe Sehnsucht nach dir.*

aber: as tuas saudades *deine Sehnsucht*

Isto são mesmo **coisas minhas**! *Das sieht mir ähnlich!*

aber: as minhas coisas *meine Sachen*

«**Filho meu**, antes o queria morto do que a viver às sopas do Estado Novo.» *Wenn es mein Sohn wäre, würde ich ihn lieber tot sehen, als dass er auf Kosten des Estado Novo[1] lebte.*

Joaquim Paço d'Arcos, «A Corça Prisioneira»

aber: o meu filho *mein(en) Sohn*

VII. Zur Stellung der Adverbien
(Colocação dos advérbios)

18.20 **1.** Normalerweise stehen Adverbien nach dem Verb, auf das sie sich beziehen:

Ela veio imediatamente. *Sie kam sofort.*

As pessoas sensíveis sofrem muito. *Empfindsame Leute leiden viel.*

18.21 **2.** Emphatisch können sie dem Verb vorangestellt werden:

Muito sofrem as pessoas sensíveis! *Besonders viel leiden empfindsame Leute!*

Ela **imediatamente** se pôs a caminho. *Sofort machte sie sich auf den Weg.*

Pouco amável é ele! *Sehr liebenswürdig ist er nicht!*

«**Cedo, amargamente cedo**, veio o grego avisar-me ...» *Früh, bitter früh, kam der Grieche mit der Nachricht ...*

Eça de Queirós, «A Relíquia»

Vgl. den Unterschied zwischen den folgenden Sätzen:

Tens que trabalhar **muito**. *Du musst viel arbeiten.*

Tens **muito que** trabalhar! *Dir steht noch viel Arbeit bevor!*

---

[1] Estado Novo = offizielle Bezeichnung des Salazar-Regimes.

VIII. Zur Stellung der Konjunktionen
(Colocação das conjunções)

Die Konjunktionen stehen in der Regel *zwischen* den Wörtern oder Sätzen, die sie verbinden.

Ausnahmen hiervon sind:

1. Die adversativen Konjunktionen **porém, todavia, contudo**, die dem ersten Wort oder den ersten Wörtern des Satzes nachgestellt werden können. **Mas** hingegen muss im Unterschied zum Deutschen *aber* immer am Anfang des Satzes stehen (vgl. auch 11.3).

Beispiele:

Os outros foram passear, **mas** ele quis ficar em casa.	*Die anderen gingen spazieren, er aber wollte zu Hause bleiben.*
Ele, **porém**, não estava doente.	*Er aber war nicht krank.*

2. Die konklusive Konjunktion **pois** (*also*), die dem Verb nachgestellt wird; **portanto, por conseguinte, por consequência** können sowohl am Anfang wie auch nach dem ersten Wort oder nach den ersten Wörtern des Satzes stehen.

«Entendo, **pois**, que não basta pensar em termos de produção ...»	*Ich bin also der Meinung, dass es nicht genügt, allein in Produktionskategorien zu denken.*
	M. I. Barreno, M. T. Horta, M. V. da Costa, «*Novas Cartas Portuguesas*»
Portanto, é absolutamente necessário poupar energia.	*Es ist also absolut notwendig, Energie zu sparen.*
oder	
É, **portanto**, absolutamente necessário poupar energia.	

IX. Zur Satzverbindung *(Ligação das orações)*

1. Sind zwei oder mehr Glieder einer Satzreihe von der gleichen Konjunktion abhängig, so kann die zweite Konjunktion weggelassen oder emphatisch wiederholt werden (wie im Deutschen):

Quando abri a carta **e (quando)** vi a conta, ia desmaiando.	*Als ich den Brief öffnete und (als ich) die Rechnung sah, fiel ich fast in Ohnmacht.*

2. Handelt es sich um eine mit **que** zusammengesetzte Konjunktion, so kann man auch nur das Wort **que** wiederholen:

Logo que acabei o trabalho **e (que)** o entreguei, dei um suspiro de alívio.	*Sobald ich die Arbeit beendet und abgeliefert hatte, stieß ich einen Seufzer der Erleichterung aus.*
Por mais que o censurasse **e (que)** lhe ralhasse, ele não obedecia.	*Wie sehr ich ihn auch kritisierte und mit ihm schimpfte, er gehorchte nicht.*

18.26 3. Zwei oder mehr nacheinander stehende Relativsätze können durch **e** oder **mas** verbunden werden.

Beispiele:

«E o misto de respeito quase filial e de interesse másculo em que envolvia a mulher de Malafaya era um sentimento estranho, **que** ele próprio não desfibrava, **mas que** o trazia inebriado e rendido.»	*Und die Mischung aus fast kindlichem Respekt und männlichem Interesse, die er der Frau von Malafaya entgegenbrachte, war ein seltsames Gefühl, das er selbst nicht erklären konnte, das ihn aber berauschte und wehrlos machte.*
	Joaquim Paço d'Arcos, «*A Corça Prisioneira*»
«(Fernando) esperava manter-se dono do **que** era seu **e que** ele, com tanta persistência, vinha, há anos já, valorizando.»	*(Fernando) hoffte, das behalten zu können, was er besaß und dessen Wert er mit so viel Ausdauer seit Jahren gesteigert hatte.*
	Ibid.

18.27 4. Ziemlich verbreitet ist die *im Deutschen nicht mögliche Verbindung* eines Adjektivs mit einem adjektivischen Relativsatz durch **e**:

Um canário **amarelo e que cantava** horas seguidas fugiu.	*Ein Kanarienvogel, der gelb war und stundenlang sang/singen konnte, ist entflogen.*

18.28 5. Die Konjunktion **que** braucht nach dem Verb **pedir** in der Schriftsprache nicht verwendet zu werden:

Peço-lhe me perdoe esta falta. (= Peço-lhe que me perdoe esta falta.)	*Ich bitte Sie, mir diesen Fehler zu verzeihen.*

18.29 6. Deutsche Sätze des Typs

1) *Dass dieses Krankenhaus so gut ist, hat mir die Angst genommen.*
2) *Die Frage ist, ob dieses Krankenhaus gut ist.*
3) *Er stellte die Frage, ob dieses Krankenhaus gut ist.*

werden im Portugiesischen folgendermaßen konstruiert:

1) **O facto**[1] **de** este hospital ser tão bom tirou-me o medo.
2) **É questão de saber se** este hospital é bom.
3) Ele pôs **a questão de saber se** este hospital é bom.

1) *Ich sah, wie er langsam und ohne Appetit aß.*
2) *Er sah, wie ich über die Brücke kam und das Tal betrachtete.*

wird im Portugiesischen folgendermaßen wiedergegeben:

1) Eu vi-o **(a) comer** devagar e sem apetite.
2) Ele viu-**me (a) atravessar** a ponte e **(a) contemplar** o vale.

---

[1] Im Unterschied zum brasilianischen Portugiesisch wird das «c» bei «**facto**» in Portugal ausgesprochen, während das Wort «**fato**» die Bedeutung von «*Anzug*» hat.

7. In Sätzen des Typs

Antes **de a** Manuela chegar *(Bevor Manuela kommt/kam)*;
O facto **de este** hospital ser tão bom tirou-me o medo (18.29);
Tenho medo **de ele** se perder na cidade. *(Ich befürchte, dass er sich in der Stadt verirrt.)*

ist es stilistisch besser, wenn die Präposition nicht mit dem Artikel kontrahiert wird, denn sie bezieht sich nicht auf das vom Artikel begleitete Substantiv, sondern auf das folgende Verb:

Antes **de** (a Manuela) **chegar**;
O facto **de** (este hospital) **ser** tão bom;
Tenho medo **de** (ele) **se perder** na cidade.

§ 19 Die Anredeformen

Das Portugiesische weist eine große, für den Ausländer manchmal verwirrende Vielfalt von Anredeformen auf. Hier werden nur die wichtigsten Formen besprochen.

I. Allgemeines

1. Die 2. Person Singular **tu** hat als intime Anrede ungefähr den gleichen Verwendungsbereich wie das deutsche «du».

2. Die 2. Person Plural **vós** (ihr) ist veraltet (vgl. 7.51). An seine Stelle ist die Form **vocês** mit der 3. Person Plural des jeweiligen Verbs getreten.

3. Die deutsche Anrede «Sie» hat verschiedene Entsprechungen, je nach Grad der Vertrautheit, Höflichkeit oder Distanz zu einer Person (vgl. unten).

4. Eine Besonderheit des Portugiesischen ist das Vorhandensein von zwei Anredestrukturen: der direkten und der indirekten Anrede.

5. Die *direkte Anrede* entspricht dem deutschen Vokativ. Die *indirekte Anrede* hat nur sporadisch eine Entsprechung im Deutschen, während sie im Portugiesischen wohl häufiger ist als die direkte. Der Angeredete wird mit der Bezeichnung für seine familiäre, berufliche oder gesellschaftliche Stellung in der 3. Person angeredet.[1] Die Unterscheidung zum Vokativ besteht hierbei in der obligatorischen Verwendung des bestimmten Artikels, z.B.

DEUTSCH	PORTUGIESISCH	
	Indirekte Anrede	Direkte Anrede
Haben Sie dieses Theaterstück schon gesehen, Herr Martins?	O senhor/o Sr. Martins já viu esta peça?	Sr. Martins, já viu esta peça?

II. Portugiesische Entsprechungen der deutschen Anrede «Sie»

1. Die neutralste Form der Anrede ist die verbale, die einfach durch die 3. Person des Verbs wiedergegeben wird, ohne irgendeine andere Anredeform. Dies ist sehr häufig, denn meist geht aus dem Kontext klar hervor, wer der Angeredete ist.

---

[1] Im Deutschen z.B. «Haben die Herrschaften/die Herren noch einen Wunsch?»

Beispiele:

| Então como **tem** passado? | *Nun, wie geht es Ihnen?* |
| Esteve em Portugal nas férias? Quando regressou? | *Waren Sie in Portugal in den Ferien? Wann sind Sie zurückgekommen?* |

2. **Você** (Sie) [ursprünglich ⟨vossemecê⟩ Vossa Mercê *(= Euer Gnaden)*] wird als Anrede zwischen gesellschaftlich und altersmäßig Gleichgestellten (oft mit einer vertraulichen Nuance) (a) oder Untergeordneten gegenüber (b) gebraucht, d. h. immer wenn «o senhor, a senhora» zu förmlich, das «tu» aber zu vertraut klingen würde.[1] Das Verb steht, wie bei allen Anredeformen außer «tu», in der 3. Person: Singular, wenn nur eine Person angeredet wird (**você está**), Plural bei mehreren Personen (**vocês estão**).

Beispiele:

a) **Você** conhece o Brasil?	*Kennen Sie Brasilien?*
Você já arranjou emprego?	*Haben Sie schon eine Stelle bekommen?*
Vocês chegaram ontem?[2]	*Sind Sie (zwei oder mehr Personen) gestern angekommen?*
b) **Você** pode sair hoje mais cedo. Já não preciso de si.	*Sie können heute früher gehen. Ich brauche Sie nicht mehr.*

Você wird auch in der Werbesprache verwendet:

Você foi prática: escolheu a máquina de lavar roupa X. Uma decisão para a vida!   *Sie waren vernünftig: Sie haben die Waschmaschine X gewählt. Eine Entscheidung fürs Leben!*   Expresso, 22. 11. 1997

3. Oft reden sich Freunde oder Bekannte mit dem Vornamen und der 3. Person des Verbs an:

O Manuel (a Teresa) pode emprestar-me este livro?   *Manuel (Teresa), können Sie mir dieses Buch leihen? (Im Deutschen eher Herr/ Frau Müller)*

Das entsprechende Pronomen dazu ist **você**:

Você pode emprestar-me este livro, **Manuel (Teresa)**?

4. Bis in die fünfziger Jahre war es nicht üblich, dass die Kinder ihre älteren Verwandten (Eltern, Onkel und Tante usw.) mit «du» anredeten. Obwohl **tu** heute schon sehr verbreitet ist, werden in vielen Familien die Erwachsenen von den Kindern mit den Formen **o pai, a mãe, o avô, a avó** oder deren

---

[1] In Brasilien wird «você» auch statt «tu» verwendet.
[2] «Vocês» ist sowohl Plural von «você» wie auch von «tu». (Vgl. 19.1 und 7.51) Der Satz «Vocês chegaram ontem?» kann also auch heißen *Seid ihr gestern angekommen?*

Diminutivformen (Kosenamen) **o paizinho, o papá, a mãezinha, a mamã, o avozinho, a avozinha** und der 3. Person Singular oder Plural angeredet:

	Indirekte Anrede	Direkte Anrede
Hast du die Zeitung schon gelesen, Vater?	O pai(zinho) já leu o jornal?	Pai(zinho), já leu o jornal?
Gehst du aus, Mutter?	A mãe(zinha) vai sair?	Mãe(zinha), vai sair?
Onkel X und Tante Y., esst ihr heute bei uns?	Os tios jantam cá hoje?	Tios, jantam cá hoje?

5. Für die neutrale höfliche Anrede wird **o senhor, a senhora (minha senhora** in der direkten Anrede), **os senhores, as senhoras** gebraucht. Kennt man den Namen der Angesprochenen, so verwendet man ihn, wobei die Männer mit dem Familiennamen, die Frauen aber im Unterschied zum Deutschen immer mit dem Vornamen und **dona (D.)** angeredet werden. Das gilt sowohl für verheiratete als auch für unverheiratete Frauen.

	Indirekte Anrede	Direkte Anrede
Kennen Sie meinen Bruder?	A senhora conhece o meu irmão?	Minha senhora, conhece o meu irmão?
Kennen Sie meine Schwester, Frau Müller?	A Sr.ª D. Isabel conhece a minha irmã?	Sr.ª D. Isabel, conhece a minha irmã?
Wissen Sie, wo ich wohne?	O senhor sabe onde eu moro?	–
Wissen Sie, wo ich wohne, Herr Pereira?	O Sr. Pereira sabe onde eu moro?	Sr. Pereira, sabe onde eu moro?

Hat der Angesprochene einen Titel, wird er gewöhnlich mit diesem angesprochen (siehe hierzu «Die Großschreibung» 21.14–15):

Herr Doktor, (Herr Dr. Martins,)	O Sr. Doutor (o Sr. Dr. Martins)	Sr. Doutor (Martins),
Herr Ingenieur, (Herr Ingenieur Carvalho,)	O Sr. Engenheiro (o Sr. Eng.º Carvalho)	Sr. Engenheiro (Carvalho),
Herr Hauptmann/Kapitän, (Soares,)	O Sr. Capitão (o Sr. Capitão Soares)	Sr. Capitão (Soares),
haben Sie dieses Stück schon gesehen?	já viu esta peça?	já viu esta peça?

Die abgekürzten vertrauten Formen **Dr. Martins** oder **D. Isabel** sind nicht so respektvoll wie **Sr. Dr. Martins** und **Sr.ª D. Isabel**. Hierzu ein aufschlussreicher Text aus «A Corça Prisioneira» von Joaquim Paço d'Arcos:

«– Não julgue o **Sr. Doutor** (para D. Etelvina, «Sr. Doutor» era denominação só de Alberto de Lemos; os outros eram Dr. Fulano, Dr. Sicrano) – não julgue **o Sr. Doutor** que o Batista ... é um desprotegido qualquer. ...	– *Glauben Sie nicht, Herr Doktor (für D. Etelvina war «Herr Doktor» die Anrede nur für Alberto de Lemos; die anderen waren Dr. X., Dr. Y.) – glauben Sie nicht, dass Batista ... irgendein Verlassener ist.* ...
– Não se apoquente, **D. Etelvina**.»	– *Machen Sie sich keine Sorgen, D. Etelvina.*

Die Form **Sr.ª Isabel, Sr.ª Maria** ist die Anrede für einfache Frauen und Dienstboten; in Lissabon nimmt die Häufigkeit dieser Anrede in letzter Zeit stark ab.

6. Mit **o(s) menino(s), a(s) menina(s)** werden Kinder (anderer Leute) und Jugendliche von Erwachsenen angeredet.

Onde mora **o menino/a menina**?	*Wo wohnst du?*
Meninos, estejam calados!	*Kinder, seid still!*

A menina wird oft bei langjähriger Bekanntschaft oder in vertraulicher Anrede für junge Damen gebraucht, die aber formell auch mit **Sr.ª Dona** angeredet werden können (Deutsch früher: Fräulein Müller). Im folgenden Beispiel wird dieselbe Frau abwechselnd mit beiden Formen angeredet:

«– Oh! Não ser eu rapaz! [disse Cecília Quintino]	– *Ach, wäre ich doch ein Junge! [sagte Cecília Quintino]*
– ... Se **a menina** fosse rapaz! ... Mas desengane-se, **Sr.ª D. Cecília**, se tiver sucedido alguma desgraça ao pai, mais minuto, menos minuto, ela há de saber-se.»	– *... Wenn Sie eine Junge wären! ... Aber täuschen Sie sich nicht, Fräulein Quintino, sollte Ihrem Vater ein Unglück passiert sein, werden Sie es früher oder später erfahren.* Júlio Dinis, «*Uma Família Inglesa*»

7. Häufig benutzt der Sprecher für die Anrede das Arbeits- oder Freundschaftsverhältnis, in dem er zum Angeredeten steht:

	INDIREKT	DIREKT
Wünschen Sie noch etwas, (wörtl.: Chef?, dt.: Herr X?, Herr Direktor? usw.)?	O patrão deseja mais alguma coisa?	Patrão, deseja mais alguma coisa?
Können Sie mir bitte die Zeit sagen, (Frau Kollegin)?	A colega diz-me as horas, por favor?	(Ó) colega, diz-me as horas, por favor?
Möchten Sie einen Kaffee trinken, (wörtl.: mein Freund)?	O meu amigo quer tomar um café?	Meu amigo, quer tomar um café?

Merke: In der vertrauten Anrede mit *du* gebrauchen Männer, insbesondere junge Männer (und heute auch Mädchen) untereinander sehr häufig die Form **pá**, eine Abkürzung von «rapaz». Auch unter Kindern ist diese Anrede sehr in Mode.

Beispiele:

- **Ó pá**, telefona-me hoje à noite!
- Está bem, **pá**!

- *Rufe mich doch heute abend an, Junge!/Mann!/mein Lieber!*
- *Ist gut!*

19.9   8. **Vossa Excelência (V. Ex.ª)**, die respektvollste Anredeform, benutzt man

a) bei Würdenträgern oder bei Personen, denen man besonderen Respekt zeigen will:

«V. Ex.ª é o Dr. Fernando Malafaya?»   *Sind Sie Dr. Fernando Malafaya?*

Joaquim Paço d'Arcos, «A Corça Prisioneira»

b) im formellen Briefverkehr: auf allen Briefumschlägen und Briefköpfen (auch bei Privatpost) benutzt man die Formel **Excelentíssimo**:

Ex.mo Sr.   Herrn
(Dr.) Eduardo Neves   (Dr.) Eduardo Neves

Ex.ma Sr.ª   Frau
(Dr.ª) D. Ana Maria Ferreira   (Dr.) Ana Maria Ferreira

Ex.mo Sr.   Herrn und Frau Mendes da Silva
João Mendes da Silva   Herrn Mendes da Silva und Frau/Gattin
e sua Ex.ma Esposa   Familie Mendes da Silva
                                                   Ehepaar Mendes da Silva

Ex.ma Sr.ª   Frau Mendes da Silva
D. Helena Mendes da Silva   und Gatten
e seu Ex.mo Esposo

und bei Handelsbriefen **Ilustríssimo**:

Il.mos Srs.   *Firma Carlos Tavares & Co.*
Carlos Tavares & C.ª

III. Objektpersonalpronomina und Possessivpronomina bei der Anrede

19.10   1. Hier wird die 2. Person der Pronomina bei der Anrede mit **tu** und die 3. Person bei allen anderen Anredeformen gebraucht:

		Anrede mit *Du*	Anrede mit *Sie* (você, o senhor, a senhora usw.)
Personal-pronomen	Reflexiv	te	se
	Dativ	te	lhe
	Akkusativ	te	o, a
	Mit Präp.	para ti, contigo	para si, consigo
Possessivpronomen		o teu, a tua os teus, as tuas	o seu, a sua os seus, as suas

III. Objektpersonalpronomina und Possessivpronomina bei der Anrede

Beispiele:

Mário, já **te** disse que arrumasses **o teu** quarto!	*Mário, ich habe dir schon gesagt, dass du dein Zimmer aufräumen sollst.*
Sr.ª D. Sílvia, ainda não **lhe** agradeci o **seu** postal.	*Frau Mayer, ich habe mich noch nicht für Ihre Karte bedankt.*
Sr. Andrade, vi-**o** hoje de manhã no metropolitano/no metro.	*Herr Andrade, ich habe Sie heute Morgen in der U-Bahn gesehen.*
Quando **a** vi, reconheci-**a** logo, Margarida!	*Als ich Sie sah, Margarida, habe ich Sie sofort erkannt.*

2. Die Verwendung der Objektpersonalpronomina und der Possessivpronomina alterniert oft mit der offiziellen Anredeform:

«Noto que já macei demais **V. Ex.ª**. Vim interrompê-**lo** na **sua** leitura.»	*Ich merke, ich habe Sie schon zu sehr belästigt. Ich habe Sie bei Ihrer Lektüre unterbrochen.*
	Joaquim Paço d'Arcos, *«A Corça Prisioneira»*
«Veja **V. Ex.ª** com quem negoceia, tenha cuidado, não **se** deixe explorar. Mas não maço mais **V. Ex.ª**. Deixo-**lhe** o meu cartão.»	*Achten Sie darauf, mit wem Sie verhandeln, Herr M., seien Sie vorsichtig, lassen Sie sich nicht ausnutzen. Aber ich will Sie nicht länger belästigen. Ich lasse Ihnen meine Visitenkarte hier.* Ibid.

3. Neben «o(s) seus, a(s) sua(s)» ist eine andere höfliche Form sehr gebräuchlich: sie besteht aus der Präposition **de** und der Anredeform.

A mala **da senhora** está aqui. = A sua mala está aqui.	*Ihre Tasche (Ihr Koffer) ist hier.*
Este guarda-chuva é **do senhor doutor?** (da senhora doutora? da menina? do patrão?) = Este guarda-chuva é seu?	*Gehört Ihnen dieser Regenschirm?*
A pronúncia **do senhor** não é má! = A sua pronúncia não é má!	*Ihre Aussprache ist nicht schlecht!*

Merke: Die Form **do senhor, da senhora** etc. bezieht sich immer auf den (die) Angeredete(n). Wäre ein Dritter gemeint, so würde man nicht *o senhor*, sondern **aquele senhor** sagen:

A pronúncia **daquele senhor** não é má!	*Die Aussprache jenes Herrn ist nicht schlecht!*

§ 20 Die Zeichensetzung

I. Portugiesische Satzzeichen

ponto (final)	.
vírgula	,
ponto e vírgula	;
dois pontos	:
ponto de interrogação	?
ponto de exclamação	!
reticências	...
aspas	« »
parênteses (curvos)	( )
parênteses retos ou colchetes	[ ]
travessão	–
asterisco	*
chaveta	{

Mit Ausnahme des Kommas stimmt die portugiesische Zeichensetzung im Wesentlichen mit der deutschen überein.

II. Die wichtigsten Regeln zur Kommasetzung

1. Das Subjekt (eventuell mit seinem Attribut), das Prädikat und seine Objekte (Akkusativ-, Dativobjekt, adverbiale Bestimmungen) werden nicht durch Komma getrennt, wenn sie in dieser normalen Reihenfolge stehen:

Ele portou-se mal na aula de português.	Er benahm sich schlecht in der Portugiesischstunde.
Vi-te ontem na praia.	Ich habe dich gestern am Strand gesehen.
Fiquei muito cansada depois da mudança.	Ich war sehr müde nach dem Umzug.

2. Wird die normale Reihenfolge nicht befolgt (häufig, weil man den Ort, die Zeit oder andere Umstandsbestimmungen hervorheben will), werden die hervorgehobenen Satzteile durch Komma getrennt:

Na aula de português, ele portou-se mal.

Depois da mudança, eu fiquei muito cansada.

Bemerkung:

Ist eine adverbiale Angabe sehr kurz, kann man das Komma weglassen.

Ontem vi-te na praia. (= Ontem, vi-te na praia.)

3. Das unter 1. Gesagte gilt ebenfalls für Sätze: übt ein Satz (in der normalen Reihenfolge) die Funktion des Subjekts oder des Akkusativobjekts eines an-

deren Satzes aus – wie bei den Sätzen, die durch «dass» eingeleitet werden, oder bei indirekten Fragesätzen –, wird im Gegensatz zum Deutschen kein Komma zwischen beide Sätze gesetzt.

DEUTSCH: ein Komma zwischen beiden Sätzen:	**PORTUGIESISCH:** kein Komma zwischen beiden Sätzen
Sie erzählte mir, dass sie in Rom gewesen war.	Ela contou-me que tinha estado em Roma.
Die Zeitung schreibt, dass bei dem Erdbeben 1000 Leute getötet wurden.	O jornal diz que o terramoto matou 1000 pessoas.
Die Journalisten fragten den Minister, welches sein Programm sei.	Os jornalistas perguntaram ao ministro qual era o seu programa.
Man fragte mich, ob ich an dem Fest teilgenommen habe.	Perguntaram-me se eu tinha assistido à festa.
Er wollte mir nicht sagen, wer ihm am besten gefällt.	Ele não me quis dizer de quem gostava mais.

4. Ebenfalls im Gegensatz zum Deutschen werden Relativsätze, ohne die der Sinn des Hauptsatzes unverständlich ist (restriktive oder einschränkende Relativsätze), nicht durch Kommas getrennt:

Die Schülerin, die heute im Unterricht fehlte, ist krank.	A aluna que faltou hoje à aula está doente.
Die Zeit, in der wir leben, ist sehr hektisch.	O tempo em que vivemos é muito agitado.
Der Fisch, den ich heute gekauft habe, war billig.	O peixe que eu comprei esta manhã foi barato.
Der Beamte, dem ich diese Frage stellte, konnte mir keine befriedigende Antwort geben.	O funcionário a quem eu fiz essa pergunta não me soube dar resposta satisfatória.
Es gefiel mir alles, was ich sah.	Gostei de tudo o que vi.

Merke:

Wenn ein Relativsatz dem Hauptsatz eine Erklärung hinzufügt, die für die Verständlichkeit des Hauptsatzes nicht nötig ist (explikativer oder appositiver Relativsatz), wird dieser Relativsatz dagegen durch Komma vom Hauptsatz getrennt:

Tal resposta, que ninguém esperava, causou admiração em todos.	*So eine Antwort, die übrigens niemand erwartet hatte, nötigte allen Bewunderung ab.*
O presidente, que estava visivelmente cansado, fez uma declaração ao país.	*Der Präsident, der sichtlich müde war, gab vor dem Volk eine Erklärung ab.*
A casa, que tinha sido pintada de novo, estava muito bonita.	*Das Haus, das neu gestrichen worden war, war sehr schön.*

«Dentro em pouco, Henrique atravessava a quinta, que também então lhe parecia graciosa, de uma graça bucólica.»

Kurz darauf ging H. durch das Landgut, das ihm nun anmutig, von ländlichem Reiz erschien. Júlio Dinis, «*A Morgadinha dos Canaviais*»

20.6   5. *Ohne Komma* werden auch folgende Nebensätze geschrieben:

a) Konsekutivsätze:

Ele gritou tanto que ficou rouco.	*Er schrie so viel, dass er heiser wurde.*
Ela é tão bonita que dá nas vistas.	*Sie ist so hübsch, dass sie auffällt.*

b) Komparativsätze, die ein erstes Vergleichsglied im Hauptsatz haben:

Ele não é tão bondoso como se julga.	*Er ist nicht so gütig, wie man glaubt.*
Ele é mais velho do que eu.	*Er ist älter als ich.*
Trabalhei hoje menos uma hora do que tu.	*Ich habe heute eine Stunde weniger gearbeitet als du.*

c) Finale Infinitivsätze:

Ele fez isto de propósito para me arreliar.	*Er machte das absichtlich, um mich zu ärgern.*
Passei as calças para as vestir amanhã.	*Ich habe die Hose gebügelt, um sie morgen anzuziehen.*

20.7   6. *Durch Komma getrennt werden:*

a) der Vokativ:

Ó rapariga, vê o que fazes!	*Mädchen, schau, was du tust!*
Mónica, anda cá!	*Monika, komm her!*

20.8   b) die Apposition:

Lisboa, a capital de Portugal, é um dos melhores portos naturais da Europa.	*Lissabon, die Hauptstadt Portugals, ist einer der besten natürlichen Häfen Europas.*

20.9   c) Gerundial- und Partizipialsätze oder Satzteile:

Ela, lendo o livro, comoveu-se profundamente.	*Als sie das Buch las, war sie zutiefst gerührt.*
Entrando na sala, ele viu-as já sentadas.	*Als er ins Zimmer trat, sah er sie schon da sitzen.*
Acabado o filme, saíram todos do cinema.	*Als der Film zu Ende war, verließen alle das Kino.*
«Henrique, transido de frio, quebrado de desalento, já nem atendia ao que o homem ia dizendo.»	*Henrique, zitternd vor Kälte, völlig entmutigt, hörte nicht einmal mehr, was der Mann sagte.* Júlio Dinis, «*A Morgadinha dos Canaviais*»

20.10   d) wiederholte Satzteile:

Gosto de laranjas, de maçãs, de peras, de pêssegos, enfim, de toda a fruta.	*Ich mag Orangen, Äpfel, Birnen, Pfirsiche, kurz und gut, alle Früchte.*

Deputados, ministros e secretários, todos estavam esgotados após o debate.	*Abgeordnete, Minister und Sekretäre, alle waren erschöpft nach der Debatte.*

e) alle Nebensätze, die nicht unter 20.6 erwähnt sind (d. h. kausale, konditionale, konzessive, finale, temporale):

O banho foi bom, embora a água estivesse bastante fria.	*Das Bad war gut, obwohl das Wasser ziemlich kalt war.*
Ele não tem alegria, embora seja muito rico.	*Er empfindet gar keine Freude am Leben, obwohl er sehr reich ist.*
Não vou, enquanto tu não fores.	*Ich gehe nicht, solange du nicht gehst.*
Não reguei o jardim, porque hoje já choveu.	*Ich habe den Garten nicht gesprengt, weil es heute schon geregnet hat.*
Ofereço-te este livro, já que tens tanto interesse em lê-lo.	*Ich schenke dir dieses Buch, da du so sehr daran interessiert bist, es zu lesen.*
Vou assistir ao jogo, a não ser que não arranje bilhete.	*Ich werde mir das Spiel ansehen, es sei denn, ich bekomme keine Karte mehr.*
Ele simpatiza contigo, ainda que não o diga.	*Er findet dich sympathisch, obgleich er es nicht zugibt.*
Respeita os outros, para que te respeitem também a ti.	*Respektiere die anderen, auf dass auch du respektiert wirst.*

f) alle Nebensätze, die dem Hauptsatz vorangestellt oder im Hauptsatz eingeschoben sind, wie z. B.:

Quando a viu, ele ficou muito atrapalhado.	*Als er sie sah, war er sehr verlegen.*
Ela, enquanto não acabar o trabalho, não descansa.	*Sie hat keine Ruhe, solange sie die Arbeit nicht beendet hat.*

g) eingeschobene explikative Sätze:

Este jornal, disse ela, não presta para nada.	*Diese Zeitung taugt nichts, sagte sie.*

h) wie unter 20.3 erwähnt, Orts-, Platzangaben usw., wenn sie nicht in der normalen Reihenfolge stehen, und besonders, wenn sie nicht kurz sind:

No ano seguinte, ela acabou os seus estudos.	*Im folgenden Jahr beendete sie ihr Studium.*
Ele, no quarto grande, dormiu muito bem.	*Im großen Zimmer schlief er sehr gut.*

i) die Konjunktionen **porém, todavia, contudo, portanto, por conseguinte** u. a.:

Komma vor der Konjunktion:

O carteiro já veio, portanto ela já recebeu a minha carta.	*Der Briefträger war schon da, also hat sie meinen Brief schon bekommen.*

Komma vor und nach der Konjunktion, die nicht in der normalen Reihenfolge steht:

Ele gritou muito; ela, porém, não lhe deu resposta.	*Er schrie sehr; sie gab ihm jedoch keine Antwort.*

Komma nach der Konjunktion, wenn diese nach einem Punkt oder Semikolon steht:

Ele gritou muito; porém, ela não lhe deu resposta.

20.16   j) Ausdrücke wie: **isto é** *(das heißt)*, **quer dizer** *(das heißt)*, **por exemplo** *(zum Beispiel)*, **em resumo, em suma** *(kurz und gut)*, **além disso** *(außerdem)*, **com efeito** *(in der Tat)*, **enfim** *(endlich, kurz und gut)*, **na minha opinião** *(meiner Meinung nach)*, **segundo creio** *(wie ich glaube)*:

Ele não me viu, isto é, não quis ver-me.	*Er sah mich nicht, das heißt, er wollte mich nicht sehen.*
Em resumo, já não tenho paciência para te aturar.	*Kurz und gut, ich habe keine Geduld mehr, dich zu ertragen.*

20.17   k) Ein Komma steht auch vor der Konjunktion **mas**:

Eu queria realizar muitas coisas, mas falta-me tempo!	*Ich wollte vieles verwirklichen, aber es fehlt mir die Zeit!*

20.18   l) Ein Komma wird eingesetzt, um die Wiederholung eines Verbs zu vermeiden:

«Os santos são do Norte: os poetas, do Centro; os navegadores, do Sul.»	*Die Heiligen kommen aus dem Norden, die Dichter aus der Mitte, die Seefahrer aus dem Süden.* Antero de Figueiredo

20.19   Ein Komma steht auch im Gegensatz zum Deutschen:

m) bei Adressen zwischen dem Straßennamen und der Hausnummer:

Rua das Flores, 13	*Blumenstraße 13*

20.20   n) vor **etc.**:

No jardim tenho rosas, cravos, lírios, etc.	*Im Garten habe ich Rosen, Nelken, Lilien usw.*

20.21   o) und wie im Deutschen bei der Orts- und Datumsangabe:

Lisboa, 3 de maio de 2014

§ 21 Die Großschreibung

Großgeschrieben werden im Portugiesischen: 21.1

1. Der Anfang eines Textes sowie der Anfang aller Sätze nach einem Punkt.
Beispiele:

| O avião já aterrou. Daqui a poucos minutos, podemos sair. A nossa família deve estar à espera de nós. | *Das Flugzeug ist schon gelandet. In wenigen Minuten können wir aussteigen. Unsere Familie wartet sicher auf uns.* |

2. Eigennamen (auch von Tieren und Sachen): 21.2

Madalena, Carlos Gonçalves

Tareco *(Strolch, Name einer Katze)*
o «Vera Cruz» *(Name eines Schiffes)*
Beinamen:
D. Henrique, o Navegador *Heinrich der Seefahrer*

Ausnahme: Eigennamen, die zur Gattungsbezeichnung geworden sind, wie **adónis** *(schöner junger Mann)*, **mecenas** *(Mäzen)*, **carrasco** *(Henker)* u. ä.

3. Der Name Gottes sowie die pronominalen Formen, die sich auf ihn beziehen; Namen, die zum religiösen Bereich gehören. 21.3

Beispiele:

Foi Deus. Agradeçamos-Lhe, louvemo-Lo!	*Es war Gott. Danken wir Ihm, lobpreisen wir Ihn!*
o Altíssimo	*der Allerhöchste*
o Paraíso	*das Paradies*
a Paixão de Cristo	*Christi Leiden*

4. Geographische Bezeichnungen: 21.4

Portugal	*Portugal*
Lisboa	*Lissabon*
o Algarve	*die Algarve*
o rio Tejo	*der Fluss Tejo*
o oceano Atlântico	*der Atlantische Ozean*

5. Die Himmelsrichtungen, jedoch nur wenn sie eine Gegend bezeichnen, wie z. B.: 21.5

o Norte (de Portugal)	*Nordportugal*
o Oriente e o Ocidente	*das Morgen- und Abendland*
os dialetos do Sul	*die Dialekte des Südens*

Kleingeschrieben werden aber:

norte, sul, este, oeste, nordeste, sudoeste, etc. (für die Abkürzungen siehe Punkt 11):

ao sul/ao norte de Lisboa	*südlich/nördlich von Lissabon*
Portugal está limitado a leste pela Espanha.	*Portugal grenzt im Osten an Spanien.*

21.6   6. Namen von Straßen, Plätzen, Stadtvierteln, Gebäuden, Gärten u. a., wobei deren Kategorisierung (eben als Straße, Allee, Platz, Kirche, Schloss usw.) fakultativ groß- oder kleingeschrieben werden kann, wie folgt:

Rua/rua Augusta	*(Straße im Zentrum Lissabons)*
Rossio	*(Platz im Zentrum Lissabons)*
Praça/praça dos Restauradores	*(Platz im Zentrum Lissabons)*
Igreja/igreja de S. Nicolau	*Nicolauskirche*
Sé/sé do Porto	*(Dom von Porto)*
Castelo/castelo de São Jorge	*(Burg in Lissabon)*
Torre/torre de Belém	*Turm von Belém*

21.7   7. Astronomische und mythologische Namen:

a Terra	*die Erde*
a Lua	*der Mond*
o Sol	*die Sonne*
Marte	*der Mars*
Vénus	*die Venus*

21.8   8. Die Namen der Kalenderfeste und der geschichtlichen Epochen:

a Páscoa	*Ostern*
o Pentecostes	*Pfingsten*
o Natal	*Weihnachten*
o Carnaval	*Karneval*
a Idade Média	*das Mittelalter*

Achtung: Monatsnamen und die Namen der Jahreszeiten werden nach den neuen orthographischen Regeln kleingeschrieben:

junho, março, abril	*Juni, März, April*
o verão	*der Sommer*

21.9   9. Namen von Institutionen, Einrichtungen, Behörden, Schulen aller Art, Vereinen:

o Supremo Tribunal de Justiça	*der Oberste Gerichtshof*
o Ministério dos Negócios Estrangeiros	*das Außenministerium*
a Faculdade de Letras	*die Philosophische Fakultät*
a Escola Secundária de Camões	*die Camões-Gesamtschule*

21.10   10. Die Namen von Zeitungen, die kursiv geschrieben werden:

Diário de Notícias	*(Tageszeitung in Portugal)*

11. Abkürzungen, wie z. B.:

USA, ONU, H2O; V. Exa., Exmo. Sr. (Briefverkehr s. 19.9); auch die Abkürzungen der Himmelsrichtungen SE (sudeste/sueste), NO (noroeste)

12. Fakultativ können groß- oder kleingeschrieben werden:

   1. Die Namen von Studienfächern:

Matemática/matemática	*Mathematik*
Literatura Moderna/literatura moderna	*moderne Literatur*
Direito/direito	*Jura*
Gestão de Empresas/gestão de empresas	*BWL*

   2. Die Titel von Büchern, Zeitungen, Zeitschriften und anderen Publikationen, sowie die Namen von Kunstwerken, wobei das erste Wort immer großgeschrieben wird:

Amor de Perdição/Amor de perdição	*(Roman von Camilo Castelo Branco)*
Diário de Notícias/Diário de notícias	*(portugiesische Tageszeitung)*
O Desterrado/O desterrado	*Der Verbannte (Skulptur von Soares dos Reis)*

   3. Die Anredeformen mit gesellschaftlichen und akademischen Titeln oder Amtstiteln werden nach den neuen orthographischen Regeln kleingeschrieben, sie können aber auch noch großgeschrieben werden:

      senhora dona Lídia/Senhora Dona Lídia
      senhor doutor Correia/Senhor Doutor Correia
      senhor professor Azevedo/Senhor Professor Azevedo
      doutora Sandra Henriques/Doutora Sandra Henriques
      vossa excelência/Vossa Excelência
      vossa alteza/Vossa Alteza
      vossa majestade/Vossa Majestade
      vossa santidade/Vossa Santidade
      cardeal Tomás/Cardeal Tomás
      santa Bárbara/Santa Bárbara

Abkürzungen werden in der Regel großgeschrieben, siehe Punkt 11:

Sra. D., Sr. Dr., Sra. Dra., V. Exa., Exmo. Sr., Sto. António, S. Francisco, Sta. Clara.

Allerdings werden sr. dr., sra. dra. häufig kleingeschrieben; in diesem Fall bezieht sich die Abkürzung dr., dra., auf Personen mit abgeschlossenem Studium.

§ 22 Die Silbentrennung

22.1 Die Silbentrennung ist im Portugiesischen von der Etymologie der Wörter völlig unabhängig. Als Grundregel gilt, dass die Trennung nach Sprechsilben gemacht wird.

Por-tu-gal
a-me-ri-ca-na
can-tar
a-ten-der
com-pli-ca-ção
des-con-cer-to

a-cli-ma-tar
ins-ti-gar
e-xa-me
can-sei-ra
bai-la-dei-ra
es-pan-tar

Folgendes ist dabei zu beachten:

22.2 1. Bei zwei aufeinanderfolgenden Konsonanten gehört der erste zur vorhergehenden, der zweite zur nachfolgenden Silbe; das ist auch so bei den Gruppen **sc, sp** und **st**, die im Portugiesischen getrennt werden.

des-cer
a-do-les-cen-te
pres-cin-dir
des-pir
dis-tin-guir
es-ta-lar
ab-sol-ver

ab-di-car
ad-ver-bi-al
ag-nós-ti-co
es-pe-rar
im-pac-to
cal-ma
in-cer-to

22.3 2. Doppelkonsonantengruppen werden ebenfalls getrennt: (**rr, ss, cç, cc** usw.)

car-ro
ar-ras-tar
der-ro-tar
con-vic-ção
oc-ci-pi-tal

res-so-nar
as-sar
pês-se-go
co-mum-men-te
con-nos-co

22.4 3. *Aber:* Konsonantengruppen, die aus den Konsonanten **c, g, t, d, p, b, f, v** in Verbindung mit einem **l** oder **r** bestehen (**cl, cr, gl, gr** usw.), gehören zu derselben Silbe; sie sind also untrennbar, wie auch die Gruppen **ch, lh** und **nh**.

re-**pl**i-car
a-**fl**i-gir
pro-**bl**e-ma
a-**tl**e-tis-mo
a-**tr**a-sar
a-**cr**e-di-tar
a-**cl**i-ma-tar
a-**br**e-vi-ar
ne-**vr**o-se
de-**pr**i-mi-do

in-**ch**ar
ra-**lh**ar
em-**br**u-**lh**o
ne-**bl**i-na
pai-zi-**nh**o
de-**gr**a-da-ção
de-**gl**u-tir
en-**fr**a-que-cer
po-**dr**e
Ro-**dr**i-gues

4. Bei Gruppen von mehr als zwei Konsonanten erfolgt die Trennung vor dem
letzten Konsonanten; untrennbar bleiben jedoch auch hier die unter 22.4
genannten Zweiergruppen.

cons-ci-en-te
abs-ti-nen-te
trans-mon-ta-no
in-ters-tí-ci-o

aber:

abs-tra-to
subs-cre-ver
ins-cri-to
des-pren-der
en-tre-gar
mi-nis-tro

5. Die Vokale eines Diphthongs (**ai, au, ei, éi, eu, éu, iu, oi, ói, ou, ui, ãe, ão, õe**) können nicht getrennt werden.

coi-sa
rou-pa
céu
des-vai-ra-do

6. Vokale, die keinen Diphthong bilden, können getrennt werden; ebenso zwei Diphthonge:

vo-ar	compre-ender
co-operativa	boi-eiro
corre-eiro	ensai-ou

7. Die Gruppen **gu** und **qu** sind von dem folgenden Vokal untrennbar, auch wenn das **u** ausgesprochen wird.

á-gua	lon-gín-quo
re-guei	re-quei-ra
quan-do	a-que-le

8. Fällt die Trennung zusammen mit einem Bindestrich, der im Wort schon enthalten ist, dann muss der Bindestrich am Anfang der nächsten Zeile wiederholt werden.

inventei-/-a				apresentar--lho-ei
apresentar-/-lho-ei	*oder*	apresentar-lho-/-ei		
arranha-/-céus				apresentar-lho--ei

Merke:

Aus ästhetischen Gründen vermeidet man, Silben so zu trennen, dass ein Vokal – als Anfang oder Ende eines Wortes – allein in einer Zeile steht.

Also nicht:	a-mar	famíli-a	i-mitar
sondern:	amar	famí-lia	imi-tar

Wort- und Sachindex

(nach Randnummern)

A

a, Präposition 10.4–30
  Abgrenzung zu **para** 10.123–4
  Angabe d. Art und Weise 10.21
  Angabe d. Beweggrundes 10.23
  Angabe d. Mittels 10.22
  Angabe d. Ortes 10.19
  Angabe d. Wetterverhältnisse 10.20
  Angabe d. Wochentage 10.18
  Angabe d. Zeit 10.17–8
  Angabe d. Zweckes 10.23
  bei Akkusativobjekt 10.11–6
  bei Akkusativobjekt zur Vereindeutigung des Sinns 10.16
  bei Dativobjekt 10.4–10
  bei **Deus** als Akkusativobjekt 10.11
  bei Hervorhebung des pronominalen Akkusativobjekts 10.13
  bei **pedir** und **perguntar** 10.6
  bei periphrastischer Konjugation 10.26, 8.239, 8.18
  bei **quem** als Akkusativobjekt 10.12
  bei reziproken Pronomina 10.15
  bei Verben mit Dativobjekt 10.5
  mit Infinitiv im Sinne eines Partizips Präsens 10.27–8
  mit persönlichem Infinitiv 10.29
  mit substantiviertem Infinitiv 10.30
  nach Adjektiven 10.8
  nach Adverbien 10.9
  nach Ausdrücken 10.10
  nach Partizipien des Bezweckens, der Richtung 10.25
  nach Substantiven 10.7
  nach Verben des Bezweckens, der Richtung 10.24
abaixo – em baixo 9.27
acabar, periphrastische Konjugation 8.260–3
  a. de + Infinitiv 8.260–1
  a. por 8.263
acerca de 10.3, 10.115
acima – em cima 9.27
acolá 9.21

Adjektiv § 3
  absoluter Superlativ 3.23–6
  analytische Form des Superlativs 3.25
  attributive Stellung 3.9–17
  auf **-eu, -u** 3.4
  Bildung des relativen Superlativs 3.27
  eine Form für Maskulinum und Femininum 3.2
  Genus 3.1–4
  Genus und Numerus bei mehr als einem Substantiv 3.6–8
  Genus und Numerus bei mehreren A. und einem Substantiv im Plural 3.8
  Genus und Numerus bei mehreren Substantiven mit gleichem Genus 3.6
  Genus und Numerus bei mehreren Substantiven mit verschiedenen Genera 3.7
  Komparativ 3.19–22
  Komparativ der Gleichheit 3.20
  Komparativ der Überlegenheit 3.19
  Komparativ der Unterlegenheit 3.21
  Numerus 3.1, 3.5–8, vgl. Genus und Numerus
  Öffnung des *-o-* in der femininen Form 3.4
  Pluralbildung der Komposita 4.7–9
  Pluralbildung der zusammengesetzten Substantive, die ein Adjektiv enthalten 4.1–3
  prädikative Stellung in emphatischen Sätzen 18.17
  prädikative Stellung nach bestimmten Verben 18.15
  prädikative Stellung nach Passivformen 18.16
  Präposition **a** bei unregelmäßigen Komparativformen 3.33
  Präposition bei relativem Superlativ 3.29
  regelmäßige Steigerung 3.18–30
  relativer Superlativ 3.27–30
  relativer Superlativ der Unterlegenheit 3.30
  Sonderformen des synthetischen Superlativs 3.24

Steigerung durch Präfixe 3.36
Steigerung durch Suffix (Augmentative) 3.37
Steigerung durch Suffix (Diminutive) 5.8, 3.38
Steigerung durch Vergleich 3.41
Steigerung durch Wiederholung des A. 3.39
Steigerung durch Wiederholung des Substantivs 3.40
Stellung nach dem Substantiv 3.9
Stellung vor dem Substantiv 3.10–3, vgl. Voranstellung
Superlativ 3.23–30
Superlative mit übertragener Bedeutung 3.32
Superlativ, zur Übersetzung 3.28
synthetische Form des Superlativs 3.23–4
Übersicht über die regelmäßigen Steigerungsformen 3.18
Übersicht über die unregelmäßigen Steigerungsformen 3.31
unregelmäßige Steigerung 3.31–5
unterschiedliche Bedeutung je nach Stellung 3.14
Unterschied zwischen synthetischem und analytischem Superlativ 3.26
Verkleinerung von Komparativformen 3.34
verschiedene Formen für Maskulinum und Femininum 3.3
Verstärkung des Komparativs 3.22
Voranstellung bei Ausrufen 3.11
Voranstellung bei Betonung der Aussage 3.13
Voranstellung bei rhetorischen Wendungen 3.12
Voranstellung bei subjektiver Bewertung 3.10
Wiederholung des A. (Steigerung) 3.39
Zahladjektive 3.42, vgl. Ordnungszahlen 6.13
zusammengesetztes, Pluralbildung 4.7–9, vgl. zusammengesetztes A.
Adverb § 9
Adjektiv statt Adverb 9.7
Bildung mit **-mente** 9.2

Bildung mit maskuliner Form des Adjektivs 9.6
d. Affirmation, Besonderheiten 9.40
d. Affirmation, Formen 9.39
d. Art und Weise 9.1–8
d. Art und Weise, Formen 9.1
d. Art und Weise, Sonderformen 9.3
d. Art und Weise, Steigerung 9.53
d. Art und Weise, weitere Formen 9.8
d. Ausschließung 9.47
d. Bejahung, vgl. d. Affirmation
d. Einschließung 9.48
d. Hinweises 9.49–50
d. Menge, Besonderheiten 9.31–7
d. Menge, Formen 9.30
d. Menge, Steigerung 9.56
d. Ortes, Besonderheiten 9.21–8
d. Ortes, Formen 9.20
d. Ortes, Steigerung 9.55
d. Reihenfolge 9.19
d. Richtung 9.28
d. Verneinung, Besonderheiten 9.44–5
d. Verneinung, Formen 9.42
d. Zeit, Besonderheiten, 9.12–6
d. Zeit, Formen 9.11
d. Zeit, Steigerung 9.54
d. Zweifels 9.46
normale Stellung 18.20
Steigerung 9.52–6
Steigerung durch Verkleinerungssuffix **-inho** 9.57
Steigerung durch Suffix 5.8
Stellung 18.20–1
substantiviertes 2.3
Verknüpfungsadverbien 11.3
Voranstellung 18.21
Adverbialbestimmung/adverbiale Bestimmung, valenzunabhängige 18.14 Fußnote
adverbiale Bestimmung, Stellung 18.14
adverbialer Ausdruck § 9
com + Substantiv 9.10
daqui + adverbiale Zeitbestimmung 9.18
d. Affirmation 9.41
d. Art und Weise 9.9–10
d. Menge 9.38
d. Ortes 9.29
d. Verneinung 9.43
d. Verneinung, Besonderheiten 9.44–5

d. Zeit 9.17-8
Steigerung durch Suffix 5.8
afinal 9.58
afirmar que, dt. *wollen* 8.325
aí, Adverb 9.20, 9.21
ai de, Ausruf 10.65, 12.15
ainda, Zeitadverb 9.15
    a. que 11.14
Akkusativobjekt, Stellung 18.9-10
    abweichende Stellung 18.10
    normale Stellung 18.9
Akkusativpronomen 7.65-7
    Formen 7.65
    Veränderungen in der Form 7.66-7
além, Adverb 9.22
    a. de, präpositionaler Ausdruck 10.3, 10.117
algum, Indefinitpronomen 7.97-9
    alleinstehend 7.97
    nach verneintem Verb 7.98
    Redewendungen 7.99
    vor Substantiv 7.97
ali, Adverb 9.20, 9.21
Altersangabe (Grundzahlen) 6.6
ambos / ambas
    Akkusativ zur Hervorhebung 10.14
    bestimmter Artikel 1.21
    Indefinitpronomen 7.100-1
andar, periphrastische Konjugation 8.259
Anrede
    Allgemeines 19.1
    Anrede mit **tu** 19.1, 19.10
    bei Arbeits- bzw. Freundschaftsverhältnis 19.8
    bei Eltern 19.5
    bei Kindern 19.7
    de + Anredeform statt Possessivpronomen 19.12
    Gebrauch der dritten Person 19.2
    Gebrauch des Artikels 1.13-4
    im Briefverkehr 19.9
    Objektpersonalpronomen 19.10-3
    o senhor / a senhora 19.6
    o senhor – aquele senhor 19.13
    pá 19.8
    Personalpronomen 7.73
    Possessivpronomen 7.21, 7.23-4, 19.10-3
    respektvolle A. 19.9
    você 19.3-4

Vorname + dritte Person 19.4
Wechsel zwischen Anredeform und Objektpersonalpronomen oder Possessivpronomen 19.11
antes querer 8.324
Antwort 16.1-20
    Betonung der A. 16.8
    doppelte Wiederholung des Adverbs 16.4
    doppelte Wiederholung des Verbs 16.5
    mit **ainda não** 16.11
    mit **não** 16.9
    mit **não** + Name / Titel 16.10
    negative 16.9-11
    positive 16.1-4
    positive auf Frage in verneinter Form 16.5-8
    Wiederholung des Adverbs 16.3
    Wiederholung des Verbs 16.1
    Wiederholung des Verbs + **sim** 16.2, 16.6
    Wiederholung des Verbs + **pois** 16.7
após 10.122
Apposition
    Kommasetzung 20.8
    Possessivpronomen 7.26
aquando de 10.120
aquele, vgl. **este**
    pejorativer Gebrauch 7.6
aqui
    Adverb 9.21
    mit **vir** 9.24
Artikel § 1
Artikel, bestimmter 1.1-4, 1.10-27
    bei bekannten Persönlichkeiten 1.11
    bei Feiertagsnamen 1.19
    bei geographischen Namen 1.15-8
    bei Krankheiten 1.23
    bei Personennamen 1.10
    bei Possessivpronomen 1.20
    bei Titeln 1.13
    fakultativer Gebrauch bei Ländernamen 1.17
    Formen 1.1
    Gebrauch 1.10-27
    Gebrauch im Unterschied zum Dt. 1.10-23
    in modalen Ausdrücken 1.22
    bei Subjekt und Objekt im Unterschied zum Dt. 1.27

kein A. bei geographischen Namen 1.16
kein A. bei Monatsnamen 1.24
kein A. bei Personennamen 1.12
kein A. bei Städtenamen 1.18
kein A. bei Transportmitteln 1.25
kein A. im Unterschied zum Dt. 1.24–6
kein A. in bestimmten Ausdrücken 1.26
Kongruenz des A. mit seinem Substantiv 1.2
Kontraktionsformen mit Präposition 1.3–4
nach **ambos / ambas** 1.21
nach **todo(s) / todas (s)** 1.21
Artikel, unbestimmter 1.5–9, 1.28–31
   adjektivischer Gebrauch der Pluralformen 1.6
   Formen 1.5
   Gebrauch 1.28–31
   kein A. bei unbestimmtem Substantiv im Plural 1.7
   kein A. im Unterschied zum Dt. 1.28–31
   kein A. in Ausrufen mit **que** 1.30
   kein A. in bestimmten Ausdrücken 1.31
   kein A. vor **meio** 1.28
   kein A. vor **semelhante** 1.29
   kein A. vor **tal** 1.29
   Kontraktionsformen mit Präposition 1.8–9
Artikelwörter Seiten 1 und 62
assim que + Konjunktiv 8.144–5
até 10.1, 10.31
attributives Adjektiv vgl. Adjektiv
Aufenthalt, kurzer bzw. langer (Präp.) 10.123–4
Augmentativ, vgl. Vergrößerungsform
Ausruf § 12
   Ablehnung 12.7
   Angst 12.14
   Anruf 12.18
   Aufforderung, sich zu entfernen 12.22
   Aufforderung zum Anhalten 12.25
   Aufforderung zum Hochheben 12.24
   Aufforderung zum Schweigen 12.21
   Ausdruck einer Empfindung 12.1–17
   Befürchtung 12.15
   Begeisterung 12.13
   Behauptung 12.12
   Erleichterung 12.8
   Ermutigung 12.23
   Erregung der Aufmerksamkeit 12.18–25
   Erstaunen 12.3
   Frage 12.11
   Freude 12.2
   Hilferuf 12.20
   Lautnachahmung 12.26
   Missbilligung 12.5
   Mitleid 12.16
   mit **que** (Ausrufe ohne Artikel) 1.30
   Schmerz 12.1
   Tadel 12.17
   Überraschung 12.4
   Unbehagen 12.15
   Ungeduld 12.6
   Unzufriedenheit 12.5
   Warnung 12.19
   Wunsch 12.9
   Zweifel 12.10

B

Bedingungssatz, vgl. realer bzw. irrealer B.
Befehlssatz, vgl. Imperativ
   indirekter mit dt. *sollen* 8.312
Begleiter des Substantivs Seiten 1 und 62, § 9
belo – bel 3.4
bem 9.3, 9.32
   am Satzanfang 9.4
Beschimpfung (Possessivpronomen) 7.24
bom, am Satzanfang 9.4
   Bildung der femininen Form 3.4
Bewegung auf ein Ziel hin (Präposition) 10.123–4
Briefkopf (Possessivpronomen) 7.24
Bruchzahlen 6.21–5
Buchstaben (Genus) 2.3

C

cá, Adverb 9.23–6
   cá dentro / fora 9.25
   cá em baixo, cá em cima 9.26
   mit **vir** 9.24
   nach Imperativ 13.7
   zur Hervorhebung 13.1–2, 13.7

caber 8.231
cada, Indefinitpronomen 7.102–4
   cada – cada um – cada qual 7.102
   dt. *jeder* 7.103
   Redewendungen 7.104
cair 8.224
cem – cento 6.3
certo, Stellung beim Substantiv 3.17
chegar a + Infinitiv 8.266
coitadinho (-a), coitado (-a) 12.16
coitado de 10.65, 12.16
com, Präposition 7.75, 9.10, 10.32–42
   Art und Weise 10.37
   Begleitung, Gesellschaft 10.32
   bei Verben, die eine Emotion ausdrücken 10.35
   Beziehung 10.33
   Einräumung 10.40
   Grund, Ursache 10.38
   Inhalt 10.42
   Kleidung etc. 10.41
   Mittel 10.36
   + Personalpronomen 7.75
   + Substantiv als adverbialer Ausdruck 9.10
   Umstand 10.39
começar, periphrastische Konjugation 8.264–5
   c. a + Infinitiv 8.264
   c. por + Infinitiv 8.265
como
   Adverb 9.8, 9.51
   d. Art und Weise 9.8
   Interrogativadverb 9.51
   Konjunktion 11.15–7
   mit Konjunktiv Futur 8.147
complemento direto, vgl. Akkusativpronomen
complemento indireto, vgl. Dativpronomen
consecutio temporum, vgl. Zeitenfolge
consta que, dt. *sollen* 8.320
continuar a + Infinitiv 8.267
crer 8.231
cujo, vgl. Relativpronomen

D

daqui + adverbiale Zeitbestimmung 9.18
   d. a 10.78

dar 8.231
   d. a 10.153
   Ausdrücke mit **d.** 10.158
   d. com 10.143
   d. de si 10.154
   d. em 10.144, 10.145
   d. em + Infinitiv 10.144
   d. para 10.146–9
   d. por 10.150–52
   d. -se (bem/mal em) 10.157
   d. -se a 10.155
   d. -se com 10.156
Dativobjekt, Stellung 18.11–3
   normale Stellung 18.11
   Stellung vor Akkusativobjekt 18.12
   Wiederholung des Dativs beim Verb 18.13
Dativpronomen 7.61–4, 7.68–9
   + Akkusativpronomen 7.68–9
   emphatischer Gebrauch 7.64
   Formen 7.61
   statt Possessivpronomen 7.62
dativus ethicus 7.63
Datumsangabe
   Bildung mit **ser** 8.11
   Grundzahlen 6.7, 6.8
   in Briefen, Grundzahlen 6.11
dauern,
   Übersetzungsmöglichkeiten 8.285
de, Präposition 10.43–69
   Art und Weise 10.50
   bei Komparativ, **do que** 10.68, 3.18, 3.19
   genitivus partitivus 10.63
   genitivus possessivus 10.43–4
   genitivus qualitatis 10.46
   Herkunft, Ursprung (auch übertragen und zeitlich) 10.47–8
   Inhalt 10.53
   in Konstruktionen vom Typ: **ai de, coitado de** 10.65
   in Konstruktionen vom Typ: **uma coisa destas!** 10.63
   in Passivkonstruktionen 10.66, 8.233
   in periphrastischer Konjugation 10.67, 8.246–50
   in Satzverbindung 10.69, 18.29
   isto / isso / aquilo de 10.45
   Material 10.52
   nach Adjektiven 10.60

nach Mengenangaben 10.61
nach pronominalem Adjektiv mit substantivischer Funktion 10.62
nach verbalen Ausdrücken 10.59
nach Verben 10.58
nähere Bestimmung eines Gegenstandes 10.55
Stoff eines Gesprächs, eines Buches 10.54
Transportmittel 10.51
Ursache 10.57
Zeit (Tages-, Jahreszeit) 10.49
Ziel 10.56
deitar a + Infinitiv 8.274
deixar
  d. de + Infinitiv 8.268
  + Infinitiv 8.293
  não d. de + Infinitiv 8.269
  periphrastische Konjugation 8.268-9
de mais 9.38
demais 7.106, 9.34
demasiado 9.34
Demonstrativpronomen § 7
  adjektivischer Gebrauch 7.3, 18.18
  als kombinierte Form 7.14
  Ausdrücke und Redewendungen 7.7
  Beispiele für Gebrauch 7.5
  Bezug 7.4
  Formen 7.1-2
  Genus 7.3
  Gebrauch 7.3-7
  Numerus 7.3
  o 7.12
  o de 7.11
  o mesmo 7.13-7
  o outro 7.13-4
  o que, Satzbezug, 7.10
  o que, Subjekt-/Objektfunktion 7.9
  + Possessivpronomen, vgl. Possessivpronomen
  substantivischer Gebrauch 7.3
  tal 7.13, 7.18
  unveränderliches 7.3
  veränderliches 7.3
  weitere Formen 7.13
depois 9.13
  d. de 10.116
desatar a + Infinitiv 8.274
desde 10.70-4
  Ausgangspunkt in der Zeit 10.72

Ausgangspunkt in einem Raum 10.71
Ausgangspunkt in einer Serie 10.70
d. há 10.74
d. – há 10.73
determinantes Seiten 1 und 62, § 9
dever 8.277-80
  devia 8.279, 8.309, 8.310
  dt. *dürfte* 8.306
  dt. *mögen* 8.329
  dt. *sollen* 8.310
  moralische Pflicht 8.277
  Verbot 8.280
  Vermutung 8.278, 8.308
  verneinte Form 8.305
Dezimalbruch 6.22
Diminutiv, vgl. Verkleinerungsform
direkte Rede, Umwandlung in indirekte Rede 17.1-4
  Änderung des Adverbs 17.3
  Änderung des Pronomens 17.2
  Änderung der Verbalform 17.1
  Vokativ 17.4
disparar a + Infinitiv 8.274
dizem que / diz-se que, dt. *sollen* 8.320
doppelte Negation § 14
dizer 8.231
do que bei Komparativ 3.18, 3.19, 10.68
durante 10.2, 10.122
dürfen,
  Übersetzungsmöglichkeiten 8.304-6

E

eis 9.49-50
em, Präposition 10.75-84
  Art / Material von Produkten 10.79
  Art / Mittel eines Handlungsgeschehens 10.80
  beschränkend: **perito em** etc. 10.81
  Häufigkeitsangabe 10.78
  in Ausdrücken 10.80, 1.20, 9.17, 9.18, 9.19, 9.27, 9.29
  mit Gerundium 10.84, 8.192
  nach Verben der Bewegung 10.82
  Raumangabe; für Inseln 10.75
  Zeitangabe 10.76
  Zeitraumangabe 10.77
Emphasis, vgl. Hervorhebung
enquanto, temporale Konjunktion 11.18-9

Indikativ bzw. Konjunktiv 8.144–5
então 9.16
é que
   im Interrogativsatz 15.3
   zur Hervorhebung am Satzanfang 13.12
   zur Hervorhebung von Satzteilen 13.11
esquecer-se 8.221, 7.60
esse, vgl. este
   pejorativer Gebrauch 7.6
estar
   e. a + Infinitiv 8.18, 8.239–40
   bei Ausdrücken 8.17
   bei Zustandspassiv 8.16, 8.235
   e. em + Infinitiv 8.245
   Formen 8.219
   Funktion als Hilfsverb, vgl. Hilfsverb
   Gebrauch 8.13–8
   mit Gerundium 8.18, 8.239
   mit Partizip 8.16
   Ortsangabe 8.14
   e. para + Infinitiv 8.241–3
   periphrastische Konjugation 8.18, 8.239–245
   e. por + Infinitiv 8.244
   Präsensformen 8.3
   vorübergehender Zustand 8.13
este / esse / aquele 7.1–5
   Formen 7.1–2
   Gebrauch 7.3–5
ethischer Dativ, vgl. dativus ethicus
excelentíssimo, Anrede 19.9

F

fahren, Übersetzungsmöglichkeiten 8.286
Fahrplan 6.25
fazer 8.231
fazer + Infinitiv 8.294
Feiertagsnamen (Artikel) 1.19
feminine Form der Substantive 2.6–18
   als Kollektivum 2.16
   gleich maskuliner Form 2.12
   unregelmäßige Bildung 2.11
Fest- / Gedenktage (Ordnungszahl) 6.15
ficar
   abstrakte Bedeutung 8.283
   dt. *bleiben* 8.282
   f. a + Infinitiv 8.270

f. com 10.133
f. – continuar a 8.284
f. de + Infinitiv 8.272
f. em 10.140
f. + Gerundium 8.270
Lokalisierung 8.281, 8.15
f. na sua 10.141
f. nisto 10.141
periphrastische Konjugation 8.270–2
f. para 10.135–6
f. por 10.138
f. por alguém 10.137
f. por aqui 10.139
f. por + Infinitiv 8.271
f. -se 10.142
f. sem 10.134
statt Passiv 8.236
Frage
   periphrastisches Futur 8.71
   periphrastischer Konditional 8.88
Fragesatz § 15, vgl. Interrogativsatz
Früchte, Genus 2.5
Futur I 8.62–8
   abweichende Form 8.63
   als Imperativ 8.67
   Gebrauch 8.65–8
   modaler Aspekt 8.65
   regelmäßige Form 8.62
   Stellung des Personalpronomens 8.64
   Unsicherheit, Zweifel 8.68
   Willen, Versprechen 8.66
Futur II 8.72–5
   Formen 8.72
   Gebrauch 8.73–5
   in der Zukunft abgeschlossene Handlung 8.73–4
   Zweifel bezüglich vergangener Handlungen 8.75
Futur, periphrastisches 8.69–71
   Bestimmtheit 8.70
   Bildung 8.69
   Gebrauch 8.70–1
   Zweifel in Fragesätzen 8.71
Futur, dt. *sollen* 8.311, 8.318

G

Geburtsdatum (Grundzahlen) 6.9
genießen,
   Übersetzungsmöglichkeiten 8.287

Genus der Adjektive, vgl. Adjektiv
Genus der Substantive, vgl. Substantiv
gente, a 7.54, 7.75, 7.119
geographische Namen
  Artikel 1.15–18
  Genus 2.3
gern haben / tun, mögen, Übersetzungsmöglichkeiten 8.288
Gerundium 8.189–204
  als Ausdruck eines mit der Haupthandlung koordinierten Geschehens 8.200
  anstelle eines Relativsatzes 8.199
  Art und Weise 8.195
  Bedingung 8.196
  Bildung des G. 8.189
  Einräumung 8.197
  Formen des zusammengesetzten G. 8.203
  Gebrauch des zusammengesetzten G. 8.204
  in periphrastischer Konjugation 8.191, 8.18, 8.238–9, 8.254–5, 8.257, 8.259, 8.270
  Kausalität 8.194
  Mittel 8.195
  nach Präposition **em** 8.192
  Überlagerung mehrerer Funktionen 8.201
  Zeit, Gleichzeitigkeit 8.198
  zusammengesetztes 8.203–4
gostar de 8.288
grande – grão – grã 3.4
Großschreibung 21.1–15
  Amtstitel, akademische Titel (fakultativ) 21.14
  astronomische Namen 21.7
  Eigennamen 21.2
  geographische Bezeichnungen 21.4
  Institutionen, Behörden, Schulen etc. 21.9
  Kalenderfeste, geschichtliche Epochen 21.8
  Namen von Straßen, Gebäuden etc. 21.6
  religiöser Bereich 21.3
  Satzanfang 21.1
  Studienfächer (fakultativ) 21.12
  Textanfang 21.1
  Titel von Büchern etc. (fakultativ) 21.13

Grundzahl 6.1–12
  Bildung 6.2–5
  Gebrauch 6.6–12

H

há – desde 10.73
há ... que 13.8
haver
  als unpersönliches Verb 8.6
  Formen 8.219
  Funktion als Hilfsverb, vgl. Hilfsverb
  Gebrauch 8.5–9
  in Zeitausdrücken 8.7–9
  in zusammengesetzten Zeiten 8.5
  periphrastisches Futur, vgl. Futur, periphrastisches
  periphrastischer Konditional, vgl. Konditional, periphrastischer
  periphrastische Konjugation, vgl. **haver de**
  Präsensformen 8.3
haver de, periphrastische Konjugation 8.247–50, 8.316–7, 8.69–71
  dt. *sollen* 8.316–7
  in Ausrufesätzen 8.250
  in Fragen 8.249
  in rhetorischen Fragen 8.250
  Vermutung 8.248
  Wille 8.70, 8.247, 8.316
  Zweifel 8.71, 8.249, 8.317
Herrschernamen (Ordnungszahl) 6.17
Hervorhebung von Wörtern und Ausdrücken § 13
  Wörter zur Hervorhebung 13.1
  Gebrauch der Wörter 13.2–13
Hilfsverb
  Formen 8.219
  Gebrauch 8.4–18
  Imperfekt Konjunktiv, Formen 8.98
  periphrastische Konjugation 8.181
  Präsens Indikativ, Formen 8.3
  Präsens Konjunktiv, Formen 8.97

I

Idiomatische Konstruktionen für dt. *mögen* 8.334
ilustríssimo, Anrede 19.9
Imperativ 8.153–9, 8.102–3
  Beispiele 8.157

Bildung der zweiten Person Plural 8.155
Bildung der zweiten Person Singular 8.154
Bildung der weiteren Formen 8.156
eigentlicher I. 8.153
Gebrauch des Subjekts 8.159
negierter I. 8.158
Imperfekt 8.31–40, 8.53
   Abgrenzung des Gebrauchs des I. von einfachem und zusammengesetztem Perfekt 8.30, 8.53
   andauernde Handlung bei Eintreten einer weiteren 8.36
   deskriptives 8.33
   Formen 8.31
   Gebrauch 8.32–40
   Gebrauch, allgemein 8.32
   in Märchenanfang 8.34
   in irrealen Bedingungssätzen 8.39
   iteratives 8.35
   repetitives 8.35
   statt Imperfekt Konjunktiv 8.40
   statt Konditional 8.38–9
   statt Präsens 8.37
indefiniter pronominaler Ausdruck 7.113
Indefinitpronomen 1.6, 3.17, 6.28, 7.91–119
   algum 7.97–9, vgl. **algum**
   ambos 7.100–1
   cada 7.102–4, vgl. **cada**
   Formen 7.91
   Gebrauch 7.92–111
   mit Zahlen gebildet 6.28
   mais, demais 7.105–7, vgl. **mais**
   muito 7.108
   nenhum 7.96
   pouco 7.108
   qualquer 7.109–10
   todo 7.92–5
   tudo 7.92, 7.94
   weitere I. 7.111
Indikativ 8.2–75, vgl. die einzelnen Zeiten
indirekte Rede 17.1–4
   Konditional I 8.83
   periphrastischer Konditional 8.86
   Veränderungen bei Umformung der direkten in die i. R. 17.1–4, vgl. direkte Rede

Infinitiv 8.160–88
Infinitiv, persönlicher 8.161–75
   bei **a** + bestimmtem Artikel 8.168 cb), 8.173
   bei Gegenseitigkeit 8.169
   bei gleichem Subjekt und Abhängigkeit von Präposition 8.171
   bei mehreren Infinitiven in einem Satz 8.172
   bei nicht-identischen Subjekten und Präpositionen im Infinitivsatz 8.166
   fakultativer Gebrauch 8.171–75
   Formen 8.161
   Gebrauch 8.163–75
   in Frage- und Ausrufesätzen ohne weiteres Verb 8.170
   nach Präposition **a** mit konditionaler Bedeutung 8.168
   nach unpersönlichen Ausdrücken 8.164
   nach Verben der Sinneswahrnehmung 8.174
   obligatorischer bzw. fakultativer Gebrauch 8.163
   obligatorischer Gebrauch 8.164–70
   parecer + Infinitiv 8.175
   pronominales Subjekt des persönlichen Infinitivs 8.165
   statt Nebensatz 8.162, 8.167
Infinitiv, substantivierter 8.177
Infinitiv, unpersönlicher 8.160, 8.176–85
   als Imperativ 8.178
   als Substantiv 8.177
   Formen 8.160
   Gebrauch 8.176–85
   in Verbindung mit **de** + Adjektiv 8.185
   in Verbindung mit **de** + Substantiv 8.184
   nach **deixar, fazer, mandar** 8.180
   nach Hilfsverben der periphrastischen Konjugation 8.181–2
   nach Präposition **a** in der Bedeutung eines Partizips Präsens 8.183
   nach Verben des Wünschens 8.179
   ohne Bezug auf bestimmtes Subjekt 8.176
Infinitiv, zusammengesetzter 8.186–8
   Formen 8.186–7
   Gebrauch 8.188

persönliche Form 8.187
unpersönliche Form 8.186
Interrogativadverb 9.51
Interrogativpronomen 7.41–9
   Formen 7.41
   Gebrauch 7.42–9
   de quem 7.48
   o que 7.42
   qual 7.45
   quanto 7.49
   que 7.42–44
      Abgrenzung zu **quê** 7.43
      vor Substantiv 7.44
   quem 7.46–48
      als Akkusativobjekt 7.47
Interrogativsatz 15.1–4
   Ausdruck des Zweifels 15.4
   Behauptung 15.4
   Entscheidungsfragen 15.1
   Ergänzungsfragen 15.2–3
   Inversion 15.2
   mit **é que** 15.3
   mit Fragewort 15.2–3
   ohne Fragewort 15.1
Inversion
   bei Personalpronomen, vgl. Personalpronomen
   im Interrogativsatz 15.2
   Subjekt – Prädikat 18.2–8, vgl. Subjekt, abweichende Stellung
ir 8.231
   periphrastische Konjugation 8.251–55
   ia a + Infinitiv 8.253
   ia + Gerundium 8.255
   ir + Gerundium 8.254
   ir im einfachen Perfekt + Infinitiv 8.252
   ir + Infinitiv 8.251
   ir – vir 8.256, 8.290
Ironie
   Vergrößerungsformen 5.10
   Verkleinerungsformen 5.3, 5.11
Irrealer Bedingungssatz 8.39, 8.51, 8.80, 8.94, 8.326, 8.136–41
   Allgemeines 8.136
   bei Inversion 8.140
   der Gegenwart 8.137
   der Vergangenheit 8.139
   dt. *wollen* 8.326

   irrealer Wunschsatz 8.138
   Schema 8.141
   Tempusgebrauch 8.80, 8.94
Irrealis in der Schriftsprache 8.59–61
Isto / isso / aquilo de 10.45

J

já zur Hervorhebung 13.14
já não, Verneinung 9.45
Jahresangabe 6.10
Jahreszahl 6.5
Jahrhundertangabe 6.18

K

Kardinalzahl, vgl. Grundzahl
Kasusflexion 1.2
kochen,
   Übersetzungsmöglichkeiten 8.289
Kommasetzung 20.2–20
   bei Adressen 20.19
   bei Apposition 20.8
   bei Ausdrücken wie **isto é, quer dizer** etc. 20.16
   bei Auslassung des Verbs 20.18
   bei eingeschobenem explikativem Satz 20.13
   bei explikativem oder appositivem Relativsatz 20.5
   bei Gerundial- bzw. Partizipialsatz 20.9
   bei Nebensatz 20.6, 20.11
   bei normaler Satzstellung 20.2
   bei Orts- und Datumsangabe 20.21
   bei **porém, todavia, portanto** etc. 20.15
   bei restriktivem Relativsatz 20.5
   bei Subjekt- bzw. Objektfunktion eines Satzes in einem anderen 20.4
   bei Vokativ 20.7
   bei vorangestellter adverbialer Angabe 20.3, 20.14
   bei vorangestelltem Nebensatz 20.12
   bei wiederholtem Satzteil 20.10
   vor **etc.** 20.20
   vor **mas** 20.17
kommen,
   Übersetzungsmöglichkeiten 8.290
Komparativ
   Besonderheiten 3.32–5
   des Adjektivs 3.19–22, vgl. Adjektiv

Verkleinerungsform 3.34
Komposita, Pluralbildung, vgl. Pluralbildung
Konditional
   dt. *sollen* 8.315
   Stellung des Personalpronomens 8.64
Konditional I 8.76–84
   bei Behauptung 8.82
   bei Handlungen unter bestimmten Bedingungen 8.79
   bei Vorwegnahme, dt. *sollen* 8.319
   bei Wunsch 8.81
   regelmäßige Formen 8.76
   Gebrauch 8.78–84
   Imperfekt statt K. 8.84
   in indirekter Rede 8.83
   in irrealem Bedingungssatz 8.80
   modale Funktion 8.79–84
   temporale Funktion 8.78
   unregelmäßige Formen 8.77
Konditional II 8.89–96
   bei Handlungen unter bestimmten Bedingungen 8.93
   bei Unsicherheit etc. 8.95
   Formen 8.89
   Gebrauch 8.90–96
   in irrealem Bedingungssatz 8.94
   modale Funktion 8.93–6
   Plusquamperfekt I statt K. 8.59
   Plusquamperfekt II statt K. 8.91, 8.96
   temporale Funktion 8.90–1
   temporale und modale Funktion 8.92
Konditional, periphrastischer 8.85–88
   bei Bestimmtheit 8.87
   Formen 8.85
   Gebrauch 8.86–8
   in Fragen 8.88
Konjugationen, Übersicht
   Arten der Konjugation 8.1
   Bemerkungen zur 1. Konj. 8.222
   Bemerkungen zur 2. Konj. 8.223
   Bemerkungen zur 3. Konj. 8.224
   Besonderheiten 8.226–30
   Hilfsverben 8.219
   orthographische Verschiebungen 8.225
   reflexive Verben 8.221
   regelmäßige Verben 8.218
   Verben auf **-ear** 8.226
   Verben auf **-iar** 8.227
   Verben auf **-oer** 8.229
   Verben auf **-oiar** 8.228
   Verben auf **-uir** 8.230
   Verb mit Akkusativpronomen 8.221
   zusammengesetzte Zeiten 8.220
Konjunktion § 11, vgl. auch Satzverbindung
   adversative 11.2–3
   completivas 11.21
   disjunktive 11.4
   explikative 11.5
   finale 11.6
   kausale 11.15–6
   komparative 11.17
   konditionale 11.7–10
   konklusive 11.5
   konsekutive 11.20
   konzessive 11.11–4
   koordinierende 11.1–5
   kopulative 11.1
   nebenordnende, vgl. koordinierende
   Stellung, abweichende 18.22–3
   Stellung, normale 18.23
   subordinierende 11.6–21
   temporale 11.18–9
   unterordnende, vgl. subordinierende
Konjunktiv 8.97–152
   abhängig von Konditional-, Konzessivsätzen 8.133
   als Imperativ 8.102
   als Optativ 8.104–8
   Bedingung für Gültigkeit des Hauptsatzes 8.131
   Beschränkung genereller Behauptungen 8.134
   dritte Person in festen Ausdrücken 8.104
   fiktiver Wunsch in der Vergangenheit 8.103
   Formen 8.97–100
   Gebrauch 8.101–35
   Gebrauch, allgemein 8.101
   im Hauptsatz 8.102–110
   im Nebensatz 8.111–35
   im Relativsatz 8.129–35
   in Sätzen mit Alternativen 8.110
   in Verstärkungsformeln 8.106
   mit **que** 8.105
   mit **quem**, wenn im Hauptsatz **há, não falta** etc. steht 8.135

nach **antes que, primeiro que** 8.126
nach **até que** 8.127
nach bestimmten Ausdrücken des Wunsches 8.108
nach **como se** 8.125
nach **Deus queira que** 8.107
nach **duvidar, ter dúvida de que** 8.116
nach finalen Konjunktionen 8.119
nach konditionalen Konjunktionen 8.121
nach Konjunktionen 8.118–28
nach konsekutiven Konjunktionen 8.122
nach konzessiven Konjunktionen 8.120
nach **logo que** 8.128
nach negierten Verben des Wissens, Denkens, Glaubens etc. 8.117
nach **ou porque ... ou porque, não porque, não que** 8.124
nach **oxalá (que)** 8.107
nach **sem que** 8.123
nach **talvez** 8.109
nach unpersönlichen Ausdrücken 8.112–3
nach Verben, die ein Gefühl ausdrükken 8.115
nach Verben des Wünschens, Befehlens etc. 8.114
Präzisierung eines im Hauptsatz ausgedrückten Wunsches 8.130
Konjunktiv Futur I 8.142–9
Allgemeines 8.142
Formen 8.143
Gebrauch 8.144–9
in Ausdrücken 8.149
in Relativsätzen, die Unbestimmtheit betonen 8.148
nach komparativen Konjunktionen 8.147
nach **se** bei realem Bedingungssatz 8.146
nach temporalen Konjunktionen 8.144–5
Konjunktiv Futur II 8.150–2
Formen 8.150
Gebrauch 8.151–2
Konjunktiv Imperfekt, Formen 8.98
Konjunktiv Perfekt, Formen 8.99
Konjunktiv Plusquamperfekt, Formen 8.100

Konjunktiv Präsens
dt. *sollen*, indirekte Aufforderung 8.314
Formen 8.97
können,
Übersetzungsmöglichkeiten 8.291, 8.298–303
Kontraktionsformen
bestimmter Artikel 1.3–4
Demonstrativpronomen 7.2
unbestimmter Artikel 1.8–9

L

lá
Adverb 9.23–6
bei Personen (Hervorhebung) 13.2
lá dentro / fora 9.25
lá em cima / em baixo 9.26
ir lá 9.24
nach Imperativ (Hervorhebung) 13.5–6
nach Verb (Hervorhebung) 13.4
vor Verb 13.2–3
zur Hervorhebung 13.1–6
Ländernamen (Artikel) 1.15–7
largar a + Infinitiv 8.274
lassen,
Übersetzungsmöglichkeiten 8.292–5
Reflexivkonstruktion 8.295
ler 8.231
lernen, Übersetzungsmöglichkeiten 8.296
logo, Zeitadverb 9.14
l. que + Konjunktiv 8.128, 8.144–5, 11.18

M

maior, substantivischer und adjektivischer Gebrauch 3.35
unregelmäßiger Komparativ 3.31
Verkleinerungsform 3.34
mais, Indefinitpronomen 7.105–7
+ best. Artikel 7.106
os mais de 7.107
mal, Adverb 9.3, 9.5
temporale Konjunktion 11.18–9
man, Übersetzungsmöglichkeiten 7.114–9
a pessoa / as pessoas 7.119
dizem que etc. 7.115
dritte Person Plural ohne Subjekt 7.116

erste Person Plural 7.117
erste Person Plural bei Reflexivkonstruktionen 7.118
Reflexivkonstruktion 7.114
mandar + Infinitiv 8.292
mas 11.3, 20.17
mau, Bildung der femininen Form 3.4 d)
máximo, übertragener Sinn 3.32
unregelmäßiger Superlativ 3.31
medir 8.231
meio 6.23
ohne Artikel 1.28
Mengenangabe 6.23
o menino / a menina, Anrede 19.7
menor, substantivischer und adjektivischer Gebrauch 3.35
unregelmäßiger Komparativ 3.31
o mesmo, Demonstrativpronomen 7.13-7
Ausdrücke 7.17
Kombinierung mit anderen Demonstrativpronomina 7.15
Steigerungsform 7.16
mesmo que 8.120, 11.11-2
metade 6.24
mínimo, übertragener Sinn 3.32
unregelmäßiger Superlativ 3.31
modale Ausdrücke 9.9-10
bestimmter Artikel 1.22
Modalverben, Übersetzung der deutschen M. 8.298-334
modificadores 18.14 Fußnote
mögen,
Übersetzungsmöglichkeiten 8.328-334
Übersetzung der Sätze vom Typ: *Was er auch tun mag ...* 8.333
Monatsnamen (Artikel) 1.24
muito, Adverb 9.30-1
Indefinitpronomen 7.108
Musiknoten (Genus) 2.3
müssen,
Übersetzungsmöglichkeiten 8.307-9

N

nada, Adverb 9.30
doppelte Negation 14.1-3
Indefinitpronomen 7.91
Negationsverstärkung 9.37
n. de 10.62
não, zur Hervorhebung 13.13
n. ... mais, Verneinung 9.45

Negation, doppelte 14.1-3
nem, Verneinung 9.44
nem ... nem, Konjunktion 11.4
n. que 11.13, 8.120
nenhum, Indefinitpronomen 7.96
Negation, doppelte 14.1-2
Nomen § 2
Numerus der Adjektive
allgemein 3.1
bei Bezug auf Teile eines Begriffes 3.8
bei gleichem Genus mehrerer Substantive 3.6-7
bei mehr als einem Substantiv 3.5
bei verschiedenen Genera mehrerer Substantive 3.7

O

o, Akkusativpronomen 7.65-9
Formen 7.65-7
Kombination mit Dativpronomen 7.68-9
Demonstrativpronomen 7.12
Objektpersonalpronomen, Anrede, vgl. Anrede
Obstbäume, Genus 2.5
o de, Demonstrativpronomen 7.11
onde, Interrogativverb, Relativadverb 9.51
onomatopoetische Ausdrücke, Ausruf 12.26
o outro, Demonstrativpronomen 7.13-4
Optativ 8.104-8
o que, Demonstrativpronomen 7.10
Ordinalzahl, vgl. Ordnungszahl
Ordnungszahl 6.13-20
Genus 6.14
Gebrauch abweichend vom Dt. 6.20
Nachstellung 6.17-8
Numerus 6.14
Stellung 6.14-8
Voranstellung 6.14
Ortsangabe
mit **estar** 8.14
mit **ser** oder **ficar** 8.15
ouvir 8.231

P

pá, Anredeform 19.8
Papstnamen, Ordnungszahl 6.17

para, Präposition 10.85-95
  Abgrenzung zu **a** 10.123-4
  Abgrenzung zu **por** 10.110
  Absicht, Ziel einer Handlung 10.86
  Endziel einer Bewegung 10.89
  Gültigkeit einer Aussage für jdn. 10.87
  nach Adjektiven 10.93
  nach Verben 10.94
  Ortsangabe 10.88
  Relation 10.92
  Zeitangabe 10.90
  Zeitraum 10.91
  Zweck, Gerichtetheit 10.85
para com 10.34, 10.95
parecer + Infinitiv 8.175
parece que, dt. *sollen* 8.320
Partizip Perfekt 8.205-17
  als Attribut 8.210
  ausschließlich unregelmäßige Form 8.216
  bei Passivbildung 8.207-8
  bei Zustandspassiv 8.209
  Bemerkungen zum Gebrauch 8.217
  Bildung 8.205
  Gebrauch der regelmäßigen bzw. unregelmäßigen Form 8.214-7
  in absoluten Partizipialsätzen 8.211
  prädikative Funktion 8.215
  unregelmäßige Formen 8.212
  unveränderte Form, Gebrauch 8.206
  veränderlich in Genus und Numerus 8.207-11
  verbale Funktion 8.214
  Verben mit doppeltem Partizip 8.213
Partizip Präsens als Attribut 8.202
passar
  p. a, **p. para** 10.131
  p. a + Infinitiv 8.276
  p. com 10.128
  p. de 10.130
  p. por 10.127
  p. -se para 10.132
  p. sem 10.129
Passiv 8.232-7
  Bildung 8.232
  ficar statt P. 8.236
  Hilfsverb 8.12
  Konjugationsmuster 8.237
  Präposition **de** 8.233
  Reflexivkonstruktion statt P. 8.234
  Zustandspassiv mit **estar** 8.235
pedir 8.231
  Präpositionen 10.6
  Satzverbindung 18.28
  pejorative Bedeutung
    aquele, esse 7.6
  Vergrößerungsformen 5.2, 5.10, 5.12
  Verkleinerungsformen 5.3, 5.11, 5.13
perante, Präposition 10.1, 10.122
perder 8.231
Perfekt, einfaches 8.41-48, 8.53
  abgeschlossene Handlung 8.43
  Aufzählung von Handlungen 8.44
  Befehl 8.48
  eintretende Handlung bei Fortdauern einer anderen 8.45-6
  Formen 8.41
  Gebrauch 8.42-8
  Vergleich mit Imperfekt und zusammengesetztem Perfekt 8.53
  Vorwegnahme eines Resultates 8.47
Perfekt, zusammengesetztes 8.49-53, 8.74
  Formen 8.49
  Gebrauch 8.50-52
  Handlung, die in der Vergangenheit einsetzt und in die Gegenwart reicht 8.50
  in irrealem Bedingungssatz 8.51
  statt Futur II 8.74
  veralteter Gebrauch 8.52
  Vergleich mit Imperfekt und einfachem Perfekt 8.53
performative Äußerung 8.21
periphrastisches Futur, vgl. Futur
periphrastische Konjugation 8.238-76
  acabar 8.260-3
  andar 8.259
  chegar a 8.266
  começar a 8.264-5
  continuar a 8.267
  deixar 8.268-9
  desatar a 8.274
  estar 8.239-45
  ficar 8.270-2
  Gebrauch, allgemein 8.238
  haver de 8.247-50
  ir 8.151-5

passar a 8.276
pôr-se a 8.274
romper a 8.274
ter de, ter que 8.246
tornar a 8.273
tratar de 8.275
vir 8.256–8
voltar a 8.273
Personalpronomen 7.50–90
  als Subjekt 7.52–6
  + **com** 7.75
  eles als Subjekt 7.56
  emphatische Inversion 7.87
  Formen 7.50
  Gebrauch – Nicht-Gebrauch in Subjektfunktion 7.52–3
  Inversion 7.77–87
  Inversion bei Verneinung 7.79
  Inversion in Fragesätzen 7.80
  Inversion in Nebensätzen 7.78
  Inversion in Wunschsätzen 7.86
  Inversion nach Adverbien 7.81
  Inversion nach **em** + Gerundium 7.84
  Inversion nach koordinierenden Konjunktionen 7.85
  Inversion nach Präposition + Infinitiv 7.83
  Inversion nach unbestimmtem Pronomen 7.82
  nach Präposition 7.70–4
  nach Präposition, Beispiele 7.74
  nach Präposition, Formen 7.70
  nós als Subjekt 7.54–5
  pluralis maiestatis oder modestiae 7.55
  si in der Anrede 7.73
  si nach Präposition 7.72–3
  si, reflexiv 7.72
  Stellung 7.57, 7.64, 7.76–90
  Stellung als Subjekt 18.1–8
  Stellung bei bestimmten Verben 7.90
  Stellung bei Futur und Konditional 8.64
  Stellung bei Hilfsverb-Infinitiv-Konstruktionen 7.88–90
  Stellung bei Modalverben + Infinitiv 7.89
  Stellung bei periphrastischer Konjugation 7.88
  Stellung nach dem Verb 7.76
  vós / vocês nach Präposition 7.71

Personennamen
  Artikel 1.10–12
  Plural 2.24
Pluralbildung
  der Adjektive 3.5
  der Komposita § 4
  der Substantive 2.19–24, vgl. Substantiv
  der zusammengesetzten Adjektive 4.7–9, vgl. zusammengesetztes Adjektiv
  der zusammengesetzten Substantive 4.1–5, vgl. zusammgesetztes Substantiv
pluralis maiestatis oder modestiae 7.55
Plusquamperfekt 8.54–61
  als Irrealis in der Schriftsprache 8.59–61
  3. Person Plural 8.58
  Formen des einfachen P. 8.54
  Formen des zusammengesetzten P. 8.55
  Gebrauch 8.56–61
  in Ausdrücken des Wunsches 8.61
  in gesprochener – Schriftsprache 8.57
  statt Imperfekt, Plusquamperfekt Konjunktiv 8.60
  statt Konditional 8.59
poder 8.231, 8.298–302, 8.304
  aufmunternde Einräumung 8.301
  dt. *dürfen* 8.304
  Erlaubnis 8.300
  Fähigkeit 8.299
  Möglichkeit 8.298
  Vermutung 8.302
pode ser 8.330
pois
  als Antwort 16.7
  als familiäre Antwort auf positive Frage 16.17
  Anwendung 16.16–20
  wie **sim** 16.16
  zur Hervorhebung 13.15
pois bem 16.21
pois não 16.19
pois sim 16.18
por, Präposition 10.96–113
  Abgrenzung zu **para** 10.110
  als Übersetzung der dt. Präposition *für* 10.109

annähernde Zeitangabe   10.98
Ausdrücke und Verben mit **por**   10.111
Belohnung   10.106
Bezeichnung des Weges   10.96
Dauer   10.99
Grund, vor Infinitiv   10.103
Grund, vor Substantiv   10.102
+ Infinitiv   10.112, 8.167
in konzessiven Ausdrücken   10.113, 8.120, 11.11
Mittel   10.100
Preis   10.105
Reihenfolge, Aufteilung   10.104
Stellvertretung, Tausch   10.108
Unbestimmter Ort innerhalb eines Raumes   10.97
Urheber beim Passiv   10.101
Verhältnisangabe   10.107
pôr   8.231
pôr-se a + Infinitiv   8.274
Possessivpronomen   7.19–31
   adjektivische Stellung   18.19
   Anredeformen   7.21, 7.23–4, vgl. Anrede
   + Demonstrativpronomen   7.29
   3. Person   7.21–2
   Formen   7.19
   Gebrauch   7.20–31
   in bestimmten Ausdrücken   7.25
   in der Apposition   7.26
   Genus und Numerus bei substantivischem, adjektivischem Gebrauch   7.20
   mit bzw. ohne Artikel   1.20, 7.27–8
   mit unbestimmten Artikel, Interrogativ- und Indefinitpronomen   7.30
   nach **ser**   7.26
   Nachstellung   7.29–30
   ohne Artikel   7.24–9
   Steigerung   7.31
   unbestimmter Gebrauch mit bzw. ohne Artikel   7.28
   unterschiedliche Bedeutung mit bzw. ohne Artikel   7.27
pouco, Adverb   9.30
   Indefinitpronomen   7.108
Präfix, Steigerung des Adjektivs   3.36
Präposition § 10, vgl. die einzelnen Präpositionen
   Beispiele   10.122
   Bewegung auf ein Ziel hin   10.123–4
   keine P. im Gegensatz zum Dt.   10.125–6
   keine P. zwischen bestimmten Verben und Infinitiv   10.126
   keine P. zwischen unpersönlichen Ausdrücken und Infinitivsatz   10.125
   mit nominalem Ursprung   10.2
   Steigerung der Adjektive   3.29, 3.33
   Übersicht   10.1–3
präpositionaler Ausdruck   10.3
Präsens Indikativ   8.2–3, 8.20–29
   allgemeingültige, fortwährende Handlungen   8.20
   der Hilfsverben   8.3
   der regelmäßigen Verben   8.2
   futurisches, statt Futur I Indikativ   8.26
   futurisches, statt Futur I Konjunktiv   8.27
   Gebrauch   8.20–29
   historisches   8.25
   als Imperativ   8.29
   in irrealen Bedingungssätzen   8.28
   iteratives   8.23
   punktuelle Handlungen   8.21
   zeitlose Aussagen   8.24
preferir   8.324
pretender que, dt. *wollen*   8.325
principar a + Infinitiv, periphrastische Konjugation   8.264
Pronomen § 7, vgl. die einzelnen Pronomina
   Stellung des adjektivisch gebrauchten P.   18.18–9
prover   8.231

Q

qual, Interrogativpronomen   7.41, 7.45
o qual, Relativpronomen   7.34–5
qualquer, Indefinitpronomen   7.109–10
quando   11.18–9, 8.144–5
quando de, Präposition   10.120
quantificadores   6.13; Seite 62; 7.49, 7.91
quanto, Interrogativpronomen   7.49
   Relativpronomen   7.40
quanto a   10.121
quão   9.36
que
   Adverb   9.36
   in Ausrufesätzen   13.10

in indirekter Aufforderung 8.314
Interrogativpronomen 7.41–4
+ Konjunktiv als Optativ 8.105
+ Konjunktiv, dt. *mögen* 8.331–2
nach Adverbien 13.9
nach satzeinleitenden Zeitangaben 13.8
Relativpronomen 7.32–3
zur Hervorhebung 13.8–10
quem, Interrogativpronomen 7.41, 7.46–8
Relativpronomen 7.32, 7.36–8
querer 8.231
dt. *mögen* 8.328
dt. *wollen* 8.321
antes q. 8.324
quer que / querem que + Konjunktiv 8.313
quer + o(s) / a(s) 7.67c)

R

Realer Bedingungssatz, Konjunktiv Futur 8.146
Reflexivkonstruktion statt Passiv 8.234
Reflexivpronomen 7.58–60
Formen 7.58–9
reflexive Verben im Unterschied zum Dt. 7.60
Relativadverb 9.51
Relativpronomen 7.32–40
cujo 7.39
Formen 7.32
Gebrauch 7.33–40
o qual 7.34
o qual + Präposition 7.35
quanto 7.40
que 7.33
quem 7.36
quem als Akkusativobjekt 7.38
quem + Präposition 7.37
Relativsatz
Kommasetzung bei explikativem oder appositivem R. 20.5
Kommasetzung bei restriktivem oder einschränkendem R. 20.5
R. mit Konjunktiv 8.129–35, 8.148
Satzverbindung von Adjektiv + adjektivischem R. 18.27
Satzverbindung mehrerer R. 18.26
requerer 8.231

reziprokes Pronomen 7.112
rir 8.231, 7.60
romper a + Infinitiv 8.274

S

saber 8.231, 8.291, 8.303
Sammelbegriffe 2.25, 6.27
sair 8.224
santo – são 3.4
Satzverbindung 18.24–30
Adjektiv + adjektivischer Relativsatz 18.27
Konjunktion, mit **que** gebildet 18.25
mehrere Relativsätze 18.26
Präposition soll nicht mit Artikel kontrahiert werden 18.30
Übersetzung dt. Konstruktionen 18.29–30
zwei gleiche Konjunktionen in einem Satz 18.24
Satz- und Wortstellung, vgl. Wort- und Satzstellung
Satzzeichen 20.1, vgl. Kommasetzung
Schiffsnamen (Genus) 2.3
se
in irrealem Bedingungssatz 8.136–41
in realem Bedingungssatz 8.146
Irrealität 11.9
Potentialität 11.8
Realität 11.10
sem, Präposition 10.101, 10.122
ficar s. 10.134
passar s. 10.129
semelhante (Artikel) 1.29
sempre, Zeitadverb 9.12; zur Hervorhebung 13.16
o senhor / a senhora, minha senhora, senhora Dona/dona, Anrede 19.6
ser
Datumsangabe 8.11
Eigenschaften, Dauerzustände 8.10
Formen 8.219
Gebrauch 8.10–12
Hilfsverb, vgl. Hilfsverb
Hilfsverb beim Passiv 8.12
Präsensformen 8.3
unveränderliche Ortsangabe 8.15
Zeitangabe 8.11
ser capaz de 8.299
ser de 10.44

Sie, Übersetzung der dt. Anrede 19.2–9
Silbentrennung § 22
  allgemein 22.1
  ästhetischer Faktor 22.10
  Diphthonge 22.6
  Doppelkonsonantengruppen 22.3
  Gruppen von mehr als zwei Konsonanten 22.5
  -gu-, -qu- 22.8
  Konsonantengruppen, Ausnahmen 22.4
  Vokale, die keinen Diphthong bilden; zwei Diphthonge 22.7
  zusammenfallend mit Bindestrich 22.9
  zwei Konsonanten 22.2
sim 16.2, 16.6, 16.12–5
sob, Präposition 10.122
sobre, Präposition 10.114–9
  annähernde Angabe von Zeitpunkt oder Eigenschaft 10.118
  Ausdrücke mit **sobre** 10.119
  dt. *abgesehen von* 10.117
  Gesprächsstoff etc. 10.115
  Ortsangabe, dt. *auf, über* 10.114
  zeitlich 10.116
sollen,
  Übersetzungsmöglichkeiten 8.310–20
spielen,
  Übersetzungsmöglichkeiten 8.297
Städtenamen, Artikel 1.18
Steigerung
  des Adjektivs 3.18–41, vgl. Adjektiv
  des Adverbs 9.52–7, vgl. Adverb
  durch Suffix 5.8
Stellung des Adjektivs 3.9–17, vgl. Adjektiv
Subjekt, abweichende Stellung 18.2–8
  adverbiale Angabe am Satzanfang 18.2
  Gerundium-, Partizipialkonstruktionen 18.6
  Hervorhebung des Subjekts 18.4
  Hervorhebung im Imperativ 18.5
  intransitive Verben 18.8
  mit Fragewort eingeleitete Fragen 18.3
  eingeschobene Sätze bei direkter Rede 18.7
  Zustands-, Vorgangsverben 18.8
Substantiv 1.2, § 2, 4.1–5
  eine Form für Maskulinum und Femininum bei unterschiedlicher Bedeutung 2.15
  ein Genus 2.13–14
  feminine Form 2.4–5
  feminine Form als Bezeichnung der größeren Sache gegenüber der maskulinen Form 2.17
  feminine Form als Kollektivum 2.16
  Genus 2.1–5
  kollektives 2.25–7
  maskuline Form 2.2–3, 2.5
  nur Pluralform 2.22
  Pluralbildung, Ausnahmen 2.21
  Pluralbildung, regelmäßige 2.19–20
  unterschiedliche Bedeutung der Plural- bzw. Singularform 2.23
  unterschiedliche Bedeutung bei ähnlich klingender maskuliner und femininer Form 2.18
  zusammengesetztes 4.1–5, vgl. Pluralbildung
Suffix
  kollektive Substantive 2.27
  Steigerung des Adjektivs 3.37–8
  Verkleinerung, Vergrößerung § 5, vgl. Verkleinerungs-, Vergrößerungsformen
Superlativ 3.23–30, vgl. Adjektiv
Formen mit übertragener Bedeutung 3.32

T

tal, Demonstrativpronomen 7.13, 7.18
  Artikel 1.29
tanto
  Abgrenzung zu **tão** 9.35
  Komparativ der Gleichheit 3.20
  Korrelat zu **quanto** 7.40
tão
  Abgrenzung zu **tanto** 9.35
  Komparativ der Gleichheit 3.20
Temporagebrauch 8.19–53, vgl. die einzelnen Tempora
ter
  Formen 8.219
  Hilfsverb, vgl. Hilfsverb
  Hilfsverb bei zusammengesetzten Zeiten 8.4, 8.220, 8.49, 8.55, 8.72, 8.89

usw., vgl. einzelne zusammengesetzte Tempora
Gebrauch 8.4
Präsensformen 8.3
ter a bondade de 8.322
ter de, ter que 8.246, 8.307, 8.327
Tiernamen (Genus) 2.14
Titel
   Anredeformen 19.6
   Anredeformen, Possessivpronomen 7.24
   Artikel 1.13–4
todo
   adjektivischer Gebrauch 7.92
   Adverb 9.33
   Artikel bei Pluralform 1.21
   Ausdrücke mit **t.** 7.95
   + Demonstrativpronomen 7.93
   Indefinitpronomen 7.92–5
   substantivischer Gebrauch 7.92
   zur Hervorhebung im Akkusativ 10.14
tudo 7.92, 7.94
tornar a + Infinitiv 8.273
tornar-se 7.60
traduzir 8.231
Transportmittel (Artikel) 1.25
tratar de + Infinitiv 8.275
trazer 8.231

U

Uhrzeit 6.25
último, Stellung beim Substantiv 3.15
um, uma, Indefinitpronomen 7.91, 7.97, 7.102, 7.104, 7.110, 7.111, 7.112
   mit **cada** 7.102
   mit **qualquer** 7.110
   Redewendungen 7.104
   reziprokes Pronomen 7.112
   unbestimmter Artikel, vgl. Artikel, unbestimmter
uma pessoa 7.119
único, Stellung beim Substantiv 3.16
unregelmäßige Steigerung 3.31–5, vgl. Adjektiv
unregelmäßige Verben, Übersicht 8.231

V

valenzunabhängige Adverbialbestimmungen 18.14 Fußnote
valer 8.231
vamos + Infinitiv 8.323
ver 8.231
Verb § 8, vgl. die einzelnen Tempora, Konjunktiv, Konjugationen
   Präsens der regelmäßigen 8.2
   reflexives 7.60, 8.221
   substantiviertes, Genus 2.3
   unregelmäßiges, Übersicht 8.231
Vergleich 3.20
Vergrößerungsform 5.1–14
   -ão bei Feminina 5.5
   bei Adjektiven 3.37
   Beispiele 5.9
   Bildung 5.4–7
   eingeschränkter Gebrauch 5.12
   ironische Bedeutung 5.10
   Kombination mit Verkleinerungsform 5.7
   pejorative Bedeutung 5.2, 5.10, 5.12
   Steigerung der Adjektive 3.37
Verkleinerungsform 5.1–14
   -ão 5.8
   bei Adjektiven 3.38
   Beispiele 5.9
   Bildung 5.4–7
   eingeschränkter Gebrauch 5.13
   ironische Bedeutung 5.3, 5.11
   Kombination mit Vergrößerungsform 5.7
   pejorative Bedeutung 5.3, 5.11, 5.13
   Steigerung der Adjektive 3.38
Verlaufsform 8.18, 8.22
Verknüpfungsadverbien 11.3
Vervielfältigungswörter 6.26
Verwandtschaftsbezeichnung, kollektive Substantive 2.26
vir 8.231
   periphrastische Konjugation 8.256–8
   vir a + Infinitiv 8.258
   + Gerundium 8.257
   v. de + Infinitiv 8.262
vir-ir 8.256, 8.290
você, Anredeform 7.50, 7.51, 8.2, 19.3–4
vocês 7.50, 7.51, 7.71, 8.2, 19.3
Vokativ, zusätzliche Markierung 12.18
voltar a + Infinitiv 8.273
vós 7.51, 7.71, 8.2
Vossa Excelência, Anrede 19.9
vosso, vossa 7.23

W

Wiederholung
  von Adjektiven, Steigerung 3.39
  von Silben, Verkleinerungsform 5.14
  von Substantiven, Steigerung 3.40
Wochentage 6.19
wollen,
  Übersetzungsmöglichkeiten 8.321–7
Wort- und Satzstellung 18.1–30
  Abweichungen 18.2–30, vgl. Subjekt
  normale Stellung 18.1

Z

Zahladjektive 3.42; vgl. Ordnungszahlen 6.13
Zahlen § 6, vgl. Grundzahl, Ordnungszahl
  Genus 2.3
Zeichensetzung § 20, vgl. Kommasetzung
Zeitangabe
  Bildung mit **ser** 8.11
  offizielle 6.25
  Sammelbegriffe 6.27
Zeitdauer (Grundzahl) 6.12
Zeitenfolge 8.111
Ziffern, arabische und römische 6.17

zusammengesetztes Adjektiv, Pluralbildung 4.7–9
  Adjektiv mit vorangestelltem unveränderlichem Element 4.9
  Farbadjektive, deren letztes Element ein Substantiv ist 4.10
  zwei Adjektive 4.7
  zwei Adjektive, Nationalitätsbezeichnung 4.8
  zwei Adjektive, technische, politische etc. Bezeichnungen 4.8
zusammengesetztes Substantiv, Pluralbildung 4.1–6
  Substantiv + Adjektiv 4.1
  Substantiv + vorangestelltes Adjektiv 4.2
  Substantiv + vorangestelltes unveränderliches Element 4.3
  Substantiv + vorangestellte Verbform 4.3
  wiederholte Form eines Verbs 4.4
  zwei Substantive 4.1
  zwei Substantive, durch Präposition verbunden 4.5
zusammengesetzte Tempora, vgl. Perfekt, Plusquamperfekt
  Konjugationsmuster 8.220

Bei Fragen zur Produktsicherheit wenden Sie sich bitte an:
If you have any questions regarding product safety,
please contact:

Walter de Gruyter GmbH
Genthiner Straße 13
10785 Berlin
productsafety@degruyterbrill.com